日本土木技术译丛

隧道标准规范【明挖篇】及条文说明

[日]土木学会　主编
黄俊　李大鹏　钱滨　张忠宇　李宏　赵光　译

中国建筑工业出版社

著作权合同登记图字：01-2017-0282

图书在版编目（CIP）数据

隧道标准规范【明挖篇】及条文说明/（日）土木学会主编；黄俊，等译. —北京：中国建筑工业出版社，2016.3
（日本土木技术译丛）
ISBN 978-7-112-20309-3

Ⅰ.①隧… Ⅱ.①土…②黄… Ⅲ.①隧道施工-明挖法施工-标准-日本 Ⅳ.①U455.45-65

中国版本图书馆 CIP 数据核字（2017）第 012856 号

原　　著：日本、土木学会発行「2006 年制定トンネル標準示方書 開削工法・同解説」
編集者名：土木学会（Japan Society of Civil Engineers）
出版者名：土木学会（Japan Society of Civil Engineers）

责任编辑：刘婷婷　刘文昕
责任校对：焦　乐　张　颖

日本土木技术译丛
隧道标准规范【明挖篇】及条文说明
［日］土木学会　主编
黄俊　李大鹏　钱滨　张忠宇　李宏　赵光　译
*
中国建筑工业出版社出版、发行（北京海淀三里河路 9 号）
各地新华书店、建筑书店经销
北京科地亚盟排版公司制版
北京中科印刷有限公司印刷
*
开本：787×1092 毫米　1/16　印张：19　字数：446 千字
2017 年 8 月第一版　2017 年 8 月第一次印刷
定价：**62.00** 元
ISBN 978-7-112-20309-3
（29706）

序

中国是目前世界上隧道建设的大国，隧道建设速度居于世界前列，其工程类型众多、规模之巨大为世界所瞩目。在此背景下，工程建设难度不断增加，工程界对相关技术知识的需求也是空前的。作为邻国，日本在隧道与地下工程领域的技术水平一直处于世界领先，也一直是国内工程界调研、学习、技术引进的对象。

早在 1988 年，关宝树教授等翻译了《日本隧道标准规范（山岭篇）及解释》，给国内山岭隧道的建设提供了很大的帮助。其后，随着国内地铁修建大发展时期的到来，2006 年，朱伟教授等翻译了《隧道标准规范【盾构篇】及解说》，并在 2011 年根据进行了修编。但在城市环境条件下修建隧道非常普遍的明挖工法一直没有引进国内。近年来，随着城市建设用地资源紧缺、城市交通拥堵等问题的凸显，促使我国城市地下空间开发利用规模日益拓展，城市地下快速路建设方兴未艾，给隧道明挖工法提出了更高的要求。而国内系统地提出城市隧道明挖工法要求的行业技术标准较为缺乏，关于明挖工法的技术要求分散于道路、基坑、结构等专业内。在此情况下，苏交科集团股份有限公司组织人员翻译了《隧道标准规范【明挖篇】及条文说明》，至此，该系列技术标准《隧道标准规范》（日本土木学会）（含山岭篇、盾构篇及明挖篇）全部引进国内。

《隧道标准规范【明挖篇】及条文说明》系统地介绍了日本在隧道明挖工法勘察、设计、施工阶段的技术要求。对隧道的主体结构、临时结构的介绍较为详细，其中部分工程技术如地下连续墙技术等虽然在国内已引进并应用多年，但技术规范的引入是零散的。此次翻译，利于一线技术人员系统地掌握隧道明挖工法，施工理念进一步向精细化转变。为此，我将该书推荐给大家，望对我国城市明挖工法的技术水平提升有一定的推动作用。

钱七虎

中国工程院院士

2017 年 3 月 12 日

译者序

隧道明挖工法由于土建造价低、施工快捷、技术成熟、施工安全等优点，在日本被广泛应用到铁路、公路、污水管线等基础设施建设中。日本土木学会主编的《隧道标准规范【明挖篇】及条文说明》（以下简称《标准》）是该国隧道明挖工法经验的高度总结。《标准》于1986年出版，其后随着工程技术的不断发展，于1996年和2006年分别进行了修订，并于2008年出版了《标准》英文版。

随着我国城市建设的发展，对地下空间的开发需求增加，给地下工程尤其是城市复杂环境下隧道的建设提出了更高的技术要求。国内由于行业管理的特点，对于隧道明挖工法的技术要求分散在基坑工程、混凝土结构工程、桩基工程、地基加固工程等专业方向内，尚无系统性提出技术要求的技术规范。苏交科集团股份有限公司在进行城市道路改造的过程中，完成了大量隧道工程的设计，在国内技术规范的基础上有选择地学习、吸收国外先进的隧道技术知识。在此过程中，工程技术人员提出了翻译日本隧道标准的设想。基于此，苏交科集团股份有限公司组织人员进行了《标准》的翻译。

本次翻译以英文版《标准》为基础，辅以日文版《标准》进行校核。《标准》以隧道明挖工法为中心，系统地介绍了日本土木学会在隧道主体结构设计、临时结构（基坑工程）设计及施工作业等方面的技术要求。主体结构设计中关于荷载、抗震设计、耐久性验算的说明；临时结构设计中关于荷载、栈桥、支护系统等均进行了较为详细的说明。此外，《标准》除极限状态设计方法外，同时保留容许应力设计方法。《标准》共4章，计254条。

本书翻译过程中得到了天津大学张稳军博士的指导和大力支持，金华职业技术学院的朱锋盼也提供了重要的帮助，在此表示感谢！另外，在图表制作方面，郭映飞、陈聪、邢冬冬、陈喜坤、姜益涛、孟相昆等付出了辛勤劳动。最后，衷心感谢钱七虎院士在百忙之中为本书作序。

由于译者水平有限，书中难免存在不足之处，敬请读者批评指正。

2017年3月

英文版序

明挖隧道作为一种城市隧道施工方法已经被广泛运用到基础设施建设中，如铁路、公路、污水管线等。在日本，第一本采用明挖隧道设计和施工的指南是《日本明挖隧道指南》，由日本土木学会于1977年出版。基于这部指南，1986年出版了《日本明挖隧道标准》，该《标准》于1996年和2006年分别进行了修订，以便与隧道施工方法的发展相匹配。

在第一次修订后的十年内，城市地下空间的利用率一直在上升。在极为艰难的施工条件下也需要隧道工程。给隧道施工增加难度的主要是复杂而密集的既有地下结构、狭窄的施工空间以及开挖深度的进一步加大。为了克服这些困难，新的隧道施工方法又发展起来了，而且其有效性和实用性已经得到了证实。在混凝土结构的设计方面也引进了极限设计法。1995年，日本兵库县地震对明挖隧道造成了严重损坏。针对该地震进行的深入研究已经有了大量新的发现。这些发现有助于明挖隧道的设计。为使明挖隧道有关的新技术、新设计理念以及新发现能够得到运用，于是对该指南进行了第二次修订，并于2006年出版了日文版的《隧道标准规范【明挖篇】及解说》。

本书是《隧道标准规范【明挖篇】及解说》的英译版。其中所有条文都进行了翻译，但省去了部分注释。以下是对2006版的主要改动内容：

1. 采用了隧道结构设计的极限状态设计法（第2章）。但对于临时结构的设计，例如挡土墙，考虑到其使用时间短，且临时结构极限状态相关研究发现较少，因此保留了容许应力设计法。

2. 考虑到1995年兵库县地震损害的研究发现，以及其他土木工程结构的抗震设计修订，因此强化了隧道结构的抗震设计内容（第2章2.9节）。

3. 结合近期关于《标准》的问卷调查结果，增加了一条关于维修和耐久性的内容（第1章1.3节）。

我们希望这本英文版《标准》能够对从事隧道施工领域的工程师们提供真正的帮助，从而发展隧道施工技术。我们也希望这本书能够使日本隧道施工技术走向国际，得到更加广泛的利用，并为海外隧道工程师提供支持。

矢萩秀一
日本隧道工程委员会主席

目　　录

第1章　总　　则

第2章　隧道设计

第3章　临时结构设计

第4章 施 工

第1章　总　　则

1.1　一般规定

第1条　适用范围

本规范适用于明挖法隧道的勘察、规划、设计及施工。

【条文说明】

明挖法是从地面向下开挖至指定位置并修建构筑物的方法总称。

本规范以开挖深度在 40m 以内的明挖施工为主要对象，对其调查、规划、设计及施工提供一般标准。本规范的相应标准也可适用于其他开挖工法。

依据设计施工过程中的分析方法、仪器设备和检测方法的发展水平，鉴于以往工程的实际开挖深度，目前普遍采用的开挖深度约为 40m。

除本规范以外，其他适用于明挖工法的规范标准主要有：

(1)《混凝土结构标准规范》，2002，日本土木学会；

(2)《日本盾构隧道标准规范》，2006，日本土木学会；

(3)《日本山岭隧道标准规范》，2006，日本土木学会；

(4)《公路桥规范细则》，2002，日本道路协会；

(5)《道路工程指南》，1999，日本道路协会；

(6)《铁路结构设计标准细则（明挖隧道）》，2001，铁路技术研究所；

(7)《锚杆设计施工标准细则》，2000，日本地质学会。

第2条　术语

明挖法——从地面向下开挖至指定位置并修建构筑物的施工方法，通常需要同时安装支护系统。

极限状态设计法——用来研究各种极限状态的设计方法（包括承载能力极限状态，正常使用极限状态，疲劳极限状态），用于确定结构或构件是否满足功能要求并到达设计目的。

极限状态——结构不能满足其功能要求的临界状态。

设计使用年限——设计规定的结构或结构单元可以完全发挥其功能的年限。

临时结构——在开挖至回填隧道主体期间，为支撑土压力、水压力和路面荷载等并保持开挖区域及周边地区稳定而修建的临时结构，包括支护系统和栈桥。

支护系统——由挡土墙和支撑构成。挡土墙直接承受土压力和水压力，包括排桩和挡板，钢板（管）桩和地下连续墙等。另一方面，支撑作用于挡土墙，包括横撑、腰梁、角撑、水平拉杆、竖向拉杆和横撑梁。横撑可以用锚杆或类似结构来代替。还可使用悬臂式支挡系统。

经典计算法——这种计算方法是通过表观土压力来计算挡土墙的应力。表观土压力是根据实测的横撑轴力求得。在此过程中，假设横撑位置受到简支梁或连续梁的支撑并且在基坑一侧的地层以下存在一个虚拟的支撑点。该方法适用于较小规模的开挖。

梁-弹簧模型计算方法——这种计算方法被用于计算临时挡土结构的应力和变形，假设挡土墙为有限长的梁，基坑一侧的地层为弹塑性体，支撑为弹性支撑。这种方法适用于大规模的开挖。用于小规模开挖时，需要计算临时支护结构的变形。

辅助工法——在地质条件不稳定或开挖可能对周边地层或结构产生较大影响时所采取的措施，包括化学注浆法，降水法，地层冻结法，石灰桩法，粉喷法等。

作为主体结构的永久使用——指将挡土墙等临时结构作为主体结构使用，或者将主体结构的底板作为挡土支撑使用。

第 3 条　相关法规

在施工之前，必须充分了解相关法律法规，避免遗漏了相关程序和措施。

【条文说明】

在施工之前，应仔细研究各项规章制度的许可范围、相关程序以及施工有关的应对措施。此外，还应充分考虑到在政府主管部门审批过程中，可能发生手续繁多，耗时较长的情况。

第 4 条　明挖工法的选择和程序的研究

（1）在选择隧道施工方法时，必须考虑场地条件、障碍物情况、地质条件、对周边环境的影响、工期、经济性等。

（2）根据本规范要求进行详细勘察、规划和设计后，隧道施工应遵循安全经济的原则。

【条文说明】

关于（1）

除明挖法外，隧道施工方法还有许多。出于安全性和经济性考虑，应选择适当的隧道施工方法。为此，必须对场地条件、障碍物情况、地质条件、隧道施工对周边环境的影响等相关情况进行前期研究。在选择时，应详细比较所有隧道施工方法的优缺点，如表 C1.1 所示（不包括特殊工法）。

主要隧道工法的相互比较 **表 C1.1**

	明挖法	矿山法	盾构工法
工法概要	利用支护系统的支撑，从地面开挖到指定深度，并修筑隧道，然后进行回填恢复地面。 在日本，通常使用全断面开挖法	充分利用隧道周边山体的支护功能，同时，使用喷射混凝土、锚杆、钢架等支护方式确保山体稳定。 施工前提是压力拱已形成，且开挖过程中，断面能够保持稳定。否则，必须采取支护措施	在地下修筑盾构隧道。盾构外层和管片起到支撑隧道墙体的作用。 封闭式盾构利用外加泥水压或者泥土压来平衡掌子面上的土压和水压，从而维持掌子面的稳定。 开放式盾构只适用于掌子面可以自稳的地层。否则，必须采用应对措施
适用地质	一般不存在地质条件的限制。但需要根据地质条件，选用适当的支护系统或辅助工法	一般情况下，从硬岩到第三系软岩的地质都能适用。在条件允许时，也适用于洪积层。 在无侧限抗压强度达到 $0.1MN/m^2$，变形模量大于 $10MN/m^2$ 时，此工法可用于未加固的土层。地质条件变化时，钢支撑的刚度、开挖方式的选用以及应对措施都可能发生变更	一般情况下，全新世岩层、洪积岩、新第三系软岩都能使用此工法。适用于各种地质条件。近年还出现了运用于硬岩条件下的工程案例
地下水的应对措施	深埋、排水以及土质改良等辅助措施常被用来防止出现涌水涌砂和隆起的问题	挖掘过程中，当涌水影响到开挖面的自立和土体的稳定性时，必须采取止水措施，例如，深井、井点和排水隧道等	全封闭式盾构除了进出井口需要一些辅助之外，通常不需要任何辅助措施
隧道深度	没有对覆土层厚度最小值的限制。最大开挖深度曾达到 40m 左右	在未固结土体中，当覆土层的厚度与隧道直径的比值小于 2 时，需要采取措施控制拱顶沉降	此法的最小覆土厚度是盾构直径的一半。若采用泥水式盾构或气压式盾构，喷射混凝土时需特别小心。最大深度由水压力决定
断面形状	以矩形为主，也可开挖复杂断面	通常顶部为拱形。在施工过程中，形状可以变更	以圆形断面主。使用不同的盾构机，也可形成半圆、多圆、椭圆等形状。在施工过程中不易改变形状
断面大小	无限制	面积一般为 $150m^2$，最大可达 $200m^2$	断面容许最大盾构直径约为 14m
校准	无限制	无限制	曲率半径与盾构直径的最小比率在 3～5 之间
对周边环境的影响	在既有结构附近施工时，需要额外加固支护系统或/和采取辅助措施。因为在施工期间，施工区域完全封堵，所以对地面交影响严重。在施工全过程中需要采取措施减少噪声和振动	除基坑处的影响外，对地面交通影响很小。噪声和振动影响仅限于入口附近，可以通过树立隔声墙和隔声罩来解决	在靠近既有结构施工时，有时需要采取辅助措施支撑附近结构。对地面交通影响很小，主要对竖井附近有影响。竖井附近的噪声和振动有限，可以通过隔声墙、隔声罩和其他方式来进行隔断

关于（2）

使用明挖法建造的隧道一旦投入运营，其检修、加固和改良将变得非常困难。因此，必须按本规范所述步骤对相关事务进行充分研究。

如图 C1.1 所示，隧道建造过程中涉及的各个方面，从调查、规划到设计、施工，在本规范的各个章节均有详述。

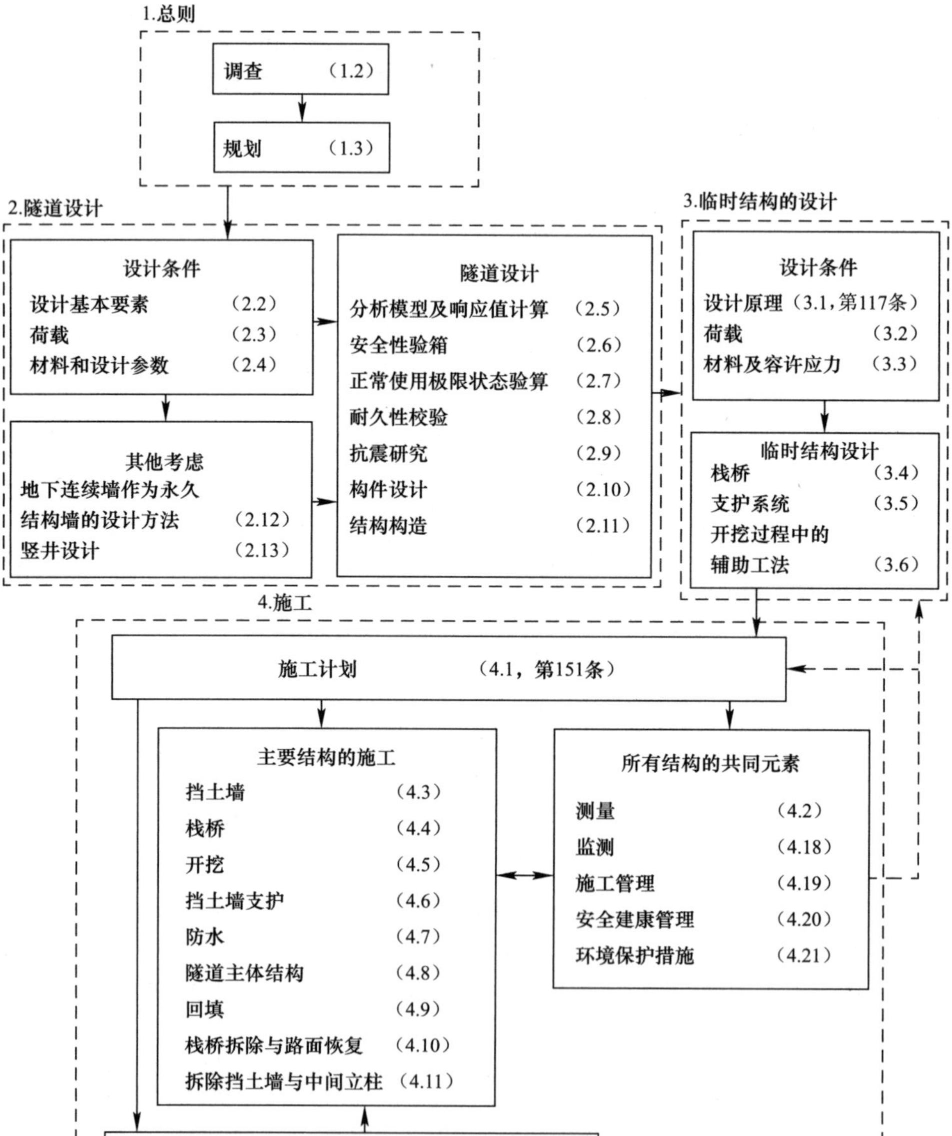

图 C1.1 调查、规划、设计以及施工顺序

1.2　调查

第 5 条　调查的目的

调查的目的是为了确保合理的隧道规划、设计和施工以及保护周边环境。调查内容主要包括：

（1）施工场地调查；

（2）障碍物情况调查；

（3）地质条件调查；

（4）环境保护调查。

【条文说明】

调查的目的在于获得必要资料，以便研究使用明挖法施工的区段、隧道线性、深度、形状和结构，以及施工方法、环境保护措施、施工安全措施、施工进度、工程费用，确保隧道规划、设计、施工合理恰当，同时保护周边环境。

相关调查务必翔实。任何在调查过程中缩减时间和成本的行为都可能导致施工受阻、发生事故、变更施工方法，影响参建各方。调查所获资料不仅对施工过程非常重要，对完工隧道的后期维护和管理也十分重要。

调查和研究必须考虑长期施工对周围环境可能造成的影响。

第 6 条　施工场地调查

施工场地调查包括以下方面：

（1）土地利用情况；

（2）道路交通情况；

（3）地形地貌情况；

（4）施工场地情况；

（5）河流湖沼情况。

【条文说明】

现场调查是为了了解隧道线路附近的各种情况，以便确定隧道的线形、深度、形状结构和施工方法。调查数据也可用于施工前的规划、工程设计以及施工。

（1）土地使用情况

土地使用情况的调查目的在于确定城市、农村、森林、公园、河流、湖沼等区域的土地使用情况。在城市，还需调查法律法规、调查商业区的范围并了解城市未来土地使用规划。此外，应调查了解是否存在有价值的自然风景、历史遗迹、重要的文化遗产，有无土地所有权、水利所有权和其他物权归属问题。

研究土地使用情况的另一目的在于了解隧道沿线区域地面及地下的各种限制条件。

（2）道路交通情况

道路宽度、车道数量、道路的重要程度、交通量将会对路面施工产生重大影响，尤其影响道路作业带的设置、弃碴和其他各种材料的运输及施工进度。应确认规划设计以及施工阶段可能遇到的各种情况。

（3）地形地貌情况

地形地貌调查是指根据既有文献和地形图以及现场踏勘情况，确定地貌的变化，例如高程差，地面地形或回填情况等。通过调查可以了解地层的总体情况，包括地层结构的复杂性、潜在的问题土体，地下水情况等。

（4）施工场地情况

在明挖法隧道施工过程中，重型机械和泥土搬运设备的放置点是影响施工条件的重要因素。为确保这些地点的安全，必须事先进行详细调查。在规划阶段，还应考虑施工场地靠近城市中心区时的安全保障难度。为免施工过程中出现用电不足的情况，并保障大量用水和排水的需要，务必事先确定施工场地周边供电设施或给排水设施的情况。

（5）河流湖沼情况

在河床以下修筑隧道时，应对河流的水文、通航、水利、开挖底部的稳定性、旱涝期水位差等情况进行调查。如果明挖隧道的施工现场靠近河流，也需进行此类调查，因为施工前必须在该区域临时设置河流围堰，防止河水流入施工现场。同样的调查也适用于隧道附近有池塘或湖泊的情况。

第 7 条　障碍物情况调查

应对以下构筑物产生的障碍情况进行调查：

（1）地上及地下建筑；

（2）地下埋设物；

（3）建筑物和临时工程的残余物；

（4）地下文化遗产；

（5）其他障碍物。

【条文说明】

障碍物情况调查，是指调查隧道施工场地内是否存在妨碍或影响隧道施工的物体。在隧道规划阶段先进行基础调查，在设计和施工阶段将进行详细的调查。

（1）地上及地下建筑

对于房屋、桥梁、路面设施等地面建筑以及地下停车场、地下购物中心、地铁等地下建筑物进行调查时，必须以设计计算和设计图纸为依据，对其结构形式、基础情况、使用设施等情况进行调查。

（2）地下埋设物

地下设施调查是对地下管道的规模、位置、埋深、材料质量以及老化程度进行调查。大型埋设物对隧道规划有着重要影响。其余地下设施，例如打桩、开挖，对施工也多有妨碍。因此，为了防止事故并避免额外的施工量，对埋设物的调查必须不留遗漏。

在施工时，需要通过现场试坑的办法，确定是否存在障碍物影响隧道施工。地下设施的调查概要见表C1.2。

(3) 建筑和临时工程的残余物

在建筑物被拆除后，有许多废弃的基础和临时桩残留可能成为障碍物。另一种潜在的障碍物是修建地下建筑或设施时建造的临时工程。一些河川中还留有护堤和桥墩的残留物。因此必须对施工场地或场地附近的残余物或回填料进行详细调查。

(4) 地下文化遗产

在可能出土地下文化遗产的地点，必须在与相关各方进行密切协商后，对其进行调查以了解详情。

(5) 其他障碍物

如果有计划将来在隧道位置周边建设地上及地下建筑物或设施，必须对这些计划施工的建筑进行研究，了解其结构和施工安排，并对隧道施工做出必要调整，以免发生互相干扰。

地下设施和结构调查总表　　表C1.2

调查阶段	前期调查	设计及施工规划阶段调查	施工调查
调查目的	① 确认地下设施的整体情况； ② 预设对隧道工程有影响的地下设施，并确认前期调查之后需进一步调查的内容	① 确认有影响的地下设施情况，获得设计和施工规划可用参考资料； ② 绘制地下设施分布平面图	确认这些设施是否影响施工
调查方法	① 根据平面测量图调查检修孔位置； ② 核对地下设施分类账目（由管理员保管）； ③ 踏勘确认	① 孔道和检修井等内部调查； ② 试坑； ③ 磁力勘探； ④ 雷达探测	① 在必要位置进行详细试坑； ② 确认涵洞、管道和检修孔的位置和内部情况
附注	要求管理员提供地下设施分类账目等相关资料	要求地下设施相关管理人员到场	与地下设施管理员保持密切联系，要求与会，对于管理归属不明及陈旧设施的处理办法要通过商议决定

第8条　地质条件调查

依据现场条件，须对施工场地的地质条件进行调查，以获取以下信息：

(1) 地层和地质构造；

(2) 岩土力学特性；

(3) 地下水；

(4) 其他。

【条文说明】

为确保隧道设计及施工的合理性，需要对地下条件进行调查，以便精确掌握隧道沿线和附近的地质构造和特性。由于场地特性各不相同，相关调查必须详实。调查阶段大致分为初步调查和主体研究两个阶段。必要时可进行补充调查以获得所需信息。

初步调查是为了获取隧道整体路线。调查结果直接影响主体研究和补充调查的精确度和经济性，因此选取调查的项目和数量要适当。在主体研究过程中，通常采用钻孔来了解地层条件。钻孔调查的具体要求（样本数量、间隔、深度等）必须结合地形条件、地层状况和隧道位置等因素确定。在初步调查和主体研究的结果不足以解决设计和施工问题时，在抗震设计需要具体的动力分析时，在施工导致周围地层发生变形时，需要进行补充调查拓展调查范围。调查需要采用适当方法，主要包括查阅相关文献、现场踏勘、钻孔、试坑和地球物理勘探等。

地下调查概要如表 C1.3 所示。一般根据工程规模和内容对调查项目进行增减。主体研究和补充调查的位置、项目和内容必须依据初步调查的结果来确定。

（1）地层和地质构造

依据以往的资料调查、现场踏勘及钻探调查情况，必须掌握整条隧道路线上地层中的岩石构成情况、层厚及地层特性（连续性及方向性）。由于地貌大多能反映地层状况，因此依据现场踏勘确认地貌情况也很重要。一般情况下，在丘陵和高原地区，除边缘部分的冲积阶地外，不存在冲积层，软土层也很少。即使在低矮的冲积平地，通过细致观察地形和考察地貌，在某种程度上也有可能推测出地层中的岩石构成和地质结构。

如果规划的线路与高原和低地的边界平行或者相交，则有可能因土体条件不同产生巨大不对称压力。

若隧道易受地震影响，则需扩大地质调查范围，且加深调查深度。

（2）岩土力学特性

地层的物理特性与地质形成年代、沉积环境和地层的成分有关。沉积砂和沉积黏土的岩土力学特性例（如物理特性、动力学特性以及渗透性）存在显著差异。因此，需要确认地层的形成年代、地质情况和地质相。

（3）地下水

地下水位通常通过钻探法测定。当砂层和砂砾层中存在黏土层或粉土层等不透水层时，这些含水层中的孔隙水压力分布未必与普通地下水位的静水压力分布相同。因此，需要测定各含水土层中的孔隙水压力。

地下调查概要 **表 C1.3**

调查阶段	初步调查		主体研究		补充调查
	资料调查	现场踏勘	基础调查	详细调查	
调查目的	① 把握总体的地层构造、地质情况； ② 预测问题土质； ③ 确认主体调查的位置和项目		① 掌握整体路线沿线的地层构造和地质情况； ② 掌握潜在的问题土质； ③ 掌握地下水位等地理条件； ④ 掌握基本的岩土特性； ⑤ 决定详细调查方针	① 掌握详细的岩土特性； ② 掌握详细的水力条件； ③ 具体确认问题土质	① 主体调查的补充； ② 对未确认预测知区域的追加调查； ③ 掌握特殊条件下设计所需的常数； ④ 确认数值分析预测所需的常数

续表

调查阶段	初步调查		主体研究		补充调查
	资料调查	现场踏勘	基础调查	详细调查	
主要方法	① 调查现存资料； ② 文献调查	① 地面调查； ② 竖井勘察； ③ 简易声波探查； ④ 询问当地居民	① 钻探法； ② 声波探测； ③ 地球物理勘探； ④ 实验室突然测试（物理特性和强度）	① 钻探法； ② 声波探测； ③ 地球物理勘探和测井； ④ 抽样测试； ⑤ 土工试验（物理特性和强度）； ⑥ 原位试验； ⑦ 水质测试； ⑧ 试坑	① 钻探法； ② 声波探测； ③ 地球物理勘探和测井； ④ 抽样测试； ⑤ 土工试验（物理特性、强度和动态特性）； ⑥ 现场试验； ⑦ 原位试验
调查内容	① 地形； ② 地质； ③ 周边环境（自然和社会的）； ④ 以往灾害； ⑤ 主体研究点的选定		① 地层构造； ② 问题底层的分布（如，软土）； ③ 水力条件（地下水位，含水层等）； ④ 岩土特性（物理特性、强度）； ⑤ 设计和施工上的问题		① 详细的地层构造； ② 岩土物理特性（物理、强度、动态特性等）； ③ 详细的水力条件

地下水调查的目的在于确认地下水在各含水层中的分布情况（水位，波动情况等）以及土体的流动性（土体渗透系数和储水系数等）。

相关地下水的调查有所不同，把握事项也相应不同，连同带水层一起，还有地下水的分布（水位，变动情况）及地基内的流动性（土的透水系数，滞留系数等）。在靠近山地、高原或处于冲积扇区域的砂砾层中可能在正常地下水位以上存在承压水。在这种情况下，在隧道设计时，应注意水压力的取值。在施工时，这些因素会使挖掘变得复杂，或导致挖掘过程中地基沉陷和出现涌水涌砂。这时需要实施辅助工法，如抽取地下水来降低水压，或通过化学注浆进行止水。在选用辅助工法时，需要调查含水土层的透水系数，计算所需抽取水量及其影响范围和止水方法。渗透系数可大致从颗粒粒径分布估算出来，但一般情况下测定透水系数的最佳方法是现场进行抽水试验。地下水位和承压水水头随降雨、融雪、潮汐涨落发生阶段性、季节性或非自然地波动。因此，有必要确定哪些条件会影响水头和测算。开挖深度大以及地下水的存在，尤其开挖面以下存在的承压水，将会成为影响辅助工法的选定和周边环境保护的重要影响因素。

明挖隧道经常穿过各种建筑物或旧址。近年来，所经区域的地下水污染已经产生了严重问题，因此必须对工厂旧址进行详细的评价和研究，确认是否存在地下水污染、污染情况，是否存在特定污染物以及污染源。此外，还需了解污染物使用、储存和处理的方法和场所。地面污染情况也应该如上所述根据需要进行调查。

（4）其他

特别应注意空气中是否存在缺氧情况和有毒气体。在不透水层下存在不含水或含水很少的砂砾层时，或在不透水层中的覆砂层或砂砾层之下存在含有机物的腐殖土时，这些砂层和砂砾层的间隙可能含有缺氧空气和有毒气体。在这种风险存在的情况下，必须调查间隙中空气的组成、气体的性质等。在确认缺氧空气或有毒气体存在的情况下，施工时必须通入新鲜空气并测定隧道内空气中的氧气浓度。

在隧道的设计施工过程中，以下地层条件可能产生问题，在调查时必须留意：

① 含有承压地下水的卵石层和砂砾层会导致挡土墙穿透困难及开挖和其他施工困难。在选择挡土墙类型和开挖工法时，必须充分考虑这个情况。此外，某些情况下可能需要采取止水等辅助措施。

② 若隧道修建在地下水位以下的松软砂层中，发生地震时，隧道会因为周围地层液化而发生抬升或下沉的情况。必须进行标准贯入试验和土颗粒分析试验，研究隧道周边可能发生的液化现象。开挖这种类型的地层可能会出现涌水涌砂的情况。应根据透水系数选择支护系统和辅助方法。

③ 在软土淤泥层或黏土层中施工会导致周边地基土发生变形以及开挖底面隆起开裂。例如，在 N 值为 1～2 的黏性土等中，必须通过实施三轴压缩试验，无侧限压缩测试确认变形特点，单轴压缩试验来掌握变形特性。此外，测量所得含水量、单位土体重度、塑限及液限值在研究挡土墙的埋深和承载力、横撑间距、开挖方法等也很有价值。

④ 在软土淤泥层或黏土层中开挖隧道时，若发生地震时，这两种土体会发生很大位移，且土体的抗剪强度会大大下降。因此，需对地层进行测试，了解土体的动态变形特性。

由于这类地层会增加工程难度。施工之前，应先基于已有资料绘出地质纵断面图。在设计和施工过程中应充分考虑隧道位置、地层构造、土体类型以及地下水之间的相互关系。

第 9 条　环境保护调查

为尽量减小隧道施工对周边环境的影响，必要时应对以下方面进行调查：

（1）噪声和振动；

（2）地层变形；

（3）地下水；

（4）施工过程中的副产物；

（5）其他。

【条文说明】

为保护环境，在隧道施工前、施工中以及施工完成后都应对可能影响周边环境的因素进行研究。研究结果将被用于设计和施工管理。（见第 4 章，4.21 环保措施）

（1）噪声和振动

城区施工需遵守各种有关噪声和振动的规定。在学校、医院等公共设施周边的规定尤其严格。因此，事先必须调查这些公共设施的分布情况。在施工阶段，需要进行噪声和振动进行测定，以便确定噪声和振动对周边环境的影响。隧道投入使用之后，如果噪声和振动对周边公共设施的运营可能产生不利的影响，也应研究应对措施。

（2）地层变形

应提前确认地层情况，并且应根据勘探所得资料预测施工阶段地层可能发生变形的范围、规模和影响。在施工阶段，必要时须测量地表建筑和周围建筑，同时需对施工引起的地层变形进行实时监测，以便采取适当措施。

（3）地下水

地下水位的波动会造成地基下沉及水井水位下降，甚至影响地下水的流动。此外，化学注浆可能会影响地下水的水质。因此，除了地层勘探项目之外，还需掌握地下水的流向和流速，并调查评估其影响。关于水井，则应提前调查井的位置、深度、使用条件、水位和水质情况。在施工期间和施工结束之后，需对地下水的情况进行动态监控。

（4）施工过程中的副产物

在施工过程中会产生弃碴和废弃物之类的副产物。在进行施工规划时，需基于调查结果拟定计划，采取系统有效的措施，减少施工副产物的产生，提高其重复利用率，并予以妥善处理。

（5）其他

实施车流量调查，以便确认作业区和工程车辆通行对总体交通的影响。

关于上文所提的（2）和（3），在隧道完工后需进行后续调查，监测隧道对周边环境的影响。

1.3　规划

第 10 条　规划的基本要求

在规划明挖隧道时，在充分考虑周边环境的同时，必须确保隧道施工安全经济、符合工程使用目的。

【条文说明】

明挖法常被视为城市隧道的标准施工方法。这种工法对于平坦地貌情况下的浅埋隧道而言，安全性和经济性都是最优的。明挖法使得形状相对复杂的地下结构的建设比较容易，同时确保隧道断面能有效适用各种目的。此外，明挖法的使用具有灵活性。如果因为外在条件（如土体条件或地下水水位）影响，明挖法施工的工期和/或成本发生巨大变化，此时可以引进另一种适合的施工方法。

另一方面，如果开挖深度较大，成本和工期也会相应增加，此时明挖工法会变得非常昂贵。因此，采用此法之前须对工程经过详细研究。

计划采用明挖法施工时，主要考虑以下方面：

（1）和其他工法进行比较后，确定明挖法的适用区间；

（2）隧道的线形、坡度、深度、形状及构造；

（3）能够应对火灾等紧急情况的结构；

（4）施工方法，特别是预留核心土法、开挖工法及主体结构建造方法；

（5）环境保护措施，尤其是地面的利用、作业时间、噪声、振动以及工程车辆的通行；

（6）施工安全措施；

（7）施工进度计划及工程费用。

第 11 条　隧道位置

在确定隧道的埋深和水平位置时，必须充分考虑场地条件、障碍物情况，环境条件、地层情况和施工条件等。除此之外，还需考虑城市现状和未来的城市规划。

【条文说明】

在确定开挖隧道的深度和水平位置时，必须考虑经济性和以下方面：

（1）场地条件：土地利用情况、道路和交通状况、城市的分区种类、河流湖泊等，包括其现状及未来规划。

（2）障碍物（地下结构、埋设物、地面建筑物等）：不仅要关注现有设施，也要关注未来规划的设施。在确定施工方案时，需要考虑这些设施与隧道之间的关联。此外，在确定地下结构、地下设施以及地面建筑与隧道的间距和保护方法时，应充分考虑地层条件和施工方法。

（3）环境：为避免发生地下水位波动、地基下沉、噪声、振动和大气污染等问题，需要调查研究隧道开挖对周边环境的影响。

（4）地层条件：尽可能在稳定的土层中设置隧道。但由于隧道的建造目的，这一点有时很难做到。从设计阶段开始，就要对地形和地质进行详细调查，才能保证施工期间和完工后隧道的安全性和正常使用功能。

（5）施工条件：当部分路面正在施工时，要尽量减少对道路交通的影响以及对施工进度的影响。

（6）运营维护：在满足隧道使用目的的基础上，要便于隧道内部的检修和养护。

第 12 条　隧道的平纵面线形

隧道的平纵面线形须在考虑其使用目的、场地条件和障碍物的基础上确定。

【条文说明】

在决定隧道的平纵面线形时应该考虑以下几个方面：

（1）隧道的平纵面线形应尽量设为直线。如果使用曲线，应尽量使用半径大的曲线。

（2）隧道纵坡主要由使用目的决定，坡度应尽量缓和。隧道内有排水需要时，在纵断面上要设置一个缓坡（0.2%），以便实现自流。

在公路隧道中，陡坡会不利于车辆通行，同时增加机动车的尾气排放量，因此坡度设置应尽量缓和。

（3）随着时间推移，某些位置的隧道坡度因为地层变形而发生变化。因此，在确定坡度时，必须将这些变化因素考虑进去，以免影响隧道正常运作。

第 13 条　隧道的构造及形状

在确定隧道构造及形状时，必须考虑其使用目的、地形和地质、施工方法以及荷载条件。

【条文说明】

明挖隧道的一般结构是一个纵向连续的箱形结构（见图 C1.2）。

箱形隧道的横截面通常如图 C1.2（a）中所示。依据隧道的使用目的不同，也会采用一些异形截面［图 C1.2（b）］。地层变化和底部开挖会造成土层松动，从而引起受压不均，导致隧道底部出现异常变形或应力分布异常。作用在隧道上的土压力也可能因为场地性质改变以及异形截面（突起部分）的影响而变得异常。若采用异形截面，在研究时应考虑施工方法和施工顺序，以便对支撑条件和土压力的改变做出恰当评估。

隧道的纵向结构是带有连续箱形横截面的线性棒状结构。当隧道处于地质良好、均匀的场地时，通常可不考虑其纵向的安全性。在荷载和场地条件有明显变化或隧道横截面前后荷载相差较大的情况下，需建造桩基础来为隧道提供支撑。这样做会增加地层位移的风险，而且在发生地震时，可能导致隧道截面承受巨大应力和变形。因此，需要对隧道的安全性进行详细研究。如果研究表明普通隧道的横截面无法快速应对压力和位移，则需放置接头以确保安全。

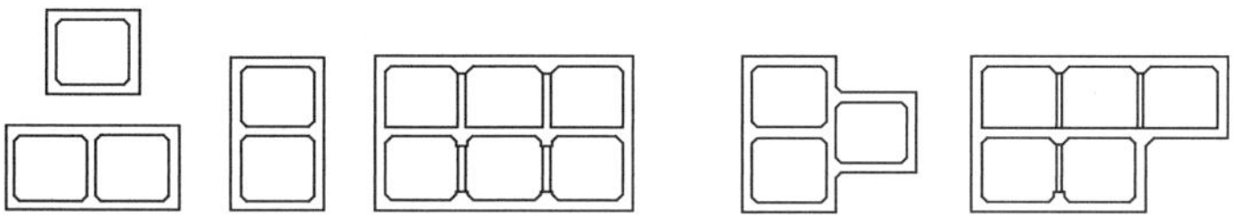

图 C1.2　明挖隧道典型截面

（a）标准截面；（b）异形截面

在确定隧道结构和截面形状时，应考虑以下几点：

（1）地形和地质

由于明挖隧道建造在地下，地形、土压力、水压力以及其他影响隧道应力、变形和稳定性的外力相对较大。因此，须预先进行详细调查和充分研究，确定作用于隧道的外力以及地层位移的影响。

如果隧道建成后可能因为地形和土体条件发生位移，则需研究该位移的影响，确保建成后的结构足以承受位移的影响。场地位移主要发生在软土和斜坡上，而地震以及附近的其他作业（如修建路堤，开挖工作，地下水位的降低）也可能引发位移。软土层厚度改变以及地形或地层的急剧改变都会对隧道造成影响。因此，须充分研究地层位移对预期使用目安全性和适应性的影响，以便采取必要的应对措施。

位于无黏聚力的饱和砂土中的隧道可能受到地震引发的地层液化影响。地基液化会大大影响隧道结构应力，因为结构的隆起或下沉会导致外力发生变化。应根据“2.9　抗震研究　第 81 条”进行特别仔细的研究，判断液化情况。防止地层液化的措施有：土质改良，限制孔隙水压力，使用桩基础以及其他基础。这些措施的使用应充分结合结构的安全性、可施工性和经济效益等方面进行。

（2）施工方法

对于安全经济的隧道施工而言，选择时要考虑形状和结构问题，包括挡土墙的施工方法，将地下连续墙作为主体结构永久性的一部分，或采用先拱后墙法修建隧道，以及其他辅助方法。可施工性也是必须考虑的因素，包括施工的步骤，支架的安装和拆除，避免复杂结构等。

（3）其他

明挖隧道通常建在地下水位以下。对隧道进行防水时，可采用隧道结构自防水，也可以通过在隧道表面覆盖防水薄膜来达到防水效果。在隧道防水过程中，不论根据隧道受力计算出的截面厚度是多少，都应避免结构的厚度小于某一特定值，因为，厚度太小意味着防水效果也会下降。在采用防水薄膜施工时，截面的形状应尽量简单，因为防水层的形状过于复杂会降低防水效果。若地下连续墙被用来作为隧道侧墙，在隧道的外表面做防水薄膜会很困难。因此，防水问题应单独进行研究。

第 14 条　隧道内净空

在确定隧道内净空时，应充分考虑隧道正常运行、日常养护，以及安装设施所需要的空间和形状。

【条文说明】

明挖隧道内净空的尺寸应确保施工和养护的方便且能获得经济效益。隧道内净空的确定受到一定的限制，如：作为公路隧道或铁路隧道的建筑限界以及未来对建成综合管廊的需求。隧道内净空应提供高效利用并能满足预定目标。这需要在隧道内部空间受限的情况下，有足够的空间布局来放置各种辅助设备。

尽管隧道的使用目的不同，决定隧道内部空间的因素也不相同，但主要因素如下：

（1）铁路隧道（见图 C1.3）

① 建筑限界；

② 轨道结构；

③ 架空线路、信号、通信、照明、通风和排水、其他设备；

④ 养护。

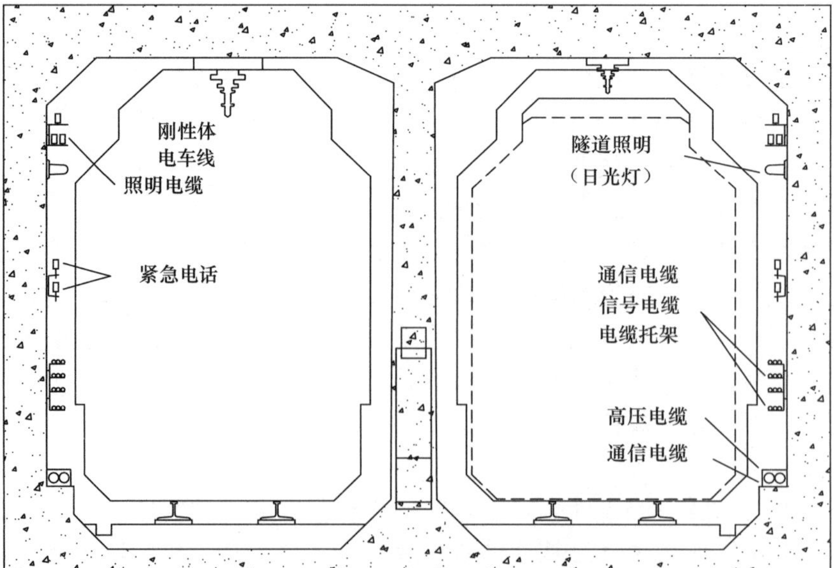

图 C1.3　铁路隧道

（2）公路隧道（见图 C1.4）

① 建筑限界；

② 视距；

③ 路面结构；

④ 照明、防灾、通风、排水、其他附属设备；

⑤ 养护。

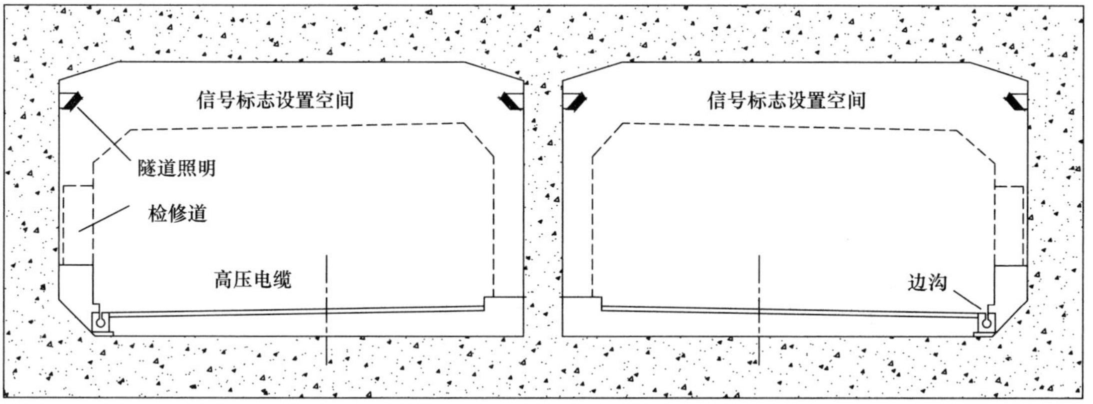

图 C1.4　公路隧道

（3）水工隧道

① 需要的水道面积；

② 水位线以上容许间隙（无压力隧道）；

③ 养护。

（4）电力、通信隧道

① 电缆数量；

② 通风、排水、其他附属设备；

③ 养护。

综合管廊（见图 C1.5）的设计是为了满足规定需要。

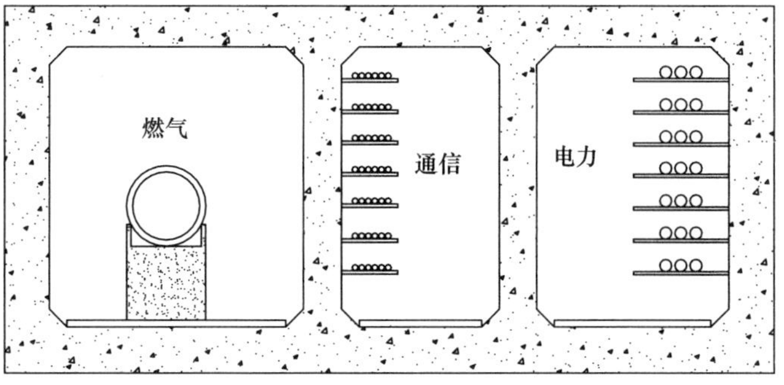

图 C1.5　综合管廊示例

在软土层或斜坡上建造隧道时，由于地面超载、地下水位浮动、地震等可能引起地层位移，需考虑隧道位移的安全值。

第 15 条　施工方法的选择

基于安全、经济和环保的总体判断，应为挡土系统、开挖和建筑隧道选择最合适的施工方法。

【条文说明】

明挖法施工的主要内容包括临时挡土工程、挖掘和隧道结构的修建。每个方面都可以采用不同的施工方法。明挖法可被用来优化各种施工方法与辅助方法的结合，用以适应场地的地层条件，施工环境和工作范围。通过考虑和比较第三章和第四章中描述的各种施工方法的特点，可选出最佳的施工方法。

（1）支护系统的类型

挡土墙包括：①简单的挡土墙；②排桩和挡板；③钢板（管）桩墙；④地下连续墙。其中，第①～③种，墙体均为直接打入地下或钻孔后吊放。第④种墙通过钢筋混凝土桩或水泥砂浆桩建造。将水泥浆与原位土混合搅拌之后吊放导管，或者在开挖土体的同时用硬化剂硬化槽壁，然后吊放钢筋笼和导管。可以直接固化，也可以采用混凝土置换，或用水泥土与硬化剂的混合物进行置换。

除了浅层挖掘和自立式挡土墙外，其余挡土墙均要采用支撑系统。这些挡土墙通常采用内部支撑或锚杆支撑。逆作法施工时，使用预制的顶板或中隔板作为支撑。

在选用支护系统时，应根据开挖面大小、地质、地下设施、现场环境、工程造价和施工工期等影响因素综合判断。

（2）开挖方法

开挖方法可以大致分为全断面开挖和分部开挖法。

全断面开挖是一种按照隧道设计开挖断面，一次开挖到位的施工方法。分部开挖法是一种局部开挖部分断面的方法。这两种方法中，一般都安装了用作通道和工作平台的栈桥。

（3）隧道建设方法的种类

隧道主体结构一般从底部开始建造，采用自下而上的方法。在既有结构之下紧接着开挖时，通常采用沟槽开挖，预先修建侧墙和中隔墙。在既有结构附近的作业以及软土层的作业已经完成的情况下，采用逆作法预制顶板。中心岛式开挖用于在极其宽广挖掘区内预先修建部分断面。

如果地下连续墙被用作临时挡土墙通过改进施工精度和工作方法的可靠性可使这些墙体成为主体结构的永久组成部分。在将地下连续墙与内壁或板连接时要小心。

（4）辅助工法的种类

辅助工法常被用在明挖法施工当中，用以提高施工的安全性和工作效率。它们主要与明挖法配合使用，用于改善地面条件。

辅助工法通过增加地面的承载能力，防止开挖现场地基和周围建筑发生变形，提高工程安全性；通过排水和固化改善开挖条件，方便机械的使用和开挖土方的处理。

辅助方法包括排水法、石灰桩、深层搅拌桩、化学注浆和地层冻结。应在充分了解每种方法特点的基础上，采用最优方法。

第 16 条　隧道附属设施

隧道应安装附属设施，以满足以下需求：

（1）通风；

（2）排水；

（3）防洪；

（4）照明；

（5）安全。

【条文说明】

除了满足基本目标的设施外，隧道还应配备满足健康、操作、维护和应急响应所需设施。

（1）通风

基于计算所需的通风体积，应适当安装通风设施以应对隧道产生的热量和空气污染。

隧道中的热源包括乘客、铁路隧道的电车和车灯、公路隧道的机动车。空气污染源包括汽车尾气、乘客呼吸、湿气、漏水和灰尘的气味。

（2）排水

除输水隧道外，其他各种隧道中都应安装排水设施，以避免产生滞水现象。

隧道纵坡应大于等于 0.2%，才能满足排水要求。排水沟和管道需要有足够大的横截面以便清洁检修。

（3）防洪

应安装防洪设施（如防淹门和防水板），防止水从孔隙流入，并适当考虑地形、潮汐水位和邻近河流的影响。

（4）照明

为便于维修、保养、紧急疏散等工作，应安装适当的照明设施。

（5）安全

① 消防和灭火设施；

② 通信和监控设施；

③ 检修道（每隔一定的间距应配有遮蔽物，以保证工人的安全）；

④ 安全设施规定。

第 17 条　环境保护措施

如果隧道在施工期间和完工之后会影响到周围的环境，则应准备好环保措施。

【条文说明】

明挖法在施工过程中对周围环境影响较大。当施工场地处于城区靠近私人土地，且施工昼夜不停时，环境保护是首要任务。

在隧道施工过程中可能影响环境的因素包括噪声、振动、施工机械和工程车辆所产生的粉尘，挡土墙的变形，因抽取地下水、干旱以及筑坝挡水阻止地下水流动造成的地层变形。

应预先调查和研究有关影响因素，以便制定适当的保护环境计划（请参阅 第 4 章 4.21 环境保护措施）。

隧道投入运营后，还应充分考虑噪声、振动、对地下水流动的干扰，附属设施（通风亭等）对阳光遮挡、无线电干扰和空气污染等问题。

第 18 条 项目进度安排

项目进度的安排应安全经济，同时充分考虑施工的规模、作业顺序和方法以及环境问题。

【条文说明】

项目进度计划应考虑其经济性。着重考虑路障的处理、基于工程量需采用的辅助工法、作业顺序，用于主要作业的方法（如支护系统、路面铺装、开挖、隧道结构施工和道路恢复）。决定项目进度的主要外部因素有：隧道使用年限、场地的使用条件、周围环境对作业时间的限制，以及同时在建的其他工程项目。

施工的总体流程是由许多复杂的子流程组成的。为妥善管理，需要掌握它们之间的关系，以便形成有效的管理方法，确保施工按照进度进行。此外，需要一个灵活的方案，用于处理施工方法或作业顺序上的变化。

除了整个项目的总体施工进度安排表之外，还需要为子项目和其他特殊任务设置子流程，以便施工作业的顺利完成。

第 19 条 观测、调查、测量和工作记录

在施工过程中需要观测、调查和测量，不仅为了确保施工安全，也为一些必要的详细工作记录提供材料。这些记录会被保存下来以备后用。

【条文说明】

明挖隧道施工过程中的观测、调查、测量和工作记录的主要目的在于：

（1）确保明挖隧道的施工安全；

（2）为施工过程中出现的事故或纠纷和理赔提供参考资料；

（3）工程结束后，为机械设备的养护、管理、维修等提供技术资料；

（4）为改进明挖隧道施工方法提供技术数据。

为了实现以上目的，记录应尽量准确详细，且在工程结束后应进行文件归档和利用。

明挖隧道施工中的观测、调查、测量以及工作记录应包括：

（1）观测

① 挡土墙、建筑物和地下设施周围地层的变形；

② 地下水位的变化。

（2）调查和测量

① 建筑和房屋；

② 井；
③ 作用于挡土墙的土压力和水压力；
④ 挡土墙支撑结构的应力和位移。
（3）工作记录
① 施工日志；
② 完成文件（计划图、文件、计算等）；
③ 完工文件（平面图、纵断面图、计算等）；
④ 地层数据；
⑤ 照片和影像资料等。

第 20 条　维护和管理

（1）明挖隧道的规划、设计、施工阶段都应考虑维护和管理的需要。

（2）在明挖隧道的服务期，应制定出合适的维护和管理方案来维持隧道的正常运作。

（3）明挖隧道的维护和管理过程中，应合理安排初步检查、详细检查、评估和判断、对策、记录等工作。

【条文说明】

关于（1）

维护和管理是在明挖隧道的服务期内进行的维持隧道结构性能的活动。它与设计、施工同等重要，且与规划、设计、施工密切相关。

在规划、设计和施工过程中，须充分考虑维护的需要和明挖隧道生命周期成本（施工、维护和管理过程中的所有成本），安装维护所需的相关设施和设备，方便施工完成后的维护工作。（见第 16 条隧道附属设备）。

关于（2）

维护和管理规划是指综合规划初步检查（时间、频率和方法）、隧道功能退化情况评估、详细检查（日常性、周期性和深入度）、评价、判断以及措施。该规划应符合明挖隧道的使用目的。

在准备这样一个规划时，应考虑隧道使用目的所需的功能以及性能，如安全性、可用性和耐久性等（见第 2 章 2.6～2.8）。

关于（3）

作为明挖隧道管理和维护的第一步，隧道的结构信息的搜集工作应在隧道开通服务前就通过初步检查完成。继而应合理利用规划、设计和施工报告。此外，合理的维护和管理应结合了退化预测、详细检查、评估和判断、维修、加固及其他措施，并形成报告。

在经过检查之后的维护结果以及采取过的措施都应记录下来，供以后养护和管理参考。应将养护记录和规划、设计、施工记录一起形成文档，并易于查询。

第 2 章　隧道设计

2.1　一般规定

第 21 条　设计目标

明挖隧道的设计应确保其安全经济地达到使用目的。

【条文说明】

明挖隧道为满足某一特定目的而设计，应达到性能标准要求。为此，在设计时应确定其线路，坡度以及内部的截面形状使其满足隧道的用途；在施工过程中及工程完成之后，应测试结构在任意荷载组合下的强度、变形及稳定性。设计人员也应考虑管理和维护的便利性以及环境保护情况。

明挖隧道的设计应基于全面的设计施工知识和丰富经验做出决定。只有经验丰富的工程师参与设计才能设计出安全、经济、合理且能达到使用要求的结构。

隧道结构在建成后，其修复、加固、改造工作往往非常困难。因此，设计时应确保结构易于维护且有较高的耐久性，同时应避免发生变形和退化。为此，设计前，应对地层、地下水、施工材料以及施工方法进行全面的勘查和研究，评估隧道未来发展走势。

第 22 条　设计文件

（1）设计计算书应清晰地列出为确保结构性能达到要求而做出的设计计算过程。

（2）设计图纸应通过图解明确隧道的位置、形状以及尺寸，构件和钢材的形状和尺寸，并且应注明设计计算的主要内容以及施工、管理和维护的条件。

【条文说明】

（1）设计计算文件编制

明挖隧道的实际结构和施工方法应符合结构计算时的设想。具体来说，构件接头（包括固定的，铰接的，连续的），施工条件（包括顺作法和逆作法），地下连续墙作为隧道主体部分的利用，以及施工顺序，都应符合设计时的结构计算设想。设计计算文件应明确规定结构的极限状态及计算过程，确保对所需性能（如结构或构件在所给条件下的安全性和可用性）的核实过程可复查。

在许多情况下，在施工过程中明挖隧道的结构形式和构件受力在不同阶段会有很大不同，所以应分别在不同阶段确认构件的安全性。这就是需要准备设计计算文件的原因。它能确保设计者和建造者都能透彻理解各阶段施工方法与安全性之间的关系。

设计计算文件对明挖隧道的管理和维护都是不可或缺的。它还可以帮助建造者处理施工过程中的问题。一般来说，明挖隧道的设计计算在最后阶段会产生两个有效数位。但是，并不是说有效数位越多，设计计算的精确度越高，因为隧道设计所用到的数值（包含结构的尺寸、构件截面），材料强度（如混凝土、钢材等）的设计值以及土体参数的精确度各不相同。因此，应在充分理解设计中的假定条件的基础上，提高其精确度。注意，这里的最后阶段是指第 51 条条文说明（2）中所示的 $\gamma_i S_d/R_d$ 值按承载能力极限状态取，而结构的应力值和裂缝宽度值按正常使用极限状态计算。由于这些值含有两个有效数位，用于最后阶段计算的数字应保留三个有效数位。

（2）设计图纸

设计图纸原则上应标出设计计算的基本项目以及施工和维护的条件，以便确定设计和实际施工条件是否有差异。主要有关以下方面：

① 设计使用年限；

② 荷载特征值与荷载设计值的结合；

③ 安全因素；

④ 设计响应值（包括构件内力、应力、位移、裂缝宽度等）；

⑤ 设计极限值（包括横截面的承载力、强度、极限位移、最大裂缝宽度等）；

⑥ 选用材料的类型和质量；

⑦ 场地条件及地下水位；

⑧ 施工和维护要求；

⑨ 设计负责人的所在单位和姓名；

⑩ 设计日期；

⑪ 尺寸、比例尺和单位。

除了上述项以外，选用材料类型和质量的具体说明应包含钢筋的种类和质量、最大水灰比、钢筋混凝土结构粗骨料的最大粒径，钢结构所用钢材的类型及质量、含钢率、钢筋配比以及钢框架钢筋混凝土结构和混凝土填充钢结构的闭合率（阻止混凝土流入的钢截面与构件截面面积的比率）。

2.2　设计基本要素

第 23 条　一般规定

（1）明挖隧道的设计应考虑地形、地质、线形、坡度、设定位置、内净空、结构体系、施工技术、环境保护以及附属设施等方面。

（2）原则上应根据极限状态方法进行设计。

（3）以此规范为基础的设计假定存在以下先决条件：所用材料质量好且施工方法适当。

【条文说明】

（1）设计明挖隧道应考虑的基本内容

该节列出了设计明挖隧道时所应考虑的基本内容。在设计之前，应对这些内容进行全面的调查和测试，确保隧道的功能目标得以实现。这些在第 1 章已有阐述。

特别注意的是，在隧道设计的过程中应对施工场地的地形和地质进行彻底调查和测试，确保隧道在施工过程中和完工后的安全性和功能。这一点非常必要，因为地形和地质诱发的外力和地层移动对隧道产生的应力、变形以及稳定性影响要比其他荷载的影响大得多。这些情况的存在导致必须采取措施来阻止地层移动。可用措施有：改善土质、采用支护桩支撑、通过阻止地层移动防止隧道位移产生损害、将隧道建成可随地层移动而变化的弹性结构以避免出现应力和功能性问题。在实施这些措施之前，应进行详细的研究。研究的焦点应放在确保结构安全性上，同时考虑经济效益、地层条件、结构位移的影响范围以及隧道的设计目的。

（2）采用极限状态设计方法设计明挖隧道

明挖隧道或隧道中的某部分在达到正常使用极限状态过程中迅速退化，导致无法达到承载能力极限状态，继而该隧道由于不断出现各种问题而不能再发挥它的功能或无法达到使用要求。因此，通过测试结构的极限状态可以校验其性能。根据极限状态设计方法来设计明挖隧道的流程如图 C2.1 所示。

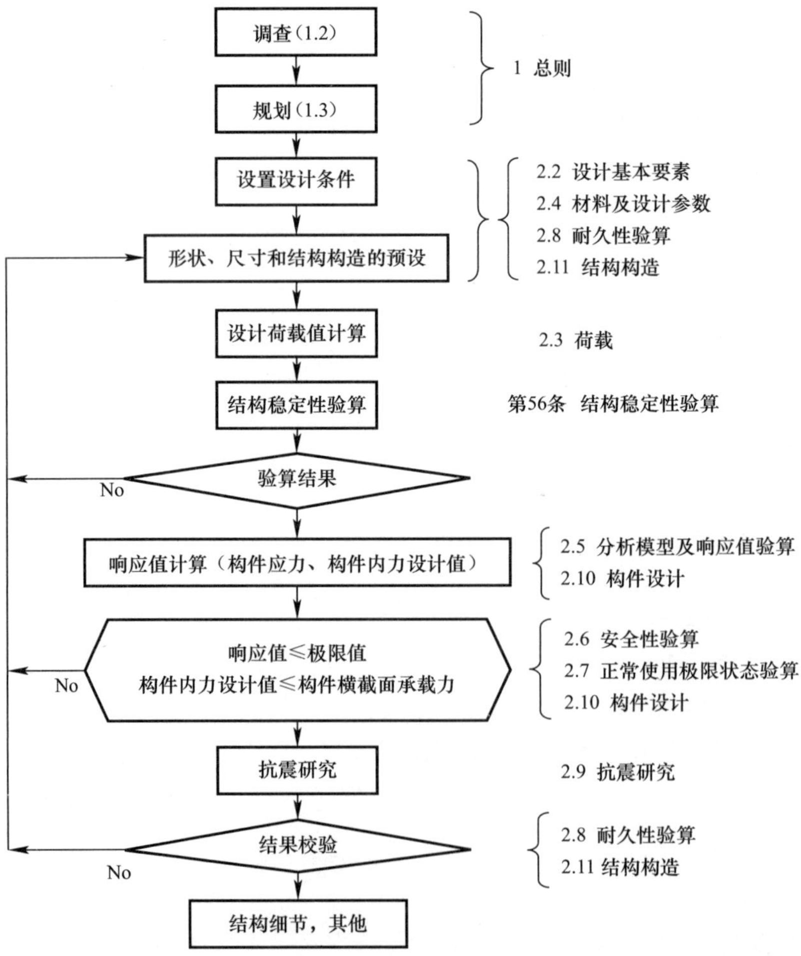

图 C2.1 明挖隧道设计流程

(3) 基于规范所做设计的先决条件

本段描述的是隧道结构设计的基本方法，其中假定隧道完全按照设计要求完成施工。高质量材料和恰当的施工方法表明施工管理情况良好，如第 2.4 节和第 4 章所述。

第 24 条　设计使用年限

明挖隧道的设计使用年限设定由运营期长度、养护方法、周围环境条件、耐久性以及经济效益等因素综合决定。

【条文说明】

明挖隧道的设计使用年限的设定要考虑隧道运营期的长短，而运营期的长短则受隧道结构的使用目的和经济效益、其周围环境条件以及耐久性影响。此外，还需考虑到明挖隧道在维修和加固改造方面的困难性。需要注意的是，即使明挖隧道的使用已经超过了它的设计使用年限，也不会立即妨碍它的使用性。

在特定环境条件下的混凝土结构的设计使用寿命通常预计为 100 年。其中关键的假设是隧道在运营期内能够得到充分的养护，而且混凝土结构的施工目标是在不用维修的情况下也能正常使用 50 年。保护层和水灰比也由此确定。一般建议明挖隧道的设计使用年限设为 100 年。

明挖隧道的侧墙以及隧道外部的顶板和底板的维修和加固改造都非常困难。因此，如果要设定一个不同的设计年限，为保证耐久性，需要根据保护层厚度、水灰比和裂缝宽度的极限值确定，这些都需要根据场地和结构的条件确定。

此外，通常情况下，明挖隧道的防水等级是其结构可靠性和耐久性的决定因素。因此，在确定设计年限时，需要考虑采用的是何种防水处理方式、何种防水材料，以及用了何种施工方法防止隧道渗水。

有关结构设计年限设计地震运动和结构的地震反应将在 2.9 节讲述。

第 25 条　性能验算原则

(1) 原则上，明挖隧道的性能验算应包括所需的各种性能的验算，包括安全性、服务性和耐久性有关的验算，通过假定在极限状态下，隧道及其内部设施都能满足其施工和设计使用年限的要求。

(2) 用于验算的极限状态在第 26 条中有明确规定。

(3) 极限状态假定下的验算应采用第 27 条中所述的安全因素，且应依据每种极限状态下安全性和服务性的验算方法进行。

(4) 荷载及荷载组合应如下文“2.3　荷载”所述确定。

(5) 地震情况下的性能验算应根据下文“2.9　抗震研究”确定。

【条文说明】

本规范中的设计体系以性能为基础。也就是说，从规划隧道结构、性能验算到准备设计文件，这一系列操作过程中设计者都应考虑所需性能要求。因此，设计的基本原则是先将极限状态设置为明挖隧道明确要求的各种性质，然后进行验证。

在达到其极限状态的过程中，隧道或其中某个部件的可用性迅速退化，导致在某一情况下发生故障。由于无法继续运作或出现各种不利因素，隧道无法满足所需要的性能要求。在设定极限状态时，应先选定结构和构件以及材料的状态指标，并给出与所需性能相适应的极限状态值。也就是说，应计算与荷载等影响有关的响应值，并确保其不会超过极限值。

第 26 条　性能验算中的极限状态

明挖隧道的性能复核应考虑如下状态：

（1）承载能力极限状态；

（2）正常使用极限状态；

（3）疲劳极限状态。

【条文说明】

存在多种极限状态需要对明挖隧道进行性能验算。本规范将这些极限状态分为三类：承载能力极限状态，正常使用极限状态，疲劳极限状态。

（1）承载能力极限状态

承载能力极限状态是指结构的组成构件破裂，致使结构丧失其抵抗沉降、位移、倾斜和上浮的稳定性；或是结构产生的位移过大以至丧失功能。这种极限状态与承载能力对应的状态，用于核查安全性。示例见表 C2.1。

承载能力极限状态示例　　表 C2.1

示例	描　述
截面破坏极限状态	引起构件破坏
稳定性极限状态	由于地基失去承载能力导致结构丧失稳定性
位移和变形极限状态	由于结构和构件的位移和变形使其丧失承载荷载能力
其他	其他状态

（2）正常使用极限状态

正常使用极限状态是指结构或构件产生了过大的裂缝、变形、位移或产生漏水，导致其耐久性丧失或无法正常使用。该状态为确保隧道正常的服务和功能或耐久性，常被用于检验其可用性和耐久性。示例见表 C2.2

正常使用极限状态示例　　表 C2.2

示例	描　述
渗水极限状态	渗水导致无法正常使用或给耐久性带来破坏
裂缝极限状态	裂缝破坏隧道耐久性
变形和位移极限状态	变形和位移导致隧道无法正常使用
局部破坏极限状态	构件的局部破坏导致隧道不适宜正常使用
振动极限状态	振动过大无法正常使用或让人感到不安
其他	其他状态

(3) 疲劳极限状态

疲劳极限状态是指结构或构件在可变荷载的反复作用下产生疲劳破坏，致使结构的安全性受到损害。这种极限状态从承载能力极限状态中分离出来，用于验算结构的安全性。火车荷载的反复作用下产生疲劳破坏就是一个典型的例子。

第 27 条　安全系数

明挖隧道的安全系数设定如下：

(1) 荷载系数 γ_f 的确定应考虑荷载特征值作用方向的偏差、承载力评估的不确定性、荷载特征值对极限状态的影响，以及环境作用的多变性。

(2) 结构分析系数 γ_a 的确定应考虑在结构分析过程中，计算精度在决定构件内力时的不确定性。

(3) 材料系数 γ_m 的确定应考虑材料强度特征值方面的偏差、样品和实际结构的材料强度差异、材料强度对极限值的影响，以及材料强度随着时间变化产生的差异。

(4) 构件系数 γ_b 的确定应考虑构件承载力计算中的不确定性、构件尺寸出错的严重性、构件达到某极限状态时对整体结构的重要性。

(5) 地层抗力系数 f_r 的确定应考虑地面参数特征值的偏差、地面承载能力计算的不确定性、某作用力超过阻力时的失效模式。

(6) 结构系数 γ_i 的确定应考虑结构的重要性、结构达到极限状态时的社会影响等。

【条文说明】

安全系数是用于保证结构在各极限状态下可以达到明确的安全等级，此时需考虑到设计的不确定性、结构的重要性。它包括荷载系数 γ_f、结构分析系数 γ_a、材料系数 γ_m、构件系数 γ_b、地层抗力系数 f_r 以及结构系数 γ_i。两个安全系数，即荷载系数 γ_f 和结构分析系数 γ_a 是在从荷载特征值确定构件的设计应力过程中设定的。而另外两个安全系数，即材料系数 γ_m 和构件系数 γ_b 是从材料强度特征值和构件尺寸确定构件横截面的设计承载力的过程中设定的。此外，结构系数 γ_i 是在构件设计应力与构件横截面的设计承载力进行比较时确定的。至于结构的整体稳定性，地层抗力系数 f_r 是在确定承载能力设计值的过程中设定的，并且利用了地基土的黏聚力和内摩擦角的特征值。

用于验算明挖隧道安全系数的标准值如表 C2.3 所示。

安全系数标准值　　　　**表 C2.3**

安全系数 / 极限状态	荷载系数 γ_f	结构分析系数 γ_a	材料系数 γ_m			构件系数 γ_b	地层抗力系数 f_r	结构系数 γ_i
			混凝土 γ_c	钢杆 γ_r	钢框架 γ_s			
承载能力极限状态	0.8~1.2	1.0	1.3	1.0	1.05	1.1~1.3	0.3~1.0	1.0~1.2
正常使用极限状态	1.0	1.0	1.0	1.0	1.0	1.0	1.0	1.0~1.2
疲劳极限状态	1.0	1.0	1.3	1.05	1.05	1.0~11	1.0	1.0~1.2

(1) 荷载系数

荷载系数 γ_f 依据荷载类型、极限状态、荷载作用在有关部件的效应（也就是说，看最大值和最小值之间哪一种产生的不利影响更大）的不同而不同。荷载系数的取值在第31条有具体说明。

（2）结构分析系数

构件受力的标准计算法是为了得到构件在实际荷载值情况下的平均值，因此，有必要利用结构分析系数分析它们的变化。结构分析系数的取值在“2.5　分析模型及响应值计算”有详细说明。

（3）材料系数

材料系数的取值在“2.4　材料及设计参数”中有详细说明。

（4）构件系数

构件横截面承载能力的标准结算是为了得到在实际材料强度值的条件下构件承载力的平均值，因此，有必要利用构件系数 γ_b 分析它们的变化。构件系数的取值在本章2.6～2.9节有详细说明。

（5）地层抗力系数

在计算地基承载能力时，应考虑地层抗力系数 f_r，因为地层常数的特征值在很大程度上取决于地层测量、测试的准确度和可靠性，也因为地面承载能力的计算方法包含了许多不确定因素。根据地基失稳模式，竖向和水平阻力会随着位移的增加而逐渐增加，即使已经达到设计极限值也是如此。否则，在达到最大值以后，隧道结构的侧摩阻力可能随着位移的增加而减少。地层抗力系数 f_r 的确定也应考虑这些失效模型。

（6）结构系数

结构系数 γ_i 在预防灾难和确定重建和维修的费用等方面具有重要意义。结构系数通常设定为1.0～1.2。

第28条　修正系数

（1）材料修正系数 ρ_m 的确定应考虑材料强度特征值和规定值的差异。

（2）荷载修正系数 ρ_f 的确定应考虑荷载特征值和规定值或标准值的差异。

【条文说明】

当不同系统的材料强度和荷载的规定值或标准值通过特征值分别确立时，其特征值可通过修正系数转化规定值或标准值而得。

修正系数的取值在与材料特征值与荷载特征值相关的条款中将给出详细说明。

2.3　荷载

第29条　一般规定

（1）原则上，设计荷载通过将荷载特征值与荷载系数相乘获得，同时应考虑在第32条中所述的荷载。

（2）为了结合设计荷载，在隧道施工时和设计使用寿命中，永久荷载、可变荷载、偶然荷载应根据表2.1及相关极限状态结合起来。

荷载组合的相关概念　　表 2.1

极限状态	组合方式
承载能力极限状态	永久荷载＋主要可变荷载＋次要可变荷载
	永久荷载＋偶然荷载＋次要可变荷载
正常使用极限状态	永久荷载＋可变荷载
疲劳极限状态	永久荷载＋可变荷载

【条文说明】

（1）设计荷载

荷载根据它们的持续时间、变化程度和出现的频率一般分为永久荷载、可变荷载和偶然荷载。永久荷载为长期作用的荷载，其变化可忽略不计。永久荷载包括覆土荷载、土压力、侧压力以及自重。可变荷载为频繁或持续作用的荷载，它们的变化较大，不可忽略。可变荷载包括活荷载和温度荷载。偶然荷载为那些作用在设计使用周期内的荷载，它们出现频率极小，却能引起非常严重的后果，包括地下水位反常和地震。不同的荷载组合对应不同的极限状态分析。

（2）荷载组合设计

当组合了被用于验算承载能力极限状态的荷载时，可变荷载被分为主要荷载和附加荷载。如第 30 条所述，主要可变荷载的特征值应为荷载的最大值。次要可变荷载的特征值应根据主要可变荷载和偶然荷载的值决定。当偶然荷载和可变荷载组合时，即使是同时发生的可变荷载值都可能被认为是次要的可变荷载，因为这些荷载的预期最大值同时出现的概率相当小。

在验算正常使用极限状态和疲劳极限状态时，只简单地使用“可变荷载”，因为没有必要再区分主次。

第 30 条　荷载特征值

（1）用于验算承载能力极限状态的永久荷载、主要可变荷载、偶然荷载的特征值均应取其在施工和使用期间出现的最大值。注意，当永久荷载偏小对结果不利时，应选取荷载的预期最小值。同时应注意，次要荷载的特征值应结合主要可变荷载和偶然荷载确定。

（2）当验算结构的正常使用极限状态时，荷载的所用特征值应是在结构使用期间出现相对频繁的预期值，且取值应根据所测项目决定。

（3）当验算结构的疲劳极限状态时，荷载的所用特征值应考虑在结构使用期间荷载的变化。

（4）当荷载规定值或标准值已参照其特征值单独给出时，它的特征值可通过将规定值或标准值与荷载修正系数相乘获得。

【条文说明】

（1）用于验算承载能力极限状态的特征值

永久荷载、可变荷载和偶然荷载这类将被用于验算承载能力极限状态的设计值，应取比建设时间和设计使用时限更长的重现期的最大值（或当永久荷载取偏小值会对结果不利时，应取最小值）。由于荷载有关的可用数据并不充分，且可能缺乏可用于检测最大荷载（或最小值）的数据，本规范采用荷载的预估最大值（或最小值）作为特征值，而将此数值与一个足够大的荷载系数的乘积作为设计荷载。

除了主要可变荷载或偶然荷载外，还要考虑的附加可变荷载是一种次要荷载。因此，附加荷载的特征值要比等量的主要可变荷载的特征值更小。

（2）验算正常使用极限状态时所用的荷载特征值

用于验算正常使用极限状态的荷载特征值是根据正常使用时经常遇到的频率最大值设定，且据所测项目确定。验算正常使用极限状态时所涉及的方面包括应力和裂缝，这意味着荷载值可能因为所测项目不同而各不相同。例如：在测试裂缝对结构耐久性影响时，如果确定活载的影响较小，则其荷载特征值也会设定得较小。这样，用于验算正常使用极限状态的荷载特征值将根据所测试的内容确定。

（3）验算疲劳极限状态的荷载特征值

用于验算疲劳极限状态的活荷载特征值应符合铁路和公路建设的相关标准。

第 31 条　荷载系数

所用标准荷载系数值如表 2.2 所示。

荷载系数　　表 2.2

极限状态	荷载种类	荷载系数 γ_f
承载能力极限状态	永久荷载（自重）	1.0～1.1＊
	永久荷载（附加荷载）	1.0～1.2
	永久荷载（土压力或侧压力）	0.8～1.2
	主要可变荷载	1.1～1.2
	附属可变荷载	1.0
	偶然荷载	1.0
正常使用极限状态	所有荷载	1.0
疲劳极限状态	所有荷载	1.0

＊注：如果主导设计不是自重，而是永久荷载的最小值，那么永久荷载的荷载系数的取值范围为 0.9～1.0。

【条文说明】

荷载系数值已根据文献［1］和文献［2］确定，其具体使用方法在第 43 条阐述。

对于作用在明挖隧道的土压力和侧压力而言，正常使用极限状态的荷载系数设定为 1.0，其他荷载也一样，前提是假定该荷载等于主动土压力或主动侧压力。另一方面，承载能力极限状态的荷载系数的确定应基于以往对土压力和水压力变化的效应检测。

参考文献

[1]　日本土木学会：隧道图书馆 11，极限状态设计法的隧道应用. 2001.（日文）
[2]　日本土木学会：混凝土结构标准规范-2002. "结构性能检验"，54 页，2005.

第 32 条　荷载的类型和分类

（1）明挖隧道的设计应考虑如下荷载：

① 自重；
② 地面荷载；
③ 覆土荷载；
④ 土压力、水压力或侧压力；
⑤ 浮力；
⑥ 隧道内部荷载；
⑦ 温度改变以及干燥收缩带来的影响；
⑧ 地震影响；
⑨ 施工期间的荷载；
⑩ 地层变形的影响；
⑪ 其他荷载。

（2）荷载根据相关条件分为：永久荷载、可变荷载和偶然荷载。

【条文说明】

（1）荷载考虑

本章简单列出了用于设计明挖隧道的荷载。在确定如何设计隧道以及在何种荷载状态下设计时，有必要考虑隧道规划修建地所在区域的地形、地质和隧道配置等条件。单种荷载将在后续章节中具体阐述。

如果这些荷载情况在未来可能发生变化，则应将这些变化纳入考虑。

明挖隧道承受土压力、水压力、地基反力以及地面荷载。由于这些荷载有许多未确定的成分，荷载组合以及与土压力、水压力和因地面荷载产生的非对称压力有关的荷载条件、各施工阶段的荷载变化以及活荷载都应经过筛选，以便使所有相关构件的应力值在给定荷载变化范围和荷载条件下达到最大。

正常情况下，明挖隧道是静态的不确定性结构，但是结构的构件应力受到来自直接作用于相关构件的荷载影响以及作用于其他构件的荷载影响。因此，对于作用于其他构件的荷载，可根据情况选择最大值以外的荷载值。

以箱形结构的顶板验算为例，如图 C2.2 所示。假定作用于顶板的竖向荷载是持续的，当作用在侧墙上的土压力、水压力或侧压力较大时，顶板支撑点处的弯矩值（$-M$）会增加。但是，当作用于侧墙的土压力、水压力或侧压力较小时，中间弯矩（$+M$）会增大。注意，在这种情况下，轴向压力同时减小，引起钢筋拉应力的增加。

（2）荷载分类

荷载一般分为永久荷载、可变荷载和偶然荷载。荷载的具体类型如表 C2.4 所示。

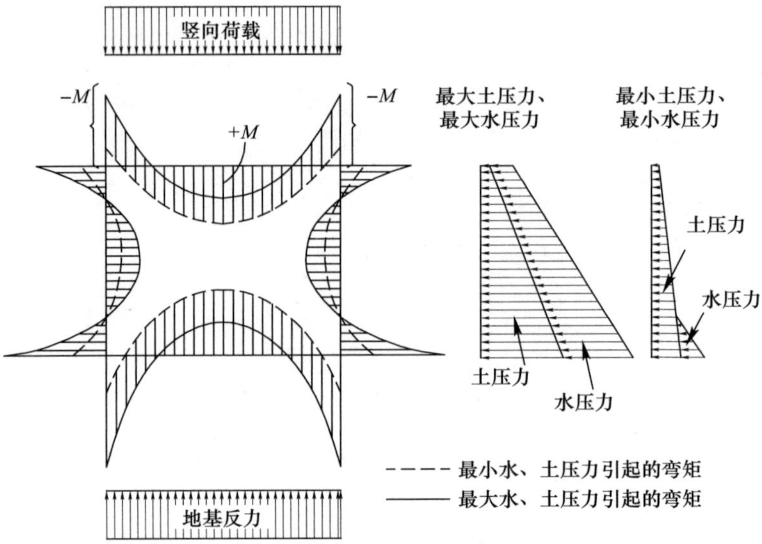

图 C2.2　由于侧墙荷载变化引起的结构弯矩变化

荷载类型细分　　　　**表 C2.4**

荷载类型		内容	荷载分类
恒载（固定恒载）		结构自重	永久荷载
作用于地表的荷载	附加恒载	人行道、轨道、路堤、建筑荷载	永久荷载
	活荷载	道路交通荷载、火车自重	主要可变荷载
覆土荷载		回填土自重	永久荷载
水土压力	土压力（侧压力）	永久的土压力（侧压力）	永久荷载
		可变的土压力（侧压力）	主要可变荷载
	水压力	永久孔隙水压力	永久荷载
		可变孔隙水压力	可变荷载
		反常水压力	偶然荷载
扬压力		永久孔隙水压力	永久荷载
		可变孔隙水压力	可变荷载
		反常孔隙水压力	偶然荷载
隧道内部荷载	附加恒载	附属设施、固定设施、人行道、轨道	永久荷载
	活载	火车、汽车、人行道、水荷载	主要可变荷载
温度变化及干燥收缩的影响			次要可变荷载
地震影响		惯性力，地震引发的地层变形，孔隙水压力	偶然荷载
施工期间荷载			可变荷载
地层变形的影响		地面沉降，附近区域施工	永久荷载

第 33 条　自重

（1）自重为固定恒载。

（2）对于自重的特征值而言，各种材料的单位重度（如表 2.3 所示）应根据设计文件中的尺寸使用和计算。注意，实际重量若已知，可直接采用。

材料的单位重度（kN/m^3）　　表2.3

材料	单位重度	材料	单位重度
水泥砂浆	21.0	钢，铸钢	77.0
混凝土	23.0	铸铁	71.0
钢筋混凝土	24.5	防水沥青	11.0
沥青混凝土	22.5		

【条文说明】

（1）自重

自重为组成结构的各构件的重度之和。

（2）自重特征值

自重特征值原则上应根据实际重度的变化范围确定。对于明挖隧道而言，自重的特征值应基于设计文件中构件的尺寸，利用表2.3所给材料的单位重度确定，而前提是单位重度的差异不大，且设计尺寸足够精确。若已知实际重度，则可直接使用实际重度。

第34条　路面的堆载

作用在明挖隧道的堆载包括道路交通、火车、建筑、路堤荷载，其大小根据以下条件确定：

（1）作为可变荷载的道路交通和火车荷载的形成和特征值应基于它们对结构或构件产生的最大影响来确定。

（2）作为附加恒载的建筑和路堤荷载的特征值应在考虑未来变化的可能性基础上确定。

【条文说明】

关于（1）

道路交通荷载包括在路面行驶的汽车、电车、自行车和行人等所产生的荷载。路面荷载应将撞击力考虑在内。但注意，撞击力会因土层的变形程度或振动减小，因此，当覆盖层的厚度达到3m或以上时，撞击影响可忽略不计。

道路交通荷载包括撞击影响，一般当成与隧道覆土一样的均布荷载处理。尤其是，除非要做详细的测试，否则其荷载特征值可根据表C2.5选取。注意，中间覆土层的特征值可通过线性插值法确定。但对于覆盖层小于1m的情况，特征值的确定应根据实际情况确定。

道路交通荷载（包括覆土层小于3m情况下的冲击荷载）　　**表C2.5**

覆土（m）	1.0	1.5	2.0	2.5	3.0	3.5	4.0	4.5及以上
道路交通荷载（kN/m^2）	40.0	28.5	20.5	15.0	12.0	11.5	10.5	10.0

注：计算道路交通荷载时只有车辆荷载被考虑其中。如需要了解计算详情，参见附录1。

火车荷载为火车通过隧道时产生的荷载。在确定其大小时，需考虑撞击力。一般而言，火车荷载的特征值由铁路运营商规定。

关于（2）

建筑荷载是结合了现存建筑荷载或建筑规划荷载、土地利用区、建筑覆盖和容积率等确定的荷载。如果设计中对建筑荷载有限制，则有必要与土地拥有者签订合约。如果高架桥的地基会对明挖隧道产生荷载，在设计时必须使用其实际重度。此外，设计时还需考虑临近地区大型结构或建筑对隧道的影响。

在图 C2.3 所示情况下，应注意，与隧道正上方区域的荷载相比，作用在地面上的荷载适用范围更大。

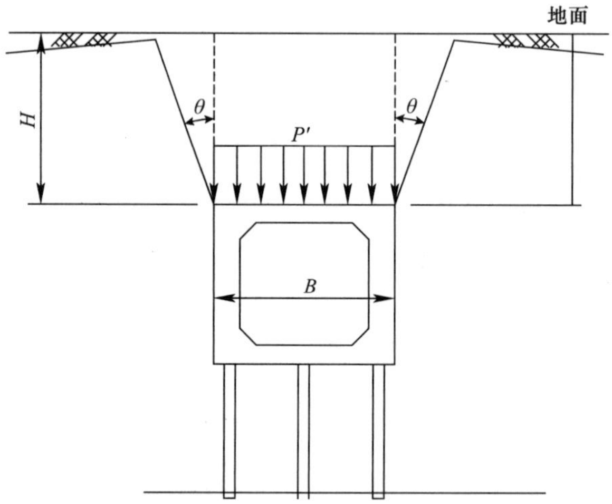

图 C2.3　当产生不同位移时作用于隧道上表面的竖向荷载

第 35 条　覆土荷载

作用于明挖隧道覆土荷载的特征值的确定应考虑从地面至隧道结构顶部的回填深度、回填材料的重度以及地下水的重度。

【条文说明】

明挖隧道覆土荷载的特征值一般通过将地表至隧道顶部的填土深度乘以土的重度来确定。在这种情况下，地下水位以下的的土体需考虑地下水的影响。

在没有可靠数据的情况下，填土材料的重度可根据表 C2.6 规定。

回填土的重度（kN/m^3）　　**表 C2.6**

地下水位以上	18
地下水位以下	20

在容易发生地面沉降的软土层中，即在隧道和周围土层之间发生相对位移的情况下，当隧道受到桩基础支撑，或软土层经过加固处理，超过隧道截面宽度的土体荷载同隧道正上方的土体荷载一起作用于隧道结构上。在这种情况下，作用于隧道顶部的覆土荷载可按如下方式确定：

$$p' = (1+\lambda)\gamma H$$

式中　p'——作用在隧道顶部的竖向土压力；

λ——附加系数，$\lambda=\tan\theta \cdot H/B$；

γ——隧道上方土体的单位重度；

H——覆土厚度；

B——隧道宽度；

$\tan\theta$——影响范围（大部分情况下取 0.25）。

第 36 条　土压力、水压力或侧压力

（1）作用于明挖隧道的土压力特征值取静止土压力与荷载修正系数的乘积。

（2）对于地下水位以下的隧道，除考虑土压力外通常还需考虑水压力。水压力的特征值为该处的孔隙水压力，且在各极限状态下都应考虑。

（3）如果土压力和水压力无法分算，如在黏土中的情况，可采取土压、水压和侧压合算。

【条文说明】

关于（1）

1）土压力或侧压力的特征值

在无需详细验算的情况下，作用于隧道侧墙的土压力的特征值按下列公式计算：

① 砂土的土压力特征值

$$p_0 = \rho_f K_0 (q + \gamma_i H - p_w)$$

式中　p_0——土压力；

ρ_f——荷载修正系数；

K_0——静止土压力系数，$K_0=1-\sin\phi$；

q——路面附加荷载；

γ_i——饱和重度；

H——计算处至地面的深度；

p_w——计算处的孔隙水压力；

ϕ——内摩擦角。

② 黏土的孔隙水压力特征值

$$p_0 = \rho_f K_0 (q + \gamma_i H)$$

式中　p_0——侧压力；

ρ_f——荷载修正系数；

K_0——静止土压力系数（标准值见表 C2.7）；

q——路面附加荷载；

γ_i——土的湿重度；

H——计算处至地面的深度。

静止侧压力系数 **表 C2.7**

土壤类别	K_0
硬土　$N \geqslant 8$	0.5
中软土　$4 \leqslant N < 8$	0.6
软土　$2 \leqslant N < 4$	0.7
极软土　$N < 2$	0.8

注：N 为标准贯入试验的 N 值。

③ 硬土层的土压力特征值

当硬土（硬土层，岩层）厚度或隧道埋深小于黏土的自立高度 $H=4c/\gamma_t$ 时，可考虑实际土压力值小于如上描述的土压力值。如果未来随着地下水位的变化，土压力小于水压力，则需使用水压力进行验算。

2）作用于隧道侧墙的土压力概念

采用挡土墙建造明挖隧道时，如果挡土墙发生变形，这意味着，在通常情况下，作用在挡土墙上的土压力远远小于静止土压力。但是，对于刚度很大、几乎不会发生形变的墙体（如隧道侧墙）而言，即使是施工完成后很小的土压力也能逐渐达到与静止土压力相当的水平。因此，通常情况下，采用静止土压力作为作用在隧道侧墙上的最大土压力。另一方面，关于作用在隧道侧墙上的土压力的长期改变，还没有积累足够的数据，而且土压力的改变通常被认为会随着地基强度、开挖深度、施工条件以及隧道侧墙的刚度的改变而不同。如果要对这些参数做一个详细测试，可采用比静止土压力小的土压力作为隧道侧墙的最大土压力。地震作用下的土压力将在本章第 2.9 节进行阐述。

3）作用在隧道侧墙的土压力最大值和最小值

如第 32 条所述，箱形结构隧道包含的构件中，有些构件的应力随着土压力增大而增大，有些构件应力随着土压力的减小而增大。作用在隧道上的土压力，如上所述，会随着时间的变化而变化，或随着水位的上升或降低而变化。土压力值计算包含了许多基于破坏单元的假设，如土体常数等。考虑到作用在隧道侧墙的土压力，不仅需要测量最大土压力，还需测量最小土压力。因此，土压力荷载特征值通常取静止土压力的额定值与荷载修正系数的乘积。对于荷载修正系数 ρ_f 而言，在无可靠数据的情况下，其取值为 1.0 或 0.7。当土体的水平侧压力小于额定值时（通过静止侧压力系数计算获得）是不利的，需加以关注。注意，0.7 的系数是假定主动土压力为最小土压力值。

关于（2）

1）水压力效应

在渗透系数高的砂土层中，水压力作为隧道侧墙上的一种荷载，起着决定性作用。尤其对于开挖深度大于 30m 的明挖隧道而言，水压力对构件的影响更为重要。

2）孔隙水压力

孔隙水压力在地下水位开始一般呈线性分布，如图 C2.4（a）所示。但在以下情况时应注意：在地下水被抽出的地区，不透水层低处的水压低于高处的水压，如图 C2.4（b）所示。另一方面，在山脚下或是盆地区域，不透水层低处的水压力更高，如图 C2.4（c）所示，比从上到下直线分布的预期值更高。

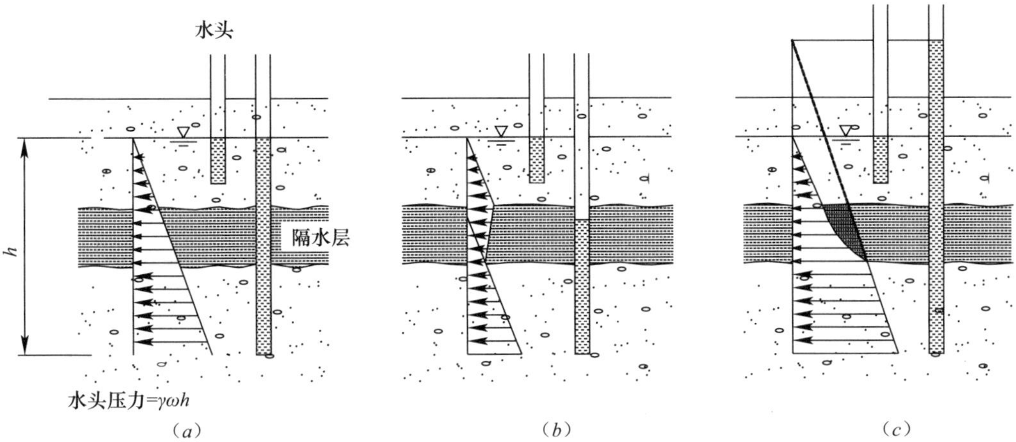

图 C2.4　孔隙水压力示例

3）孔隙水压力变化

原则上，设计时所需孔隙水压力应在施工现场进行实际测量获取。由于季节的周期性变化、施工时的临时性变化、长期的持续变化等因素，水压力不断变化，因此在设计隧道时，必须对这些因素进行彻底的检测，以便确定其特征值。在大城市，地下水位过去曾经下降过。但近年来由于一些地区限制了对地下水的抽取，所以地下水位已经回升。

4）设计文件中水压力的特征值

原则上，用于设计计算的水压力是孔隙水压力，但孔隙水压力很难准确测定。在这种情况下，须依靠假定地下水位确定水压力特征值。但仍需基于 2）和 3）作出综合判断。当施工深度较深时，水压力对竖井的影响巨大。一般情况下，由于存在不透水层，地下水压力的分布变得不连续。但竖井施工时，不透水层被开挖，使水能够沿着侧墙从上层不透水层流入下一层。结果，水压力分布将上下透水层相连。在这种情况下，确定设计计算时所需的水压力特征值需要根据地质和施工方法对地下水位顶部的变化进行测定。

水压力的荷载系数在所有极限状态下均设为 1.0。这是因为，由于明挖隧道施工深度和地下水位的位置关系，很难通过荷载系数表现地下水位变化引起的水压力变化。如果要通过荷载系数体现出水压力的变化，则会出现矛盾：例如，水头压力无法表达，因为出现这个压力值时，当普通水位接近地面或者作用于侧墙上部的水压力的水头与作用在侧墙下部的水压力峰值不同时，地下水水头应位于地面以上。相应地，在考虑地下水头的差异性的同时，对水压力在各种极限状态下的特征值进行确认。一般而言，考虑到地下水头的年度变化，可以在正常使用极限状态下设定低水位和高水位。对于承载能力极限状态而言，在一定时期内（可能超过 200 年）考虑地下水头（200 年是地下水预期重现时段），足以设置低水位和高水位。在考虑地下水头 200 年重现时，需设置高水位和低水位。

关于 3）

对于黏土而言，侧压力一般用水土合算，所以不需要单独考虑水压力。侧压力的特征值应根据条文说明（1）确定。

第 37 条　浮力

作用于明挖隧道浮力的特征值应根据隧道底面的孔隙水压力，针对各极限状态加以确定。

【条文说明】

对于建在地下水位以下的明挖隧道而言，如果浮力作用在隧道底面，则须在设计时将浮力考虑在内。

浮力的特征值需根据底面的孔隙水压力确定，但需考虑孔隙水压力的变化。各极限状态下的孔隙水压力水头可根据第 36 条描述的方式确定。

当隧道建在黏土层时，地下水会沿着隧道的外表面和回填土部分移动，导致隧道的浮力大于天然地基中的孔隙水压力。

第 38 条　隧道内部荷载

明挖隧道的内部荷载由恒载和活载组成。各荷载的特征值根据以下方式确定：

（1）在确定隧道内部恒载或附加恒载的特征值时，应考虑其未来的变化范围。

（2）在确定隧道内部活载或可变荷载的形成和特征值时，应假定它们对结构和构件发挥最大效应。

【条文说明】

在隧道内部，恒载是指固定设备的自重；活载是指来自火车、汽车、行人以及水（包括内部水压）的荷载。对于火车和汽车而言，其荷载应分别遵从铁路和公路的标准。

作用于隧道构件内部的荷载通常被认为均匀作用在隧道底板上，隧道直接由地基支撑，所以这些荷载对隧道构件应力的影响很小。因此，除了计算稳定性的情况外，这些荷载可能被忽略。

第 39 条　温度变化效应和干燥收缩影响

温度变化和干燥收缩特征值的确定应考虑覆盖层厚度及结构规模等。

【条文说明】

在地下约 0.5m 内会出现温度变化，但随着深度的增加，温度的变化会急剧减小。所以，当隧道的埋深达到 1m 或以上时，温度变化的影响可以忽略不计。但另一方面，应考虑隧道外露部分受温度变化的影响。在这种情况下，温度改变的上限值为±15°，具体情况下可能有所减少。

明挖隧道埋在土里，故它的干燥收缩影响通常很小，也因此可忽略不计。然而，在纵向上隧道的施工接头间距超过 20m 时，或隧道断面超大、穿越了多个土层时，则需考虑干燥收缩的影响。这个影响的上限值设定在相当于温度降低 15℃的影响，视具体情况而定，可能有所减小。

温度变化效应和干燥收缩影响的细节考虑参见文献［1］。

参考文献

［1］　日本土木学会：混凝土结构标准规范-2002.“结构性能检验”，58-61，2005.

第 40 条　施工期间的荷载

应考虑施工期间作用在明挖隧道主体上的荷载。

【条文说明】

施工期间的荷载通常来自临时支护结构，如第 3 章中所介绍的挡土墙。它们不会对隧道主体产生影响。然而，遇到以下情况时有必要考虑施工荷载：

（1）在对结构施工时拆除一些支柱，使得土压力和水压力作用在主体结构的情况；

（2）采用自上而下的施工方法开挖隧道时；

（3）利用部分主体结构作为临时支护结构时；

（4）利用地下连续墙作为部分主体结构时；

（5）在板上安装盾构始发基座时。

当施工完成时的结构类型与单一施工阶段的结构类型不同时，有必要检查每个施工阶段的荷载。

第 41 条　地层位移的影响

以下情况需要考虑作用于明挖隧道上的荷载：附近施工作业引起地层位移，地面水位变化和地面上的荷载变化发生固结沉降。

【条文说明】

地面开挖或者路堤、各种结构的安装、软土引起的固结沉降、环境的改变引起地面水位大幅度的上升或者下降，所有的这些若发生在明挖法隧道附近，都可能引起隧道荷载情况的巨大改变。当可能发生上述情况时，都要考虑这些变化对荷载的影响。

当软土层厚度发生变化或者地形、地层发生突然变化时，地层位移的效应也有可能产生影响。例如，如图 C2.5 所示，地面的不均匀沉降会引起隧道纵向异常变形。尤其，当隧道通过某处地基变为软土层的区域时，隧道受软土地基沉降的巨大影响，还会因地震期间侧向位移引起纵向位移的变化。在这种情况下，考虑到地层位移效应，应按照第 47 条和第 75 条所述对隧道进行纵向检查。

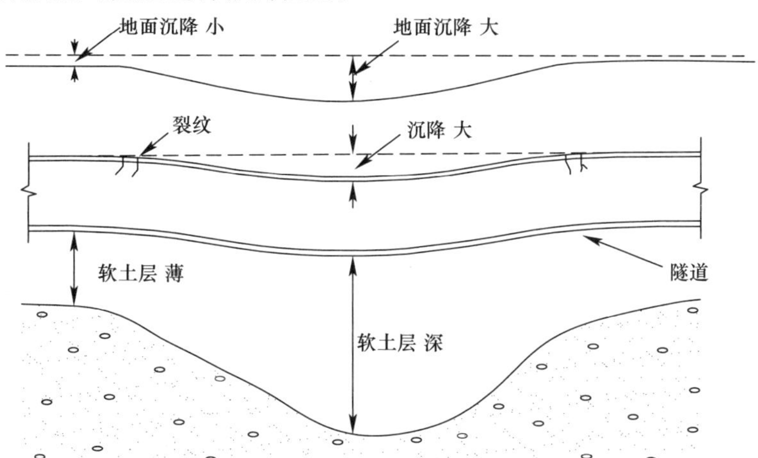

图 C2.5　由于地面沉降引起隧道变形

隧道和周边的地面产生不同的变形，且隧道采用桩基础或者在易发生沉降的软土层中加固地基，如第 35 条所述，有必要增加作用在隧道顶部的覆土荷载。

第 42 条　其他荷载

当存在随位置条件和使用目的而变化的具体荷载需要考虑时，应根据实际情况确定适当荷载值。

【条文说明】

当需要考虑的荷载不止前文所述的几种荷载时，为设计明挖隧道需要，应确定所需性能和极限状态。对于设计荷载和符合规定性能及极限状态的荷载组合，应进行性能验算。

第 43 条　设计荷载组合

在考虑构件的种类和要检查的项目时，应根据表 2.1 所列极限状态组合设计荷载。但地震条件下的组合荷载除外，应根据本章第 2.9 节所述组合。

【条文说明】

每种极限状态的设计荷载都应充分考虑构件种类和需要检查的项目。主要考虑以下方面：

（1）承载能力极限状态

① 当需将道路交通或火车荷载视为地面可变荷载时的影响；

② 高水位的水压和浮力将用于验算侧墙和路面隆起；

③ 低水位的水压和浮力将用于验算顶板和底板。

（2）正常使用极限状态

① 当需要将道路交通或火车荷载视为地面可变荷载时，应考虑其影响；

② 高水位的水压和浮力将用于验算侧墙；

③ 验算顶板和底板应使用低水位的水压力和浮力；

④ 普通水位的水压力和浮力应被用来验算位移和变形。

（3）疲劳极限状态

① 当需要将道路交通或火车荷载视为地面可变荷载时，应考虑其影响；

② 需要考虑车辆荷载和火车荷载直接作用于顶板和中隔板时的影响；

③ 需使用普通水位的水压力和浮力。

除了地震条件外，极限状态下的典型荷载组合和荷载系数如表 C2.8 所示。选用时应确保在每种极限状态下，对其构件类型和检查项目而言，荷载作用均为最大。注意，表 C2.8 中的“全部”是指该极限状态适用于所有构件的弯曲和承载力验证。

荷载组合和荷载系数表（除地震外）　　表 C2.8

极限状态 / 荷载类别		承载能力极限状态				正常使用极限状态			疲劳极限状态
		全部③	侧墙	底板	浮力	侧墙	底板	位移等	
自重（固定恒载）	D_1	1.1	1.0	1.1	1.0	1.0	1.0	1.0	1.0
隧道内部恒载（额外恒载）	D_2	1.2	1.0	1.2	1.0	1.0	1.0	1.0	1.0

续表

极限状态 荷载类别		承载能力极限状态				正常使用极限状态			疲劳极限状态
		全部[3]	侧墙	底板	浮力	侧墙	底板	位移等	
覆土荷载及路面堆载（永久荷载）	E_{VD}	1.1	1.0	1.1	1.0	1.0	1.0	1.0	
路面堆载（可变荷载）	E_{VL}	1.1		1.1		1.0	1.0		1.0
由永久荷载产生的土压力或侧压力	E_{HD}	1.2	1.2	0.8		1.0	1.0		1.0
由可变荷载产生的土压力或侧压力	E_{HL}	1.2	1.2			1.0	1.0		1.0
水压力、浮力（普通水位）	W_{P1}							1.0	1.0
水压力、浮力（低水位）①	W_{P2}			1.0			1.0		
水压力、浮力（高水位）	W_{P2}	1.0	1.0		1.0	1.0			
地层位移的影响②	G_D	1.0	1.0	1.0		1.0	1.0	1.0	1.0
隧道内部活载（可变荷载）②	$L+I$	1.1		1.1		1.0	1.0		1.0
温度改变的影响②	T					1.0	1.0		1.0
干燥收缩影响②	S_H					1.0	1.0		1.0

注：① 对于在黏土地层的明挖隧道而言，检测顶板和底板时无须考虑水压力。
② 必要时须考虑此荷载。
③ 该荷载可用于校验所有构件的弯曲及承载力。

2.4 材料及设计参数

第 44 条 一般规定

（1）必须保证明挖隧道主体材料的质量。

（2）由于假定不同的测试值，大多数的测试值不应低于材料的强度特征值 f_k。

（3）材料的设计强度 f_d 应等于材料的强度特征值 f_k 除以材料系数 γ_m。

（4）当材料强度的规定值 f_n 从特征值中被分别确定时，材料度特征值 f_k 等于规定值 f_n 乘以材料修正系数 ρ_m。

【条文说明】

关于（1）

隧道主体材料的标准如表 C2.9 所示。

隧道主体材料标准 **表 C2.9**

材料	标准值	种类
水泥	JIS R 5210 普通硅酸盐水泥 JIS R 5211 高炉矿渣硅酸盐水泥 JIS R 5212 火山灰质硅酸盐水泥 JIS R 5213 粉煤灰硅酸盐水泥	
混凝土	JIS G 3112 钢筋混凝土	SR235，SR295，SD295A SD295B，SD345，SD390

续表

材料		标准值	种类
钢材	结构钢	JIS G 3131 一般结构用轧钢 JIS G 3106 焊接结构用轧钢	SS400 SM400，SM490，SM490Y，SM520，SM570
	钢管	JIS G 3444 焊接结构用轧钢	STK 490
	钢铸件	JIS G 5111 碳钢铸件	SC480
		JIS G 5102 焊接结构用钢铸件	SCW480
		JIS G 5201 焊接结构用离心铸造钢管	SCW-490-CF

表 C2.9 所列水泥各有特点，性能差异较大。因此，为生产质量达标又经济适用的混凝土，在选择水泥时应当考虑隧道的类型和修建位置，施工的气象条件、时间和方法。注意，文献［1］所列要求可能要使用混凝土和螺纹钢筋。

关于（2）

材料的强度特征值可参考文献［1］来确定。

关于（4）

当使用 JIS 标准产品时，材料修正系数 ρ_m 可取 1。

参考文献

［1］ 日本土木学会：混凝土结构标准规范-2002. “结构性能检验”，22-51，2005.

第 45 条　混凝土设计参数

（1）强度

混凝土的强度特征值一般应以 28 天试验强度作为依据。也可依据其他龄期的测试，这取决于建筑结构的用途，主要荷载作用的时间以及建设计划。

混凝土的抗压强度试验应以 JIS A 1108 法混凝土抗压强度的试验作为依据。

混凝土的抗拉强度试验应以 JIS A 1113 法混凝土抗拉强度的试验作为依据。

（2）疲劳强度

混凝土疲劳强度的特征值是通过疲劳强度试验确定的，试验时应考虑混凝土的类型以及结构所处环境。

（3）应力—应变曲线

1）应根据验算极限状态的目的假定混凝土的应力—应变曲线。

2）图 2.1 中模拟的应力—应变曲线，一般可用于验算弯矩和轴力作用下的承载能力极限状态。

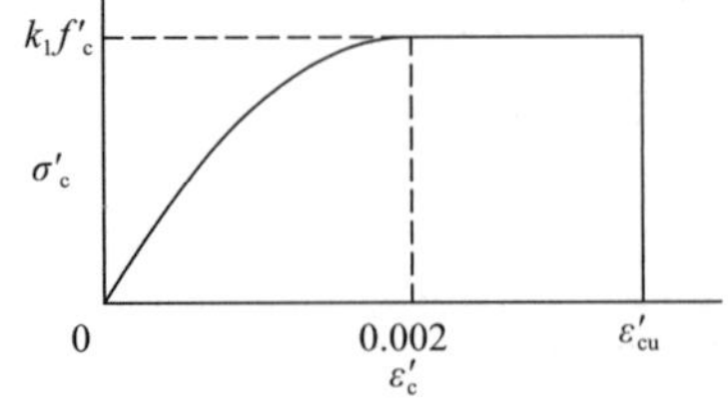

$$\varepsilon'_{cu}=\frac{155-f'_{ck}}{30000}\leqslant 0.85$$

$$0.0025\leqslant\varepsilon'_{cu}\leqslant 0.85$$

f'_{kc}的单位是N/mm²，

曲线方程为：

$$\sigma''_c=k_1f_{cd}\frac{\varepsilon'_c}{0.002}\left(\left[2-\frac{\varepsilon'_c}{0.002}\right]\right)$$

图 2.1　混凝土的应力—应变曲线

（4）杨氏模量

原则上，混凝土的杨氏模量应按照 JIS A 1149 混凝土弹性静态模量测试法进行确定。在没有进行该测试的情况下，可以使用表 2.4 所示值。

混凝土杨氏模量　　表 2.4

抗压强度特征值 f'_{ck}(N/mm²)	18	24	30	40	50	60	70	80
杨氏模量 E_c	22	25	28	31	33	35	37	38

注：适用于普通混凝土。

（5）泊松比

在弹性范围内，混凝土的泊松比一般设为 0.2。当混凝土开裂时，泊松比为 0。

（6）热工特性

原则上，热工特性应根据混实验数据或现有数据来确定，但一般情况下可设为 10×10^{-6}/℃。

（7）收缩

1）原则上，混凝土的收缩应考虑结构周围的湿度、构件截面形状和尺寸、混凝土配合比等因素的影响，但一般来说，可按表 2.5 所示取值。

混凝土收缩应变（$\times10^{-6}$）　　表 2.5

环境条件	混凝土龄期*				
	3 天以下	4～7 天	28 天	3 个月	1 年
室外	400	350	230	200	120
室内	730	620	380	260	130

* 注：指混凝土受到干燥影响的时期，设计时需考虑收缩。

2）根据弹性理论计算超静定结构受力时，混凝土收缩应力一般为 150×10^{-6}。但只有在不考虑蠕变的影响时，才可以使用这个值。

（8）徐变

1）混凝土的徐变应力可通过以下方式确定，假定其与应力引起的弹性应变成正比：

$$\varepsilon'_{cc}=\Phi\sigma'_{cp}/E_{ct}$$

式中　ε'_{cc}——混凝土的压缩蠕变应力；

Φ——徐变系数；

σ'_{cp}——施加的压应力；

E_{ct}——荷载作用时的杨氏模量。

2）在确定混凝土的徐变系数时，一般应考虑周围湿度、构件截面的形状和尺寸、混凝土的配合比，以及混凝土的龄期。

【条文说明】

关于（1）强度

混凝土的强度取决于试件的龄期、硬化状态、试样的形状和尺寸、加载速率和荷载状态等。因此，强度通常应根据JIS标准进行确定。

① 当使用按照JIS 5308标准的预拌混凝土时，买方指定的标准强度一般可作为抗压强度特征值 f'_{ck}。

② 混凝土的粘结强度和承载力特征值应根据大量的强度试验来确定。

③ 抗拉强度特征值、粘接强度特征值、承载力特征值和弹性抗折强度特征值，应以抗压强度特征值 f'_{ck}(设计标准强度）为基础，利用文献［1］所示公式计算确定。

④ 混凝土的材料系数 γ_c 在承载能力极限状态时取1.3，在正常使用极限状态时取1.0。

关于（2）疲劳强度

混凝土在受压、受弯压、拉伸和弯曲张力作用下的疲劳强度应按文献［1］所示的公式确定。混凝土的材料系数 γ_c 在疲劳极限状态时一般取1.3。

关于（3）应力—应变曲线

本文所示的应力—应变曲线适用于一般情况。特别是在箍筋或螺旋筋加固混凝土的情况下，钢筋的约束效应可以增加抗压强度和极限应变。当这些值可以在试验中大量获得时，其结果可用。

关于（4）杨氏模量

混凝土杨氏模量对结构安全性的影响小于其他几个特征值。如果杨氏模量对结构性能的影响相对比较重要，建议对各种条件进行彻底检查。必要时，可使用测量实际所用材料所得结果值。

关于（7）收缩

表2.5中的“室外”值用于相对湿度为65%的情况，而“室内”值则用于相对湿度为40%情况。由于地下水的影响，明挖隧道可能会遇到较高的相对湿度，此时可用“室外”值。如果湿度条件与上面所示的值有很大的区别，建议单独进行充分计算。

参考文献

［1］ 日本土木学会：混凝土结构标准规范-2002.“结构性能检验”，24-43，2002.

第46条　钢材设计值

（1）强度

钢材的抗拉屈服强度特征值 f_{yk} 和抗拉强度特征值 f_{uk} 应在强度试验的基础上确定。钢材的拉伸试验应根据JIS Z 2241“金属材料拉伸试验法”进行。

（2）疲劳强度

钢材的疲劳强度特征值应根据疲劳强度试验确定，试验要考虑钢材的种类、形状和尺寸、焊接方式、使用应力的大小和频率以及环境条件。

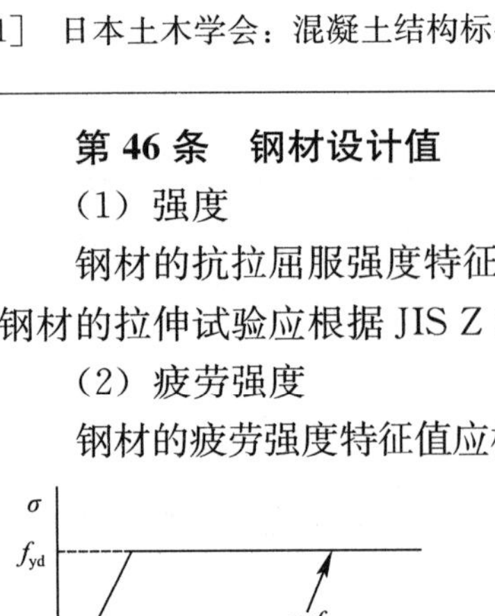

图2.2　钢材的应力—应变曲线

（3）应力—应变曲线

① 对于钢材的应力—应变曲线，假定其适当形式能够满足检测的需要。

② 图2.2所示的应力—应变模型曲线一般用于极限状态的验算。

(4) 杨氏模量

通过拉伸试验获得的应力—应变曲线得到钢材的杨氏模量。拉伸试验按照 JIS Z 2241“金属材料拉伸测试法”进行。如果不进行试验，模量值一般取 200kN/mm^2。

(5) 泊松比

钢材的泊松比一般可以设置为 0.3。

(6) 热膨胀系数

钢的热膨胀系数一般与混凝土相同。

【条文说明】

关于 (1) 强度

钢材的抗拉屈服强度和抗拉强度的特征值应根据类似混凝土抗压强度试验确定。

① 符合 JIS 标准的钢材，其特征值 f_{yk} 和 f_{uk} 可设为 JIS 标准的下限。用于测试极限状态的钢材的截面面积一般为公称截面面积。

② 钢筋混凝土的抗压强度特征值可能与钢材的抗拉强度特征值相同。除特殊情况外，不含混凝土的钢材抗压强度等于不考虑混凝土影响的钢材的局部屈曲强度。

③ 钢材的抗剪屈服强度特征值 f_{svyk} 的计算公式：

$$f_{svyk} = f_{syk}/\sqrt{3}$$

④ 钢结构的承载力特征值 f_{sak} 一般可按如下计算，但当承载力超过了抗拉强度时，抗拉强度应取上限：

$$f_{sak} = 1.5 f_{syk}$$

⑤ 钢材焊接强度的特征值，应按照文献［1］确定。

⑥ 钢的材料系数可取以下值来检测极限状态：

钢筋	1.0
除了钢筋以外的钢材	1.05

疲劳极限状态下，此系数可取 1.05，正常使用极限状态下，此系数可取 1.0。

关于 (2) 疲劳强度

钢材的疲劳强度一般应通过试验确定，因为钢材的疲劳强度受许多因素的影响，如材料、形状、尺寸及其他因素。

参考文献

［1］　日本土木学会：混凝土结构标准规范-2002。“结构性能检验”，43-51，2005.

2.5　分析模型及响应值计算

第 47 条　结构分析模型

(1) 结构构件所受的弯矩、轴力、剪力、扭矩等受力情况，应根据考虑相应极限状态的分析理论来确定。

(2) 对于结构分析，应当根据断面形式、支护条件、极限状态等，横向建立结构分析模型。当地基承载力发生变化或局部荷载纵向分布时，应纵向建立结构分析模型。

(3) 为便于分析，可用简化的结构分析模型。分析模型应包括板、梁、柱、墙、刚架和根据结构形状进行的组合结构。

(4) 当结构分析模型中需要简化荷载分布或需用静态荷载代替动态荷载时，应设置与实际相符的等效荷载或者采取安全的措施。

【条文说明】

与一般的地上结构不同，明挖隧道被土体包围。隧道结构的重度往往小于挖除的土体重度，所以隧道结构大多直接建在底部开挖面上。因此，在进行结构计算的同时应考虑隧道的纵向/竖向刚度、隧道结构与地面之间的相对关系，以及与隧道接触的地面类型。

关于 (1) 和 (2)

明挖隧道的主体结构在纵向和横向上是连续的，因此，必要时应对横向和纵向都进行验算。

1) 横截面结构计算

为同时满足施工和使用要求，明挖隧道通常采用矩形断面。对这类隧道进行结构分析时，构件应力的计算通常以弹性理论为基础，选择本章第 2.3 节所示的适合隧道施工现场的荷载，并考虑选定荷载引起的地基反力。

作用于明挖隧道的荷载通过底板和侧墙传递到地基。尽管在进行隧道结构分析时必须确定由这些荷载引起的地基反力，但其分布情况会因地面条件、隧道主体情况和施工方法而各不相同。

一般情况下，当地基相对较软时，地基反力是均匀分布的。当地基较硬时，地基反力主要集中在侧墙和底板支座处。隧道的持力层突然改变可能需要使用桩基础，此外，当明挖隧道离地面很深。地下连续墙或逆作法施工时也要使用桩基础。这些桩的存在和地下连续墙的设置，可能会导致在支护条件与底板以下地基的直接接触情况不一致。在这种情况下，计算地基反力应充分考虑桩的弹簧系数、地基反力系数和构件变形。

另一方面，当地下连续墙作为主体时，应参考本章第 2.12 节所述。

以下方法用于设计时地基反力的计算（见表 C2.10）：

① 假设隧道结构和地基都是弹性体，并考虑基于弹性理论分析的隧道结构在每个可能荷载影响下的变形。

② 考虑按照①中理论得到的隧道结构变形来计算地基反力、地下连续墙和隧道底面的集中荷载。

③ 假设隧道是一个刚体，且竖向荷载、水平荷载和倾覆力矩都由隧道底面的地基反力支撑。

①和②概括的计算方法理论上与结构和地基条件兼容，通常使用的计算模型，假定结构主体为梁，地基为弹簧。③所述方法通常适用于截面相对较小的隧道，也可应用在以下情况：与隧道底面接触的地基是均匀分布的，隧道主体刚度比地基大且隧道底面的地基承载力远大于侧面的地基承载力。但用于设计的荷载和土体参数需要进行验算，下

列情况根据①和②中描述的方法进行结构分析：

(a) 当这些条件无法得到满足时；

(b) 当大的断面上含有地铁站或特殊形状的通风室时；

(c) 当隧道因为其高度大于横截面的宽度而受到偏心荷载作用时；

(d) 预计可能发生地层位移时。

建议参考图 C2.6 来确定该结构为刚性体还是弹性体。

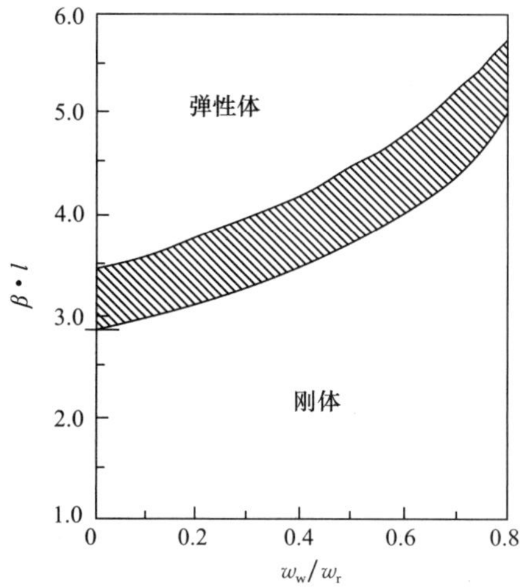

$$\beta=\sqrt[4]{\frac{k_v b}{4EI}}$$

式中　k_v——竖向地基反力系数；

E——混凝土的杨氏模量；

I——顶板惯性矩；

b——底板宽度；

l——跨度；

w_w——作用于底板的水压力；

w_r——假定为均匀分布的荷载的竖向地基反力。

图 C2.6　单跨结构分类：刚性体和弹性体

地基反力的分布形式及计算方法　　**表 C2.10**

方法	① 仅由土体支撑的结构且假定为弹性体	② 由桩和地下连续墙支撑的结构且假定为弹性体	③ 仅由土体支撑的结构且假定为刚性体
反力分布	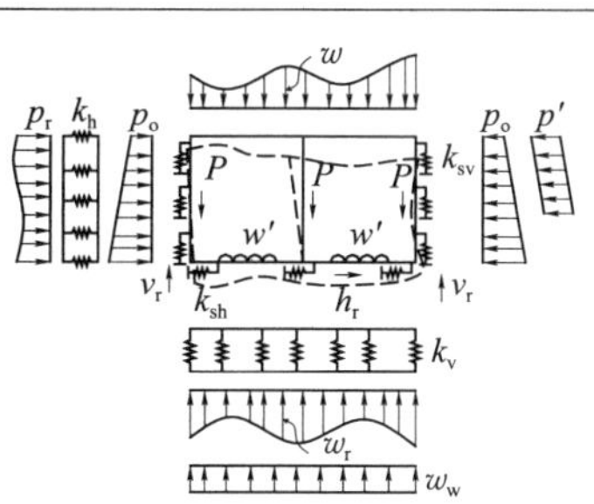	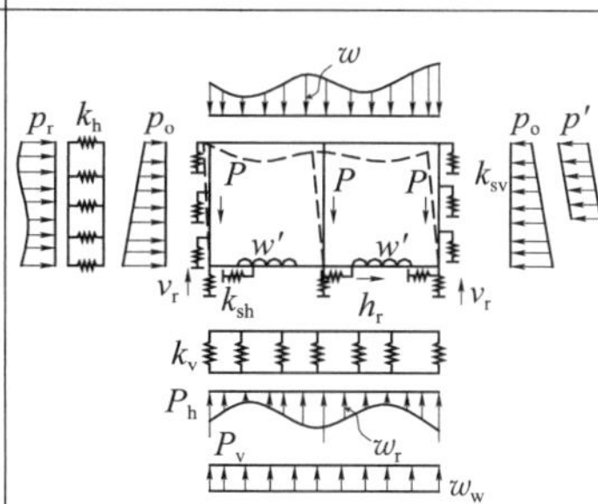	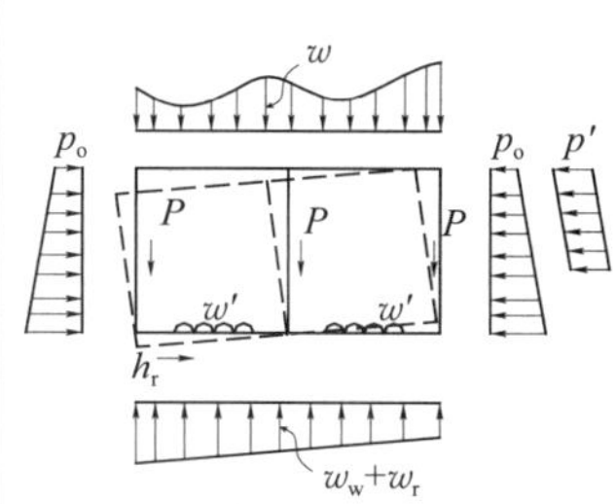
符号	w_r：竖向有效地基反力； p_r：水平地基反力； h_r：底面抗剪强度； v_r：侧面抗剪强度； P_v：桩与地下连续墙的竖向反力； P_h：桩与地下连续墙的水平反力	k_v：竖向地基反力系数； k_h：水平地基反力系数； k_{sv}：底面剪切地基反力系数； k_{sh}：侧面剪切地基反力系数； k_v：桩和地下连续墙的竖向弹簧系数； k_h：桩和地下连续墙的水平弹簧系数； k_{sv}：桩和地下连续墙的竖向剪切弹簧系数； k_{sh}：桩和地下连续墙的水平剪切弹簧系数	w：顶板竖向荷载； P：壁柱自重； w'：底板竖向荷载； p_0：静止土压力和水压力； w_w：土压力和水压力； p'：水压力（浮力）

续表

	$\sum H=0$	$\sum M=0$	$\sum V=0$
平衡方程	$w_r=k_v\delta_v$ $p_r=k_h\delta_h$ $h_r=k_{sh}\delta_h$ $v_r=k_{sv}\delta_v$	$w_r=k_v\delta_v$ $p_r=k_h\delta_h$ $h_r=k_{sh}\delta_h$ $v_r=k_{sv}\delta_v$ $P_v=K_v\delta_v+K_{sv}\delta_v$ $P_h=K_h\delta_h+K_{sh}\delta_h$	
应用条件	构件刚度相对地基较大，底面承载能力远大于侧面	构件刚度相对地基较小，结构变形的影响不可忽略	结构由桩或地下连续墙支撑

注：对于地基反力设计参数的计算方法，请参阅附录 2。

2）纵向结构分析

以下情况时，竖向结构分析是必要的：

① 地面不规则且上覆荷载随位置发生变化时；

② 桥墩的局部结构荷载或土压力作用于隧道；

③ 纵向方向上的地基承载条件不同时；

④ 地层运动引起的局部荷载增加时；

⑤ 当隧道结构的断面在纵向发生变化时；

⑥ 检查竖井的连接时。

对于纵向结构分析，一般假定结构为弹性体，通过土弹簧模型来计算（图 C2.7）。如果纵向承载地基发生变化或有局部荷载分布，导致地基反力增加/减少，那么在横截面的荷载和地基反力将出现不平衡。不平衡力被作为墙的剪力传递到其他部分。因此，当确定横截面的地基反力，并根据确定的地基反力进行结构分析时，应充分考虑这些影响。

关于（3）和（4）

假定材料的应力—应变关系可能是线性也可能是非线性，因此，材料的分析理论也可分为弹性理论和塑性理论，还可以根据二阶效应（几何非线性）是否被忽略，分为一阶理论和二阶理论。线性分析是一种将弹性理论和一阶理论相结合的方法，而非线性分析是另一个组合方法。

极限状态设计方法无须对所有极限状态使用相同的分析理论。可以对每一个极限状态使用适合其特点的不同理论。在这种情况下，应根据结构分析系数确定适用的分析理论。

1）刚架结构分析

进行刚性结构分析时，通常假定连接部分存在一个刚性区域。刚性区域应根据以下方法确定（如图 C2.8）：

① 从构件端向内 1/4 横截面深度处，若无加腋，则应该是刚性区域。

② 当此处构件加腋坡度相对于轴线达 25°或以上时，从构件端向内 1.5 倍横截面深度应是刚性区域。注意，当加腋坡度 60°或以上时，从加腋起点向内 1/4 横截面深度应是刚性区域。

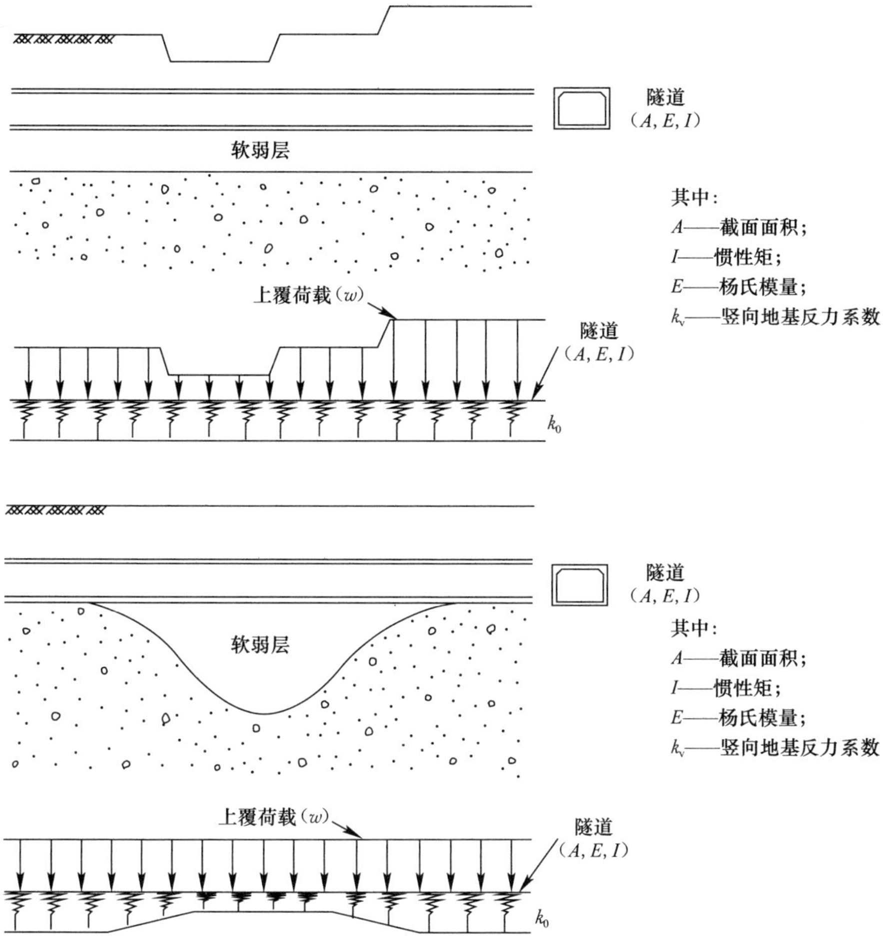

图 C2.7　纵向应力验算示例

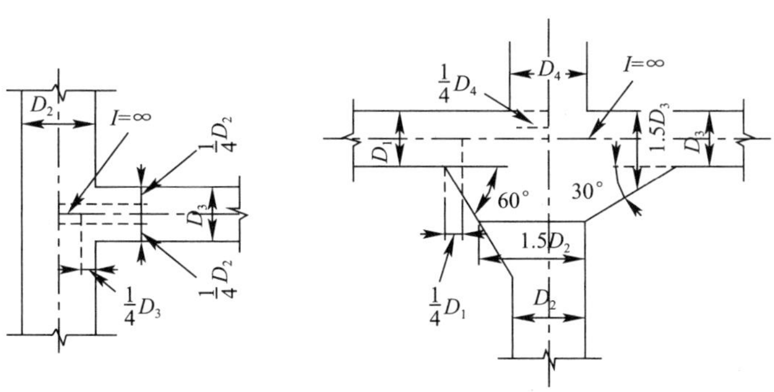

图 C2.8　建立刚性区域

③ 加腋的不同会导致已建立的点也存在差异。此时，应选择能够产生更大刚性区域的点。用于验算构件端截面的弯矩如图 C2.9 所示，但截面设计的有效加腋应小于 1∶3。

2）中柱与纵向梁

明挖隧道的板通常在中间段，由墙或柱子进行支撑。

当中间段的支撑是承载墙结构时，因其纵向连续性，不会出现问题。但在柱结构支

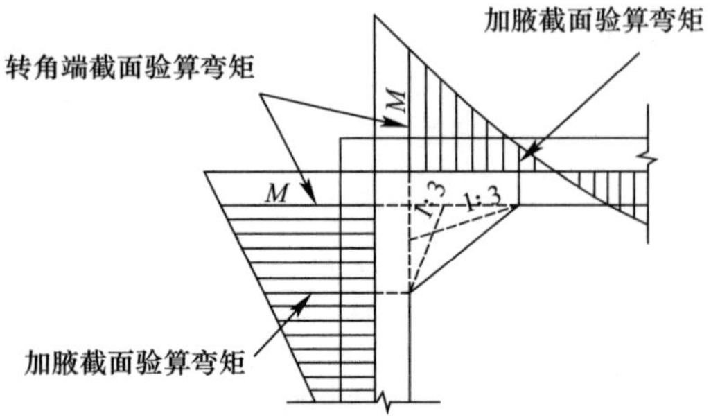

图 C2.9　验算构件端截面的弯矩

撑的情况下，结构分析建模时应关注纵梁的有无、纵梁的刚度或中柱的间距等。

对于用中柱支撑的情况，平板结构通过落板安装的情况比较少。但一般会通过布设纵向梁将结构分析简化为单向板。在这种情况下，柱间距过宽可能使纵向梁变形，导致柱子附近的部分（柱带）和间柱部分（中间带）的构件受力产生差异。在这种情况下，设计时应将柱带与中间带分开。

第 48 条　构件特性建模

（1）在确定线性分析中使用的截面刚度时，应考虑钢材的影响。当钢材影响很小时，如同对钢筋混凝土中的构件惯性力矩验算一样，计算时可忽略钢材的影响。

（2）用于验算地震状况的构件，应适当注意构件的非线性。

【条文说明】

关于（1）

一般情况下，计算静不定力时需要用到惯性矩，但忽略钢的影响问题不大。因此，为简化计算，在计算不确定力时，计算惯性矩可以忽略钢筋的影响。

第 49 条　地层的模拟

（1）将土体当作一个弹簧进行模拟。

（2）确定设计里的地基反力系数时应充考虑土体模量、荷载条件和支护条件的评估方法。

【条文说明】

设计用的土体弹簧基本上可以设为线性弹簧，用来模拟弹性变形。地基反力系数不但可以得出土体的变形系数，而且可以得出荷载面的形状函数、大小和刚度（即变形因素）。这个系数非常复杂，因为它随着土体应变的大小、加载速度和重复频率的变化而变化，并受土体在其深度方向上的不均匀性影响。因此，应当通过检查有关结构的尺寸和地层特性等尝试选取。用于明挖隧道地基反力系数的具体计算公式示例见附录 2。

第 50 条　响应值计算

（1）一般情况下，线性分析可用于截面破坏极限状态的验算。当使用线性分析法之外的方法时，应确认其有效性。

（2）计算地震作用下的响应值见本章第 2.9 节。

（3）用于计算正常使用极限状态的构件计算通常应基于线性分析。在这种情况下，在确定用于计算钢筋混凝土构件应力的刚度时，通常假定整个横截面都是有效的。然而，由温度变化和收缩引起的构件应力可以通过降低刚度来确定，刚度过大会导致构件可能在正常使用极限状态下发生开裂。

（4）确定结构的位移和变形时，一般应假定混凝土结构是一个弹性体，且考虑开裂引起刚度的降低以及设计使用年限里预期发生的收缩和徐变。

（5）构件的受力应力将用于验算疲劳极限状态；对这类构件受力或应力的计算应基于线性分析。

【条文说明】

关于（1）

极限状态下的构件变形一般表现为非线性，并且利用非线性分析法计算构件受力是合理的。然而，静荷载下精确的构件受力计算值是根据非线性分析的，其经济性一般较小；而线性分析得到的构件受力通常足够安全。鉴于这些因素，本规范规定允许使用线性分析法，结构分析系数 γ_a 一般设为 1.0。

另一方面，用线性方法分析超静定结构时，如连续梁、连续板、刚构等，支撑或接头的弯矩可按照线性分析获得的值进行重新分配。用于重新分配的弯矩最大应控制在线性分析值 15%以内，各截面弯矩值应为再分配前的 70%或以上。所有截面的配筋率应为平衡应变条件配筋率 50%或以下。

此外，由正常温度变化、收缩和徐变所造成的影响可以忽略。在这些情况下，所有截面的配筋率应限定为平衡应变条件配筋率的 50%或更少。如果结构体系在施工过程中发生变化，应考虑因徐变引起的构件应力变化。

承载能力极限状态的验算采用空间离散化方法，如有限元法（FEM）等，应当设置适用于失效模式的指标和其限制值，然后根据构件特点和结构类型，划分分析区域，设置自由度，选择材料的本构模型。

极限状态下的平衡应变条件配筋率可以根据以下公式确定。注意，式中系数 α 是一个近似值，此时混凝土的应力—应变关系如图 2.1（见第 45 条）所示。

$$p_b = \alpha \frac{\varepsilon'_{cu}}{\varepsilon'_{cu} + f_{yd}/E_s} \frac{f'_{cd}}{f_{yd}}$$

式中　p_b——平衡应变条件配筋率，$\alpha = 0.88 - 0.004 f'_{ck}$，$\alpha < 0.68$；

ε'_{cu}——混凝土极限应变，图 2.1 所示的值可用；

f'_{cd}——混凝土的设计抗压强度（N/mm^2）；

f_{yd}——钢筋屈服强度设计值（N/mm^2）；

E_s——钢筋的杨氏模量，一般是 $200kN/mm^2$。

2.6　安全性验算

第 51 条　一般规定

（1）明挖隧道应进行安全性的验算，以确保整个设计使用年限中所需的安全性。

（2）通常应对结构的安全性进行验算，以确保：①构件的横截面不会达到失稳的极限状态，②结构在设计荷载条件下不会达到刚体失去平衡的极限状态。

（3）承载能力极限状态下对位移、变形和其他特性的验算，以及不考虑构件应力的情况下对构件或结构的极限状态运用非线性分析对其进行验算，所用方法对结构的适用性和准确度在之前已被确定。

（4）当可变荷载占总荷载的比例较大并且变化值很大，应验算疲劳状态下的结构安全性。

【条文说明】

关于（2）

在结构设计中，一般要对安全性加以验证，以确定横截面破坏情况和构件的稳定性。其他极限状态处理得较少。

研究导致横截面破坏的承载能力极限状态是为了确保构件内力的设计值 S_d 除以构建横截面的设计承载能力 R_d 与结构系数的乘积所得数值等于或小于 1.0。

$$\gamma_i S_d / R_d \leqslant 1.0$$

为得到构件截面的设计承载能力值 R_d，先通过使用设计强度 f_d 计算得到构件截面的承载能力值 R（R 为 f_d 的函数），然后再用承载能力值 R 除以除以构件系数 γ_b。

$$R_d = R(f_d)/\gamma_b$$

对于 γ_b，可以使用第 52 条和后文中所示值。

构件内力的设计值 S_d 是所有构件内力 S 的总和（S 是 F_d 的函数）。S 是通过使用设计荷载 F_d 乘以结构分析系数 γ_a 计算获得。

$$S_d = \sum \gamma_a S(F_d)$$

截面破坏的安全性验算流程图如图 C2.10 所示。

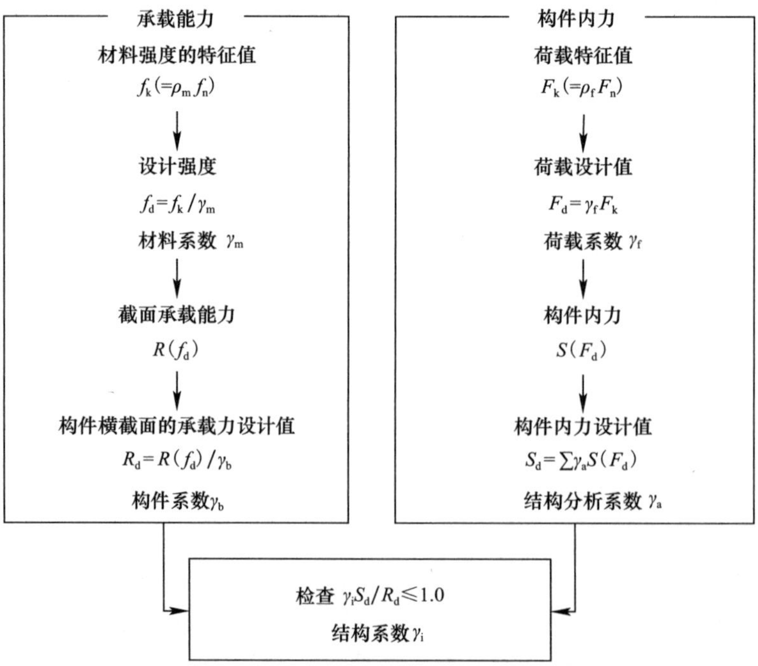

图 C2.10　截面安全性验算

对结构稳定性的承载能力极限状态进行验算是为了确保设计作用荷载 S_{sd} 除以设计承载力 R_{sd} 再乘以结构系数 γ_i 所得数值等于或小于 1.0。

第 52 条　弯矩及轴力安全性验算

（1）构件截面在受到弯矩和轴力作用时，其设计承载力的确定应以①和②中的假设为基础。在此条件下，构件系数 γ_b 可取 1.1。

① 纤维应变的大小与到横截面中心轴线的距离成正比。

② 混凝土的拉应力可忽略。

③ 混凝土应力—应变曲线应按图 2.1。

④ 钢材的应力—应变曲线应按图 2.2。

（2）同时受到双向弯矩和轴力的构件横截面设计承载力可以基于①中的假设进行计算。

【条文说明】

关于（1）

在轴力和弯矩同时作用在构件截面的情况下，轴向承载力设计值和抗弯承载力设计值的关系可以用图 C2.11 中的曲线表示。因此，验算轴向承载和抗弯承载安全性的基本概念是，应力状态点（$\gamma_i M_d$，$\gamma_i N'_d$）在弯矩—轴力曲线（$M_{ud}-N'_{ud}$）内部，即在原点一侧。一般情况下，如果钢架两端完全锚定到混凝土中，可以把钢架假设为加强钢筋，采用钢筋混凝土构件的研究方法对同时承受轴力和弯矩的钢筋混凝土构件进行极限状态下的安全性研究。

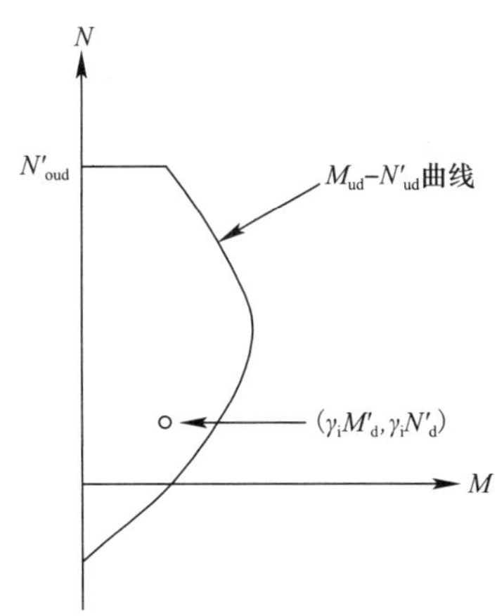

图 C2.11　轴向承载力和抗弯承载力之间的关系

需要注意的是，在对钢筋混凝土构件配置箍筋时，其轴向受压承载力上限值 N'_{oud} 采用下列第一个公式进行计算。配置螺旋箍筋时，则采用其中产生较大结果的那个公式。

$$N'_{oud}=(k_1 f'_{cd} A_c + f'_{yd} A_{st})/\gamma_b$$

$$N'_{oud}=(k_1 f'_{cd} A_c + f'_{yd} A_{st} + 2.5 f_{pyd} A_{spe})/\gamma_b$$

式中　A_c——混凝土截面面积；

A_e——外包螺旋筋的混凝土截面面积；

A_{st}——轴向配筋总面积；

A_{spe}——螺旋钢筋换算面积；

d_{sp}——螺旋钢筋所围截面的直径；

A_{sp}——螺旋钢筋面积；

S——螺旋钢筋间距；

f'_{cd}——混凝土抗压强度设计值；

f'_{yd}——轴向钢筋抗屈强度设计值；

f_{pyd}——螺旋钢筋抗拉屈服强度设计值；

k_1——强度折减系数（$=1-0.003f'_{ck}\leqslant 0.85$）；

f'_{ck}——混凝土强度特性值（N/mm^2）；

γ_b——构件系数，一般设置为 1.3。

对于钢管混凝土柱中而言，其轴向受压承载力的上限值可以用下面的公式计算：

$$N'_{oud}=\kappa(0.85f'_{cd}A_c+f'_{srd}A_s)/\gamma_b$$

式中 κ——整体弯曲强度的折减系数；

$$\kappa=1.0\quad(\lambda\leqslant 0.2)$$

$$\kappa=\eta-\sqrt{\eta^2-\frac{1}{\lambda^2}}\quad(\lambda>2)$$

其中 $$\eta=\frac{1}{2}\left\{\frac{1+\alpha\sqrt{\lambda(\lambda-0.2)}}{\lambda^2}+1\right\},\quad \lambda=\frac{l_e}{\pi}\sqrt{\frac{f'_{syd}A_s+0.85f'_{cd}A_c}{E_sI_v}}$$

α——初始缺陷系数（矩形截面 $\alpha=0.34$，圆柱截面 $\alpha=0.21$）；

l_e——钢管混凝土柱的有效屈曲长度；

I_v——惯性矩转换值，$I_v=I_s+I_c/n$；

I_s——钢构件惯性矩；

I_c——填充混凝土的惯性矩；

E_s——钢材的杨氏模量；

n——杨氏模量比；

N'_{oud}——轴向抗压承载力上限值；

f'_{cd}——混凝土抗压强度设计值；

f'_{srd}——钢管或钢板的轴向抗压强度设计值，$f'_{srd}=f'_{sbd}-\sigma'_e$；

f'_{sbd}——钢管或钢板的局部屈曲强度设计值，$f'_{sbd}=f'_{sbk}/\gamma_s$；

f'_{sbk}——钢管或钢板局部屈曲强度的特征值；

f'_{syd}——钢管或钢板的轴向抗压屈服强度（$e/h\geqslant 10$）；

σ'_e——钢管或钢板的初始应力；

A_c——混凝土截面的净面积；

A_s——钢管或钢板总面积；

γ_b——构件系数，一般设置为 1.3。

当轴力的影响较小时（$e/h\geqslant 10$），构件横截面的承载力可以当作受弯构件来进行计算。其中，h 是截面的高度，偏心距 e 是弯矩设计值 M_d 和轴向抗压承载力设计值 N'_d的比值。

关于（2）

双向受弯和轴力构件截面承载力计算可以用类似受单向受弯和轴力的构件的计算方法。这样做时，应考虑在横截面周围的所有加强筋，应适当关注并确保能正确识别加固钢的位置安排。此外，必须考虑的是，除单向受弯情况外（如普通的矩形截面柱），截面中性轴与截面主轴线通常不重合。

第 53 条　剪力验算

（1）在验算剪力的安全性时，应考虑剪力方向和构件类型，如线形构件、平面构件等。

(2) 对于线形构件，抗剪承载力设计值 V_{yd} 和混凝土剪力墙的斜向抗压承载力设计值 V_{wcd} 需要分别确认。

(3) 当板状构件受到横向剪力时，应采用与验算线性构件相似的方法对横向剪力进行验算。

(4) 当平面构件受到平面内剪力时，应对该平面内剪力进行验算。

(5) 剪力 V_d 所在位置必须沿板面或结构接头传递，其过程中产生裂缝的概率很高，因此需要对剪切面上不同的剪力进行验算。

(6) 线性构件在受到反向循环加载时，应通过增加构件提高其抗剪安全性。

【条文说明】

构件在剪力作用下的力学行为和破坏机制差异取决于构件的种类（线性或是平面的）以及作用在板构件上的剪力是作用在板面上还是板面外（横向）。因此，安全性验算应考虑这些因素。

关于（1）

对于厚度不同的线性构件，因为存在平行于剪力作用的弯曲压力和拉力，在计算剪力设计值时，需减去 V_{hd} 的部分。V_{hd} 可用以下公式计算：

$$V_{hd} = (M_d/d)(\tan\alpha_c + \tan\alpha_t)$$

式中　M_d——剪力作用下的弯矩；

d——截面有效厚度；

α_c——边层受压纤维与构件轴线的角度；

α_t——受拉钢筋和构件轴线的角度。

在上述表达式中，当预应力钢筋和受拉钢筋存在时，d 是对应总截面的有效厚度。当有效厚度随着弯矩绝对值增加而增加时，角度 α_c 和 α_t 是正的；反之为负。

关于（2）

1）抗剪承载力设计值

抗剪承载力设计值 V_{yd} 可按照以下公式计算，但是，当弯起钢筋和箍筋都作抗剪钢筋用时，50%及以上的剪力都将由箍筋承担。

$$V_{yd} = V_{cd} + V_{sd}$$

式中　V_{cd}——不含抗剪钢筋构件的抗剪承载力设计值；

$$V_{cd} = \beta_d \beta_p \beta_n f_{vcd} b_w d / \gamma_b$$

$f_{vcd} = 0.20\sqrt[3]{f'_{cd}}$ $(\mathrm{N/mm^2})$，f_{vcd}——应 $\leqslant 0.72\mathrm{N/mm^2}$

$$\beta_d = \sqrt[4]{1/d}\,(d:m),\ \beta_d \text{ 应} \leqslant 1.5。$$

$$\beta_p = \sqrt[3]{100p_v},\ \beta_p \text{ 应} \leqslant 1.5。$$

$$\beta_n = 1 + M_0/M_d \quad (N'_d \geqslant 0),\ \beta_n \text{ 应} \leqslant 2。$$

$$= 1 + 2M_0/M_d \quad (N'_d < 0),\ \beta_n \text{ 应} \leqslant 0。$$

N'_d——轴向抗压设计值；

M_d——弯矩设计值；

M_0——需要取消应力的弯矩值（由于设计弯矩 M_d 对应边层受拉纤维上的轴应力）；

b_w——净宽；

d——有效深度，$p_v=A_s/(b_w d)$；

A_s——受拉钢筋面积；

f'_{cd}——混凝土抗压强度设计值；

γ_b——通常取 1.3；

V_{sd}——抗剪钢筋的抗剪承载力设计值；

$$V_{sd}=[A_w f_{wyd}(\sin\alpha_s+\cos\alpha_s)/S_s]z/\gamma_b$$

A_w——S_s 处的剪力钢筋的总面积；

f_{wyd}——抗剪钢筋屈服强度设计值，不可超过 400N/mm^2。但是，如果混凝土抗压强度特征值 f'_{ck}达到 60N/mm^2 以上，可以用超过 800N/mm^2 的设计值；

α_s——抗剪钢筋和构件轴向的角度；

S_s——抗剪钢筋间距；

z——压应力的合力到抗拉钢筋中心的距离，一般可取 $d/1.15$；

γ_b——构件系数，一般采用 1.1。

2）验算抗剪力的安全位置

对于直接支撑的线性构件，从支撑面到到构件长度一半这段距离不需要验算 V_{yd}。然而这部分必须有抗剪钢筋连接，截面所需的抗剪钢筋要多于距离支撑面 $h/2$ 处。另一方面，对于截面可变的构件，若有效加腋小于 1∶3，支撑面厚度可以作为构件的厚度。当一个板状构件受到横向剪力并假定为线形构件，则构件支撑处的抗剪承载力设计值应根据有理数进行验算。

3）混凝土抗剪腹板斜压承载力设计

混凝土的抗剪腹板斜压承载力设计值 V_{wcd}可用以下公式计算：

$$V_{wcd}=f_{wcd}b_w d/\gamma_b$$

式中 $f_{wcd}=1.25\sqrt{f'_{cd}}$（N/mm^2），且 f_{wcd}应≤7.8N/mm^2；

γ_b——构件系数，一般取为 1.3。

4）构件的腹板宽度

腹板宽度在厚度方向有变化时，除了圆形截面外，有效厚度 d 范围内最小的宽度被假定为 b_w。对于有多个腹板的构件，b_w 应为所有腹板宽度的总和。对于截面为实心圆或空心圆的构件来说，腹板宽度 b_w 的定义为：当截面为实心圆形时，b_w 定义为和圆面积相同的正方形的边长；当截面是空心圆时，b_w 为等面积方形框截面的腹板宽度之和。如图 C2.12 所示。在这些情况中，纵向受拉钢筋的面积 A_s 可以定义为横截面 1/4（拉应力方向 90°）处钢筋的面积。有效厚度 d 可以取正方形边缘或方形框的受压边到钢材中心 A_s 的距离。需要注意的是，对纵向受拉钢筋面积的定义不会用于抗弯承载力的计算。

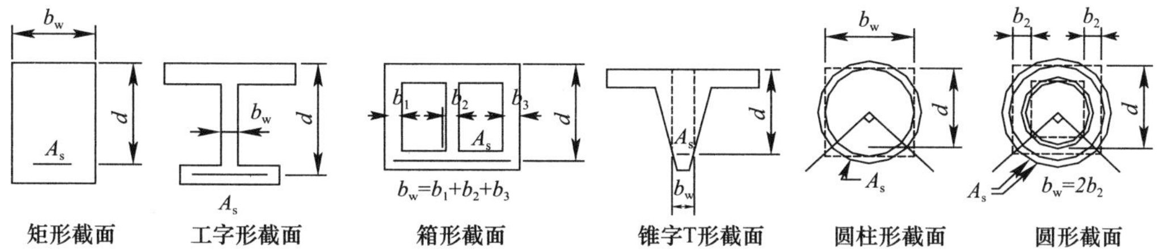

图 C2.12　不同形状截面 b_w 和 d 的定义

5）钢框架混凝土构件的抗剪承载力，特别是实心钢架混凝土结构的线形构件

此承载力可通过将钢架结构的抗剪承载能力 V_{sd} 设计值，加上混凝土和钢筋的抗剪承载力设计值来计算：

$$V_{sd} = f_{vyd} z_w t_w / \gamma_b$$

式中　f_{vyd}——钢框架的抗剪屈服强度设计值；

z_w——钢框架的腹板高度；

t_w——钢框架的腹板厚度；

γ_b——构件系数，通常取 1.15。

6）钢框架混凝土构件的抗剪承载力，特别是钢框架混凝土结构的线形构件

该承载力可根据上述 1）将钢框架转化成钢筋后进行计算。

关于（3）

当承载面远离自由面或开口处，且荷载偏心率较小时，抗冲切承载力 V_{pcd} 计算如下。文献［1］也适用于其他情况的检查方法。

$$V_{pcd} = \beta_d \beta_p \beta_r f'_{pcd} u_p d / \gamma_b$$

式中　V_{pcd}——抗冲切承载力设计值；

$f'_{pcd} = 0.20\sqrt[3]{f'_{cd}}$（$N/mm^2$），$f'_{pcd}$ 应≤1.2N/mm^2

$\beta_d = \sqrt[4]{1/d}$（d：m），β_d 应≤1.5

$\beta_p = \sqrt[3]{100p}$，β_p 应≤1.5

$\beta_r = 1 + 1/(1 + 0.25u/d)$

f'_{pcd}——混凝土抗压强度设计值；

u——加载区域周长；

u_p——离加载区域 $d/2$ 距离设计断面的周长（图 C2.13）；

d、p——定义为双向钢筋的平均值的有效厚度和钢筋比率；

γ_b——构件系数，通常取 1.3。

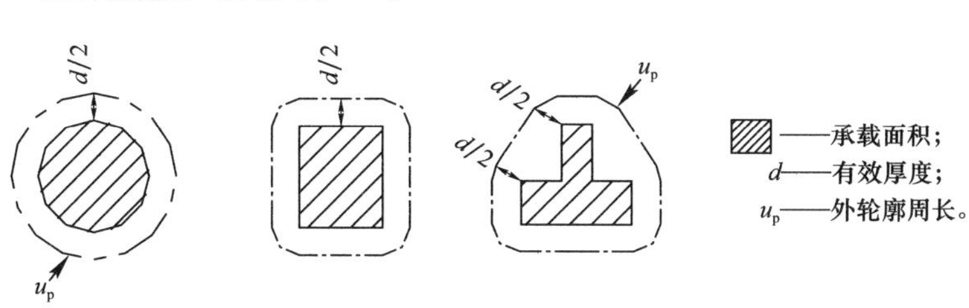

图 C2.13　冲切下设计截面的周长

关于（4）和（5）

文献［2］需要特定的验算方法。

关于（6）

文献［3］需要构件系数的增加。

参考文献

［1］ 日本土木学会：混凝土结构标准规范-2002. “结构性能检验”. 83-85，2005.

［2］ 日本土木学会：混凝土结构标准规范-2002. “结构性能检验”. 86-92，2005.

［3］ 日本土木学会：混凝土结构标准规范-2002. “结构性能检验”. 74-75，2005.

第 54 条　扭矩验算

（1）对于承受有限扭矩作用和协调扭矩的构件，抗扭安全性的检测可以省略。本条文的目的在于一个承受有限扭矩影响的构件意味着该构件所有截面在没有抗扭配筋的情况下，扭矩设计值 M_{td} 与纯扭承载力设计值 M_{tcd} 的比值乘以结构系数 γ_i 所得值小于 0.2。

（2）当扭矩设计值 M_{td} 和纯扭承载力设计值 M_{tcd} 在所有截面上都满足下列公式时，抗扭配筋的检测可以省略，此时最小抗扭配筋可以根据结构构造布置：

$$\gamma_i M_{td}/M_{tcd} \leqslant 0.5$$

（3）当扭矩设计值 M_{td} 不满足上面的公式时，须考虑布置抗扭配筋。

（4）当扭矩和弯矩或扭矩和剪力同时作用时，须考虑各自情况的相互作用，验算安全性。

（5）钢框架混凝土构件抗扭安全性验算可以转换成钢筋混凝土构件后根据上述（1）～（4）进行。

【条文说明】

从结构设计的角度看，扭矩可以分为平衡性扭矩和相容性扭矩。

平衡性扭矩是指某构件为了维持结构体系总体的受力平衡所必须承受的扭矩。如果扭矩在结构力的平衡计算中被忽视，结构会丧失整体稳定性。在明挖隧道中，平衡性扭矩可能发生在开口加固梁中。

另一方面，相容性扭矩是由于超静定结构中构件的相互兼容发生的扭矩，主要影响结构的弹性变形。一般情况下，在扭矩影响下的混凝土发生斜裂缝或塑性变形后，扭矩会变得非常小，因为此时混凝土构件的抗扭刚度急剧减小。

因此，在最大极限状态下，假定相容性扭矩可以在计算力的平衡时忽略不计，扭矩作用下横截面破坏的安全性验算只用于平衡性扭矩的情况。另一方面，相容性扭矩的验算应该假定构件横截面抗扭刚度为零。比如，对于荷载状态不同于分析模型的构件，应对其扭矩的安全性进行验算。开口加固梁之类的构件在横向框架分析中不予考虑。

关于（2）

纯扭承载力设计值 M_{tcd} 可以用以下公式计算：

$$M_{tcd} = \beta_{nt} K_t f_{td}/\gamma_b$$

式中　K_t——抗扭系数（参考文献［1］）；

β_{nt}——轴向压力系数，比如预应力；

$$\beta_{nt}=\sqrt{1+\sigma'_{nd}/(1.5f_{td})}$$

f_{td}——混凝土抗拉强度设计值；

σ'_{nd}——轴向力引起的平均工作压应力，$\sigma'_{nd}\leqslant 7f_{td}$；

γ_b——通常取 1.3。

当弯矩 M_d 和扭矩 M_{td} 同时作用时，应验算安全性是否满足下面的公式：

$$\gamma_i[\{(M_{td}/M_{tcd}-0.2)/0.7\}^2+M_d/M_{ud}]\leqslant 1.0$$

式中　M_{ud}——第 52 条讨论的抗弯承载力设计值。

当剪力 V_d 和扭矩 M_{td} 同时作用时，应验算安全性是否满足下面的公式：

$$\gamma_i(M_{td}/M_{tcd}+0.8V_d/V_{yd})\leqslant 1.0$$

式中　1_{yd}——第 53 条里条文说明（2）确定的抗剪承载力设计值。

文献［2］适用于对抗扭钢筋面积进行验算。文献［3］适用于对结构细节的验算。

参考文献

［1］ JSCE：混凝土结构的标准规范-2002“结构性能检验”，94-97，2005.

［2］ JSCE：混凝土结构的标准规范-2002“结构性能检验”，97-102，2005.

［3］ JSCE：混凝土结构的标准规范-2002“结构性能检验”，103-105，2005.

> **第 55 条　疲劳验算**
>
> 当可变荷载占总荷载比例较大且经常重复时，应验算结构的抗疲劳安全性。

【条文说明】

明挖隧道仅仅有一小部分构件受可变荷载的影响较大，且疲劳安全性进行验算的情况很少。在多层刚架结构的情况下，当可变荷载的比例很高且重复的次数很多时，对于位于中间层且承受较大可变荷载的板和梁应验算安全性。

① 安全性验算一般用可变应力设计值 σ_{rd} 与疲劳强度设计值 f_{rd} 除以构件系数 γ_b 所得的比值，再乘以结构系数 γ_i，所得到的值小于等于 1.0。

$$\gamma_i\sigma_{rd}/(f_{rd}/\gamma_b)\leqslant 1.0$$

式中，疲劳强度设计值 f_{rd} 通过材料将疲劳强度的特征值 f_{rk} 除以材料系数 γ_m 得到。

② 安全性可以通过验算可变构件应力设计值 S_{rd} 与疲劳承载力设计值 R_{nd} 的比值乘以结构系数 γ_i，是否小于等于 1.0。

$$\gamma_i S_{rd}/R_{rd}\leqslant 1.0$$

式中，构件可变应力设计值 S_{rd} = 构件可变应力 $S_r(F_{rd})$ 乘结构分析系数 γ_a，其中 $S_r(F_{rd})$ 由可变荷载设计值 F_{rd} 决定。疲劳承载力设计值 R_{rd} 等于构件横截面的疲劳承载力 $R_r(f_{rd})$ 除以构件系数 γ，R_{rd} 由材料的疲劳强度设计值 f_{rd} 决定。

③ 一般情况下，疲劳安全性验算中的构件系数 γ_b 可以取 1.0～1.1。

疲劳极限状态的荷载通常和正常使用极限状态的荷载相等，所以构件应力的设计值可以用类似于正常使用极限状态的线性分析法计算。

第 56 条　结构稳定性验算

结构的安全稳定性须按以下方面的要求进行验算：

（1）对竖向支撑的稳定性；

（2）抗浮稳定性。

【条文说明】

（1）竖向支撑的稳定性

明挖隧道的自重和内部荷载通常比开挖土体的自重小，且比建造前的预荷载要小。因此，路基承载力出现设计问题的情况是相当罕见的。

如果在软土支撑的情况下有结构建在隧道上方，或者预计施工过程中持力土层会发生松动，那么隧道底部及以下的土层则会受到隧道及其上覆结构的荷载影响。在这种情况下，必须对地基承载能力进行验算，同时应考虑隧道状况和隧道上方的结构。

（2）抗浮稳定性

对于建在地下水位线以下的隧道而言，即使是建在深层土中的大断面隧道，也必须进行抗浮验算。需要验算的情况如下：

① 覆土层较薄处；

② 从隧道到地面的过渡段；

③ 大型结构。

在这些情况下，可以用如下所示公式进行验算，利用隧道自重和竖向荷载的总和以及静水压力引起的浮力。如图 C2.14 所示。此时，计算地下水位以下的竖向荷载时，应使用土的湿重度，并考虑水的影响。注意，覆土层的抗剪性能和隧道两侧的摩阻力会增加承载力，但其中并不包括路面和路基的抗剪性能。还应注意，隧道若经过防水处理，其摩阻力应根据实际情况设定，同时注意本防水工程的特性，因为这种防水效果与预期会有偏离。

$$\gamma_{\mathrm{i}}\frac{U_{\mathrm{S}}}{W_{\mathrm{S}}+W_{\mathrm{B}}+2Q_{\mathrm{S}}+2Q_{\mathrm{B}}}\leqslant 1.0$$

$$U_{\mathrm{S}}=\gamma_{\mathrm{f}}u_{\mathrm{s}}B, W_{\mathrm{B}}=f_{\mathrm{uw}}w_{\mathrm{B}}, W_{\mathrm{S}}=f_{\mathrm{uw}}p_{\mathrm{v}}B$$

$$Q_{\mathrm{S}}=f_{\mathrm{us}}H'(c_{\mathrm{S}}+K_0\sigma'_{\mathrm{vS}}\tan\phi_{\mathrm{S}}), Q_{\mathrm{B}}=f_{\mathrm{us}}H(c_{\mathrm{B}}+K_0\sigma'_{\mathrm{vB}}\tan\phi_{\mathrm{B}})$$

式中　W_{B}——明挖隧道自重设计值；

W_{S}——竖向荷载设计值（已经包含水的影响）；

Q_{S}——覆土层的承载力；

Q_{B}——隧道侧面的摩阻力；

w_{B}——隧道自重特征值；

P_{v}——竖向土压力特征值（已经包含水的影响）；

K_0——静止土压力系数；

σ'_{vS}，σ'_{vB}——覆土和隧道中心埋深的有效覆土压力；

H'——覆土厚度；

c_{S}，c_{B}——覆土与隧道侧的黏聚力；

ϕ_S——覆土的抗剪切角；

H，B——隧道的高度和宽；

ϕ_B——隧道侧墙摩擦角，此处，$\phi_B=2\phi/3$（ϕ 为隧道周围土体的内摩擦角）；

U_S——隧道底板静水浮力设计值；

u_s——抗浮特征值（计算方法见第 37 条）；

γ_i，γ_f——结构系数，荷载系数；

f_{us}，f_{uw}——抗浮安全系数，此处 $f_{us}=0.3$，$f_{uw}=0.9$。

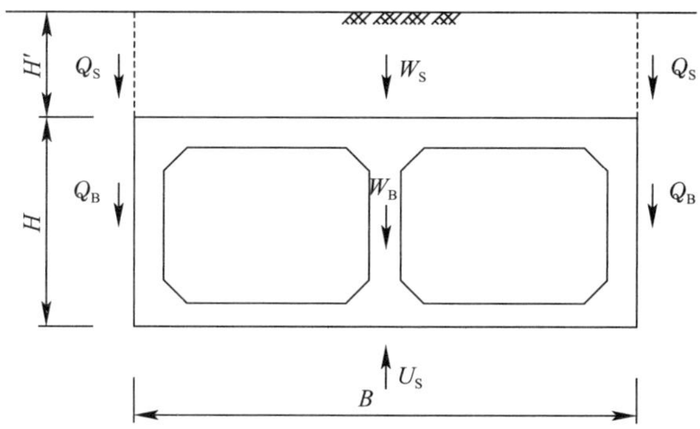

图 C2.14　地下水位以下明挖隧道的受力情况

在计算浮力时，应该关注当前及未来地下水位的长期变化。下列措施可用来阻止浮力：

① 增加构件厚度，使结构加重；

② 运用抗拔力来抵抗浮力；

③ 在侧墙和底板上设置锚杆以抵抗浮力。

2.7　正常使用极限状态验算

第 57 条　一般规定

（1）明挖隧道验算应确保结构在设计使用年限内满足正常使用要求。

（2）正常使用性验算应包含构件应力和裂缝的验算，此外，还应包括对位移、变形、稳定性、渗漏水和振动等方面的验算。

【条文说明】

关于（1）

在设计使用年限以内，必须确保结构或构件满足正常使用需求。除了安全功能外，结构和构件还需满足舒适性、防水、外观和耐久性等要求。正常使用极限状态应适合结构的使用目标，而且应采用适当方法对极限状态进行检测，并且该方法的准确性和使用范围需加以明确。在本章第 2.8 节（耐久性验算）和第 4 章（施工）中相关要求得到满足的前提下，本节提供了隧道正常使用性的验算方法，不考虑设计使用年限中材料的退化。

但材料的退化不可避免，其影响应在验算结构性能过程中给予适当考虑。注意，从隧道结构耐久性角度考虑，本节还对裂缝宽度的极限状态进行了验算。

关于（2）

如第 26 条所示，结构的许多状态都可视为正常使用极限状态。一般来说，明挖隧道的重力明显小于周围土体，因此，在有稳定土层支撑且有覆土层的条件下，明挖隧道是稳定的。因此，只有在极少数情况下，明挖隧道会遇到结构稳定性、位移、变形和漏水等问题。在这种条件下，只需按照应力和裂缝情况设定结构正常使用极限状态即可。但在下列情况下，结构稳定性、位移、变形和漏水等可能导致问题，也就是说，在下列情况下应对各个极限状态都进行验算：

① 隧道建造在软弱地基中；

② 地基持力层发生变化时；

③ 隧道上方有建筑物时；

④ 周围土层开挖或回填引起可变荷载时；

⑤ 隧道受到不均匀土压力时；

⑥ 水位变化过大时；

⑦ 承压水作用时。

第 58 条　应力计算

混凝土和钢结构横截面上的应力计算应基于以下假设：

（1）纵向纤维的线应变与到构件横截面中性轴的距离成正比；

（2）假设混凝土和钢结构为弹性体；

（3）混凝土的拉应力通常可忽略不计；

（4）混凝土和钢结构的杨氏模量见本章第 2.4 节。

【条文说明】

本条所述的是对正常使用极限状态进行验算时，横截面上应力计算的基本假设。

第 59 条　应力极限值

（1）钢筋混凝土和钢框架混凝土构件的应力极限值如下：

① 永久荷载作用下的混凝土的弯矩和轴向压力极限值取混凝土抗压强度特征值的 40%；

② 钢筋的抗拉应力极限值取其屈服强度特征值。

（2）对于钢管混凝土柱，应设定钢管或钢板应力极限值。该极限值通常取抗拉屈服特征值和抗压强度特征值。

【条文说明】

关于（1）

为避免压力过大和徐变引起轴向开裂，必须限制混凝土的压应力。明挖隧道是一种地下结构，但由于时程水压力或土压力存在不确定性，无需考虑极限应力在平面上的增加。

若已经对混凝土开裂和钢筋疲劳进行了验算，则无需特别限制钢材应力。若拉应力超出极限值部分，导致结构分析和应力计算的假设失效，则应力值应限制在屈服强度特征值以下。

关于（2）

钢管混凝土柱中钢管或钢板的应力的正常使用极限状态应根据（1）中钢筋混凝土和钢框架混凝土构件的应力极限值加以限定。

第60条　裂缝验算

（1）为了确保混凝土裂缝不会影响到隧道的耐久性、防水性和外观，需对裂缝进行验算。

（2）在研究与耐久性有关的裂缝时，混凝土表面的裂缝宽度应等于或小于钢筋锈蚀容许的裂缝宽度。该容许宽度应根据环境条件、保护层厚度和设计使用年限综合确定。注意，对于临时结构或服务时间极短的隧道，可以不进行与耐久性有关的裂缝验算。

（3）对于防水性要求较高的结构，需进行裂缝检验。裂缝的容许宽度应不构成裂缝控制问题或防水问题，并按第（2）条进行验算。

（4）对于外观要求较高的结构，需进行外观裂缝验算。裂缝的容许宽度应不构成外观问题，并按第（2）条进行验算。

【条文说明】

关于（1）

混凝土裂缝会导致钢筋锈蚀，从而降低结构的耐久性、防水性和气密性，并可能导致结构过度变形和外观破损。因此必须采取适当的方法对裂缝进行验算，确认裂缝是否对隧道正常使用、耐久性和外观产生影响。

混凝土裂缝分为很多种类型，而本规范中提到的裂缝都是由荷载引起的。当进行受力计算时，必须将施工过程中结构体系的变化对构件应力的影响考虑在内。

在设计阶段，应尽可能考虑材料和施工方法导致的大体积混凝土裂缝。例如，水泥水化热引起的温度裂缝，或在施工阶段由于收缩引起的裂缝等问题可以参考文献［1］，通过配筋来控制裂缝或通过改变接缝的间距加以预防。另一方面，实测结果表明施工期间温度变化会在钢筋中产生一个拉应力，在投入使用前结构会有一定收缩，钢筋中的拉应力会被释放，但仍有可能会有一部分残余应力。残余应力的大小取决于施工期间不同龄期混凝土体积变化产生的拉应力，以及应力持续时间。

因此，为了估算材料和施工引起的裂缝，须对荷载作用下的裂缝状态进行预测，并对钢筋中的残余应力进行恰当估算。

关于（2）

① 钢筋腐蚀环境分级

根据对钢筋腐蚀的影响程度，可以将环境条件分成三个等级，如表C2.11所示。对于明挖隧道而言，其环境条件可被定为“正常环境”等级，因为隧道一般埋藏在地下，不会频繁受到干湿循环作用。但如果隧道部分结构露出地面反复受到干湿循环影响，或当隧道所在地层位于地下水位以下且水中含有害物质时，或当隧道位于海水中时，其环境条件定为“腐蚀环境”等级。当隧道部分结构露出地面且位于潮汐区或浪溅区，裸露部分受海水干湿循环影响或经常受到海水浪溅影响时，其环境条件定为“强腐蚀环境”等级。因此，必须在对隧道所处环境进行综合测评，以确定其环境等级。大量的明挖隧道调查结果表明，隧道内部钢筋腐蚀情况比外部钢筋更严重，因此，可以考虑隧道内部和外部取不同的环境等级。

钢筋腐蚀环境分级 **表 C2.11**

环境等级	环境条件
正常环境	隧道处于普通土壤中
腐蚀环境	钢筋腐蚀比正常环境条件下更严重：包括受频繁的干湿循环影响的环境和位于含有害物质的地下水位以下的隧道
强腐蚀环境	钢筋腐蚀会对结构极为有害

② 有关钢筋锈蚀的容许裂缝宽度

通常情况下，容许裂缝宽度的确定需考虑隧道的预期使用目的、环境条件和构件条件综合确定。现有测试结果表明，构件表面容许裂缝宽度对钢筋锈蚀产生重要影响，并受混凝土保护层厚度的制约。保护层厚度越大，容许裂缝宽度也越大。在环境条件和钢筋类型不同的情况下，其相应的容许裂缝宽度如表 C2.12 所示。注意，该表仅适用于保护层厚度不大于 100mm 的情况。

容许裂缝宽度 w_a（mm） **表 C2.12**

钢筋类型	环境等级		
	正常环境	腐蚀环境	强腐蚀环境
螺纹钢筋及光圆钢筋	$0.005c$	$0.004c$	$0.0035c$

注：c—混凝土保护层厚度。

③ 弯曲裂缝宽度计算

应确保对弯曲裂缝的检测，一般情况下，下列公式中的弯曲裂缝宽度 w 不应超过表 C2.12 中规定的容许裂缝宽度 w_a。此处所涉及的钢筋通常指最靠近混凝土表面的受拉钢筋，其应力取值参考第 58 条。对于以下情况，本规范建议分别采取不同的裂缝宽度计算公式：

（a）结合处采用了不同直径的钢筋；

（b）采用抗拉屈服强度特征值不小于 490N/mm² 的高强螺纹钢；

（c）重复荷载影响显著。

$$w=1.1k_1k_2k_3\{4c+0.7(c_s-\phi)\}\left(\frac{\sigma_{se}}{E_s}+\varepsilon'_{csd}\right)$$

$$k_2=\frac{15}{f'_c+20}+0.7,\quad k_3=\frac{5(n+2)}{7n+8}$$

式中 k_1——钢筋表面几何形状对裂缝宽度影响的常数，螺纹钢筋取 1.0，光圆钢筋取 1.3；

k_2——混凝土质量对裂缝宽度影响的常数；

f'_c——混凝土抗压强度（N/mm^2），一般取设计抗压强度 f'_{cd}；

k_3——多层受拉钢筋对裂缝宽度影响的常数；

n——受拉钢筋层数；

C——混凝土保护层厚度（mm）；

c_s——受拉钢筋间距（mm）；

ϕ——受拉钢筋直径（mm）；

ε'_{csd}——用于估算混凝土收缩和徐变引起的裂缝宽度增量的压缩应变；

σ_{se}——钢筋应力的增量；假定其初始状态下混凝土应力为 0（N/mm^2）。

④ 可省略弯曲裂缝验算的构件处理

明挖隧道一般位于正常环境中，不含氯化物等有害物质。在正常环境下，且使用了普通构件时，如果永久荷载引起的钢筋应力增量 σ_{se} 小于表 C2.13 中规定的极限值，则可以省略关于耐久性的弯曲裂缝的验算。当可变荷载的影响大于永久荷载时，必须根据耐久性要求对弯曲裂缝宽度加以验算。

省略裂缝验算时，永久荷载引起的应力 σ_{se}（N/mm^2）极限值　　　表 C2.13

钢筋类型	钢筋应力的极限值（N/mm^2）
螺纹钢筋	120
光圆钢筋	100

⑤ 斜裂纹验算

斜裂纹会引起隧道耐久性、防水性及气密性的严重退化，因此应根据需要对斜裂纹进行详细验算。一般来说，当设计剪力 V_d 小于素混凝土抗剪承载力 V_{cd} 的 70%时，可以不对斜裂纹进行验算，此时 γ_b 和 γ_c 一般可取 1.0。但是，当设计剪力 V_d 大于抗剪承载力 V_{cd} 的 70%时，必须对斜裂纹进行验算，考虑到斜裂纹的发生机制不同于弯曲裂缝，因此需分别采用适当的方法。如果永久荷载作用下抗剪钢筋的受力小于表 C2.13 中的极限值，则无须进行详细的验算。其中，抗剪钢筋的受力按文献［2］计算。

⑥ 扭转裂缝验算

当扭矩设计值 M_{td} 小于抗扭承载力设计值 M_{tud} 时，一般不会产生扭转裂缝。抗扭承载能力设计值是根据无抗扭配筋情况下产生扭转裂缝时的扭矩确定的。因此，当 M_{td} 小于 M_{tud} 的 70%且无抗扭配筋时，不必进行扭矩裂缝验算，此时 γ_b 和 γ_c 一般可取 1.0。当 M_{td} 大于 M_{tud} 的 70%且无抗扭配筋时，则需采用适当方法对扭转裂缝进行验算。如果永久荷载作用下抗扭配筋的受力小于表 C2.13 中的数值，则无须进行详细的验算。

关于（3）

与防水性有关的裂缝控制或裂缝宽度容许值参照表 C2.14，根据不同防水等级和横截面主要受力类型加以确定。

对于对防水等级要求较高的结构，不仅要控制裂缝的宽度，还需采取一定的防水措施。进行防水作业时，需要考虑材料的防水性、耐久性、裂缝跟踪性能和可施工性。防水作业的位置及范围需要根据防水等级要求、周围环境条件和裂缝波动等来确定。对于施工缝和预制构件接头等防水能力较弱的地方，也需采取一定的防水措施。同时，这些防水设计应满足本章 2.11 的要求。

防水条件下裂缝控制及裂缝宽度容许值的参考值（mm）　表 C2.14

防水等级要求		高	普通
横截面主要受力	轴向拉伸	—	0.1
	弯曲	0.1	0.2

参考文献

[1] 日本土木学会：混凝土结构标准规范-2002. “材料和施工”，184-188，2005.

[2] 日本土木学会：混凝土结构标准规范-2002. “结构性能检验”，120-122，2005.

第 61 条　位移及变形检测

（1）应采取适当的方法进行验算，确保结构或构件的位移及变形不会损害隧道正常使用功能。

（2）应确保结构及构件的短期和长期位移及变形低于允许值。

【条文说明】

关于（1）

下列情况必须进行沉降检测：隧道建造在软弱地基中，且上部直接放置了另一结构时；覆土高于现有地面，导致荷载增加时；地面有沉降发生时。对于沉降的评定，其绝对值和相对值应在认真考虑隧道的使用功能基础上，根据结构形式及相应的规范标准进行确定。

应对沉降的对策包括：

1）在不影响隧道使用条件下，允许一定范围的沉降。允许一定沉降的方法如下：

① 预留一定的变形空间；

② 在连接处采用柔性连接；

③ 提高结构容许变形能力。

2）采取一定方法抑制沉降，抑制沉降的方法如下：

① 使用桩结构，提高地基承载能力；

② 通过夯实、填土和固结等方法改善地基；

③ 通过填筑和使用排水等方式促进固结沉降。

当构件的长度远小于其横截面高度，可以不对位移及变形进行检测。但是，当混凝土收缩或徐变引起的长期变形不能忽略时，需对长期变形进行检测。

第 62 条　振动验算

应采取适当的方法对振动进行验算，确保可变荷载引起的振动不会损害隧道的正常使用。

【条文说明】

一般来说，隧道受到周围土体的约束，很少出现振动问题。但是，当有火车或车辆等活载施加在中隔板上，或附近有其他施工活动时，隧道会受到振动影响。在这种情况下，建议通过改变截面尺寸、增加构件自重、在振动源使用防振结构等措施进行防振处理。

2.8　耐久性验算

> **第 63 条　一般规定**
> （1）耐久性验算是为了确保在设计使用年限内，结构能满足耐久性要求。
> （2）耐久性验算需考虑钢筋腐蚀和混凝土劣化。

【条文说明】

关于（1）

在设计使用年限内，须确保结构和构件的性能能够满足使用要求。只要隧道性能条件达到要求，即使在服务期内混凝土或钢筋发生了劣化或质量缺陷，隧道也仍然能在设计使用年限内正常使用。本节主要讨论如何确保隧道结构的耐久性，而不是涉及混凝土性能本身。

关于（2）

隧道结构耐久性不仅受单因素影响，还受到多种因素联合影响。但通常只需对主要的影响因素进行单独评定。到目前为止，还没有相关的验算能技术能同时考虑多因素联合作用，用于验算性能的方法也是针对单独作用的因素。与单因素影响相比较，在多因素影响下的隧道劣化速度更快，因此在考虑多因素联合时，必须使用更大的安全系数。

关于有裂缝情况下隧道耐久性，可假定可以通过结合本节所述检测方法来确保其耐久性，前提是结构的裂缝宽度小于 2.7 节给出的允许宽度（正常使用极限状态验算）。

> **第 64 条　钢筋锈蚀验算**
> 为了防止钢筋锈蚀引起的隧道耐久性劣化，需对下列方面进行验算：
> （1）混凝土中性化；
> （2）氯离子侵入引起的钢筋腐蚀。

【条文说明】

（1）混凝土中性化

混凝土中性化给正常环境条件下明挖隧道的耐久性带来了考验。现有明挖隧道调查结果表明，隧道内侧混凝土的中性化程度要大于与土体接触的一侧。实际上，已经确认的是，与土体接触一侧的混凝土基本上不会出现中性化，这一点在进行相关研究时应加以考虑。

中性化检测见文献［1］所述。一般来说，当使用普通硅酸盐水泥且水灰比不大于 50％时，或保护层厚度超过 30mm，无须对混凝土中性化进行检测。

$$\gamma_i \frac{y_d}{y_{lim}} \leqslant 1.0$$

式中 γ_i——结构重要性系数，一般取 1.0，对于重要性等级较高的结构，可以取 1.1；

y_{lim}——钢筋开始腐蚀时的临界碳化深度，$y_{lim}=c-c_k$；

c——预期保护层厚度（单位：mm）；

c_k——未碳化的保护层厚度（单位：mm）。正常环境中取 10mm，处于氯离子浓度较高环境中时取 10～25mm；

y_d——碳化程度设计值，$y_d=\gamma_{cb}\alpha_d\sqrt{t}$，$\alpha_d=\alpha_k\beta_e\gamma_c$；

α_k——碳化速度特征值（单位：mm/$\sqrt{年}$）；

t——设计使用年限（小于 100 年）；

β_e——环境影响程度系数。潮湿环境取 1.0（外表面），干燥环境取 1.6（内表面）；

γ_{cb}——碳化深度设计值 y_d 变化的安全系数，一般取 1.15，对于流动性较好的混凝土可取 1.1；

γ_c——混凝土材料特性系数，一般取 1.0，而对于结构的上部取 1.3。但是当混凝土质量与实验室样品质量相同时，整个结构可以都取 1.0。

（2）氯离子侵入引起的钢筋腐蚀

在一个不受外部氯化物影响的环境中，可以认为氯离子不会引起隧道性能的丧失。但前提是，混凝土搅拌过程中氯离子含量小于或等于 0.30kg/m^3。如果氯离子的含量大于 0.30kg/m^3，则需按文献［2］进行检测。

参考文献

［1］ 日本土木学会：混凝土结构标准规范-2002.“材料和施工”，27-30，2005.

［2］ 日本土木学会：混凝土结构标准规范-2002.“材料和施工”，30-35，2005.

第 65 条　混凝土劣化验算

为防止混凝土劣化引起的隧道耐久性受损，需对以下方面进行验算：

（1）冻融作用；

（2）化学侵蚀；

（3）碱—骨料反应；

（4）防水性；

（5）耐火性。

【条文说明】

（1）冻融作用

处于正常环境条件下的隧道可以不进行冻融验算；对于可能发生冻结的混凝土结构，则需按文献［1］进行验算。

（2）化学侵蚀

化学侵蚀是一种劣化现象。由于腐蚀性化学物质侵入到混凝土、水泥制品或钢材内部并发生化学反应，或由于混凝土与腐蚀性化学物质接触，结果发生材料体积膨胀或外层剥落，导致裂缝产生。

在正常环境条件下，并不需要对化学侵蚀进行检测，但当化学侵蚀可能对隧道耐久性产生破坏时，需按文献［2］进行验算。

（3）碱—骨料反应

碱—骨料反应是指骨料中某些成分与水泥中的碱发生反应，产生膨胀物质引起混凝土生成裂缝。若所用骨料不受碱—骨料反应的损害，则不需要进行此项验算；若此反应可能对隧道耐久性产生损害，则需按文献［3］进行验算。

（4）防水性

渗水不仅会对隧道的安全、耐久性、功能、养护和外观产生严重影响，长期的渗水还会导致钙成分的流失，降低隧道的性能。一般来说，防水性与隧道耐久性并没有直接的关系，但为了方便，将其包含在本节内容当中。

一般来说，为了确保隧道的防水性，需在对结构有防水要求的地方铺设防水材料，或者在结构的接缝部位做好防水措施。采取了这些措施以后，可以不再对隧道的防水性进行验算。由于防水材料以及防水方法不同，在充分评估其影响之后，必须制定详细的措施并将其纳入相应的维护和管理方案。混凝土防水性处理应按文献［4］进行。

对于防水性没有特别要求的隧道，可以不进行防水性验算。

（5）耐火性

对于普通的隧道，应确保其在服务期间，不会因为火灾等问题发生混凝土及其内部的钢筋性能退化从而使结构的性能遭到损害。耐火性与隧道耐久性并没有直接的关系，但为了方便，将其包含在本节内容中。

混凝土结构的耐火性主要取决于保护层和混凝土本身的耐火性。因此，通常认为如果混凝土能够满足保护层的耐火性要求，隧道的耐火性是能够得到保障的。混凝土保护层的耐火性应按文献［5］进行验算。为了提高混凝土本身的耐火性能，可以在混凝土中掺入短纤维，防止结构发生突发性的断裂。另外，还可以在混凝土表面铺设防火板等隔热装置，防止材料燃烧引起热传递。

参考文献

［1］ 日本土木学会：混凝土结构标准规范-2002．“材料和施工”，p35，2005.
［2］ 日本土木学会：混凝土结构标准规范-2002．“材料和施工”，p36，2005.
［3］ 日本土木学会：混凝土结构标准规范-2002．“材料和施工”，p37，2005.
［4］ 日本土木学会：混凝土结构标准规范-2002．“材料和施工”，p39，2005.
［5］ 日本土木学会：混凝土结构标准规范-2002．“材料和施工”，p41，2005.

2.9　抗震研究

2.9.1　抗震设计的基本原理

第 66 条　明挖隧道抗震设计的基本原理

明挖隧道抗震设计中，抗震安全性需在充分理解结构和地层的横向和纵向特性的基础之上，通过假定地震运动，并采用抗震性能校验技术进行确定。隧道周边地层的稳定性也需要进行检测。

【条文说明】

地下结构在地震中的行为主要受到周围地层地震响应的影响。在抗震设计中，明确隧道结构特性、围岩特性、设计地震荷载和各种其他条件非常重要，而且需要采用一种既能反映上述条件又能获取所需精度的隧道响应值的分析方法。

从地层的深度方向来看，地震会在地层中产生剪切变形，反过来会导致明挖隧道横截面上的剪切位移。在软土地层或软硬地层分界区域，地层应变会增长。因此，当明挖隧道处在这种位置时，应对其进行研究，认真考虑如何确保横向抗震性能。

另一方面，地层厚度、土体常数以及地基深度在隧道纵向上分布不均，即地震时，地层特性在不同的位置各不相同，这也是造成隧道纵向弹性变形或弯曲变形的一个因素。在高原和平原的交界处或在河谷以下的土体状况可能发生突变，这意味着应考虑纵向抗震设计。当结构所受到的地震影响不仅有地层位移时，如结构的刚度变化显著，或是在隧道上方有其他结构物时，必须考虑隧道纵向抗震设计，因为，在地震作用下，以上情况会导致隧道纵向发生较大变形。

浅层的松散砂质地基在地震过程中可能发生液化。隧道周边地层的液化会在隧道底部产生一个浮力，并可能抬升隧道。当隧道处于坡地或是河流附近时，土体可能发生侧向扩张。地震结束后，随着引起液化的多余孔隙水压力的消散，会产生与抬升相反的影响，即地层沉降。在这种情况下，明挖隧道抗震设计必须在确保围岩稳定性的同时，还需保证结构在抵抗上述地层运动过程时的抗震安全。

第 67 条　设计中的假定地震运动

原则上，在确定设计地震运动时，需考虑以下情况：地震震级预测、震源特性、地质特性、地震波传播特性、施工场地与震源之间的距离、地形、地质和现场场地条件等。

一般情况下，下列两种地震运动可被视为设计地震运动：

（1）在结构设计寿命内经常发生的地震运动级别（第 1 级地震运动）。

（2）在结构设计寿命内发生概率极低的高震级地震运动（第 2 级地震运动）。

【条文说明】

第 1 级地震运动是一种作用于多数土木工程结构的地震外力。第 2 级地震运动指的是发生在陆地附近的大型板块间的地震和所谓的内陆震中区地震。对于假定的设计地震运动，其水平可以根据地震发生的频率和对混凝土结构的毁坏程度划分为多个等级。由于目前对地震运动的预测和结构损坏计算的精度还无法保证，因此，将地震运动划分为两个等级就足够了。

第 68 条　结构的抗震性能

原则上，应根据结构的重要性来确定相应抗震性能以保证设计能够实现其性能。

【条文说明】

在确定某结构的抗震性能时，必须考虑以下因素：目标结构、结构破坏对其使用寿命以及功能的影响、对次生灾害的预防、重建所需的时间和花费等。总之，应考虑以下三种类型的抗震性能：

抗震性能 1：能使结构在地震期间保留其功能、使结构维持正常功能且在震后无需维修的性能。当周边土体稳定性可确认时，以及在地震中发生在构件上的应力尚未达到其屈服荷载时，可以判断该结构可能满足此抗震性能水平。

抗震性能 2：能使得结构在震后维持其必要的承载力，便于其震后使用，并且能让结构在较短时间内恢复功能的性能。当此类结构尚未发生剪切破坏，且其响应位移没有达到极限位移，以此可判断结构满足此抗震性能水平要求。但是，要注意的是，对于那些难以维修或加固的构件，应确立极限值，且该值比上述更为严格。还应确认其响应值在允许范围之内。

抗震性能 3：能使结构整体在地震中免于崩塌的性能——即使震后不可维修。

明挖隧道的维修和加固比地上结构更加困难，这意味着在确立目标性能是，需要进行周密考虑。尽管很难根据上述的地震运动水平对抗震性能进行统一定义，但可利用如下对应：

（1）抗震性能 1 满足第 1 级地震运动要求。

（2）抗震性能 2、3 满足第 2 级地震运动要求。

第 69 条　明挖隧道的抗震结构设计

在设计抗震结构时，应注意施工现场的地形、地质、地层特性以及对施工场地周边结构的影响，以便结构整体能保持所需的抗震性能。

【条文说明】

结构设计过程应考虑以下要求：

（1）隧道横向的结构设计

须考虑地震期间沿深度方向上的位移分布。鉴于位移过大会对隧道造成极大影响，以下情况中应仔细考虑抗震性能：

① 当隧道结构位于软土层中时—软土层在发生地震时可能发生较大位移；

② 当隧道结构位于或靠近软硬土交界处时。

（2）隧道纵向的结构设计

沿隧道方向的地层和建筑条件不一致时，会发生相对位移，引起轴向的延伸或收缩或者横向的弯曲或剪切，从而产生较大应力。应设法减少这种应力即当条件发生突变时，通常采用柔性连接来吸收相对位移并防止产生巨大压力。另一方面，当情况变化轻微时，常规做法是通过分布钢筋来抵抗压力或者在合适的间距加入具有接头作用的柔性连接来吸收位移。

（3）关于液化的考虑

应对防水措施进行研究，防止隧道主体和接缝处发生渗水以及地层液化引起上浮。设计结构时，应确保它能够防止地基液化导致的土体侧向扩展，避免其成为结构的荷载。在抗震设计中，应充分考虑地基的稳定性，因为地层液化以及由此引发的土体的侧向扩展会对于地下结构的抗震性能产生巨大影响。

（4）与相邻构筑物的耦合应力

如果相邻构筑物的动力特征或者土体情况各不相同，其中一个构筑物对另一个所产生的影响将会带来不可预期的破坏力。这种情况应纳入结构设计的考虑之中。

第 70 条　抗震设计流程

明挖隧道的抗震设计应按以下步骤进行：

（1）判断围岩稳定性，评价隧道结构所受的影响，并考虑对策；

（2）进行结构分析；

（3）检验安全性。

【条文说明】

图 C2.15 表示常见明挖隧道的抗震设计流程。明挖隧道抗震设计需要在对结构构件

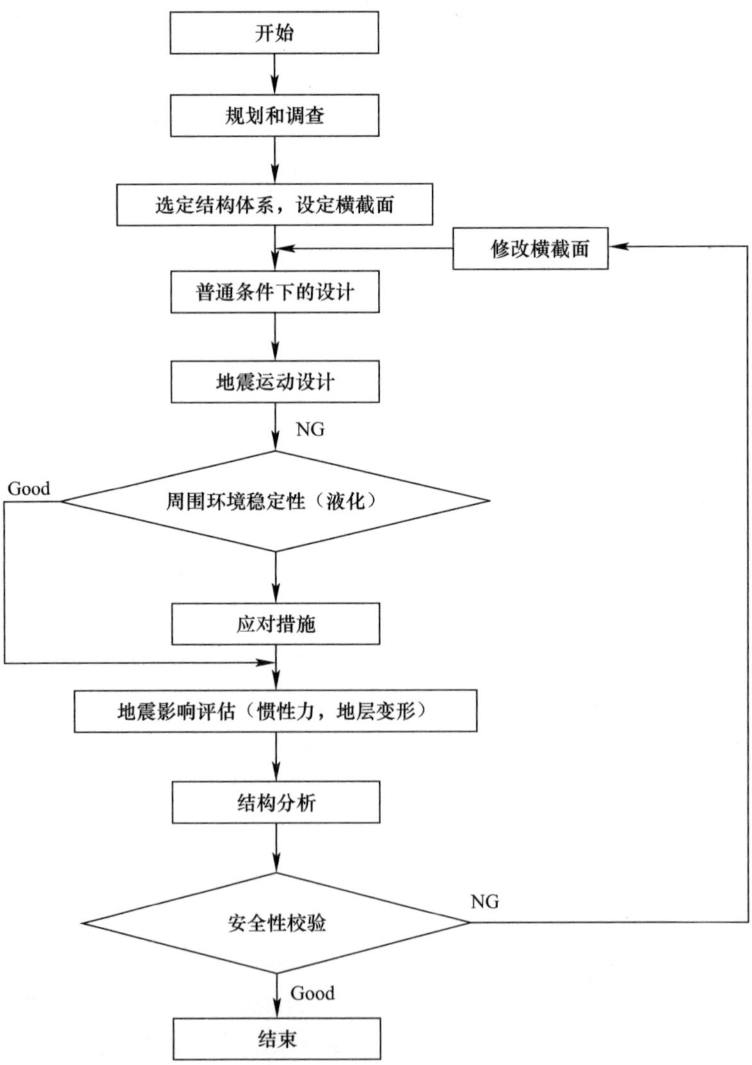

图 C2.15　抗震设计流程

进行分析前对围岩稳定性进行验算。需验算构件的应力和变形以及与围岩稳定性有关的方面，如饱和砂土层的液化，液化导致隧道主体的上浮，土体的侧向移动和地面沉降，倾斜地层的运动以及软黏土层地基强度降低的影响。用于预测和确定液化情况的方法见第 81 条。

2.9.2　震动荷载

第 71 条　必须考虑的荷载

下列是抗震设计中应考虑的荷载：

（1）自重；

（2）地面荷载；

（3）覆土荷载；

（4）土压力、水压力或侧压力；

（5）浮力；

（6）隧道内的荷载；

（7）地震的影响；

（8）其他荷载。

【条文说明】

关于抗震设计中要考虑的荷载以及荷载组合，除了要采取本章第 2.3 节中讨论的步骤以外，还应对地震过程中地层与结构的相互作用进行适当分析。需要考虑的基本地震影响包括：材料质量引起的惯性力以及地层运动引起的荷载。在周围地基液化的情况下，需考虑超孔隙水压力、动水压力和地基液化引起土体的侧向流动。

在设计中使用的荷载系数通常可设置为 1.0。

关于（6）

应按照需要考虑隧道的活荷载。

第 72 条　地震运动设计

（1）在明挖隧道的抗震设计中，地震运动设计通常需要根据基础底面的防震设计来确定。

（2）在确定抗震设计中的基础底面时，必须考虑地形和地面条件以及结构在地层中的位置。

（3）地震运动设计应在考虑过结构和地面特性后，根据抗震设计技术来建立。

【条文说明】

关于（1）

地震设计中的设计地震运动很大程度上受到基础底面以上亚表土层的性状影响。因此，对于明挖隧道的地震设计而言，其设计地震运动通常以基础底面为基础来计算亚表土层的地震响应。

关于（2）

有抗震设计的基础底面在施工时基本上把位置定在比较稳定的地层之上，并留有一定的平面空间。这种稳定的地层通常具有足够的承载能力，能够承受大约 300m/s 以上的剪切波速（通常砂土的 N 值≥50，而或黏土的 N 值≥25）。需要注意的是，如果一部分的结构将被置于上述稳定的地层之上，并且结构的底层位于稳定的地层附近，那么用于分析的基础底面应设置在结构底部的下方。

当用于分析的基础底面与用于抗震设计的基础底面在物理参数或深度上有较大区别时，设计地震运动也将与其有很大不同。在这种情况下，应该对地层进行抗震响应分析，以便调整基础底面地震运动的输入值，即地震运动。

为了定义抗震设计中的地震运动，常规方法是使用最大振幅的预期值，并根据施工现场确定的地震幅度和震源距离来测定反应谱。然而，最近，一种基于假定断层模型的方法应用越来越广泛。其中，地震运动是通过断层失稳机制以及从断层到施工现场的传播特性进行确定的。在这种情况下，应基于结构和地面特性选择最佳方法，同时应研究过去的地震活动，检查确认是否存在活动断层。

根据不同的设计方法，基础底面的抗震设计可以根据最大振幅、反应谱和时程波形来定义。在某些特定方法的设计中，即使地震运动是以最大振幅或响应谱定义的，时程波形也很有必要。此时，需要通过调整实际地震记录来分别定义相位特性，以便建立适当的时程波。

另一方面，基础底面的抗震运动可能因为近地层情况不同而不同，因此在处理时程波形时必须谨慎。

以下为明挖隧道和其他地下结构抗震设计的基础底面典型反应谱参考资料：

[1] 供水设施的抗震方法指南（1997 年）. 日本水道协会.

[2] 污水处理设施的抗震对策指南（1997 年）. 日本污水工程协会.

[3] 隧道结构设计手册（部分抗震设计明挖法）. 首都高速公路公团，2003.5.

[4] 铁路结构设计标准和注解（抗震设计）. 铁路技术研究所，1999.10.

[5] 明挖隧道抗震设计规范. 阪神高速公路公团，1999.12.

2.9.3 响应值的计算与分析模型

第 73 条　一般规定

隧道响应值的计算需考虑以下因素：

（1）地震中的地层响应特性；

（2）地层与结构之间的相互作用；

（3）地层与结构的材料非线性特性。

【条文说明】

明挖隧道和其他地下结构在地震中的行为是结构与地层之间相互作用的结果。这种相互作用源自惯性力或地层变形。由于隧道具有较大的内部空间，因此惯性力的影响比较小，这意味着地层变形的影响是主要的。因此，在对应力和变形进行分析之前，通过充分评估地震中地层响应以及地层与结构刚度，并据此分析地层与隧道的相互作用关系，对隧道响应值的计算十分必要。

第 74 条　横向响应值计算

（1）作为标准方法，明挖隧道横向响应值应根据地震变形方法进行计算。

（2）在使用地震变形法计算响应值时，需将隧道建模成一个由土弹簧支撑的框架结构，并假定地震影响为静荷载。

（3）如果不能利用土弹簧模型估算相互作用，则应使用有限元法等静态分析方法来计算响应值。

（4）如果地震过程中地层形态复杂或者惯性力影响很大，则需利用动态分析方法计算响应值。

（5）当有比本章所述更适合明挖隧道特点，并能更好计算其横向响应值方法的时候，也可以考虑使用。

（6）如果隧道周围的地层在地震过程中可能发生液化，则响应值的计算需考虑地层液化现象对隧道横截面的影响。

【条文说明】

关于（1）

地下结构在地震中的性状很大程度上受地层变形以及地层与结构之间相互作用的影响。因此，所用分析方法必须将以上因素考虑在内。分析时可使用静态分析法（如地震变形分析法使用的梁—弹簧模型）、有限元分析法（FEM）（如地层响应加速度法）以及动态分析法。常用的分析方法是地震变形法，因为该方法能够达到要求所需的精度。

关于（2）

地震变形法将周边面力、结构和地层之间相对位移产生的荷载、主体惯性力、都假定为荷载（见图 C2.16，图 C2.17）。周边面剪力和结构与地层之间的相对位移产生荷载通过地层响应位移计算获得，主体惯性力则通过地层响应加速度计算得到。均质地层近似法、多层地层特征值分析法以及动态分析法均可用于计算地层响应值。此外，动态分析法包含一种方法通过等效线性考虑非线性特性和一种将特性视为非线性历史模型的方法。需要注意的是，在应变水平超过 10^{-2} 的情况下，等效线性化方法所得结果与地层真实响应值差别较大。地层位移计算方法详见附录 3。

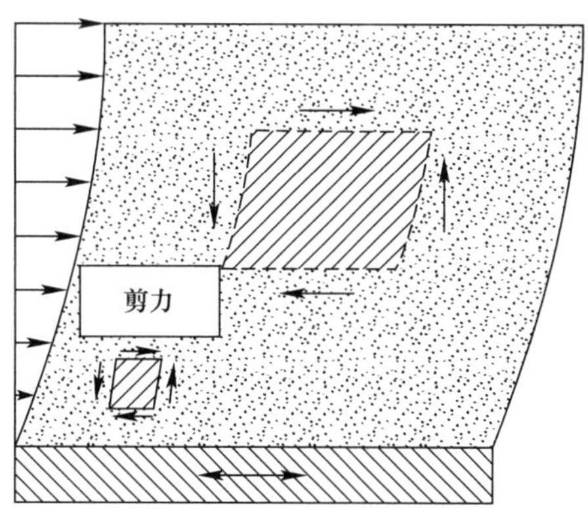

图 C2.16　周边面力生成机理

地层响应值时刻都在变化。一般来说，当隧道结构顶板和底板之间的相对位移最大时，结构处于最危险状态。因此，以此时地层响应值为基础计算出的荷载可用于静态分析。

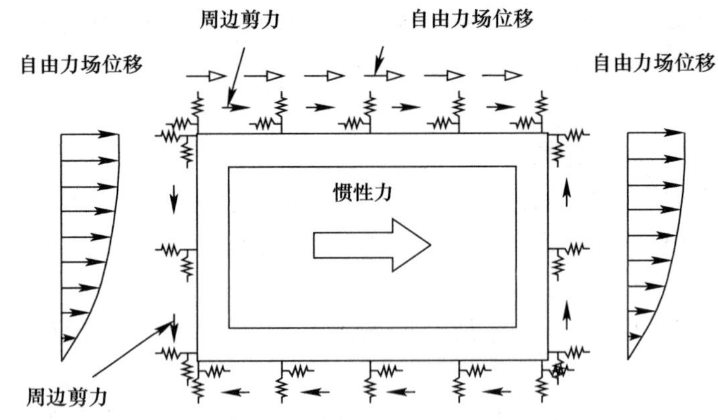

图 C2.17　地震变形法考虑地震影响

关于（3）

在使用 FEM（有限元）静态分析法时，必须要准确了解结构与地层的相互作用——例如，在隧道周围起地层结构复杂的情况下。地层响应加速度法和有限元地震变形法是其中两种典型的有限元静态分析法。两种方法都将地层视为平面变形单元而非弹簧单元。为了在分析模型中表示地震中的地层位移，地层响应加速度模型赋予分析模型的每个单元一定的惯性力，而有限元地震变形法则对分析模型中的各个节点施加等同于地层变形的节点外力（见图 C2.18，图 C2.19）。地层响应加速度法中用于确定地层惯性力所需的地层反应加速度或地震变形，以及有限元地震变形法中所需的等效节点外力都可依据上述第（2）条方法计算获得。

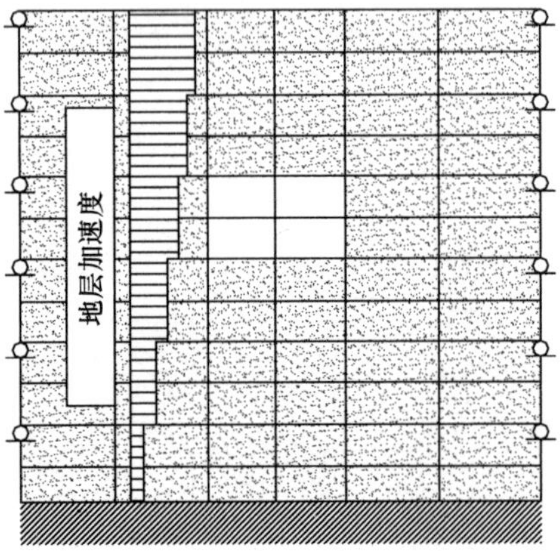

图 C2.18　地层反应加速度法的荷载模型

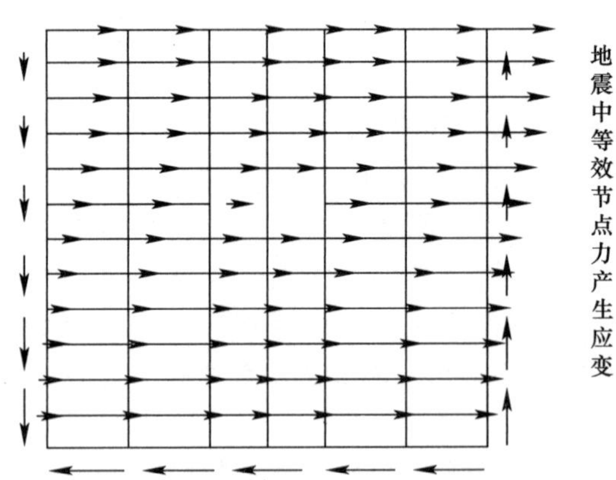

图 C2.19　有限元地震变形法的荷载模型

关于（4）

一般情况下，采用动态分析法确定横向响应值时，须将需要进行抗震计算的地层从上到下全部建模成平面变形单元，并将隧道模型纳入已建好的地层模型。然后将输入地震运动施加到基础底面之上。动态分析法适用于隧道两侧地层条件差异较大、无法使用地震变形法的情况，或者当隧道附近存在不同的结构时，例如，一座震动性质独特的桥。此外，动态分析可以通过实时考察地层与结构之间的非线性特性来研究它们之间的相互作用。通常情况下，该方法可以进行高精度分析，因此可根据需要采用此法。

关于（6）

尽管在地层液化时无法得知明挖隧道的性状和周围地层的荷载，但是有效应力分析结果表明，在地层液化过程中，隧道横截面会随着周围地层的液化而发生变形。因此，设计隧道时需考虑抵抗地层位移。需要注意的是，地层刚度也会随着液化的发生而减小，所以在计算地层变形和地层弹性系数时，土体参数也应相应减小。

另一方面，在完全液化地层中，地层变形的影响很小。如果隧道建在斜坡上或临水地带，且在地震过程中受到超静水压力和动态水压力，土体侧向变形引起的压力也会作用在隧道上。因此，当明挖隧道周围地层液化时，应对这些荷载加以确定。

目前已有许多有效应力分析方法。只要能够准确确定分析所需的地层参数，那么结构的响应值能够在考虑液化作用的基础上直接确定，例如，超孔隙水压力的上升或有效应力的变化最终导致地层材料特征发生改变。

第 75 条　纵向响应值计算

隧道纵向响应值的确定需要考虑隧道轴线方向的地层位移。

【条文说明】

计算明挖隧道的纵向响应值时，需将隧道结构建模为一个弹性地基梁，并将地震中沿隧道轴向的地层位移分布施加于弹簧端部。建议采用动态分析法计算地层位移的分布（如图 C2.20 所示的弹簧材料模型或者有限元模型）。这种模型能够直接显示地层的构成以及地质情况沿隧道纵向的变化。如有其他合理的方法在检验其实用性后也可以用于确定地层的位移分布，如正弦逼近等。

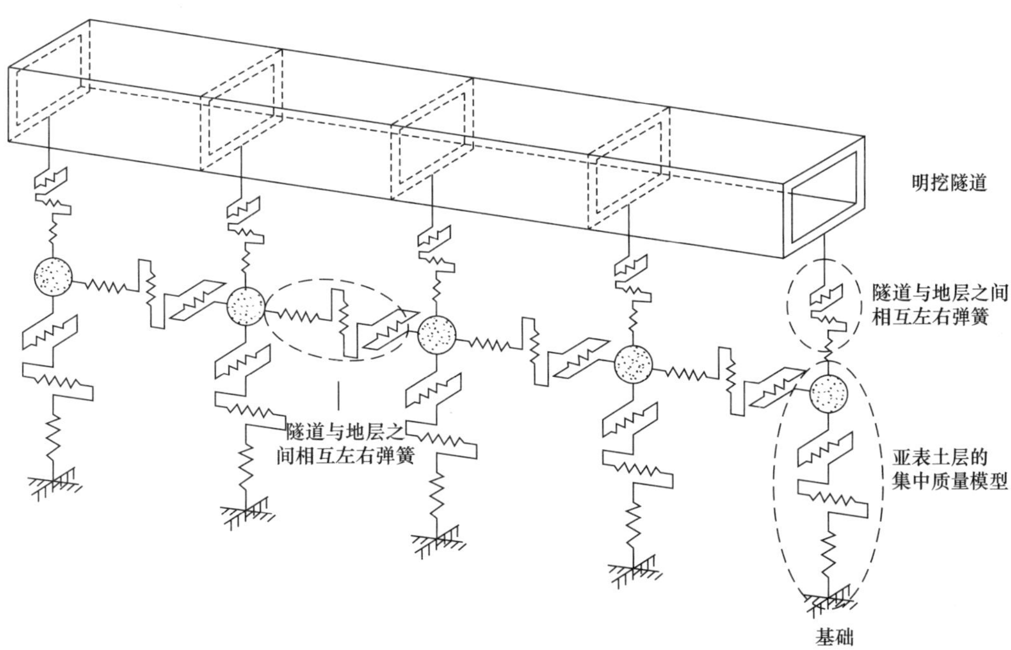

图 C2.20　纵向分析模型（集中质量模型）

通常，实体模型不用于地层和结构分析。地层位移分布和隧道结构响应值可以先分别分析，再进行计算。然而，如果存在较大竖井导致地层和结构之间的动态相互作用过大，建议通过土体—结构相互作用模型来计算响应值，并将以上影响因素考虑进去。

第 76 条　地层和隧道建模

（1）地层和隧道建模必须通过合适的方法，以便在分析中重现现象。

（2）地层建模需考虑地震过程中应变水平相应的力学特性和劣化特性。

（3）隧道建模需考虑地震过程中应变水平相应的力学特性。

【条文说明】

关于（1）

根据地震变形法计算隧道横向和纵向响应值时，需要将地层建成弹簧单元模型。弹簧常数可以直接通过土体常数中的地基反力系数进行确定，也可以将地层建程有限元模型，通过静态分析获得荷载—位移关系。另一方面，基于有限元的静态或动态分析法不需要估算弹簧常数，因为地层模型是用平面应变单元建立的。

如果地层位移过大，或是地层和结构之间刚度差别过大，地层和结构的接触面存在滑移或剥落的可能性。在这种情况下，可能需要提供地基反力的上限值，或采用非线性单元进行分析，并考虑接触面滑移和剥离的情况。典型的滑移剥离模型如图 C2.21 所示。由于发生滑移和剥离时，地层应力也会发生变化，因此建议在需要考虑上述情况时对地层建立有限元模型。

结构建模时可以使用梁单元或有限元。一般而言，用梁单元建模时，如果有足够的力学性能，基本可以满足要求。

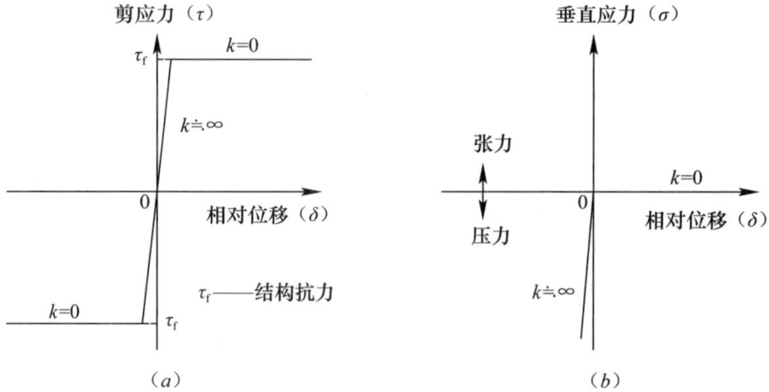

图 C2.21　地层与结构接触面之间的滑动和剥离模型

（*a*）滑移模型；（*b*）剥落模型

关于（2）

土的变形系数随应变的增大而减小，因此无论是分析还是建模，都需用到相应的应变值。土体力学参数可以利用动态试验所得剪切变形降低率和剪应变之间的关系（$G/G_0-\gamma$）来表示，如三轴循环压缩试验或扭剪试验。在使用地震变形法或有限元静态分析法并对纵向响应值进行计算时，一般做法是基于多重反射理论分别进行一维波传播分析（动态分析），事先设定地震过程中的变形系数。注意，关于动态分析法，上述事先确定的变形常数、$G/G_0-\gamma$ 关系或基于该模型的非线性历史模型都会用到。如果地层的动态分析是用以上关系完成的，则应提供劣化常数与剪应变之间的关系（h-γ）。不论是哪种情况，都应通过确认试验所得的应变水平与前期响应值的匹配程度来估算响应值。

关于（3）

钢筋混凝土梁单元模型的力学特性通常用非线性力学模型表示，如弯矩—曲率关系（M-Φ）或弯矩—构件角度关系（M-θ）。对于周围构件，可以就固定荷载作用下的弯矩分布情况进行适当配筋。结果，在地震期间，塑性铰并不总是存在于构件末端。因此，当用到 M-θ 关系时，设置塑性铰位置时必须特别关注这一点。

用于计算上述两种关系的方法有很多。一种是基于混凝土应力—应变关系，需要考虑混凝土保护层以及混凝土达到最大承载力后的负梯度。相应计算方法应根据使用条件以及抗震性能目标进行选取。

2.9.4 抗震性能验算

第 77 条　一般规定

隧道抗震性能验证主要通过如下两部分进行：验证构件的损坏情况和验算隧道在液化地层中的抗浮稳定性。

【条文说明】

隧道抗震性能应按照第 78 条进行验算；液化地层中的抗浮验算按照第 31 条进行。

第 78 条　构件损坏验算

对构件损坏进行验算时，需使用规定的安全系数，并且确认根据假设地震运动计算所得用于验算的响应值 S_d 是否超过验算限定值 R_d。

【条文说明】

隧道抗震性能需按照以下公式进行验算。验算时，可能用作响应值进行验算的有：弯矩或剪力、构件轴向应力、应变、曲率和旋转角度。对于连接部分，伸长量和旋转角度都可作为构件力的补充。

$$\gamma_i S_d / R_d \leqslant 1.0$$

$$S_d = \gamma_a S, \quad R_d = R/\gamma_b$$

式中　S_d，S——验算响应值，响应值；

R_d，R——验算极限值，极限值；

γ_i，γ_a，γ_b——结构系数，结构分析系数，构件系数。

横向抗震设计构件，其抗弯承载力、变形（曲率和旋转角度）或抗剪承载力都要进行验算。对于中柱和墙，需确保这些构件满足下述条件，前提是假定先发生弯曲破坏。建议将该假设应用到可能范围内的其他构件。

$$V_{mu}/V_{yd} \leqslant 1.0$$

式中，V_{mu}，V_{yd}分别为构件抗弯承载力作用下的剪力，抗剪承载力设计值。

明挖隧道是高阶超静定结构，即，如果某构件发生失稳，局部损坏不会导致整个结构的损坏。因此，在验算抗震性能响应值 3 时，除了验算构件抗震性能外，还需通过验算塑性铰的数量并确认整个结构的承载机制没有失效。

除了验算轴向抗拉、抗压、抗弯和抗剪外，抗震设计在纵向上还需要验算变形性能以及接头的阻断性能。

第 79 条　安全系数

安全系数的确定要注意地震运动的特点、响应值计算方法的精确性以及受到重复荷载的结构力学特性（该重复荷载会导致重大变形）。但一般情况下，可以使用以下值：

（1）用于验证抗震性能 1 的安全系数取值可为 1.0（不包括荷载系数）。

（2）用于验证抗震性能 2 和 3 的安全系数取值如下（不包括荷载系数）：

① 材料系数通常取极限状态值，但在用于响应值计算时，安全系数取 1.0；

② 构件系数通常取极限状态值，但该值需要增加，以便提高线性构件在循环荷载下的抗剪安全性（注意，构件位移的安全系数必须是 1.0）；

③ 结构分析系数要适当地根据分析方法进行确定；

④ 结构系数要在结构重要性的基础上确定，但通常设置为 1.0。

（3）荷载系数要适当地根据输入的地震运动设置方法进行确定。

【条文说明】

关于（1）和（2）

除了荷载系数外，安全系数都应根据文献［1］进行确定，参见表 C2.15。在用表 2.15 验算抗震性能 2 和 3 时，用于结构分析的荷载位移关系与用于计算极限值时不同。因此，弯矩验算需要利用与变形相关的响应值，如曲率、旋转角度和位移等。

标准安全系数　　**表 C2.15**

抗震性能＼安全系数		材料系数 γ_m		构件系数 γ_b	结构分析系数 γ_a	结构系数 γ_i
		混凝土 γ_c	钢筋 γ_s			
抗震性能 1	响应值和极限值	1.0	1.0	1.0	1.0	1.0
抗震性能 2，3	响应值	1.0	1.0	1.0	1.0～1.2	1.0～1.2
	极限值	1.3	1.0 或 1.05	1.0*，1.1～1.3**		

注：* 位移的极限值。

** 对于线性构件，构件在受到反向循环荷载情况下计算抗剪承载力时，系数取 1.4～1.6；在容许塑性铰且可能发生弯曲剪切破坏的情况下计算抗剪承载力时，系数取 1.7～2.0，在使用材料的实际强度进行剪力计算时，这些值可能会减小。

关于（3）

荷载参数的设置需要考虑输入地震运动的不确定性。例如，荷载系数可以是 1.0，但前提是已经考虑过在设置输入地震运动强度时的非超限概率。如果利用既有地震运动的统计平均值，需要依据不同地震运动对响应值的影响程度，考虑大于 1.0 的荷载系数。另一方面，在非线性分析情况下，即使输入相同的地震运动强度，响应值也会随着相位特性不同而变化，所以，上述的处理方法可用于振幅调整之后使用特定时程波形的情况。

参考文献

[1]　日本土木学会：混凝土结构标准规范-2002. “抗震性能验证”，14-15，2005.

第 80 条　极限值的计算

（1）构件变形过程中的曲率可定义为受拉钢筋的截面中心处的曲率。

（2）若荷载不低于该构件的荷载—曲率关系中骨架曲线的屈服载荷，则该构件的极限曲率可确定为最大曲率。

（3）构件承载力按照本章 2.6 节所述进行确定。

【条文说明】

关于（1）和（2）

钢筋混凝土构件的弯矩—曲率关系图大体上可以用图 C2.22 来表示。开裂弯矩 M_c 指的是极度拉伸纤维混凝土达到屈服强度时的弯矩，而屈服弯矩 M_y 指的是拉伸侧钢筋屈服时的弯矩。如果横截面上布设有多层轴向钢筋，则随着弯矩增大，每层钢筋会逐层发生屈服，因此，构件的弯矩—曲率关系图中没有表达具体的屈服现象。《规范》规定，屈服曲率 ϕ_y 可以根据文献［1］中的概念来计算。有时，极限曲率被定义为受压侧混凝土达到极限应变的曲率 ϕ_m，但规范允许按照曲率 ϕ_n 来计算，此时，屈服弯矩根据文献［1］可以进行保留。

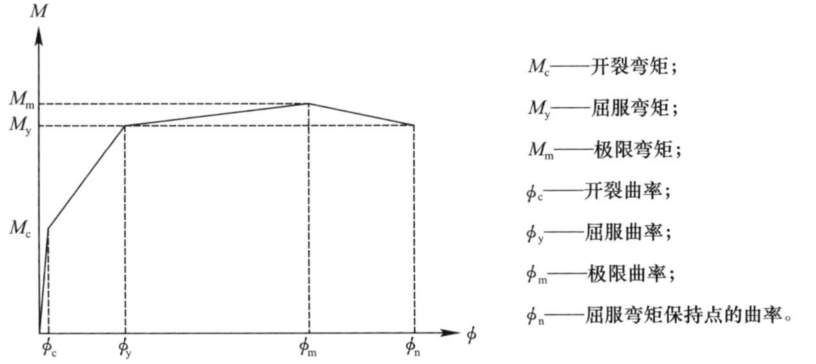

图 C2.22　构件极限值

参考文献

[1]　日本土木学会：混凝土结构标准规范-2002. “抗震性能验算”，21-22，2005.

第 81 条　抗液化稳定性验算

（1）应对隧道周围可能发生液化的地基进行验算。

（2）在地震中如果周围地层可能发生液化，因对隧道在液化过程中的抗浮稳定性进行验算。

【条文说明】

关于（1）

地层液化可以直接基于地质调查或测试进行预测或确定，而详细的预测需要基于地震反应分析。简单方法包括①利用极限 N 值的方法和②利用抗液化 F_L 阻力比的方法。方法①比较简单，方法②稍复杂，但可以获得对液化程度的充分了解并且应用广泛。使用地震反应分析的具体方法旨在确定液化的可能性。它以地震反应分析结果为基础，利用了相关地层的物理值。设计时的常规做法是，先按简单方法做出初判，然后基于所需的地震反应分析进行复判。

关于（2）

周围地面液化产生巨大的浮力，可能使隧道上浮。在这种情况下，如果可以充分确保抗浮能力满足要求，可使用以下公式进行校验，否则，应提供适当的措施防止液化或抗浮起。

$$\gamma_i(U_S+U_D)/(W_S+W_B+2Q_S+2Q_B)\leqslant 1.0$$

式中 Q_S——覆土阻力，当 $F_L<1$ 且 $Q_s=0$ 时：

$$Q_S=f_{us}(c_S+K_0\sigma'_{vS}\tan\phi_S)H'$$

Q_B——隧道侧摩阻力，当 $F_L<1$ 时，$Q_B=0$：

$$Q_B=f_{us}(c_B+K_0\sigma'_{vB}\tan\phi_B)H$$

U_D——超孔隙水压力导致的隧道底部受到的浮力设计值：$U_D=L_u\sigma'_vB$；

L_u——超孔隙水压力比；

σ'_v——隧道底板的有效初始覆土压力；

γ_i——结构系数；

γ_f——荷载系数；

f_{us}，f_{uw}——液化地层抗浮安全系数（见表 C2.16）。

其他符号参见第 56 条。

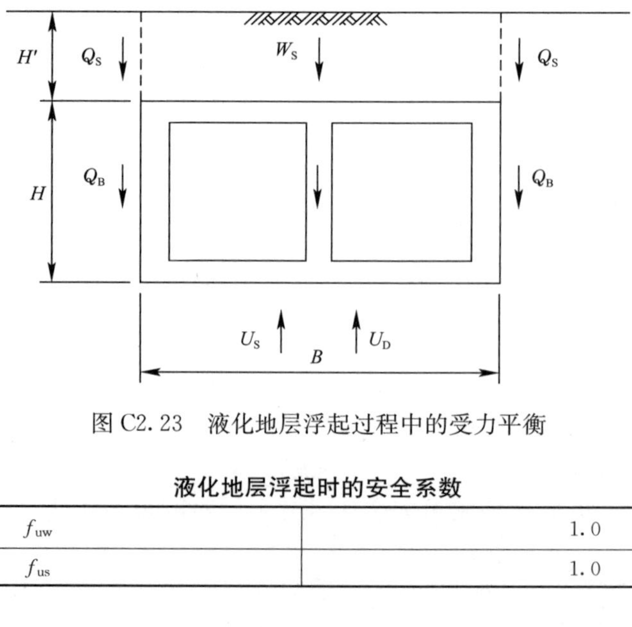

图 C2.23　液化地层浮起过程中的受力平衡

液化地层浮起时的安全系数　　**表 C2.16**

f_{uw}	1.0
f_{us}	1.0

由于超孔隙水压力逐渐消失，土颗粒逐渐固结恢复为固相。在这个过程中，地震前可能发生压实和沉降。此外，斜坡和临水地层可能发生土体的横向扩展，可以作为隧道的永久性位移。这些地层运动引起的变形主要是在隧道的延伸方向，因此，需要对结构安全性和内部空间的安全性进行验证，必要时，需适当采取相应措施。

2.10　构件设计

第 82 条　梁

（1）结构分析

① 原则上，梁受力应按线性分析，同时考虑结构体系和荷载条件。

② 当构件受力通过线性分析确定时，弯矩，剪力和扭转刚度通常需要利用混凝土总截面来确定。

（2）跨度

① 用于计算简支梁的跨度应是支撑点的中心距。如果支撑表面在跨度方向较厚，则所需跨度是跨度中间位置梁的高度加梁的净跨之和。

② 当梁单元被建成带有刚性的墙或者梁时，为便于计算，净跨可用作跨度。

③ 连续梁的跨度应为支撑点的中心距。

（3）T 形梁的有效抗压翼缘宽度

① T 形梁的有效抗压翼缘宽度相对于弯矩可按下式计算：

当两边有板时［见图 2.3（*a*）］

$$b_e = b_w + 2(b_s + l/8)$$

注意 b_e 不应超过两边板中心线之间的距离。

一边有板时［见图 2.3（*b*）］

$$b_e = b_l + b_s + l/8$$

注意 b_e 不应该超过 b_l 与 1/2 板净跨之和。

此时，l 为简支梁的跨度，连续梁的拐点间距，悬臂梁净跨的 2 倍。同时注意 b_e 不大于加腋高度。

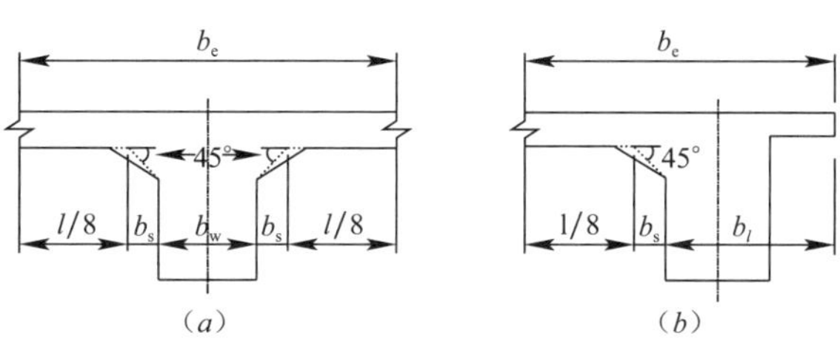

图 2.3　T 形梁的有效抗压翼缘宽度

（*a*）两边有板时；（*b*）一边有板时

② 通常情况下，相对于轴力的有效抗压翼缘宽度应为总宽度。

③ 通常情况下，用于计算的 T 形梁有效抗压翼缘宽度不应为总宽度。

(4) 连续梁

作用在连续梁的中间支撑上的负弯矩可按如下公式减小（见图 2.4）：

$$M_d = M_{od} - rv^2/8, M_d \geqslant 0.9M_{od}$$

式中 l——板跨度；

b——板宽；

v——荷载分布宽度；

M_d——中间支撑的设计弯矩减小值；

M_{od}——中间支撑的弯矩；

R_{od}——中间支撑的设计反力 $r=R_{od}/v$；

v——支撑反力在构件横截面形心处轴向虚拟分布宽度。

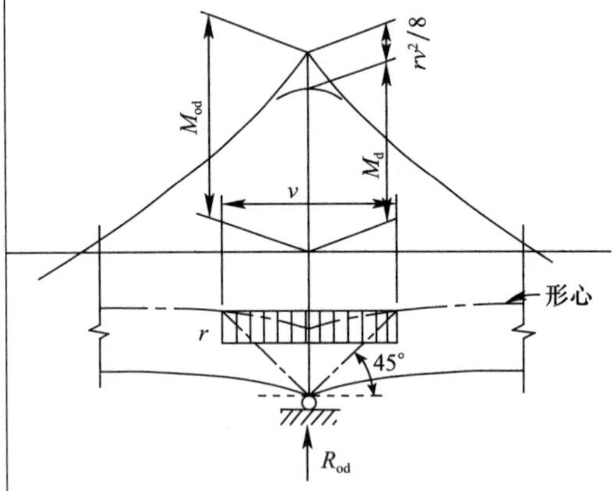

图 2.4 中间支撑的设计弯矩

(5) 深梁

① 当梁的跨高比等于或小于如下所示值，且不做详细检查时，该梁应视为深梁，并适用本节中的规定：

简支梁 $l/h<2.0$；

两跨连续梁 $l/h<2.5$；

三跨及以上连续梁 $l/h<3.0$。

其中，l 为梁长，h 为梁高。

② 弯矩验算：受拉主筋的计算通过使用 52 条中提到的普通梁理论得到的最大弯矩来完成。这种情况下，对于受拉主筋来说，只有那些处于截面受拉区 $0.2h$ 的边缘纤维应该被考虑。然而，以这种方式决定的钢筋应该按照第 91 条（2）①来锚固。

③ 剪力验算：一般可根据极限状态来验算。

【条文说明】

关于（1）②

使用混凝土全截面线性分析的内力计算是允许的，因为，即使是在定梁中，由于开裂引起的钢的作用及刚度退化只是相对的，这应该是受截面刚度的影响。因此，对于普通钢筋含量的截面来说，使用全截面法来计算不会显著影响整个结构体系中的内力分布。

关于（2）①、③

简支梁、固端梁以及连续梁的长跨度设计需要达到经验上的安全。

关于（3）①

受压翼缘的承载，例如 T 形梁，受压翼缘表面的跨度方向应力分布如图 C2.24 所示。一般来说，为了简化，计算假定应力均匀地作用在受压翼缘宽度为 b 的范围。这个宽度被称为有效宽度。

有效宽度受以下因素影响：荷载状态，梁的形状和尺寸，梁的受压跨度与翼缘的宽度比以及支护状态。因此，这些因素一般都需要考虑。由于确定以上每个状态的有效受压翼缘宽度很不方便，通过传统的受压翼缘有效宽度研究结果，将 λ（一边的有效宽度见图 C2.25）设置为 1/8，把荷载等效为均布荷载来简化处理。

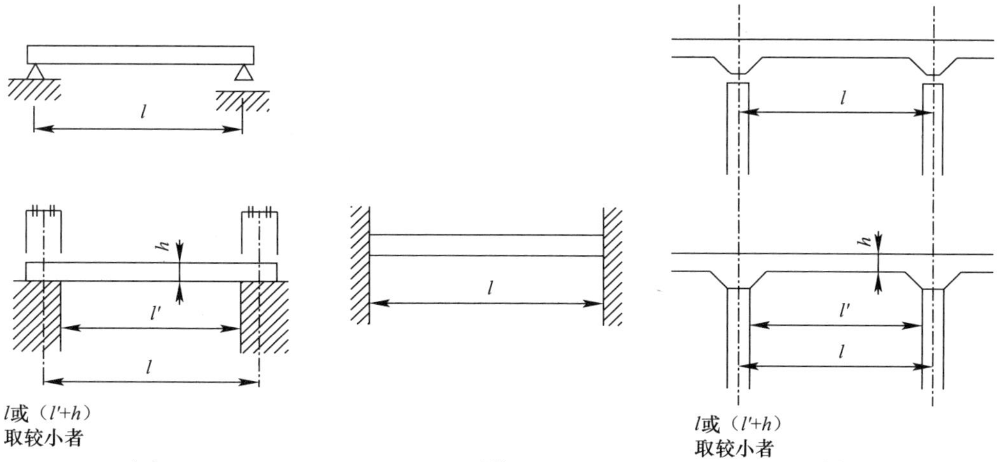

(a)　　(b)　　(c)

图 C2.24　梁的跨度

(a) 简支梁；(b) 固端梁；(c) 连续梁

在连续梁中，方程中的 l 可以如图 C2.26 近似。在受压翼缘宽度非常大的部位，翼缘与网的交接处的水平剪力的安全性需要被检验。

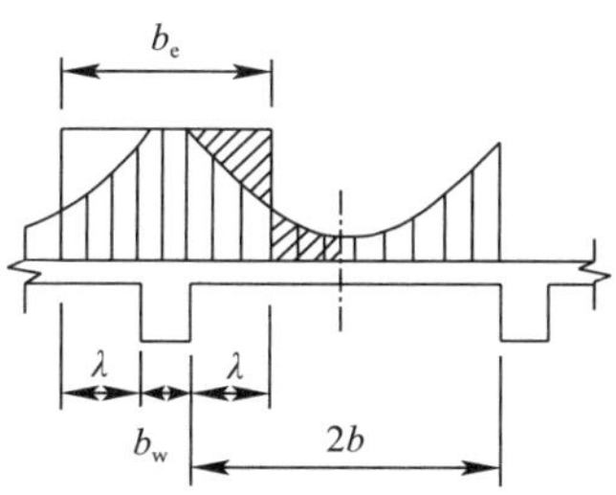

图 C2.25　有效宽度

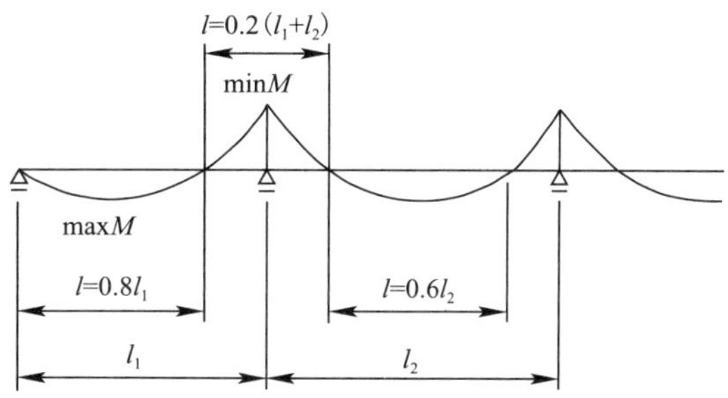

图 C2.26　连续梁中 l 的近似值

关于（3）③

由于混凝土收缩徐变产生的超静定结构变形约束会产生超静定力。当这个力被计算时，T 形梁的有效受压翼缘宽度就被确定。总宽度是允许使用的，因为根据传统研究结果和经验数据，这种做法是安全的。

关于（4）

由于已经被有限元法及其他方法证实，在荷载宽度、梁高以及侧梁的影响下，连续梁支点处的负弯矩并没有呈现一个尖锐的形状。因此这段的描述中不再详述。

关于（5）①

当梁高大于跨度，应力分布就与普通的梁不同。这种更高的梁被称为深梁。根据不同国家的标准及研究成果，一个梁是否为深梁的判定标准已被建立。

关于（5）②

通过将受拉主筋作为纽带，即使在斜裂缝产生后深梁仍表现出杆系拱的特点。因此，破坏从钢筋屈服（弯曲破坏）处产生，相当于连接处；或者从混凝土开裂处（剪切破坏）产生，相当于拱肋。钢筋屈服要求如本文表述已被规定，当计算时，由根据普通梁理论确定的弯矩决定，钢筋区域变得大致合理，如第 2.6 节所述。

在这种情况下，受拉主筋作为杆系拱的纽带，不能沿跨度锚固。因此至关重要的是，所有抗最大弯矩的钢筋必须连续地锚固于支点处。

关于（5）③

在这种情况下，抗剪承载力设计值可由下式计算：

$$V_{ydd}=V_{cdd}+V_{sdd}$$

式中 V_{cdd}——无抗剪钢筋的深梁抗剪承载力设计值；

$$V_{cdd}=\beta_d\beta_p\beta_a f_{dd}b_w d/\gamma_b$$

$$f_{dd}=0.19\sqrt{f'_{cd}}$$

$$\beta_d=\sqrt[4]{1/d}\quad(d:\mathrm{m})\quad \beta_d\leqslant 1.5$$

$$\beta_p=\sqrt[3]{100p_w}\quad \beta_p\leqslant 1.5$$

$$\beta_a=5/\{1+(a_v/d)^2\}$$

a_v——支点与承载点的距离；

d——承载点的作用高度；

p_w——纵向受拉钢筋区域与网格区域比；

f'_{cd}——混凝土抗压强度设计值；

b_w——网格宽；

γ_b——一般取 1.3；

β_p——抗剪钢筋的抗剪承载力设计值，按照下式计算：

$$V_{sdd}=\phi V_{sd}$$

$$\phi=-0.17+0.3(a_v/d)+0.33/p_{wb}\leqslant 1.0$$

V_{sd}——计算剪切强度的贡献（见第 53 条）；

P_{wb}——抗剪钢筋配筋率。

应该指出的是，当考虑混凝土开裂及材料的非线性时，为了深梁的详细检查，进行二维有限元分析是必要的。

第 83 条　柱

（1）结构分析

设计柱结构时，应考虑通过结构分析计算所得的轴力、弯矩以及剪力，同时还需关注构件的形状和刚度、刚度比、接头结构以及荷载状态。

（2）钢筋混凝土柱

如果柱子的长细比不大于 35，可忽略横向位移的影响，将其设计成短柱。如果柱子的长细比大于 35，则应考虑横向位移的影响，将其设计成长柱。

(3) 钢管桩（柱）

在明挖隧道中，如果钢管桩充当中间柱，则应对钢管桩与楼板（floor slab）连接处的结构充分建模，并进行结构分析。

【条文说明】

关于（1）

明挖隧道中所用的柱子如果是用钢筋混凝土和其他材料制成，则柱子在受到轴力的同时还受到弯矩和剪力的影响，而且影响很大。此时，柱子通常设计为梁结构，而不是仅受轴力的柱结构。

关于（3）

明挖隧道中所用的钢管桩所受的轴向压力要比普通桩大得多。需要特别注意的是，在轴向压力较高的情况下，若钢管桩受到弯矩影响，会发生钢管弯曲并伴随荷载能力的突然下降，最终导致脆性破坏。为了抑制钢管桩中的压应力，必须增加钢管厚度。若采用混凝土钢管桩（内部填充了混凝土的钢管），其中的混凝土可以分担部分轴向压力，抗弯承载能力更强，有利于减少钢管厚度。

在明挖隧道中，如果中间柱使用的是钢管桩，则通常通过承压板将钢管桩与板进行连接。结构分析时对接头结构的处理一般通过铰接、刚性节点或扭转弹簧进行建模。选择模型时，需要全面了解钢管桩的结构体系和形状、承压板的尺寸以及钢管桩上的荷载情况。

1）钢管桩结构体系

钢管桩的结构体系大致分两种。一种是采用离心铸造的钢管作为焊接结构或采用轧制钢管作为焊接结构，通过钢管桩（即所谓的钢管柱）来承担总体荷载。另一种则采用离心铸造钢管作为焊接结构或碳素钢管作为通用结构，利用钢管的主体和填充混凝土的钢管（也称复合钢管柱）来共同承担总体荷载。

2）钢管桩的形状

可分为以下两种：

① 贯穿每层板的钢管桩；

② 为便于板件嵌入，上下均有承压板的钢管桩。

在进行钢架计算时，第①类中的贯穿型钢管桩被建模为带有实际弯曲刚度的构件，并且设计成受到轴力和弯矩的构件。轴力和弯矩大小都可以通过钢架结构计算获得。在弯矩作用较大的位置，通常不采用②中所述的带有承压板的钢管桩。

第 84 条　条板

(1) 概述

① 原则上，板的弯矩、剪力、扭矩和支撑反力应该根据薄板理论来决定，同时考虑板的支撑状态，形状以及荷载状态。也可采用通用的近似计算方法。

② 板的承载能力极限状态可以通过塑性分析进行检验。这种分析法能够提供比较安全可靠的结果。

③ 如果板的支撑状态在施工过程中或在运营期间有发生改变的可能性，则需考虑其影响——不仅要考虑其对板产生的影响，还需考虑其对板的支撑构件产生的影响。

④ 用于计算的板跨应该是承载表面的中心距。如果承载表面在跨度方向有较大的高度，在确定所需跨度时，应在板净跨基础上加上板跨中间的厚度。如果板被建成刚性墙或刚性梁的单元，计算时可以将净跨作为跨度值。

⑤ 作用于板表面的集中荷载应该分布在从接触表面的外围（距离上等于板厚的一半而形状相似）到承载板表面的范围。若上层为混凝土或沥青混凝土，则该层的厚度应计入上述距离。如果上层材料较软，则只将其厚度的四分之三作为上层厚度。

（2）应用构件受力验算

① 弯矩验算：板的弯矩验算方法与梁类似。如果主弯矩与配筋方向不符，则板应该在各个方向上都具备足够的抗弯承载能力。

② 剪力验算：板的抗剪能力验算按照以下三条进行：

（a）在支撑附近，可以使用线性构件的抗剪承载力计算公式，并假设宽梁和截面的抗剪力在同一个方向。

（b）对于有均布荷载作用的圆形板，可以考虑使用环向钢筋来增加抗剪强度。

（c）在集中荷载周围或支撑结构附近应该进行锥形或锥体冲剪验算。

（3）单向板

① 对于受集中荷载作用的简支单向板，其单位宽度最大弯矩的计算方式类似有效宽度为 b_e（图 2.5）的梁的计算：

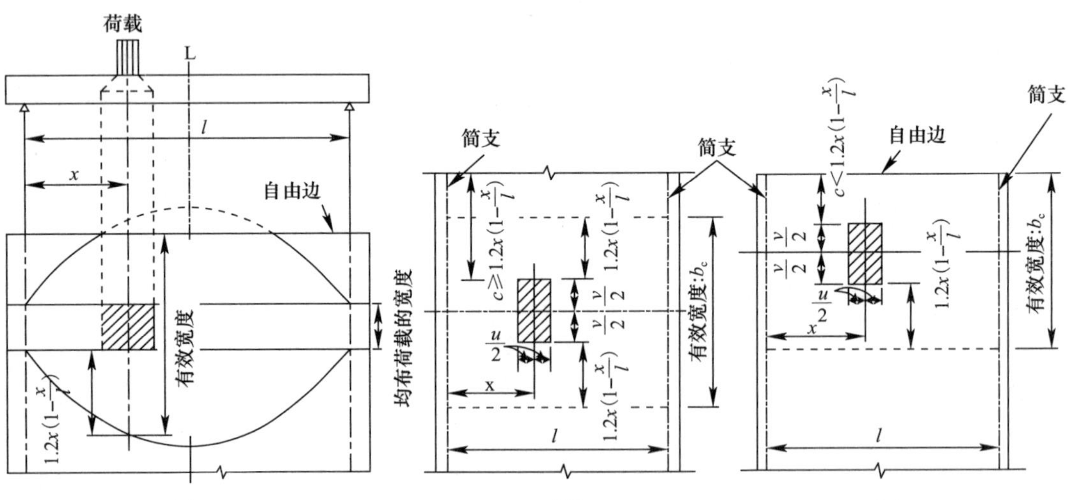

图 2.5 单向板有效宽度 b_e

（*a*）有效宽度；（*b*）无自由边；（*c*）无自由边

当 $c\geq1.2x\ (1-x/l)$［见图 2.5（*b*）］时

$$b_e = v + 2.4x(1 - x/l)$$

当 $c<1.2x\ (1-x/l)$［见图 2.5（*c*）］时

$$b_e = c + v + 1.2x(1 - x/l)$$

式中　c——荷载边缘到板的自由边的最小距离；

x——集中荷载到支撑的最小距离；

l——跨度；

v——集中荷载的分布宽度。

② 对于受到均布荷载作用的简支单向板，单位长度的配筋数量不能少于板的单位宽度上主筋数量的 1/6。

对于受到集中荷载作用的简支单向板，单位长度的配筋数量至少为单位宽度主筋数量的 α 倍。α 由下列公式计算而得：

A. 荷载作用在板中心的附近

配筋在板的底部时

$$\alpha = (1 - 0.25l/b)(1 - 0.8v/b)$$

在 l/b=2.5 的情况下，计算 α 时，取 l/b>2.5。

B. 荷载作用在板的边缘

配筋在板的顶部时

$$\alpha = (l - 2v/b)/8$$

式中　l——板的跨度；

b——板的宽度；

v——荷载的分布宽度。

如果板同时受到分布式荷载和集中荷载，需提供的钢筋应为每种类型荷载所需的配筋面积的总和。

③ 如果板受剪力的设计是基于梁的设计方法，则应根据规定①选取有效宽度。

(4) 双向板

① 如果双向板短跨与长跨之比不超过 0.4，且受均布荷载作用，假设荷载只沿着较短跨作用，则内力的计算与单向板的计算方法相同。

② 对于①之外的双向板，内力应采用薄板理论或其他近似方法计算。

③ 对于①中所述的双向板，短跨上单位长度的配筋应该至少为短跨上每个单位宽度的主筋的 1/4。

对于连续或固端板，在短跨方向的直角方向顶部应至少提供短跨上单位宽度的主筋的一半量。

从支撑的前缘算起，钢筋应该延伸超过短跨长度的 1/3。

④ 如果双向板不是与墙和梁整体浇筑而成，或者在板支撑处是不连续的，则需在板的顶部和底部的拐角处设置附加钢筋。附加钢筋应沿拐角两个方向设置，长度为从拐角边缘起跨度长度的 1/5。

附加钢筋应设置为与顶部板拐角处的对角线平行，而与底部板的对角线垂直。本节规定的钢筋应以两条带状形式与板两侧平行设置。

各个方向上单位宽度的附加钢筋面积应等于单位宽度的正弯矩钢筋面积，这种正弯矩钢筋设置在短跨度上板的中心处，如图 2.6 所示。

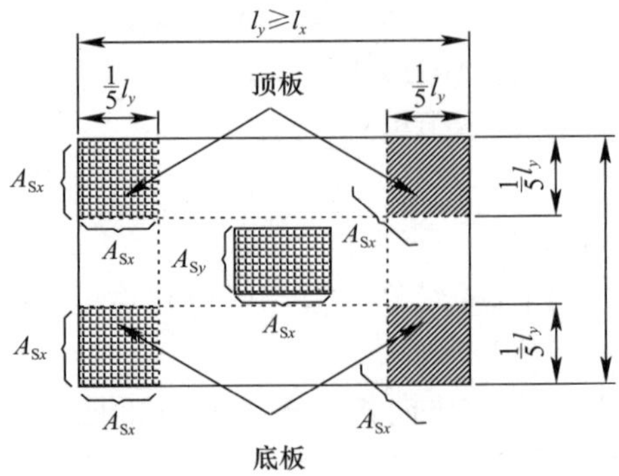

图 2.6　双向板拐角处的附加钢筋

【条文说明】

关于（1）①

一般使用无穷小弯曲理论来进行板的结构分析，因此通常在进行结构分析时借助薄板理论忽略板的厚度。此时，④和⑤中确定的值将分别用作板的跨度和集中荷载的分布宽度。

关于（1）②

通常，正常使用极限状态的验算一般基于线性分析，以便展示板的弹性变形特性。当进行承载能力极限状态验算时，线性分析涉及明显的力矩再分配，并且可能产生与实际状态不同的内力分布。在这种情况下，可以采用本章 2.5 节所述的塑性分析法或非线性分析法，前提是能够确保有足够的塑性转动性能。

至于连续板的支撑，线性分析计算出的弯矩可能如第 50 条中关于（1）的条文说明一样增大/减小。

关于（1）⑤

带矩形接触面的集中荷载（尺寸 $t_1 \times t_2$）直接作用于板表面，等效于同样大的矩形集中荷载作用于面积为［$(t_1+t) \times (t_2+t)$］的区域上，其中 t 是板厚。(t_1+t) 和 (t_2+t) 可作为在一半板厚的距离处（从集中荷载的边缘算起）的“分布宽度”，假设一荷载分布于 45° 处。表面有厚度为 s 的覆盖层覆于板表面，分布宽度应分别取 (t_1+2s+t) 和 (t_2+2s+t)。如果覆盖层为软质材料，则分布宽度应分别取 $(t_1+1.5s+t)$ 和 $(t_2+1.5s+t)$（如图 C2.27 所示）。

关于（2）①

根据弯矩分布情况，该验算一般是在两个垂直方向上进行，同时假定单位宽度的梁。即使板已被假定为宽梁，且梁某一方向的弯矩较大，板仍会在上述方向的法线方向产生弯矩。该方向上的配筋要充分。

对于楼板，加强钢筋一般都安排在两个垂直方向上，其经常在极限弯曲力矩位置处与主弯曲力矩方向一致。

然而，由于在距离极限弯矩较远处的板的周围、受到非对称荷载的板的周围以及开口处，板的弯矩作用都不能忽略，主弯矩的方向与钢筋布置的方向会有很大差异。在对

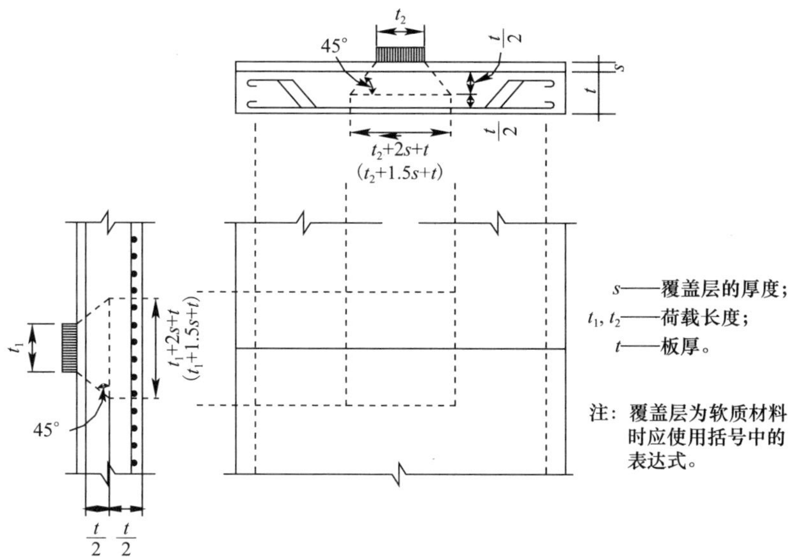

图 C2.27　荷载分布宽度

受到两个方向弯矩和扭矩作用的板进行验算时，根据文献［1］的规定，该力矩可用面力替代。因此，该验算可以根据类似于计算受面力作用的平面构件时所采用的承载力计算方法进行。

在使用塑性分析法验算承载能力极限状态时，与线性分析值极其不同的力矩不应被重新分配。这一步骤是为了保证足够的正常使用性能。设置塑性铰时，应确保其具有充分的塑性转动性能。

关于（3）②

当配筋与均布荷载相较，跨度/板的宽度比 l/b 为 0.5 及以上时，可使用表 C2.17 中的系数，而不是横截面主筋的 $l/6$。

配筋系数　　**表 C2.17**

l/b	0.7	1.0	2.0
β	0.16	0.13	0.07

对于集中荷载作用下的单向板，在荷载作用点的周围部分发生变形或凹陷。这表明，应在垂直于主筋的方向上布置足够的钢筋。由于板边缘附近的荷载会造成负弯矩发生在远离加载点的位置，建议在板的顶部配筋。

参考文献

［1］ 日本土木学会：混凝土结构标准规范-2002．“结构性能验算”，205-206，2002.

第 85 条　墙

（1）墙根据其形状和荷载作用方向可被设计成柱、板和梁。

（2）对于竖向受载的墙，设计时可假定其为一矩形柱。矩形柱一边与墙体同厚，另一边受到的荷载等同于荷载作用宽度与墙厚两倍之和的荷载作用在两侧。

【条文说明】

关于（1）

组成坚硬框架的侧墙和中隔墙受大量弯矩和剪力的作用，因此适合将这类墙视为板来处理。

关于（2）

竖向受力的墙可假定为图 C2.28 所示的矩形柱且可按第 83 条所述来设计。

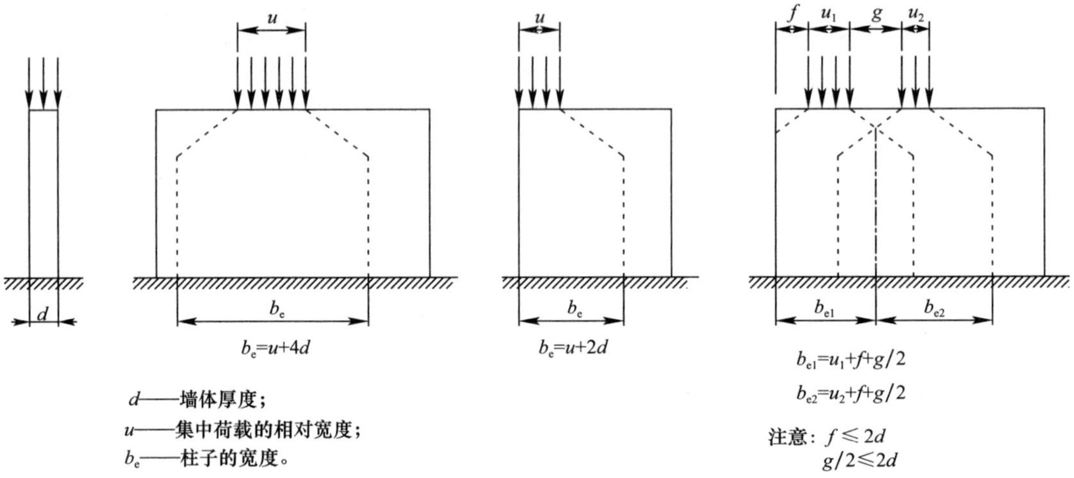

图 C2.28　受到竖向力的墙

第 86 条　拱

（1）拱结构包括带弯曲线形的板、墙和柱，可按刚架结构进行分析。

（2）拱的结构分析应采用与刚架结构类似分析法。

【条文说明】

关于（1）

明挖隧道使用的拱结构大多用拱板而非顶板，由侧墙和中柱支撑。本条包含了这些类型的结构。

关于（2）

可用于拱结构分析的方法有多种。当拱结构分析类似于钢架结构分析时，拱轴线近似于多边形的轴线。

第 87 条　预制混凝土

（1）预制混凝土可以设计成一个性能和安全性有保障的独立单元，也可以是一个包含预制混凝土的结构。设计时还需要兼顾经济性。

（2）对于预制混凝土，不仅要关注其结构设计时的荷载，还应考虑存储、运输、装配和拼接时的荷载。

(3) 当预制混凝土被视为结构的一部分或整体时，结构分析应确认连接处荷载传递的情况，同时要考虑连接方式。

(4) 根据连接处的处理方法可以确定连接处特定的承载能力和耐久性。

(5) 通常接头应放在荷载效应小的地方。

【条文说明】

预制混凝土的涵洞结构的优点明显：构件质量统一，施工场地节省人力，缩短工期等；并被广泛应用于下水道、输水管道和其他地下通道的建造。此外，城市明挖隧道近来因地下设备密集而遭遇开挖困难。本条提出的预制混凝土产品与水平插入的支撑结合可以有效解决以上问题。

关于设计，可参考文献 [1]。

参考文献

[1] 日本土木学会：混凝土结构标准规范-2002. “结构性能验算”，148-172，2005.

2.11　结构构造

2.11.1　隧道结构构造

第 88 条　隧道主体结构构造

(1) 隧道主体结构应具有足够的防水性。

(2) 隧道主体结构根据其结构和形状、施工方法和施工环境配备相应的防水和排水结构。

(3) 施工缝和造成隧道主体开裂的缝不能成为防水弱点。

(4) 常规做法是对用明挖法施工的隧道角落和构件进行加腋。

(5) 对于受磨损、劣化和冲力严重影响的部分，混凝土表面须用适当的材料加以保护，确保其耐久性。

【条文说明】

关于 (1)

明挖隧道通常是钢筋混凝土结构，建造在地下水位以下。因此，需特别注意确保隧道主体结构的防水性。

隧道防水性的实现主要有两种方法，一种是将隧道主体建成防水结构，另一种是在隧道主体外覆盖防水材料，以形成防水层。通常防水工程做在直接承受水压力的隧道主体表面上。如图 C2.29 所示。

关于 (2)

明挖隧道的防水工作保护隧道内部设施不受地下水渗流影响，防止主体结构恶化，从而达到维护隧道功能的效果。

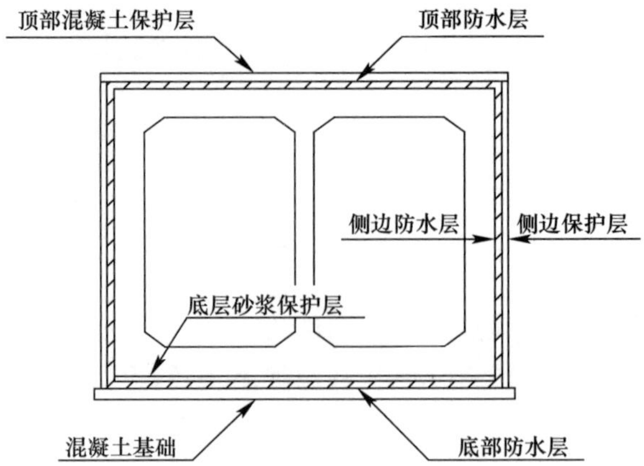

图 C2.29　防水工程实例

关于（3）

防水工程可以根据使用材料和施工位置进行分类：

1）根据建筑材料分类

① 合成高分子材料防水：通过粘贴合成高分子材料制成的卷材屋面（防水卷材）以及通过使用合成高分子材料的溶剂或乳液（防水的涂料膜）形成防水工程。

② 垫层（无机活性垫）防水：通过在结构表层粘贴垫层和添加完全浸润高度膨胀性能的膨润土来实现。

③ 砂浆防水：在隧道主体外使用防水剂和防水砂浆的混合物，从而形成防水层。

④ 沥青防水：使用这种方法时，需要将沥青进行热熔，然后层压到隧道顶面上。这种层合的形式既可以通过热熔法，也可以利用粘结剂来实现。

2）根据施工位置分类

① 底部防水：底板防水。

② 侧边防水：侧墙防水。

③ 顶部防水：顶板防水。

④ 接缝防水：施工缝防水。

3）根据隧道内外的分类

① 外部防水：在隧道主体外部的防水（预防水和后防水）。

② 内部防水：在隧道主体内部的防水（主要是后防水）。

要做好隧道内部用水意外泄漏后的排水工作。

关于（4）

在角部和构件的连接部位，通常会发生应力集中和应力流通不规则的现象。因此，建议使用刚性框架角和对构件接头进行加腋，并且沿着加腋方向增加预防性的钢筋，以保证足够的强度。如果加腋可能影响到隧道正常使用，则可以不进行加腋，但必须保证对所有没有加腋的角部都进行了加固。

关于（5）

对于受到流水砂砾磨损、车辆冲击磨损和化学腐蚀的结构——特别是受到磨损、腐蚀和冲击严重影响的部分——应按照实际需要，使用木材、硬石、钢板和高分子材料等来保护混凝土表面，提高其耐久性。

第 89 条　隧道接缝的细部结构

隧道的接缝不应成为防水的弱点。

【条文说明】

在相邻主体结构间添加接缝材料形成隧道接缝，其目的在于防止因混凝土收缩、养护以及完工后沉降不均匀产生裂缝。

对于接头结构，要求即使在地震情况下发生变形，也不会防水板的损坏。同时，还要满足地震后所需的防水功能。如果隧道位于经常发生突变的地层中，且与其他结构合成整体，或在结构产生巨大变化之处时，推荐采用柔性接缝来应对地震中的不均匀沉降和位移。

2.11.2　构件的一般结构构造

第 90 条　一般结构构造

（1）混凝土保护层

① 应控制混凝土保护层保证粘结强度，这是进行混凝土结构性能验算的前提条件，同时需要考虑耐久性、结构重要性、施工中的错误和防火等因素。

② 若混凝土不使用任何模具直接浇筑在地层上时，保护层的厚度应在 75mm 及以上。

（2）钢筋弯曲形状

1）标准弯钩：所用标准弯钩可以是半圆钩，锐角或直角弯钩，如图 2.7 所示。

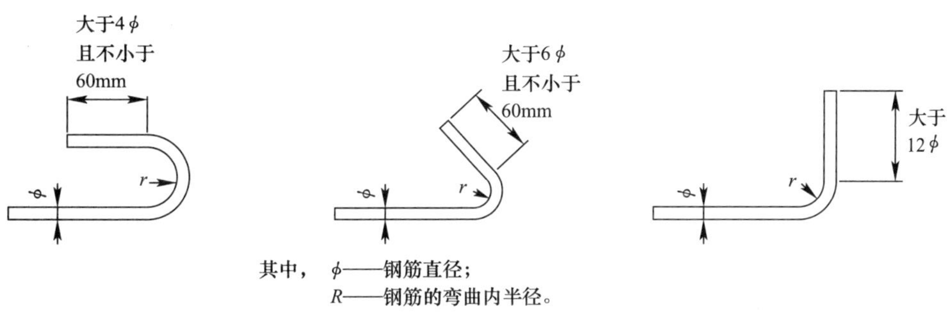

图 2.7　标准弯钩形状

(*a*) 半圆弯钩；(*b*) 锐角弯钩（变形钢筋）；(*c*) 直角弯钩（变形钢筋）

弯钩的内半径　　**表 2.6**

类型		弯曲内半径（r）	
		弯钩	箍筋和拉结筋
变形钢筋	SD 295 A，B	2.5ϕ	2.0ϕ
	SD 345	2.5ϕ	2.0ϕ
	SD 390	3.0ϕ	2.5ϕ
	SD 490	3.5ϕ	3.0ϕ
光圆钢筋	SR 235	2.0ϕ	1.0ϕ
	SR 295	2.5ϕ	2.0ϕ

2）轴向钢筋：轴向受拉钢筋所需弯曲内径值应大于或等于表 2.6 中所示值。但当光圆钢筋被用作轴向受拉钢筋时，常用半圆形弯钩作为标准钩。

3）箍筋和拉结筋：在箍筋和拉结筋的端部均有标准弯钩。

① 当变形钢筋用作箍筋时，需要使用直角或锐角弯钩。

② 原则上，当变形钢筋被用作拉结筋或者箍筋时，需要使用半圆弯钩或锐角弯钩。

③ 箍筋和拉结筋的弯曲内径需要达到或者超过表 2.6 给出的数值。但是，当钢筋直径≤10mm 时，弯曲内径应取钢筋直径的 1.5 倍。

④ 拉结筋、箍筋以及中间拉结筋通常用在横截面较大的情况。

⑤ 光圆钢筋用于箍筋和拉结筋时，需要使用半圆弯钩。

（3）钢筋的锚固

1）一般情况：钢筋的端部应通过钢筋与混凝土之间的粘结充分埋入混凝土以便于锚固。主要有弯钩锚固和机械锚固两种。

2）锚固长度：钢筋的锚固长度需要按照以下原则确定：

① 钢筋的锚固长度 l_0 应大于基本锚固长度 l_d。当实际配筋 A_s 大于计算所需的配筋 A_{sc}时（$A_s \geqslant A_{sc}$），锚固长度需要根据以下条件减小：

$$l_0 \geqslant l_d(A_{sc} \geqslant A_s)(\text{注意：}l_0 \geqslant l_d/3, l_0 \geqslant 10\phi)$$

式中 ϕ——钢筋直径。

② 带有弯钩锚固区的钢筋锚固长度需要按以下原则确定：

（a）当弯曲内半径的长度大于或等于 10 倍的钢筋直径时，钢筋的全长（包含弯曲部分）都应视为有效长度。

（b）当弯曲内半径的长度小于 10 倍的钢筋直径时，只有平直部分作为有效长度，但钢筋弯曲后要延长至大于等于 10 倍的钢筋直径。如图 2.8 所示。

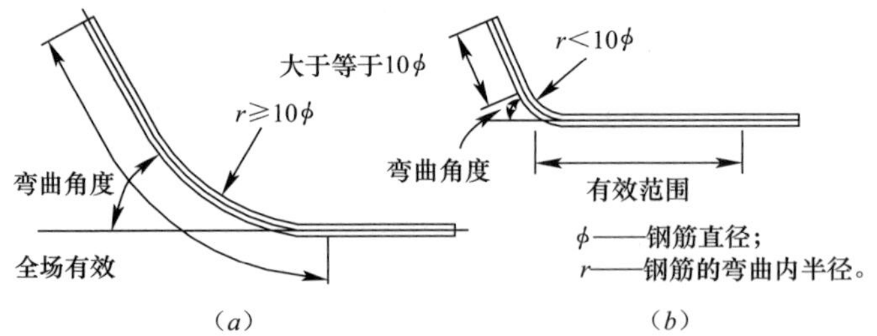

图 2.8 带弯曲锚固段的钢筋嵌入长度

③ 原则上，受拉钢筋的锚固区应布置在不受拉力影响的混凝土中。但是，在满足下列（a）和（b）的条件下，钢筋可以布置在受拉力影响的混凝土中，此时，受拉钢筋锚固长度计算点向外延长 l_d+l_s 的长度。其中，l_d 表示基本锚固长度，l_s 表示构件的有效高度。

（a）对于从钢筋截断点到横截面这段无需计算的部分，受剪承载力为剪力设计值的 1.5 倍或以上。

（b）如果从截断点到横截面这部分的抗剪承载力设计值为剪力设计值的 4/3 倍或以上，则钢筋截断部分连续配筋的抗弯承载力设计值应为弯矩设计值的 2 倍或以上。

④ 当板或梁正弯矩钢筋被锚固在端点支座以外时，从承载中心处开始钢筋锚固的长度大于或等于 l_0。这就是说，锚固长度应与离承载中心距离为 l_s 的横截面上的钢筋应力相一致。锚固长度应进一步延伸至构件的端点。此时，l_s 为构件横截面的有效高度。

⑤ 当弯起钢筋锚固在混凝土受压区时，如果不设置弯钩，锚固长度要达到 15 倍钢筋直径以上；如果设置弯钩，锚固长度要大于等于 10 倍钢筋直径。

3）基本锚固长度：基本锚固长度按照以下规则确定。

① 受拉钢筋的基本锚固长度 l_d 按照以下公式确定，但要保证直径不小于 20ϕ。

$$l_d = \alpha \frac{f_{yd}}{4f_{bod}}\phi$$

式中　ϕ——主筋直径；

f_{yd}——钢筋抗拉屈服强度设计值；

f_{bod}——混凝土粘结强度设计值，可用公式（参见 3.2.2 中的文献 [1]）获得，假设 γ_c 的值为 1.3，且 $f_{bod} \leqslant 3.2\text{N/mm}^2$；

α——用于确定基本伸展长度的系数（表 2.7）。

用于确定基本伸展长度的系数　　表 2.7

k_c 的范围	α
$k_c \leqslant 1.0$	1.0
$1.0 < k_c \leqslant 1.5$	0.9
$1.5 < k_c \leqslant 2.0$	0.8
$2.0 < k_c \leqslant 2.5$	0.7
$2.5 < k_c$	0.6

$$k_c = \frac{c}{\phi} + \frac{15A_t}{s\phi}$$

式中　k_c——主要受力钢筋保护层厚度或钢筋净距一半，取两者中的较小值；

A_t——假定垂直于破裂面的横向配筋面积；

s——横向钢筋的中心间距。

② 当锚固钢筋位于浇筑端面之上 300mm 的位置，且在混凝土浇筑过程中端面角度为 0～45°时，基本锚固长度应为①中计算所得 l_d 的 1.3 倍。

③ 受压钢筋的基本锚固长度为①和②中计算所得 l_d 的 0.8 倍。

④ 当受拉钢筋采取标准弯钩时，其长度可以由基本锚固长度 l_d 减少 10ϕ。注意，基本锚固长度不得小于 20ϕ。

（4）钢筋搭接

1）一般情况，钢筋搭接如下：

① 选择适当的钢筋搭接处，需要考虑类型、直径、钢筋应力状态和搭接位置等因素。

② 尽量避免将钢筋搭接处设在受力较大的横截面上。

③ 一般来说，接头不得集中在同一横截面上。为防止此类集中现象发生，接头间沿着轴线方向相互分离的标准距离应为接头长度加上钢筋直径的 25 倍或横截面的高度（取其中较大值）之和。

④ 接头和相邻钢筋之间的净距或接头之间的净距应大于或等于粗骨料的最大尺寸。

⑤ 应预留足够空间，确保在配筋后能够插入搭接施工设备。

⑥ 接头的混凝土保护层厚度应按照（1）中所述取值。

2）互搭接头：

① 轴向钢筋

对轴向钢筋使用互搭接头时，需要遵守以下要求：

（a）当钢筋实配面积是计算面积的 2 倍或以上，且同一截面的接头比例小于等于 1/2 时，互搭接头的搭接部分长度需要大于基本锚固长度 l_d。

（b）当（a）中两个条件有一条不能满足时，搭接长度需大于或等于 1.3 倍的基本锚固长度 l_d，且接头部分需用横向钢筋进行加固。

（c）当（a）中两个条件都不能满足时，搭接长度需要大于或等于 1.7 倍的基本锚固长度 l_d，且接头部分需要横向钢筋进行加固。

（d）如果接头处于低周疲劳条件下，搭接长度需大于或等于 1.7 倍的基本锚固长度 l_d，同时需要配置弯钩，接头用螺旋箍筋加强后用来连接钢筋等。

（e）重叠搭接的搭接长度需大于或等于 20 倍的钢筋直径。

② 箍筋

箍筋的搭接长度应为基本锚固长度 l_d 的 2 倍或以上，或者是基本锚固长度加上端部的直角或锐角弯钩。搭接位置应处在受压区以内或附近。

3）钢筋搭接的性能：

当搭接的情况不包含在上述第 2）条时，根据结构类型、荷载状态等条件，接头性能应满足以下方面的要求：

静态承载力；

高应力重复承载力；

高循环重复承载力；

施工的可靠性。

【条文说明】

关于（1）

为使钢筋防锈防火，必须确保混凝土保护层的安全。保护钢筋不受腐蚀的保护层的厚度需按第 64 条进行校验。

最小保护层厚度的目标值如表 C2.18 所示。

混凝土保护层的最小厚度 **表 C2.18**

构件	混凝土保护层的最小厚度（单位：mm）
板	25
梁	30
柱	35

关于（4）1）③

当搭接处集中于同一横截面时，如果搭接部分存在缺陷，可能会导致构件破坏。搭接类型不同，搭接处的混凝土不一定分布均匀。因此，接头通常设置在一个相当于 25 倍钢筋直径或截面高度（择其中较大值）加上搭接长度之和的距离处。设置时，需考虑如下情况：

① 如果搭接部分存在缺陷，钢筋的锚固作用会在构件上形成一定的承载力（当增加长度达到钢筋直径的 25 倍或以上时）。

② 即便在 45°角时发生过斜裂缝，但一定比例的接头应设置在裂缝范围之外（当加上截面高度或其他时）。如果不满足上述条件，材料的搭接系数应为单根钢筋的 1.1～1.3 倍，以保证各种搭接类型的施工可靠性。

参考文献

[1]　日本土木工程学会：《混凝土结构标准规范-2002》. 21-22，2005.

第 91 条　构件的结构构造

（1）梁

① 轴向钢筋的水平间距应为 20mm 或以上，不小于粗骨料最大尺寸的 4/3 倍，或不小于钢筋的直径。需确保足够的水平间距以便振捣棒能够插入混凝土。

② 使用受压钢筋时，箍筋间距不得超过受压钢筋直径的 15 倍，且不超过箍筋直径的 48 倍。

（2）深梁

① 简支梁的受拉主筋应该在支撑点之间连续布置，并且加以锚固，以对抗支撑点上超过最大拉力值的拉力。一般来说，这类钢筋的锚固长度应超过支撑点以外的基本锚固长度。连续梁的正弯矩钢筋和负弯矩钢筋应在整段梁中使用。下部钢筋的搭接时应该覆盖住中间支撑，但在末端的支撑处进行锚固时应采取类似简支梁的方式。

② 在深梁的每一边都要预先布置大于或等于横截面积 0.08％的钢筋，且配筋间距不能大于梁宽的两倍，在竖向或水平方向上不得大于 300mm。对于连续梁，配筋应从中间支撑向两侧延伸。截面等于 0.4 倍跨度时，横向预配筋应当安排在预配筋筋间距的 1/2 处。

③ 因为支撑处的集中荷载过大，需对承压应力进行验算。

（3）柱

1）箍柱

① 轴向钢筋的水平间距应不小于 40mm、粗骨料最大直径的 4/3 倍、钢筋直径的 1.5 倍。

② 绑扎钢筋或者箍筋的直径应至少 6mm，间距不得大于柱的最小直径、12 倍的轴向钢筋直径和 48 倍的箍筋直径。

2）钢管柱

① 钢管柱的最小厚度应保证其在制作、运输和现场施工过程中抗变形的能力，还应考虑加上腐蚀和磨损产生的截面损耗。

② 在确定最大半径厚度比时，需充分考虑局部屈曲。

③ 填充了混凝土的钢管柱与混凝土之间的接触面不应覆盖涂层。

（4）板

① 截面受到极限弯矩时，板上正弯矩钢筋和负弯矩钢筋的中心距不得超过 2 倍的板厚和 300mm。而在其他截面上，该中心距不得超过 3 倍板厚和 400mm。

② 在板的开口处应该布置适当的附加钢筋，防止应力集中导致开裂等情况。

（5）墙

① 当主体周长固定不受位移影响时，墙体的厚度应该至少达到短边长度的 1/30。

② 竖向的钢筋直径不得小于 13mm，布置间距不得大于两倍的墙厚或 300mm。

（6）钢框架混凝土

① 梁和柱接头的结构应允许钢框架和钢筋混凝土调整配合比，无需承担过多压力，同时能够保障混凝土填料所需的性能。

② 推荐选择采用嵌缝配筋的方式，以避免在钢框架中打孔。

【条文说明】

关于（3）

螺旋箍筋柱的结构构造同文献［1］所述。

关于（3）2）①

如果钢管柱表面已采取防腐措施，如涂层或者热镀锌，则不需要考虑锈蚀裕度。

关于（3）2）②

对于受到较大轴向压力的钢管柱，如地铁车站，应该减小厚径比，防止局部屈曲导致脆性破坏。当用混凝土管填充钢管时，可减小钢管厚度，因为混凝土承担了部分轴向压力。

关于（3）2）③

为保持钢管和混凝土接触面之间的粘结强度，二者之间不应有涂层。

关于（6）②

在钢框架混凝土结构中，接头需要有足够的抗震性能。尤其是，钢框架和钢筋的位置需要合理安排才能保证应力的正常传递。接头还需保证混凝土填充物的性能达到要求。对于钢框架部分，需要考虑钢框架接头的厚度平衡、焊接性能和钢筋开孔的位置。

参考文献

［1］ 日本土木工程学会：《混凝土结构标准规范-2002》“结构性能验证”．196-197，2005

2.11.3 抗震性能的结构构造

第 92 条　一般规定

明挖隧道的抗震设计应以第 2.11.1 节、2.11.2 节中所述的结构构造为基础。本节所述明挖隧道的抗震设计目的在于确保构件具备足够的抗变形能力和韧性。

【条文说明】

一般认为，在阪神地震中遭到破坏的明挖隧道都存在这样一个问题，即，周围地层剪切变形致使隧道横截面剪切变形，继而严重破坏隧道中柱。因此，必须确定隧道的结构构造，从而保证明挖隧道构件在 2 级地震运动条件下拥有足够的抗变形能力。

一般情况下，明挖隧道的抗震设计需要假定轴向和横向钢筋所受到的交变应力大于屈服应力。因此，明挖隧道的结构构造不一定能充分满足抗震性能。本节描述的是明挖隧道中为验算抗震性能而特别需要注意的结构构造。

第 93 条　轴向配筋

通常情况下，在地震时因发生变形而容易导致混凝土剥落的位置不宜进行轴向钢筋搭接。如果必须连接，也不能使用重叠搭接法，而应使用具有足够连接性能的接头。

【条文说明】

在地震过程中因受反复荷载作用产生塑性变形的位置上，不建议对轴向钢筋进行搭接。如果因施工能力等原因必须进行搭接时，不要使用重叠搭接，因为混凝土保护层有剥落的可能性。

第 94 条　横向钢筋

（1）一般来说，封闭箍筋，箍筋或者螺旋箍筋应该用于横向钢筋上。

（2）横向钢筋在构件轴向方向上的间距不得超过轴向钢筋直径的 12 倍和构件最小截面的 1/2。需要注意的是，通常横向钢筋应围绕纵向钢筋布置。

（3）当箍筋用于矩形截面时，箍筋的边长不得超过自身直径的 48 倍。当一边的长度超过限制时，应增加中间环。

（4）当箍筋有搭接时，搭接的接头应能使全部的强度传递到箍筋上。若搭接处在混凝土内部，则应使用重叠搭接法，将箍筋做成直角钩。

（5）当箍筋有搭接时，一般来说，搭接处应该相互补偿以防止在一个断面上出现搭接集中现象。如果出现搭接集中的情况，则搭接处的材料系数应为普通钢筋的 1.1～1.3 倍——这种做法基于搭接类型，目的是增加施工可靠度。

（6）当使用箍筋时，应将其末端做成锐角，围绕在轴向钢筋外侧，并且锚固在混凝土中。

（7）当使用螺旋箍筋时，在箍筋的末端进行重叠搭接，使其缠绕两倍或以上。

（8）当箍筋被锚固在混凝土内部时，其末端可作为直角钩使用。

【条文说明】

关于（1）

对于明挖隧道的中柱等而言，交变荷载过大会导致轴向钢筋发生屈服，因此必须要对抗震性能加以验算。因此，一般使用围绕纵向钢筋的封闭箍筋、箍筋或者螺旋箍筋等充当横向钢筋。对于断面较大的构件，除了上述横向钢筋外，穿过横截面的钢筋，特别是那些利用锐角弯钩将两端锚固在外缘箍筋上的钢筋，以及那些缠绕部分纵向钢筋且满足（4）、（5）和（6）的要求的钢筋也可用作横向钢筋。但是，锚固不足的钢条不可用作横向钢筋。

使用螺旋钢筋时，为防止螺旋箍筋断裂，确保末端安全锚固，应充分确定其安全性。

值得注意的是，对于某些构件而言，抗震性能不是最主要的性能，此时，本规范不一定适用。

关于（2）

横向钢筋，如箍筋或者螺旋箍筋，用来抑制斜向裂缝的发展，从而提高抗剪能力。同时，这类钢筋通过限制核心混凝土来防止轴向钢筋屈曲。因此，从抗剪强度或获得所需韧性的角度出发，需要配置足够的钢筋来满足规定的验算要求，同时应在构件的轴向上设定小于规定值的间距。如图 C2.30 所示。

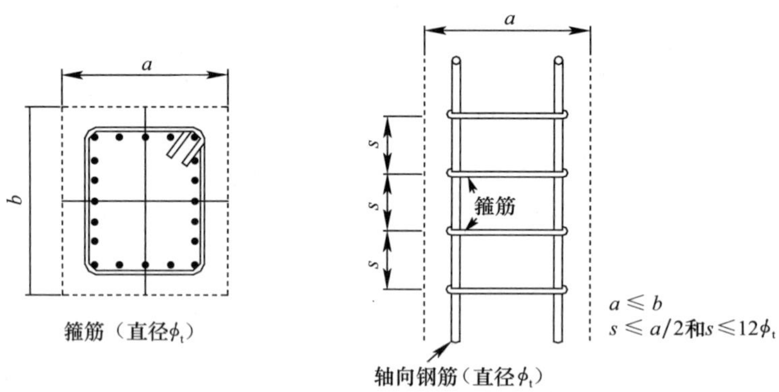

图 C2.30　构件轴向上的箍筋间距

关于（3）

众所周知，当矩形截面尺寸增加时，远离截面转角处的箍筋的限制作用减小。因此在本节，箍筋的边长 c_i 被设定为箍筋自身直径的 48 倍，以防止约束效应过度减小。同时，建议在截面中间布置中间箍筋，并且设定和箍筋相同的构件轴向间距。如图 C2.31 所示。

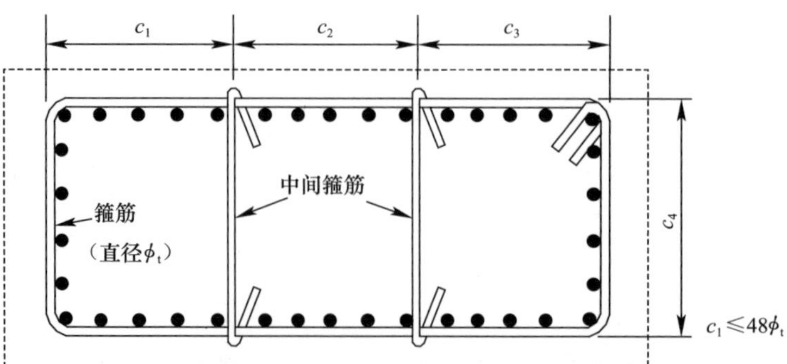

图 C2.31　横截面内的箍筋布置

关于（4）

在大变形可能导致混凝土剥落的区域，用于覆盖整个轴向钢筋的箍筋必须显示出足够的强度。也就是说，当箍筋间存在搭接时，仍然必须满足该条件。这类搭接可以采取喇叭形坡口焊接或者机械连接（图 C2.32）。

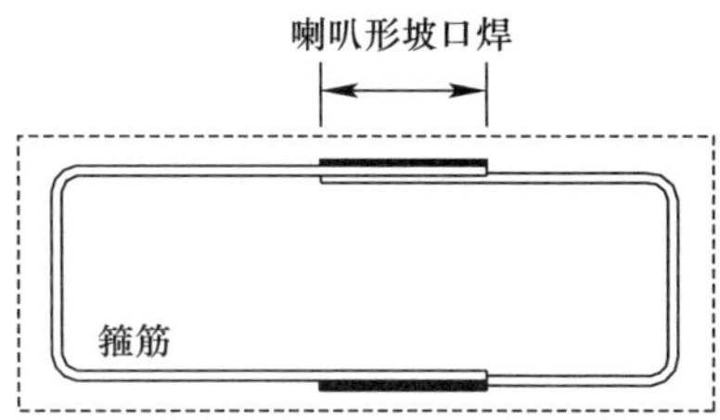

图 C2.32　喇叭形坡口焊拼接

喇叭形坡口焊的箍筋在铁路结构中的使用已经取得了成功。根据报告，焊缝长度等于达到直径 ϕ 的 10 倍、焊缝宽度等于 0.5ϕ、焊缝厚度等于 0.2ϕ 的箍筋就能满足接头所需的性能。然而，在实际情况下，彻底的焊接是十分重要的。同时研究出一种工厂焊接和实地装配相结合的方法。用此方法时，需仔细考虑箍筋的形状和尺寸，如何运输到现场和现场的焊接方法等问题。

布置在混凝土内部的中间箍筋不受到混凝土保护层剥落的影响。这样就可以将重叠搭接和直角钩搭配使用（图 C2.7 和图 C2.33）。

关于（5）

钢筋搭接处的可靠性比普通钢筋要弱，且在施工时会比较脆弱。因此，搭接处的相互补偿非常重要，防止在同一个断面中构件轴向方向上出现搭接集中的情况。

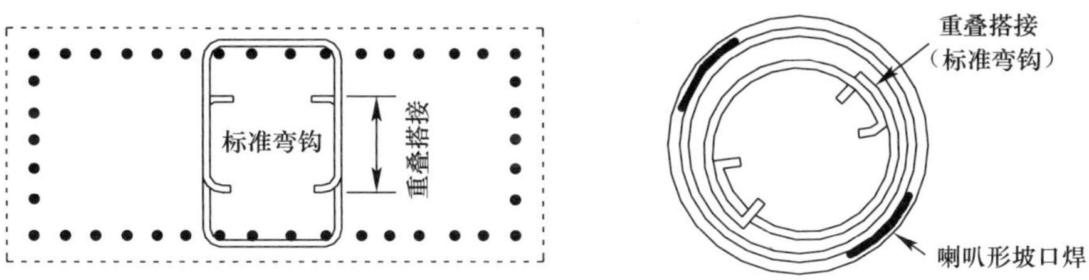

图 C2.33　箍筋的搭接

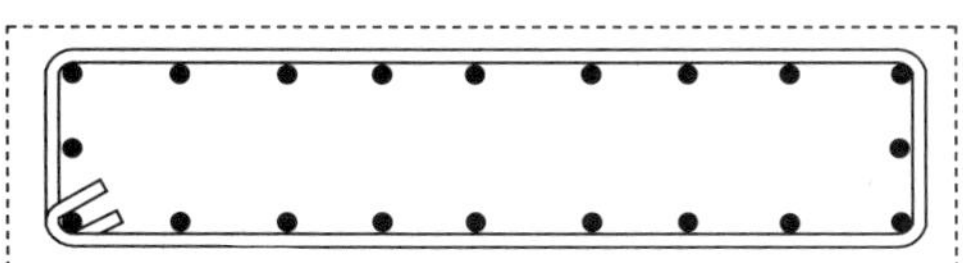

图 C2.34　弯钩端部的锚定

关于（6）

环绕于整个轴向钢筋的箍筋应当锚固（通过弯成锐角钩）在轴向钢筋末端（图 C2.34）。需要注意的是，通过使用喇叭形坡口焊或者机械连接，箍筋可以做成连续的。

关于（7）

螺旋箍筋的末端的锚固程度可能不够。因此，建议通过使用机械方法使螺旋箍筋末端重叠搭接，对其进行两倍缠绕或更多，或者把前端弯成锐角锚固在混凝土内部。

第 95 条　构件连接

除了那些连接好的构件，其他构件连接时，在达到塑性范围前，接头需保持其承载能力。

【条文说明】

为了使设计能够满足 2 级或 3 级抗震性能，需假定构件已进入塑性区。对于有连接的构件，如果构件在达到塑性区前，接头失去其承载能力，则达不到所需要的抗震性能。因此，在应用这些连接形式时，接头的性能应比构件的承载能力更强。为此，对于加腋来说，增加接头尺寸或者配置足够的横向钢筋是十分重要的。同时，应对每个构件的轴向钢筋进行充分锚固。

第 96 条　受平面剪力作用的构件

为避免平面剪力作用下的构件由于剪切破坏致使承载能力急剧下降，应采取以下措施：

（1）平面构件的厚度应该至少达到 200mm 以上。

（2）在两根钢筋相交成直角时，其中一根钢筋的配筋率应该至少达到另外一个的 1/2。

（3）钢筋的最小配筋率应该至少达到 0.2%，且在每个方向上的钢筋都需布置至少两层。

【条文说明】

这一部分提到的平面构件在明挖法修建的隧道中是非次要构件，例如端墙、山墙、隔板以及地震抵抗墙等面内剪力的平面构件。通过布设两层或以上的钢筋层，墙的厚度会增加到至少 200mm。因为面内的剪切破坏会朝着面外的方向扩展，所以有必要布设两层或者更多的钢筋层来增强抵御其面外方向上的破坏。

第 97 条　钢框架混凝土

钢框架混凝土中钢框架的连接部位应该是非塑性铰的。

【条文说明】

如果连接点处变成了塑性铰，地震时的交变荷载会导致连接构件先于基础材料遭受破坏。因此，连接处不可置于形成塑性铰的区域。钢框架必须通过焊接或者螺栓连接保证荷载的正常传递。

第 98 条　试验验证

如果本节所述的结构构造没有在设计中得到体现，则需通过试验法保证取样样本的力学行为与按照本节提供的结构构造准备的样本的力学行为的一致性。试验应遵循以下原则进行：

（1）构件的形状及大小，钢筋的间距以及混凝土保护层的厚度等应与实际构件相同；

（2）力的加载方式应当保证该力与构件局部的受力状况基本相同，反向的环状加载应该在位移受到控制的情况下进行。

【条文说明】

找到和实际构件相似的尺寸及受力状态是非常困难的，所以要通过缩尺模型试验，同时应考虑这种缩尺带来的影响。

2.12　地下连续墙作为永久结构墙的设计方法

2.12.1　关于规划和设计的要点

第 99 条　一般规定

当主体结构的全部或者部分墙体是地下连续墙时，设计时需充分考虑施工条件、荷载环境及结构体系。

【条文说明】

这部分针对两种类型的地下连续墙（钢筋混凝土及钢筋）作为主结构时制定了标准要求。

将地下连续墙设计为永久结构时的考虑如下：

（1）当地下连续墙作为隧道的主体部分时，设计时需特别仔细，防止因结构应力过大或变形（从施工阶段开始）导致严重损害。

（2）需适当设定整个过程中各个状态下结构所受的荷载，且应充分考虑到这个事实，即，施工状态下结构的荷载情况与完工后是不同的。

（3）选择结构体系时，在综合考虑结构的大小、施工条件和荷载条件的基础上，需确保复合结构的设计与施工合理。

（4）必要时，应按 2.9 节所述对地震过程中地层运动对结构造成的影响进行验算。

针对地下连续墙作为永久结构墙体的明挖隧道设计流程如图 C2.35 所示。

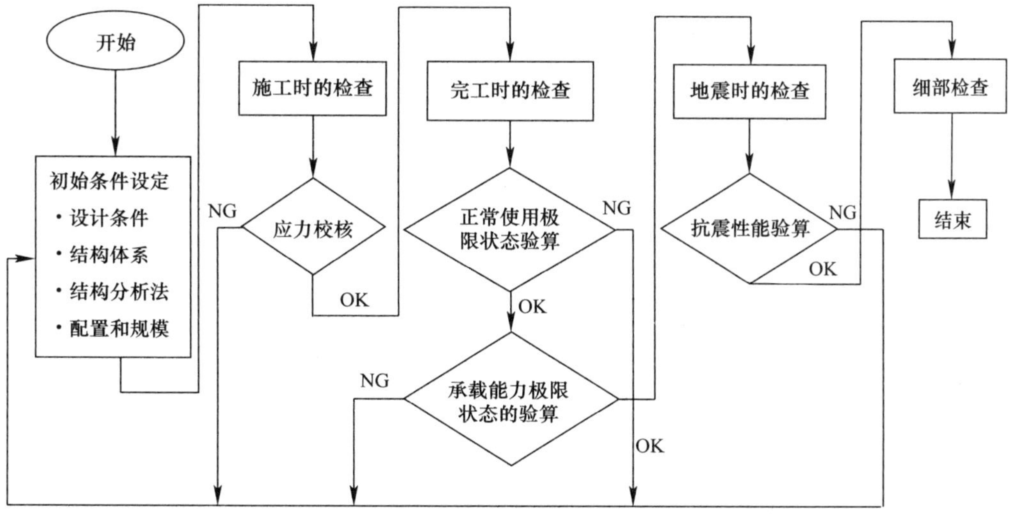

图 C2.35　地下连续墙作为永久结构墙体的明挖隧道设计流程图

在充分考虑以上①和②两点的基础上，设计需涵盖从施工到完工这一连续过程中的所有问题。设计工作需要追溯到相关条款，用于限制施工过程中临时支护结构产生的应力，继而进行主体结构的极限状态设计。规范要求设计临时结构时采用容许应力设计法，而主体结构设计则采用极限状态设计法。

当地下连续墙作为主体结构时，在整个施工过程中的每一个极限状态都应当检查竖向安全性（隧道横截面方向）。必要时，水平方向也要进行检查（隧道的轴线方向）。

第 100 条　结构体系的选择

当地下连续墙作为主结构时，应在考虑可施工性、可靠性及经济效益的基础上，从以下结构体系中选择一种：

（1）组合墙体系；

（2）单墙体系。

【条文说明】

目前，当地下连续墙作为主体结构时可以选择组合墙及单墙体系作为其结构体系。如图 C2.36 所示。在对每种结构体系的特征经过彻底验算后，选取最适合的结构体系。

（1）组合墙体系

组合墙体系是由销钉将地下连续墙与内墙连接成一个完整的墙体来共同抵抗荷载。虽然这种结构体系可以减少所需截面的厚度，但是却使板与墙体的连接及销钉的加固变得复杂困难。但是，这个体系仍然得到了广泛应用，因为技术的发展使得销钉加固的工作变得更加容易。需要注意的是，本规范对于钢构组合墙的应用范围规定中，要求内墙厚度不得超过地下连续墙厚度的两倍。

（2）单墙体系

单墙体系只依靠地下连续墙来抵抗荷载，没有施做内墙。在较深处，墙的厚度需要增大，经济性方面不如组合墙体系。此外，缺少内墙使得防水与输水变得至关重要。当开挖深度较大且层数较多时，需同时使用两种结构体系。例如，单墙体系可用在较浅部分，组合墙体系用在较深部分。

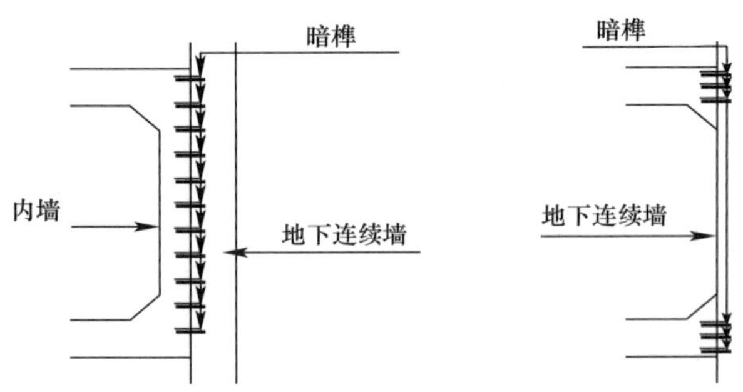

(*a*)　　(*b*)

图 C2.36　使用地下连续墙作为主体结构的墙体系

(*a*) 组合墙体系；(*b*) 单墙体系

第 101 条　荷载

在设计中主要会用到以下两种荷载：

（1）施工中的设计荷载；

（2）完工后的设计荷载。

【条文说明】

施工期间，每一个施工步骤中的荷载作用状态都不相同，所以在设计过程中，必须对每一个施工步骤都按荷载进行分类与验算。完工之后，在盒状钢架结构中，有的构件压力在侧向压力较大时会达到最大，有的构件压力则当侧向压力较小时达到最大。因此，必须对施加在墙体上的侧向压力进行研究，要同时研究最大值和最小值。

施工过程中要用的荷载如第 3.2 节所述，完工后的主结构设计所用荷载如第 2.3 节所述。

2.12.2　钢筋混凝土地下连续墙的设计

第 102 条　结构分析

针对钢筋混凝地下连续墙作为永久结构墙的一部分，其标准分析法和结构分析模型如下：

（1）结构分析要采用符合实际情况的方法，同时应综合检测结构体系、施工环境和荷载条件。

（2）在综合检测结构体系、施工环境和荷载条件的同时，应采用适合实际条件的分析模型进行结构分析。

【条文说明】

关于（1）

当地下连续墙作为永久结构时，所用分析方法包括组合墙的设计及堆积墙的设计。组合墙的设计涵盖从施工到完工的整个过程，这种方法能够较好地反应实际情况，尤其能够更加准确地反映施工到完工的整个过程的地下水回灌影响下的荷载状态、主体结构恒载之间的平衡以及施工过程中的土体响应。但在实际设计中，这种方法因其计算的复杂性而较少得到运用。另一方面，堆积墙的设计方法包含两种独立设计——一个是施工期间设计，另一个是完工后的设计。采用堆积墙的设计方法时，完工后的设计忽略了施工产生的残余应力的影响，因此，考虑到结构体系和施工条件，此法不一定能够反映出实际情形。但是，这种方法却得到了广泛应用，主要原因在于其计算的简便性。

鉴于以上情况，堆积墙的设计可用于正常使用极限状态，因为此时残余应力的影响一般较小。在正常使用极限状态下，堆积墙的设计也更为实际。但是，在特殊的条件下验算正常使用极限状态时不建议忽略施工产生的残余应力，例如，在必须使用自上而下的施工方法时；当施工结束后地下水回灌并产生水浮力时；在使用中间立柱时，当回弹的影响不可以忽略时。在这些条件下，推荐使用组合墙的设计方法。表 C2.19 中展示了施工中及完工之后的设计理念。

施工中和完工后的设计概念　　**表 C2.19**

	施工中	完工后	
设计法	容许应力设计法	极限状态设计法	
残余应力	—	正常使用极限状态	疲劳极限状态
		不考虑堆积墙的设计	不考虑（堆积墙的设计）
		考虑（组合墙的设计）	

注：括号中的文字为计算方法。

关于（2）

① 结构分析模型

原则上，施工期间的结构模型应该基于梁—弹簧法，完工后的分析模型应该是标准的整体框架结构分析模型。

② 结构的刚度分析

如果正常使用极限状态时出现裂缝，那么需要考虑是否出现构件刚度的退化，同时也要考虑混凝土收缩及温度变化所造成的影响。另一方面，承载能力极限状态的刚度分析应根据以下概念，针对组合墙和单墙分别确定：

在进行框架结构分析时，组合墙常被建模成一条线。此时，组合墙的截面刚度取决于有效混凝土截面而忽略钢筋的影响。另一方面，单墙也可建模成为一条线进行框架结构分析（见附录 4）。

③ 侧墙与板之间的接缝

如表 C2.20 所示，板和侧墙在建模时，通常假设二者之间为刚性连接。如果用作中隔板的预制板或类似材料与侧墙是不连续的，则假定模型使用的是螺栓连接。

板以及板墙结合建模　　　　表 C2.20

	假定为刚性连接	螺栓连接
传递的荷载	弯矩 剪力 轴力	剪力 轴力
结构	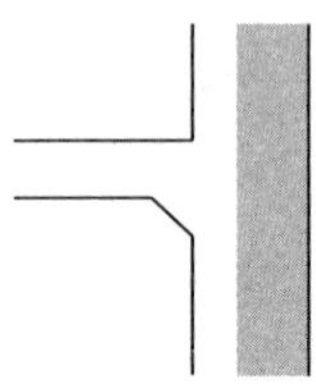	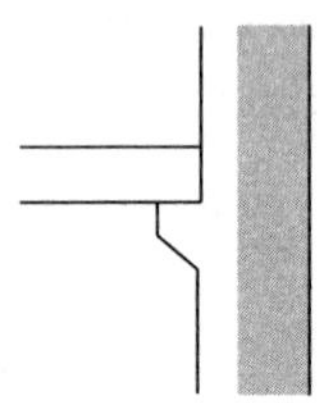
结构模型	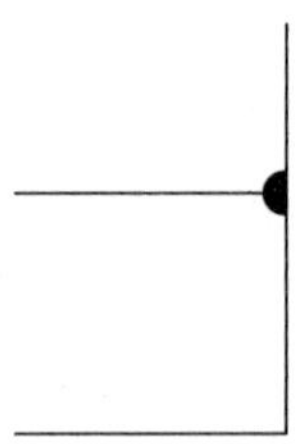	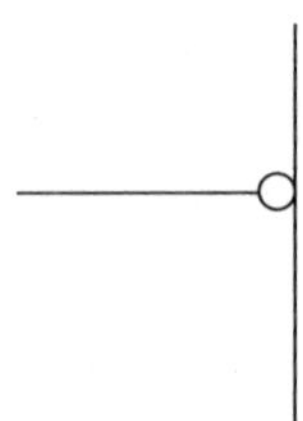

第 103 条　承载能力极限状态验算

钢筋混凝土地下连续墙的承载能力极限状态应按如下要求进行验算：

（1）对于承受轴力和弯矩的构件来说，构件截面破坏极限状态安全验算如第 52 条所述。在计算组合墙构件横截面的承载能力设计值时，应假设已完成的有效截面为双层钢筋的矩形截面。

（2）剪力的安全性检测如第53条所述。如果在组合墙中，内墙和连续墙内的抗剪钢筋是分别布设的，则需考虑这种布设形式带来的影响。

【条文说明】

关于（1）

需要考虑的是，在计算组合墙的弯曲承载能力设计值时，有效横截面的高度不包含受压侧表面到受拉钢筋中心的距离，因为通常假定上述距离在强度方面是无效的。在某些情况下，对于聚合物材料稳定剂来说这个距离为10mm，对于膨润土来说为25mm，但是这个距离也会受施工条件的影响。

关于（2）

组合墙的抗剪承载能力设计值参见第53条所述。此时，抗剪钢筋和受拉钢筋的比率可以通过以下公式确定：

$$p_c = \frac{\sum A_s}{b_w d}, \sum A_s = A_{s3} + \frac{1}{d}(A_{s2} d_1 + A_{s3} d_2)$$

式中 p_c——抗剪钢筋和受拉钢筋之比（图C2.37）；

$\sum A_s$——受拉钢筋转化量；

b_w——构件的腹板宽度；

d——构件的有效高度；

$A_{s1} \sim A_{s3}$——每根钢筋的截面面积；

d_1，d_2——每根钢筋构件的有效高度。

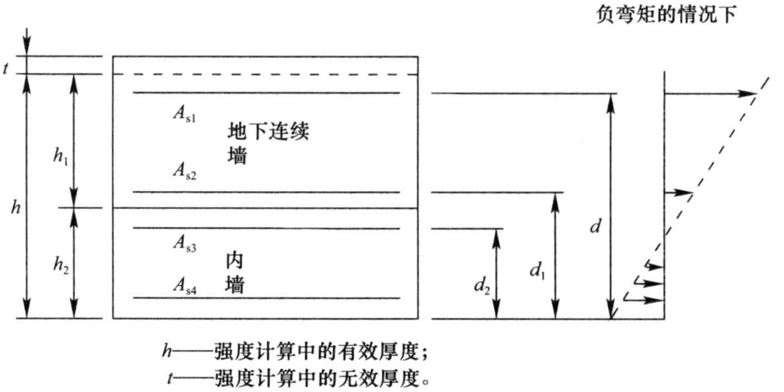

图C2.37 抗剪钢筋和受拉钢筋比率的确定

当抗剪钢筋被分别布设在组合墙内时（图C2.38），抗剪钢筋的抗剪承载力设计值可按下式计算：

$$当\ h_1 > h_2 \quad V_{wd} = \left\{ \frac{A_{w1} f_{wyd} (\sin\theta_1 + \cos\theta_1) z_1}{s_1} + \frac{A_{w2} f_{wyd} (\sin\theta_2 + \cos\theta_2) z_2}{s_2} \cdot \frac{h_2}{h_1} \right\} / \gamma_b$$

$$当\ h_1 = h_2 \quad V_{wd} = \left\{ \frac{A_{w1} f_{wyd} (\sin\theta_1 + \cos\theta_1) z_1}{s_1} + \frac{A_{w2} f_{wyd} (\sin\theta_2 + \cos\theta_2) z_2}{s_2} \right\} / \gamma_b$$

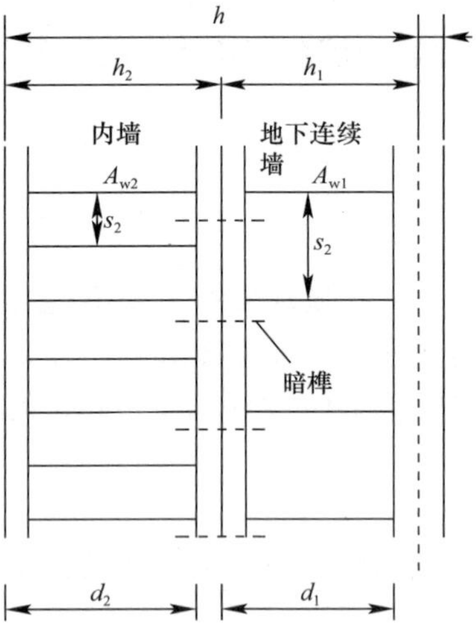

图 C2.38　隔墙和内墙中分别布设的抗剪钢筋位移情况

当 $h_1 < h_2$

$$V_{wd} = \left\{\frac{A_{w1} f_{wyd}(\sin\theta_1 + \cos\theta_1) z_1}{s_1} \cdot \frac{h_1}{h_2} + \frac{A_{w2} f_{wyd}(\sin\theta_2 + \cos\theta_2) z_2}{s_2}\right\} / \gamma_b$$

式中　V_{wd}——抗剪钢筋的抗剪承载能力设计值；

A_{w1}，A_{w2}——每根抗剪钢筋的截面面积总和；

f_{wyd}——抗剪钢筋的抗拉屈服强度设计值，假定不小于 400N/mm^2；

θ_1，θ_2——抗剪钢筋与构件纵轴的夹角；

s_1，s_2——抗剪钢筋的间距；

z_1，z_2——压力的合力到受拉钢筋中心间距，可取 $d_1/1.15$，$d_2/1.15$；

h_1，h_2——每堵墙的有效厚度；

γ_b——构件系数，一般取 1.15。

第 104 条　正常使用极限状态验算

钢筋混凝土地下连续墙的正常使用极限状态可参考第 2.7 节所述。(正常使用性验证)

【条文说明】

表 C2.21 中所示的三种方法均可用于计算钢筋混凝土地下连续墙所受压力。一般情况下，计算方法 A 或 B 用于计算组合墙，其构件应力已按照组合墙设计计算。当使用堆积墙设计或单墙设计时，一般用计算方法 C。

(1) 计算方法 A

对每一步的应力都进行计算，目的在于分析从施工到完工期间的应力历史。因为施工中的构件厚度与完工后的厚度是不一样的，所以，在计算弯矩应力时，需要结合每步弯矩确定的应变值，且考虑应力历史。

(2) 计算方法 B

使用该方法时，需结合每一步的应力，同时考虑构件厚度的改变。

(3) 计算方法 C

该方法对施工中的应力和完工后的应力分别计算。注意，施工过程中的残余应力不予考虑。

组合墙的应力计算方法　　**表 C2.21**

计算方法	描　述
计算方法 A	① 混凝土和钢筋应力在地下连续墙和内墙组合之前加以确定； ② 组合后，确定混凝土和钢筋应力时忽略该部分混凝土的拉应力，其中，①的剩余应变与附加应变之和就是拉伸应变［图 C2.39 (*a*)］
计算方法 B	① 混凝土和钢筋应力在地下连续墙和内墙组合之前加以确定； ② 组合后，混凝土和钢筋应力通过将①中增加的残余应力与附加应力相加进行确定［图 C2.39 (*b*)］

续表

计算方法	描　述
计算方法 C	① 在混凝土和钢筋应力在地下连续墙和内墙组合之前加以确定； ② 组合后，混凝土和钢筋的应力是由积累应力确定的，且忽略①中的残余应力

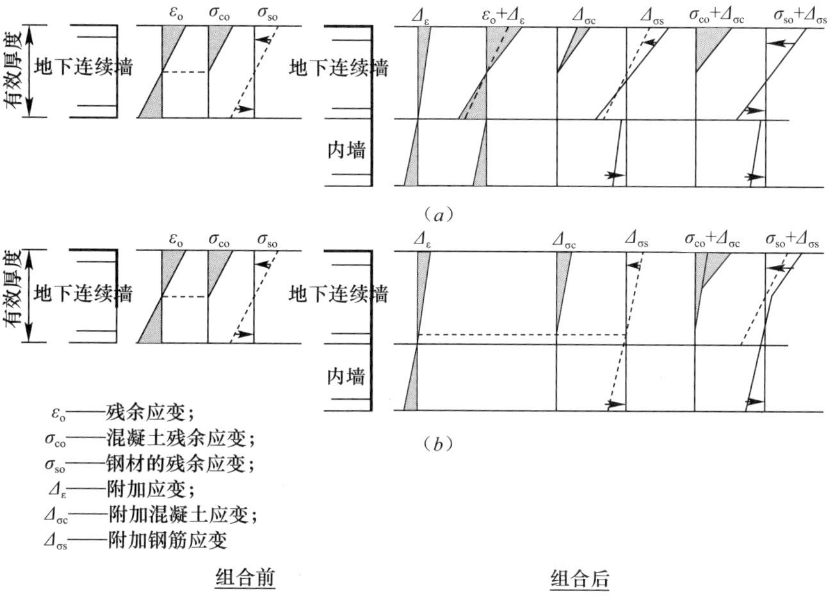

图 C2.39　组合墙的应力计算图示

(*a*) 计算方法 A；(*b*) 计算方法 B

第 105 条　板和侧墙的连接设计

在结构中对板和钢筋混凝土地下连续墙进行连接时，该结构应允许弯矩、剪力和轴力通过接头安全顺利地传递。

(1) 设计时，应确保板端能安全地承受弯矩和轴力。

(2) 应设置足够多的钢筋销栓来抵抗板和侧墙之间接头的竖向剪力。注意，应在组合墙中设置足够多的钢筋销栓来抵抗总的剪力。

【条文说明】

关于 (1)

如图 C2.40 所示，板的加腋起点（a-a 区域）或加腋终点（b-b 区域），可基于常规的框架结构计算来设计。一般认为，板间接头的部分弯矩（M_s）被视为传递到地下连续墙和内墙之间的接合面。通过连接表面传递到地下连续墙的弯矩在区域 b-b 处略大于弯矩的设计值，但是有效高度也更大。因此，此处可以容许区域 b-b 所需钢筋锚固到侧墙上。

关于 (2)

如图 C2.40 所示，作用在地下连续墙与内墙之间连接面上的剪力包括从内墙传递到地下连续墙的竖向剪力和侧墙弯曲剪切形成的位移剪力。应使用钢筋销栓抵抗这些剪力。

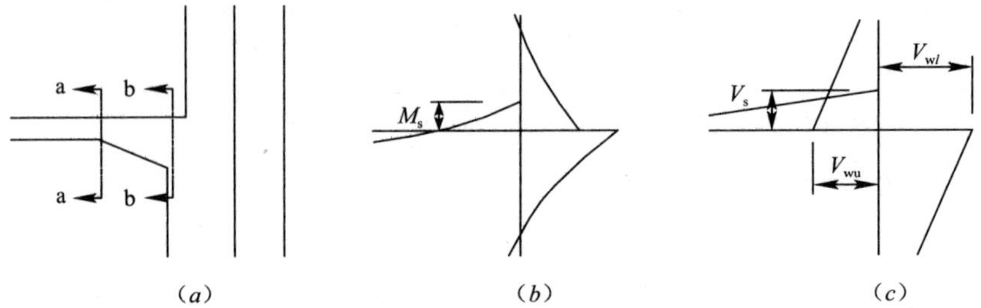

图 C2.40　板接头的弯矩和剪力示例

(a) 接头；(b) 弯矩；(c) 剪力

第 106 条　结构构造

(1) 将板、地下连续墙及内墙进行连接的结构应允许构件应力通过接头安全顺畅传递。同时需注意可行性。

(2) 通过深嵌入地下连续墙和内墙的方式对销栓进行锚定。

(3) 需对板间的相互连接进行验算，确保其能有效传递横向（水平方向）剪力、平面内（竖向）剪力并具有防水性。必要时，需检测横向（水平方向）弯矩的传递。

(4) 由于新旧混凝土干缩程度不同，因此在板或内墙与地下连续墙交界处，应进行加固，以防止产生裂缝。

(5) 设计文件上应该清楚地标明是否需要通过凿毛或水洗的方式完全清除粘附在地下连续墙上的泥饼和老化的混凝土。

(6) 当地下水位高于顶板且无防水设施时，必须小心处理，防止地下水滞留。

【条文说明】

关于 (1)

关于板、地下连续墙和内墙连接时需注意的要点如下：

① 单墙和组合墙中，用于加固板的受拉钢筋必须延伸并锚固在地下连续墙里面。单墙和组合墙中地下连续墙和板的接头处的配筋参见图 C2.41。如果环境要求受拉钢筋必须锚固在内墙里，必须对其安全性进行监测，板和侧墙之间的销钉连接模型和刚性连接模型均可使用。

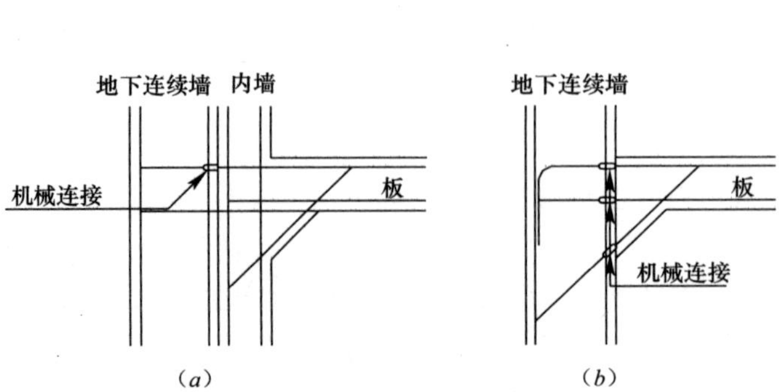

图 C2.41　组合墙和单墙中地下连续墙与板的接头处的典型配筋

(a) 组合墙；(b) 单墙

② 除了受拉钢筋之外，板上的其他钢筋——如果牢固地锚定在地下连续墙中——在计算时都可视为钢筋销栓。

③ 加腋上的钢筋必须要锚固在地下连续墙中以及组合墙的内墙中。组合墙底板角部的典型配筋见图 C2.42。

④ 侧墙上和板角处的构件厚度应一致。如果底板上的构件厚度较小，则应该在板角处加腋，确保其厚度（地下连续墙和内墙总厚度）等于侧墙的厚度。

⑤ 由于板间相连的区域，钢筋的连接被设置在地下连续墙里，因此很难通过混凝土导管浇筑混凝土。因此，需要为混凝土导管预留出足够的施工空间，如图 C2.43 所示。

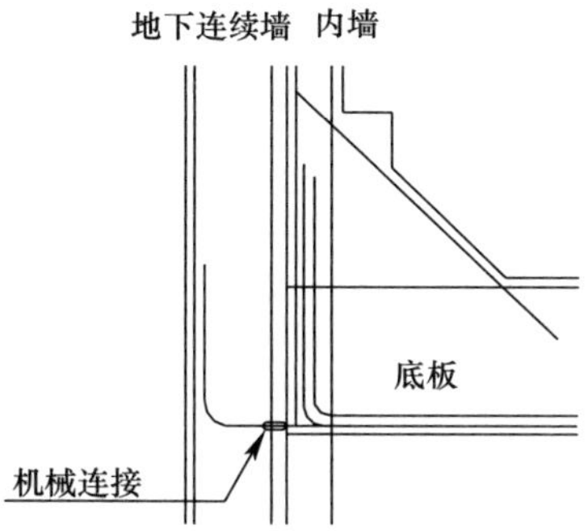

图 C2.42 底板与侧墙接头处的配筋示例

图 C2.43 混凝土导管的布设

关于（2）

钢筋销栓通常采用直径 25mm 及以下的螺纹钢。嵌入长度应达 12ϕ 或以上。使用钢筋销栓的方式有：①在地下连续墙施工过程中嵌入的钢筋销栓和内墙中布设的钢筋销栓通过机械连接；②在地下连续墙施工时，将钢筋销栓部分弯折后嵌入内墙；③将钢筋销栓锚固到地下连续墙中。钢筋销栓之间的最大空隙不应超过地下连续墙的有效厚度或内墙厚度的设计值（取二者中较小值）。当组合墙中的地下连续墙箍筋弯曲向上与内墙的箍筋相连时，在计算时可被视为钢筋销栓。

关于（3）

设计时，通常假定水平方向上作用于地下连续墙的侧向压力不变。但实际上，该压力会发生轻微变化。如果主体具有刚性横梁，安装横梁的板上会受到有一个很大的作用力。为使嵌板能够共同抵抗水平方向上的不均匀荷载，应将该结构设计为荷载可通过板件接头传递（图 C2.44，图 C2.45）。

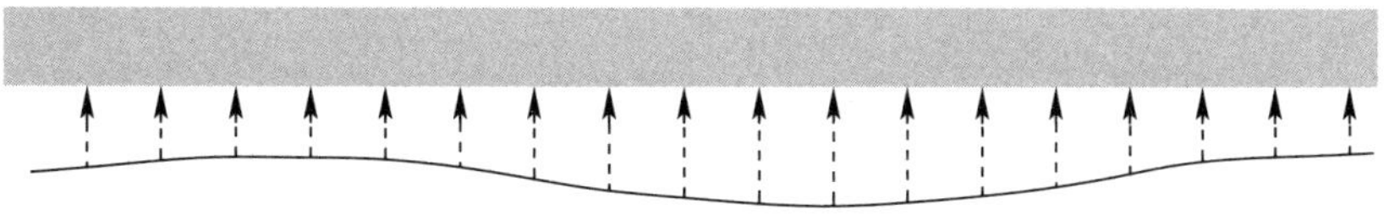

图 C2.44 荷载通过板间的接头处传递示意图（平面外剪力）

当竖向不均匀荷载作用在纵向方向时，例如，地震时，剪力会作用在地下连续墙平面上。此时，板件接头必须保障剪力相互传递。在防水方面，可使用止水带或通过注浆管止水。

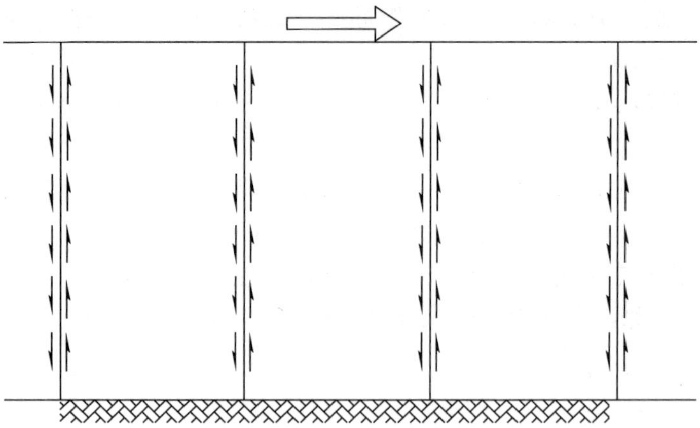

图 C2.45　荷载通过板间的接头传递示意图（平面内剪力）

关于（4）

当作为主体结构时，地下连续墙先于内墙修筑，并与土体接触，因此受干燥收缩的影响较小。另一方面，内墙或板是在之后修筑的，且总是与空气接触，因此干燥收缩程度较大。此外，内墙和板的收缩受到地下连续墙限制，容易开裂。水平方向抗干燥收缩典型配筋如图 C2.46 所示。

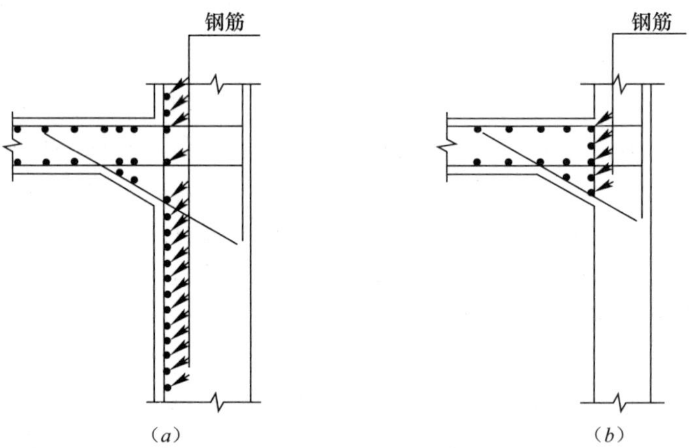

图 C2.46　水平方向抗干燥收缩的典型配筋

(a) 组合墙；(b) 单墙

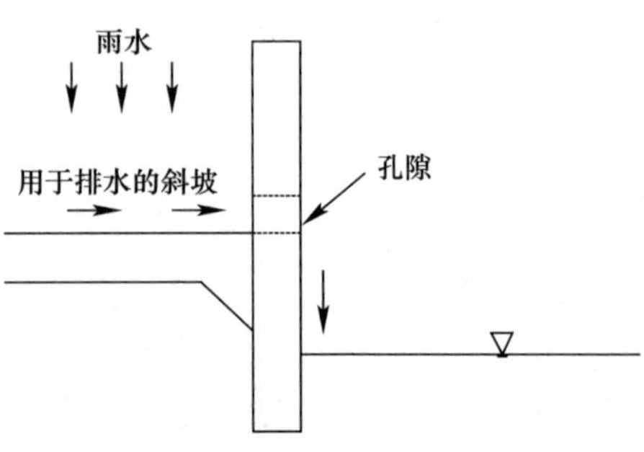

图 C2.47　防止顶板上雨水积累的排水

关于（5）

对组合墙而言，可通过凿毛或高压水枪来处理地下连续墙，以确保它与内墙的结合。凿毛的程度很难明确判定，某些情况下需要大约 7mm 深的粗糙度。

关于（6）

这种情况下，地下连续墙的上端高出顶板。当地下水位低于无防水措施的顶板时，在规划时应考虑排水，防止雨水积累（图 C2.47）。

2.12.3　钢制地下连续墙设计

第 107 条　结构分析

（1）型钢连续墙作为永久结构墙使用时的分析方法见第 102 条。

（2）结构分析模型应适合实际情况，同时综合验算结构体系、施工状况和荷载状况。

【条文说明】

关于（2）

① 结构分析模型

原则上，型钢连续墙中由填充混凝土覆盖部分的混凝土不得视为一个结构体，但混凝土保护层与型钢部分结合的螺柱销钉可被视为一个结构体，并且可以利用结构分析模型进行考虑。

② 结构分析中的刚度

抗弯刚度分析与对钢筋混凝土构件分析类似，详见第 48 条。

③ 板与侧墙接头的模型

板与侧墙接头的结构分析模型见第 102 条。如果使用了第 101 条中所述的连接方法，可使用刚性连接。

第 108 条　承载能力极限状态的检测

钢制地下连续墙的承载能力极限状态的验算方法如下：

（1）抗弯矩和轴力的安全性验算

在研究单墙时，轴向力在钢构件和填充混凝土之间，应该按轴刚度的比例进行分配。在进行抗弯矩的安全性验算时，假定弯矩仅由钢构件承担，忽略填充混凝土。在研究组合墙时，钢构件被视为主筋，且在安全性检查时，将完工后的有效横截面视为双层钢筋的矩形截面。

（2）抗剪安全性验算

对于带有腹板开孔的单墙，安全性验算时，假定剪力由腹板部分和钢构件的填充混凝土共同承担。对于没有腹板开孔的单墙，安全性验算时假定剪力仅由钢制地下连续墙的腹板部分承担。对于组合墙，安全性检测时需要考虑累计承载力是来自充当单墙的钢制地下连续墙的抗剪承载力，还是来自充当钢筋混凝土线性构件的内墙的抗剪承载力。

【条文说明】

关于（1）

一般来说，钢制地下连续墙不使用有高长径比的构件。因此，当同时使用轴力和弯矩时，可以省略屈曲稳定性验算。

① 单墙

同时受轴力和弯矩作用的单墙构件的安全检测按照以下公式：

$$\gamma_a \gamma_{bs} \gamma_i (N'_s/N'_{cuo} + M_x/M_{cuox}) \leqslant 1$$

$$\gamma_a \gamma_{bs} \gamma_i (N'_c/N'_{ud}) \leqslant 1.0$$

（注意，在有轴向拉力的情况下，$N'_s = 0$。）

式中 γ_a，γ_i——定义见第 27 条；

γ_{bs}，γ_{bc}——构件因素，分别假定为 1.05，1.3；

N'_s，N'_c——作用在钢构件上的轴力和作用在填充混凝土上的轴力；

N'_{cuo}——钢构件的抗压承载力，$N'_{cuo}=A_s\sigma_{cuo}/\gamma_m$；

σ_{cu}——由钢构件长径比决定轴向压力变化的特征值；

σ_{cuo}——长径比（l/r）的值等于 0 和 σ_{cu}；

M_x——受到的弯矩；

M_{cuox}——钢构件截面受压侧的强轴附近的抗弯承载力；

$$M_{cuox} = (I_x/y_c)(\sigma_{cuo}/\gamma_m)$$

N'_{ud}——填充混凝土的轴向抗压承载力，$N'_{ud}=A_s f'_{cd}$；

A_s——考虑腹板开孔的钢构件的有效截面面积；

A_c——混凝土截面面积（一般不计入混凝土截面面积）；

I_x——钢构件的惯性矩，考虑腹板开孔；

y_c——从长轴到弯曲部分的极限受压纤维的距离；

f'_{cd}——混凝土的设计抗压强度；

γ_m——定义见第 27 条。

假设轴力由钢构件和填充混凝土按照其轴向刚度的比率共同承受，则钢构上的应用轴力 N'_s与填充混凝土上的应用轴力 N'_c分别计算如下：

$$N'_s = (N'E_sA_s)/(E_sA_s + E_cA_c)$$

$$N'_c = (N'E_cA_c)/(E_sA_s + E_cA_c)$$

式中 N'——轴力；

E_s，E_c——钢构件的杨氏模量和填充混凝土的杨氏模量；

A_s，A_c——钢构件的截面面积和填充混凝土截面面积。

② 组合墙

承受弯矩和轴力的组合墙的安全性验算按照以下公式：

$$\gamma_a \gamma_b \gamma_i (M/M_u) \leqslant 1$$

式中 γ_a，γ_i——定义见第 27 条；

γ_b——依据构件系数，通常为 1.15；

M，M_u——截面的弯矩和抗弯承载力。

注：横截面的抗弯承载力可基于以下假设确定：

1. 纤维应变与构件截面中轴距离成正比。
2. 忽略混凝土的拉应力。
3. 混凝土的应力—应变曲线如第 45 条所述。
4. 钢构件和钢筋的应力—应变曲线如第 46 条所述。

关于（2）

① 单墙

单墙构件在受剪力情况下的安全性检查应按以下公式：

$$\gamma_a \gamma_i \{V/(V_{su}/\gamma_{bs} + V_c/\gamma_{bc})\} \leqslant 1$$

式中　V——截面受到的剪力；

V_{su}——钢制地下连续墙的抗剪承载力；

$$V_{su} = A_w f_{svyk}/\gamma_w$$

A_w——腹板的有效截面积；

H——钢构件的总高度；

t_f，t_w——钢构件的翼缘厚度和腹板厚度；

ϕ——钢腹板的开孔直径；

f_{svyk}——抗剪屈服强度的特征值，见第 45 条和第 46 条；

γ_s——钢构件的材料系数；

V_c——填充混凝土的抗剪承载力。

$$V_c = \beta_d \beta_p \beta_n B d f_{vcd}, f_{vcd} = 0.20 \sqrt[3]{f'_{cd}}$$

$$\beta_d = \sqrt[4]{1/d} \leqslant 1.5(d:\mathrm{m}), \beta_p = \sqrt[3]{100/p_c} \leqslant 1.5, p_c = A_f/(Bd)$$

f'_{cd}——混凝土的抗压强度设计值；

B——填充混凝土的有效深度；

A_f——翼缘截面面积；

d——填充混凝土的总高度；

β_n——系数；

$$\beta_n = 1 + M_0/M \leqslant 2 \quad (N' \geqslant 0 \text{时})$$

$$1 + 2M_0/M \geqslant 0 \quad (N' < 0 \text{时})$$

M——受到的弯矩；

M_0——通过所受弯矩 M 产生的拉力涉及的轴力来阻止应力发生的弯矩；

N'——轴向压力；

γ_{bs}——钢制地下连续墙构件的构件系数；

γ_{bc}——按照填充混凝土的构件系数，一般为 1.3；

γ_a，γ_i——定义见第 27 条。

② 组合墙

组合墙构件受剪力情况下的安全性检查应根据以下公式：

$$\gamma_a \gamma_i [V/\{V_{su}/\gamma_{bs} + (V_c/V_{ci})/\gamma_{bc} + V_r/\gamma_{br}\}] \leqslant 1$$

式中　V——截面所受剪力；

V_{su}——钢构件的抗剪承载力，取决于独立墙形式的 V_{su}；

V_c——填充混凝土的抗剪承载力，取决于独立单墙形式的 V_c；

V_{ci}——内墙混凝土抗剪承载力；

$$V_{ci} = B d_i f_{vcdi}, f_{vcdi} = 0.20 \beta_{di} \beta_{pi} \sqrt[3]{f'_{cid}}, \beta_{di} = \sqrt[4]{1/d_i} \leqslant 1.5(d_i:\mathrm{m})$$

$$\beta_{pi} = \sqrt[3]{100/p_i} \leqslant 1.5, p_i = A_s/(B d_i)$$

B——截面的有效宽度；

d_i——内墙混凝土截面的有效深度；

A_s——受拉钢筋截面面积。但当钢制地下连续墙处在拉紧端时，则假设它是钢制地下连续墙侧墙翼缘的截面积；

f'_{cid}——内墙混凝土的抗压强度设计值；

V_r——抗剪钢筋的抗剪承载力；

$$V_r = A_r f_{wyd} z / s_s$$

S_s——内墙的抗剪钢筋的布设间距；

Z——一般来说，在从内墙的压缩应力的合力作用位置到受拉钢筋中心的距离以内，一般等于 $d_i/1.5$；

f_{wyd}——内墙抗剪钢筋的抗拉屈服强度，假定该强度小于等于 390N/mm^2；

γ_a，γ_i——定义见第 27 条；

γ_{bs}——钢构件的构件系数；

γ_{bc}——填充混凝土和内墙混凝土的系数，一般取值为 1.3；

γ_{br}——抗剪钢筋的构件系数，一般取值为 1.15。

第 109 条　正常使用极限状态的检测

钢制地下连续墙的正常使用极限状态主要检测腐蚀情况和防水性，以防止损害钢制地下连续墙的正常使用。

【条文说明】

在验算抗锈蚀性能和防水性时，通过混凝土覆盖层来保证耐久性来是必不可少的。

当钢制地下连续墙安装在普通的土体中，如果隧道总体能保持有至少 100mm 厚的混凝土保护层，则钢筋锈蚀几乎不可能发生。这是因为，地下水中的溶解氧含量很小，而且钢筋处在混凝土保护层的碱性环境下（见第 111 条）。另一方面，当钢制地下连续墙是用在有高度腐蚀性的土体环境中时，例如，当海水进入地下水导致土体中含有高浓度的氯离子时，翼缘厚度在设计时应考虑朝向背面土的外翼缘的腐蚀裕量。在防水性方面，钢制地下连续墙相当于一个钢筋混凝土地下连续墙，但在正常荷载作用下钢构件的拉应力应低于屈服点。这是因为轴力引起的弯曲作用于每个构件。但值得注意的是，在竖井的水平角周围主要受到横向弯矩，可能会形成一个较大的拉应力。在这种情况下，必须检查接头的防水性。

第 110 条　板和侧墙的接头设计

板与钢制地下连续墙的连接方式按照第 105 条设置。发生在板和钢制地下连续墙之间接头的剪力由抗剪钢筋承担。

【条文说明】

抗剪钢筋可分为焊接接头型和螺纹钢螺栓焊接型（见第 111 条）。抗剪钢筋的安全性验算按以下公式进行：

$$\gamma_a \gamma_b \gamma_i V / V_u \leqslant 1$$

式中　V——板缝受到的剪力；

V_u——接头的所有抗剪承载力；

$$V_u = V_{ug} + V_{ul}$$

V_{ug}——加固杆区域抗剪钢筋的所有抗剪承载力；

$$V_{ug} = \mu(nA_{sg} f_{ryd} + \sigma_N A_{cg} / \gamma_c)$$

V_{ul}——板缝的抗剪承载力（除了抗剪钢筋加固杆部分和钢制地下连续墙）；

$$V_{ul} = \mu \sigma_N A_{ul} / \gamma_c$$

μ——钢与混凝土的摩擦系数，一般为 0.7；

n——抗剪钢筋的数量；

f_{ryd}——抗剪钢筋的抗拉屈服强度设计值；

σ_n——作用在与结合边成直角方向上的压应力。但在对该压应力的计算中，荷载系数 r_f 假定为 1；

A_{sg}——单根抗剪钢筋的截面积；

A_{cg}——加固杆区域抗剪钢筋的截面积；该截面的边缘到外侧钢筋中心的距离大约等于钢筋间距的一半；

A_{ul}——加固杆区域抗剪钢筋之外的连接区域；

γ_b，γ_i——定义见第 27 条；

γ_b——根据构件系数，通常取值为 1.3；

γ_c——混凝土材料系数。

第 111 条　结构构造

（1）压力可以通过板、钢制地下连续墙和内墙的交接处安全顺畅地传递。还应注意结构的可施工性。

（2）原则上，应在腹板上做开口以确保混凝土填充的可靠性。

（3）保护层应考虑以下因素确定：填充材料的特性、钢截面的高度、防水性、可施工性和耐久性。当设计的目的是为了使混凝土保护层达到预期的高强度时，且保护层部分保留下来成为主体结构墙的一部分时，应采取螺栓等措施保证它们结合的整体性。

（4）一般采用高强度螺栓对安装接头进行保护。

（5）钢截面的最小高度为 500mm。

【条文说明】

关于（1）

板可以通过以下方式与钢构件连接：

1）弯矩传递结构（图 C2.48）

① 焊接接头型：接头在装运之前要焊接在钢制地下连续墙的外缘。开挖后墙面通过这个接头连接到钢筋上。实际使用的钢筋直径为 13～41mm。

② 螺纹钢螺栓焊接型：螺纹钢筋通过螺栓焊接在钢构件的外缘。此时，需要在钢构

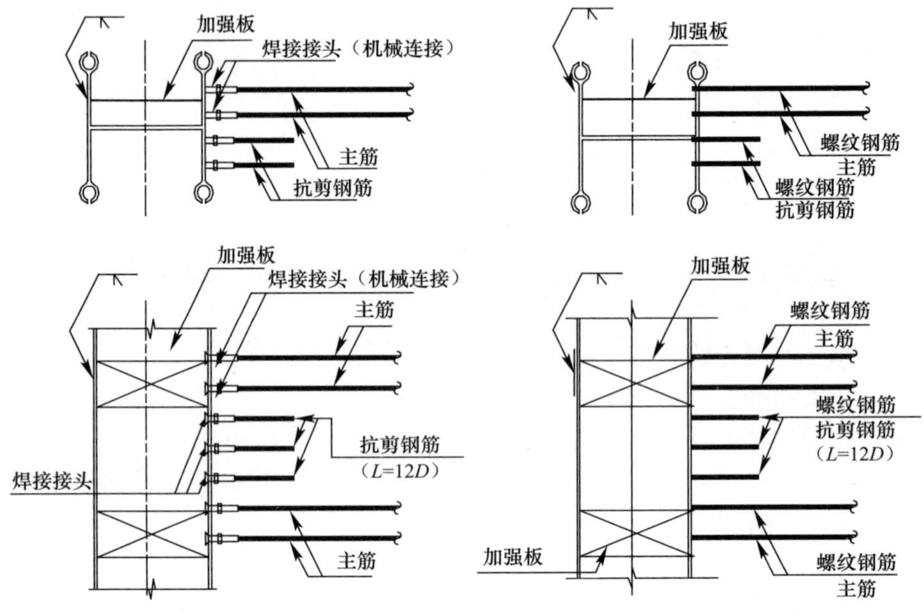

（a）　　（b）

图 C2.48　板与钢构件的连接

（a）焊接接头型；（b）螺纹钢螺栓焊接型

件使用加强板来连接两边。推荐使用直径小于等于 22mm 的螺纹钢筋。

③ 嵌入加固型：钢结构的两个法兰都要钻孔。钢筋事先穿过这些孔，通过螺母固定于地面的翼缘上，开挖后将板上的钢筋连接起来。因开口造成的截面损失必须通过翼缘盖板来补偿。需要注意的是，采用这种方法时应更加注意漏水情况，因为钢筋可能会成为渗水通道。

2）剪力传递结构

剪力通过焊接接头或者螺纹钢螺栓传递。这些方法需要剪力钢筋在混凝土板上的锚固长度达到螺栓直径的 12 倍及以上。

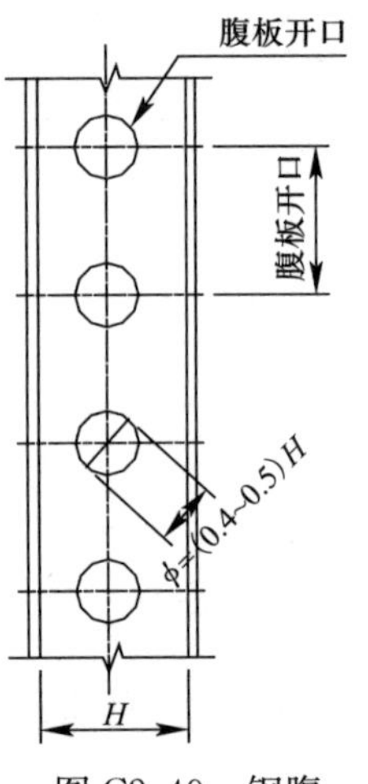

图 C2.49　钢腹板的开口

关于（2）

钢腹板应具备如图 C2.49 所示的开口来确保混凝土填充正常。此时，建议开口直径一般为钢截面高度的 40%～50%。如果开口与要求不符，必须检测水平与竖向剪力，确保钢腹板上填充混凝土能充分发挥性能。

关于（3）

一般情况下，在流动状态混凝土的坍落度大于等于 500mm 时，通过在隧道整体部分设置一块厚为 150mm 的盖板来保证充足的填充性；在高流动性的混凝土坍落度达到 600mm 及以上时，则采用厚度为 100mm 的盖板来保证充足的填充性。在易锈蚀环境中施工时，须采取防锈蚀措施或在设计中预留出锈蚀裕度。

关于（5）

对于钢制地下连续墙，应为导管浇筑混凝土提供条件。因此，为确保混凝土的浇筑条件，确定了钢截面深度的最小值。

2.13　竖井设计

第 112 条　一般规定

竖井的结构体系应充分考虑其目的、地层、荷载以及施工条件后综合选定。竖井的形状与尺寸应确保其内轮廓作为永久结构的使用要求，且便于维护、管理及隧道作业。设计应符合结构体系要求。

【条文说明】

竖井是一个深且独立的细长结构，通常运用明挖法或沉箱法建造。由于竖井的竖向高度远大于水平维度，设计时的考虑因素也应不同于普通明挖隧道。另一方面，与独立竖井不同的是，铁路隧道可能以一座明挖车站隧道作为基点，从其一端开始水平开挖作业。这类竖井结构也将在后续章节中提到。

竖井内轮廓的确定如第 14 条所述，此外需要考虑的是在竖井中使用的主要器械与设备，例如，用于运送材料和器械进出的升降梯和起重机。

竖井结构一般是矩形或圆形。矩形竖井需要很多构件（如梁和隔板）来抵抗土压力，并且需要一些措施来确保内轮廓竖向的连续性。截面也可以得到有效利用。对于圆形竖井，即使地表条件不利或者隧道埋深过深，圆形截面的形状可以只使用墙体本身来抵挡土压力，因此相对比较容易。这种结构还有允许自由选择隧道施工方向的优点。典型的竖井结构如图 C2.50 所示。

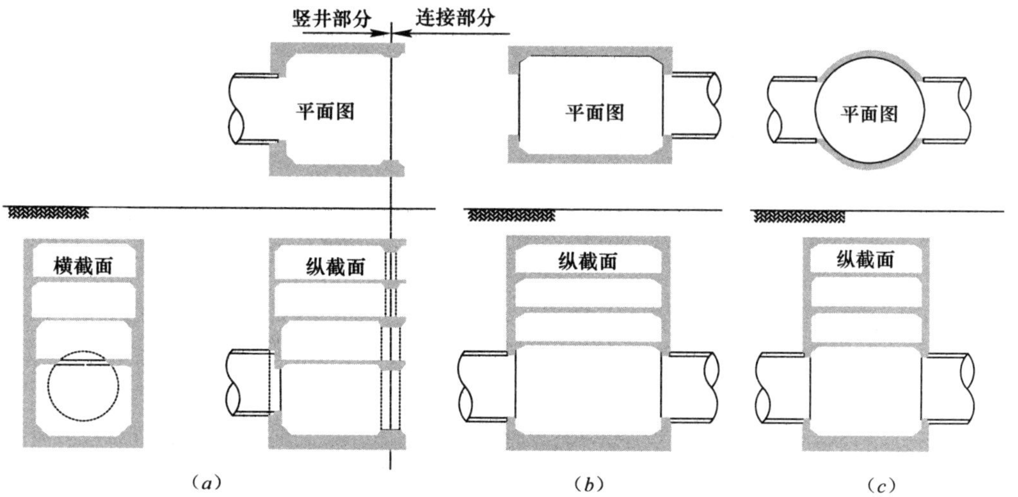

图 C2.50　典型的竖井结构

(a) 竖井地下连接部分；(b) 矩形竖井；(c) 圆形竖井

竖井设计要考虑如下因素：

(1) 结构分析应该通过对竖井形状和尺寸进行适当模拟来形成三维模型；或在某些结构体系中，也可通过对竖向和水平方向的模拟形成二维模型。

（2）在竖井与隧道连接处有开口的山墙往往是结构的薄弱点，这意味着在设计这些开口部分时需要选择一个合理的分析模型。

（3）当地下连续墙作为永久隧道结构的时候，应考虑第 2.12 节中所述的需求。

（4）极限状态下竖井的安全性的验算方式与极限状态下主体结构的安全性验算相同。

第 113 条　荷载

竖井设计过程的荷载应在充分考虑竖井结构的独特性之后选择。

【条文说明】

竖井设计荷载应在考虑竖井的结构特点后，从第 2.3 节所述的竖井荷载中进行选择。然而，以下几点在荷载选择中必须要加以验算，因为竖井是一个竖直圆柱独立结构，从地表一直延伸到地下。许多情况下，深度都要大于平面的长和宽。

（1）土压力和水压力

关于竖向延伸的细长竖井上的土压力，需要考虑的是，在地质相对良好且非常独立的地层中（比如泥岩，固化土层或硬土层），在 15～20m 深度的土压力和地表所受土压力几乎相同。

关于水压力，在深竖井中，它对主体的影响很大，这意味着在设计时必须要考虑水压力，而且还需要校核因地质条件和施工方法产生的地下水位变化。

（2）不对称荷载

如图 C2.51 所示，由于邻近结构的影响，竖井的侧墙上可能受到不对称荷载的作用。需要特别注意的时，这种作用的影响对于圆柱体的竖井尤为巨大。

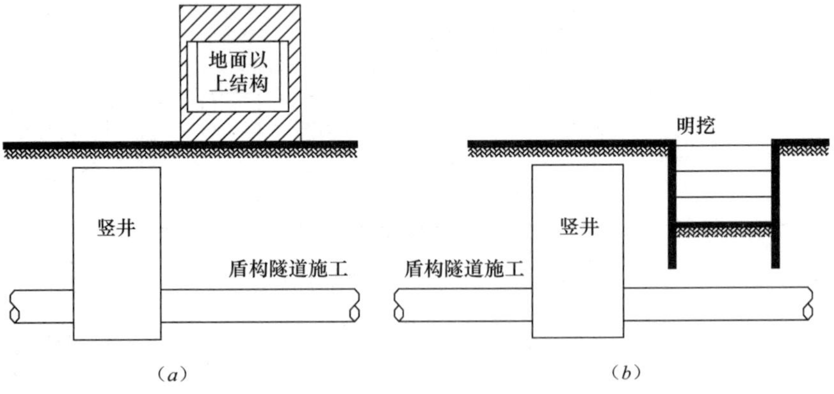

图 C2.51　临近结构对竖井的影响

(a) 地表以上结构；(b) 框架主体作业

（3）施工阶段荷载

普通明挖施工阶段的荷载见第 40 条。在下列情况中，由于施工过程中结构和荷载状态不同于完工之后，因此不仅在完工时要充分检测和分析，在施工过程中也应如此：

① 当竖井有个很大的开口用来运送盾构机和其他器械设备进出时；

② 当竖井通过沉箱法来建造时。

第 114 条　结构分析

为分析竖井结构应建立一个恰当的模型，并充分考虑结构体系、形状尺寸和地层条件等因素。竖井的地震响应结构分析法如第 2.9 节所述。

【条文说明】

在运用二维模型进行结构分析时，主应力方向通常都会在模型中体现。矩形截面竖井通常通过模拟竖向来分析，而圆形截面竖井通常通过模拟水平方向来分析。此外，需要对隧道出口周围的部分单独建模，因为此处应力分布很难估测（见附录 5）。为得到地震分析的精确解，应在考虑山墙的情况下建立一个充分的三维固体结构分析模型，因为竖井是一个独立结构。

通过二维结构模型分析普通矩形与圆形截面竖井时，所涉及的概念将在下文中结合实例进行解释。

（1）矩形竖井结构分析

1）将结构作为刚构分析

矩形竖井一般为箱形钢结构，设计时考虑了构造性和使用目的。这种竖井应作为钢结构来分析，并且要充分考虑结构各部分的刚度，例如板和墙、施工荷载以及荷载固定程度。分析时要考虑 2.3 节中的荷载描述以及第 47 条中所述的地基反力。从表 C2.10 中选择结构分析的模型并用来计算地基反力、地层状态、主体结构的刚度和形状以及施工方法时，应考虑作用在结构上的不对称荷载。

当组成矩形截面竖井的板被当作双向板考虑时，以及当竖井被当作钢结构进行结构分析时，在分析前应分别建立一个适当的横向（普通的隧道截面）模型和纵向（隧道轴向纵截面）模型。当板的纵向跨度超过横向跨度 2.5 倍时，需采用主要是横向上的结构分析模型来进行分析，与普通明挖隧道的情况类似。但是，分布钢筋应放在纵向端部。典型的钢结构在横向与纵向上的结构分析模型如图 C2.52 所示。

在隧道横向和纵向上设置合理的结构分析模型，需要考虑以下几点：

① 作用在板上的荷载。如图 C2.52 所示，当竖井被分为横向和纵向两个部分进行二维刚构分析时，可以通过计算作用在板上的荷载以及考虑两个方向上各自的荷载分配来进行分析。

通常采用格拉斯霍夫和朗肯公式进行分担荷载计算（见附录 6）。使用该公式时，需在考虑竖井形状的基础上特别注意其适用性。

② 对竖井与隧道连接进行建模，分析时将其视为刚性结构。建立合适的竖井与盾构隧道连接模型，以及竖井与多层多跨隧道连接的模型，对于纵向部分的建模来说是非常必要的。

在竖井与隧道连接处模型的开敞区域，经常利用虚拟构件。在很多情况下，虚拟构件的支撑经常与周围构件切断，限制了弯矩的传递。因此，这些构件在两端都进行铰接，以达到仅传递轴力的目的。为简化起见，虚拟构件的支撑经常处在底板和中隔板位置（图 C2.52）。

2）各构件的简化结构分析模型

板和墙之类的结构构件的典型简化模型如表 C2.22 所示。

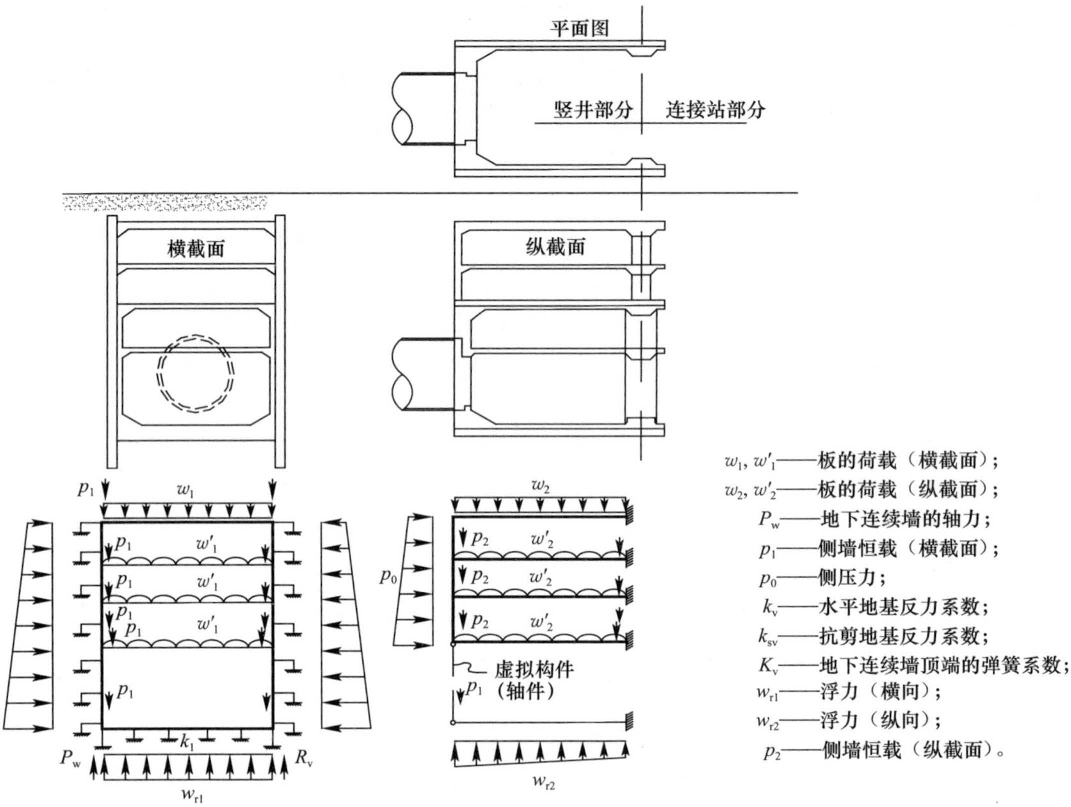

图 C2.52　横向和纵向刚构分析模型

矩形竖井结构构件典型分析模型　　**表 C2.22**

1. 顶板和底板

• 假设四边固定的情况

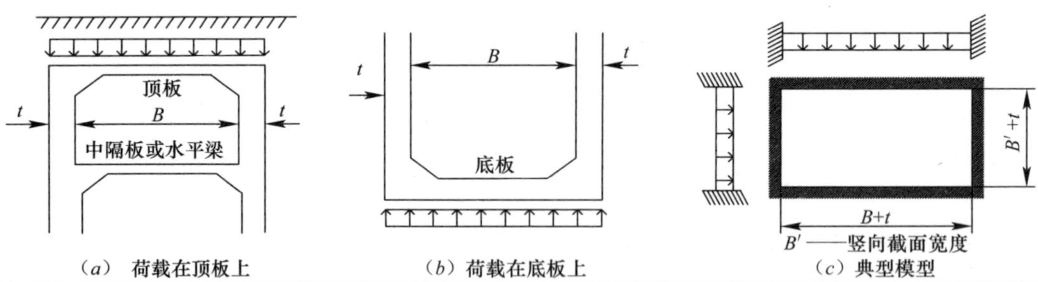

（a）荷载在顶板上　（b）荷载在底板上　（c）典型模型

2-1. 侧墙（0.4B>H）

• 假设纵向上为连续板

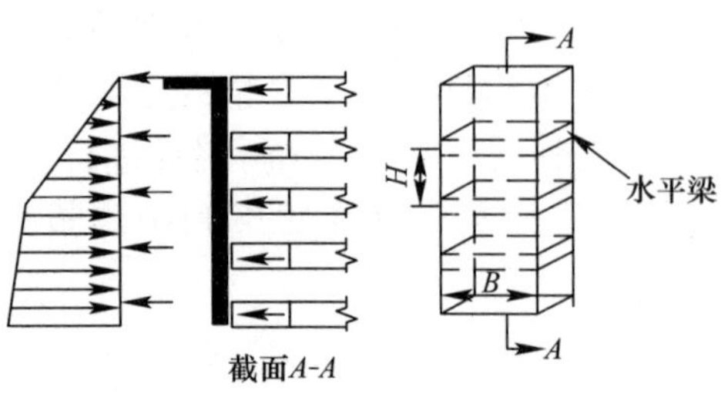

2-2. 侧墙（0.25B<H）

• 假设水平方向上为箱形钢构

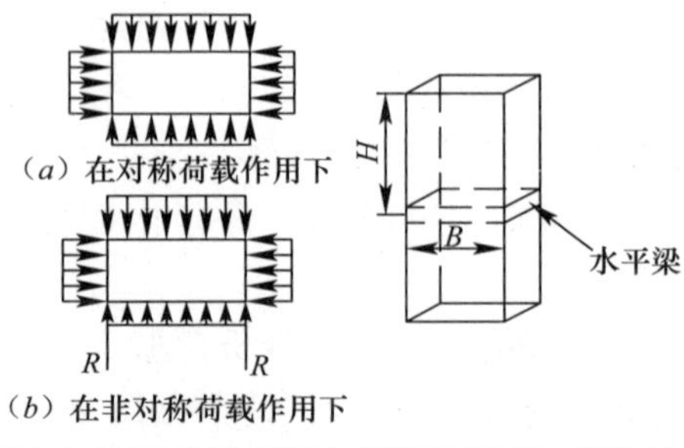

续表

2-3. 侧墙（$0.4<H<2.58B$） • 假设为双向板 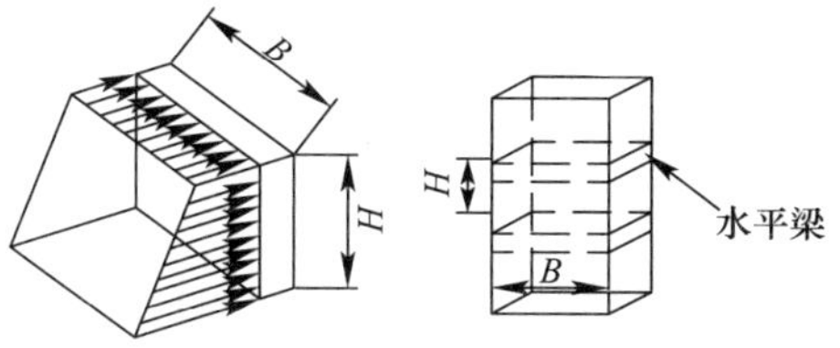 	3. 水平梁 • 假设箱形钢构将侧墙板支撑作为荷载 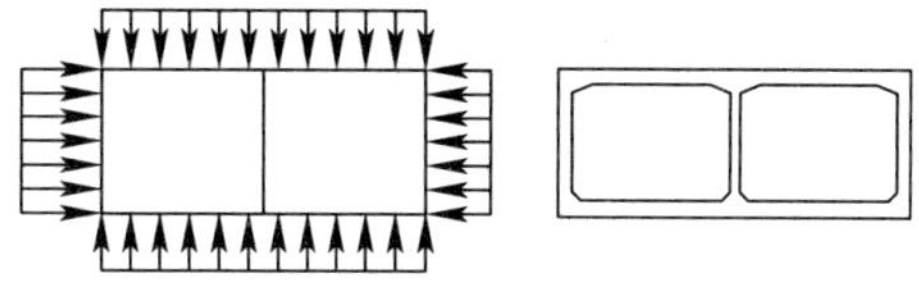

① 顶板与底板：顶板与底板的分析模型中，板有四条固定的边。当外墙上有开口以便于连接时，参照附录 5。

② 侧墙：以下是基于板距与侧墙宽度比值的侧墙分析模型。

(a) 当板距约等于或小于侧墙宽度的 0.4 倍时，建模时通常假定纵向连续板的每块板都提供了支撑作用。由于侧墙附近产生水平应力，因此建议采取预加固措施。

(b) 当板的间距等于或大于侧墙宽度的 2.5 倍时，建模时通常假定结构为一个水平箱形刚构。当有非对称荷载作用在外墙周围时，必须考虑其影响。虚拟支撑的反作用将被用来平衡区间。由于水平梁、顶板和底板附近都会产生竖向应力，因此建议采取预加固措施。

(c) 当板的间距为侧墙厚度的 0.4～2.5 倍时，建模时通常将板假定为双向板。在这种情况下，需特别谨慎地评估外围固定程度。

③ 水平梁：对水平梁进行分析时需要假设结构为箱形刚构，并将侧墙板的反作用力视为荷载。箱形刚构跨度较大时，需要在中间设置一个构件以形成一个多跨箱形刚构。

(2) 圆形立井结构分析

1) 水平方向结构分析

由于竖井形状为圆形，通常被认为其墙体自身能够抵抗施工荷载。因此，需要先仔细检测施工期间和完工时的荷载，再利用水平方向上的环状模型进行结构分析。

作用在水平方向上的荷载包括如图 C2.53 所示的土压和水压等均布荷载、地层条件、挡土墙施工精度和开挖过程可能发生的非对称压力。最后施工阶段的设计应考虑上述因素的影响。通常采用的非对称压力为侧压力的 20%或有效土压力的 20%。

水平方向结构分析应考虑上述荷载作用下的地层反作用。此时的地层反作用弹簧如图 C2.54 所示。当忽略拉伸刚度时，假设地层反作用弹簧为全圆周弹簧。

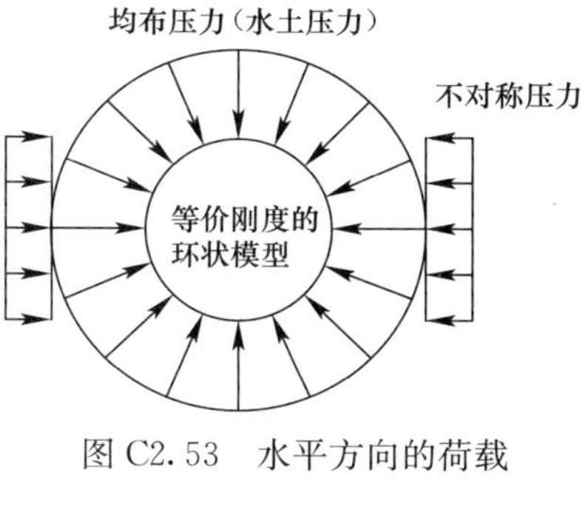

图 C2.53　水平方向的荷载

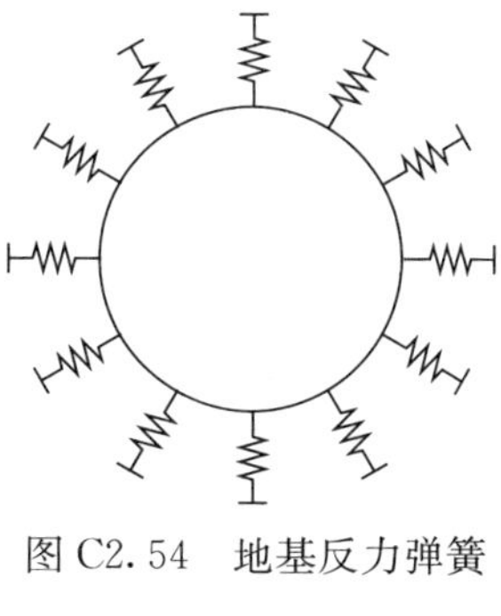

图 C2.54　地基反力弹簧

2）竖向结构分析

在竖向上，结构分析应假设加固面超过最小加固面积。其中包括地震情况下的验算。

对于竖向结构分析模型，通过假设连续梁和外侧墙、圆心方向内侧衬砌虚拟弹簧来进行圆环变形二维建模分析，如图 C2.55 所示。当处于节段状态的盾构隧道有开口处时，在该位置不设置虚拟弹簧。

图 C2.56 所示为一种计算虚拟弹簧常数的典型方法。

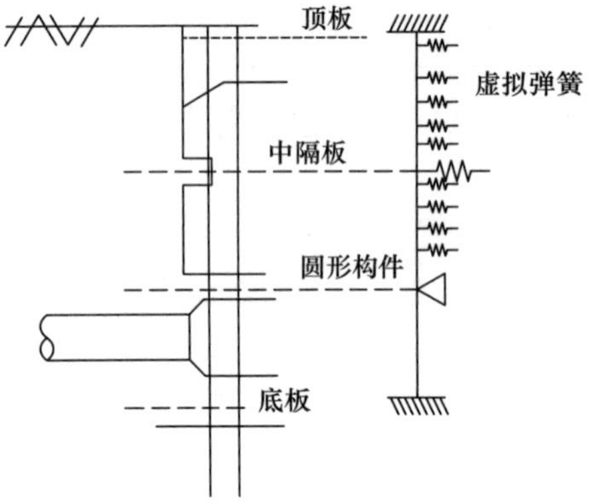

图 C2.55 竖向结构分析图

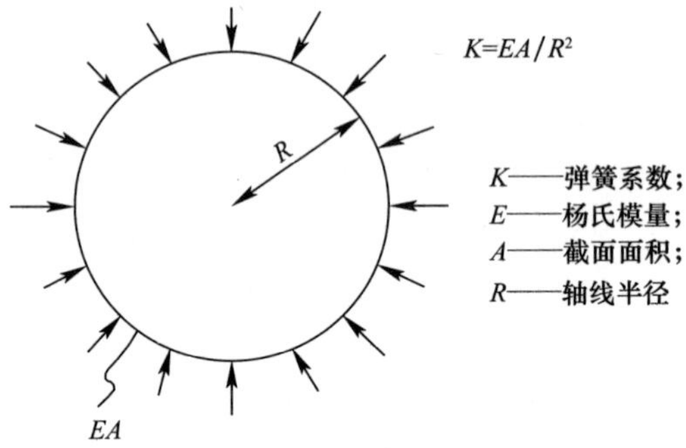

图 C2.56 虚拟弹簧常数计算方法

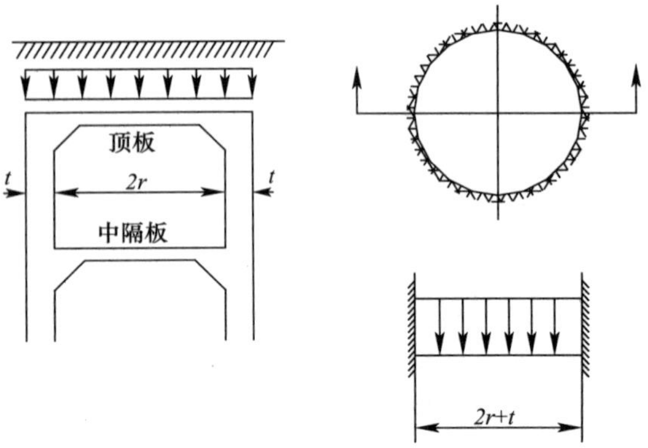

图 C2.57 顶板结构分析模型

3）顶板、中隔板和底板的结构分析

顶板分析模型（如图 C2.57 所示）为一个固定在外围的圆盘。

中隔板大致可以采取和顶板相同的建模方法。然而，当存在多个开口时，须分别考虑安装条件。

假设隧道的连接侧墙上没有开口，则底板可以采用与顶板相同的建模方法。如果在隧道的连接外墙上存在开口，则圆盘在开口处必须有简单支撑，并且需在其他部位进行固定，如图 C2.58 所示。

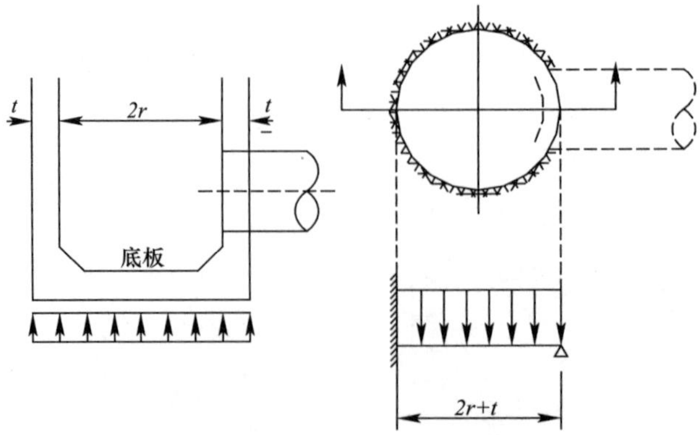

图 C2.58 底板结构分析模型

第 115 条　结构构造

竖井的结构构造具体见第 88、90、91 条。第 96 条适用于当竖井的山墙被用作抗震墙且有剪力作用在其平面上时。竖井与隧道的连接处的检测应根据当时条件进行。

【条文说明】

关于竖井的结构构造，当地下连续墙被用作竖井主体时，应对与主体结构和第 2.12 节内容相关的构造进行研究。

为减少竖井和隧道连接处的应力集中，通常采取的方法是切断竖井与隧道的结构连接。尤其当相对位移较大时，可采用柔性连接的伸缩缝。伸缩缝在结构上的不连续性可能引起漏水的情况，须采取截断的方式止水。注意，与地震响应相关的隧道连接结构构造具体见第 89 条。

图 C2.59 显示的是一个典型的竖井与隧道连接结构。

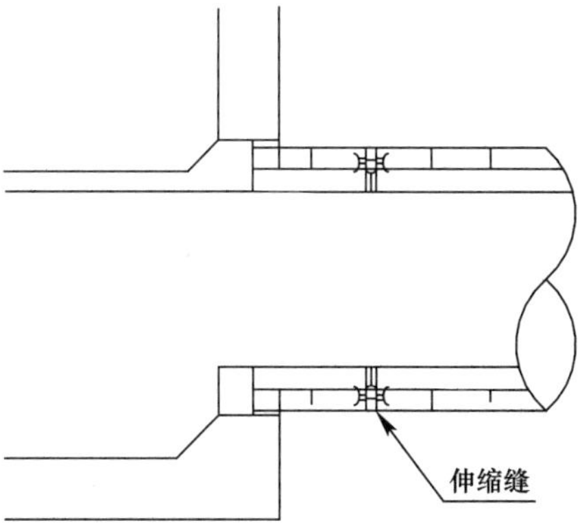

图 C2.59　带伸缩缝的竖井与隧道连接结构

第 3 章　临时结构设计

3.1　总则

> **第 116 条　适用范围**
> 本章节涵盖了基于明挖法隧道施工的临时结构的设计标准。

【条文说明】

明挖法中的临时结构是指临时用来保持开挖面和周围地层稳定性的结构。临时结构承受了从开挖到隧道主体修建，再到回填整个过程中的道路交通荷载、土压力和水压力（土压力和水压力统称“侧向压力”）。

支护系统和临时支护结构包括使用内支撑和锚杆的结构以及那些不使用支撑或锚杆的悬臂式挡土墙。挡土墙可被分类为：普通墙体、支护桩、板式墙、钢板桩和地下连续墙。普通挡土墙、支护桩和板式墙是不防水的，并且刚度较小，因此常用在小规模的施工现场，此时①地下水位较低；②开挖深度相对较小；③周围环境的影响可忽略不计。其他类型的挡土墙具有较大的刚度和严密的防水性能，因而广泛应用在施工场地靠近其他结构、开挖深度较大且地下水位较高等情况。

挡土墙支撑（沟槽支护）是由内部支撑组成的，其中包括横撑、腰梁、角撑、拉杆和横撑梁。锚杆经常被用来代替支撑（系统）。栈桥板包括盖板、盖板梁、梁托构件和中间立柱。详见图 C3.1 和图 C3.2。

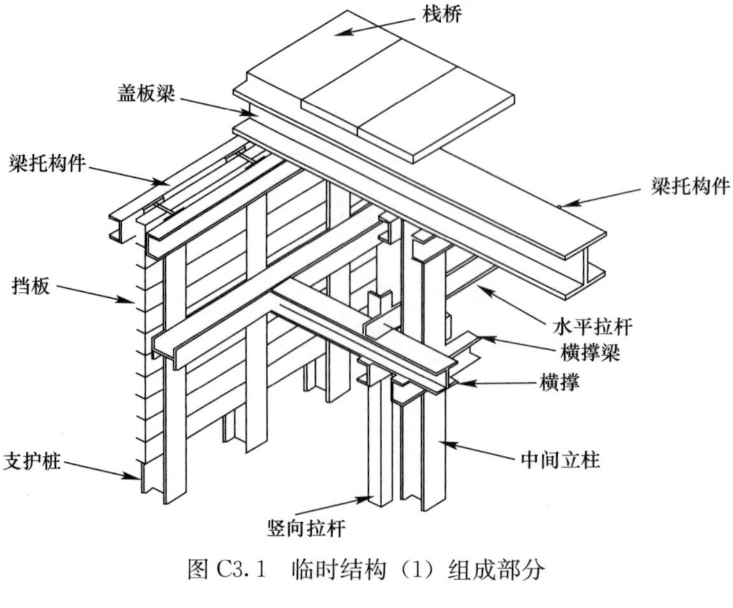

图 C3.1　临时结构（1）组成部分

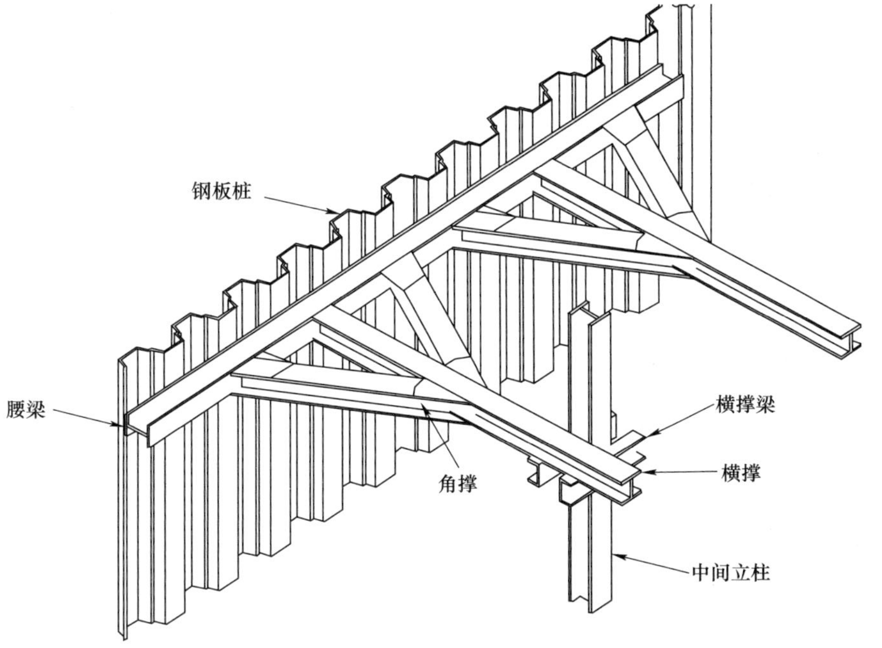

图 C3.2　临时结构（2）组成部分

本章包含以下临时结构：普通墙、支护桩和板式墙；用作挡土结构的钢板桩、地下连续墙；用于挡土墙支护的支撑、腰梁、锚杆；用作栈桥的盖板、盖板梁和梁托构件。其他结构，如承担火车荷载的施工梁、用于保护地下设施的悬浮梁、逆作法施工中的板和用于水下施工的围堰均不在本章讨论范围。注意，作为永久结构的临时结构也包括在内。

本章的适用范围从开挖的规模来看，包括开挖深度约为 3m 的无支撑挡土结构，开挖深度为 10m 的加固的挡土结构，以及开挖深度为 40m 需要用到内支撑和锚杆的挡土结构。在更大深度时，应特别注意处理挡土结构受到的侧压力。

本章主要用于设计连续施工的明挖隧道中的临时结构，但内容同样适用于竖井临时结构的设计。

第 117 条　设计基本原则

临时结构设计应当确保安全性和经济性，同时适当考虑工作荷载、地形、地质、支护系统类型、开挖深度、附近的结构以及周围的环境等因素。

【条文说明】

为了设计临时结构需要对基底开挖的稳定性、挡土墙的应力和位移、支撑构件的应力、挡土墙的竖向支撑、盖板和盖板梁的应力和位移以及周围的场地影响进行研究。需要研究的参数有：挡土墙的设置长度和横截面、挡土墙的支撑结构。这些参数必须满足容许值。临时结构的基本设计程序见图 C3.3。

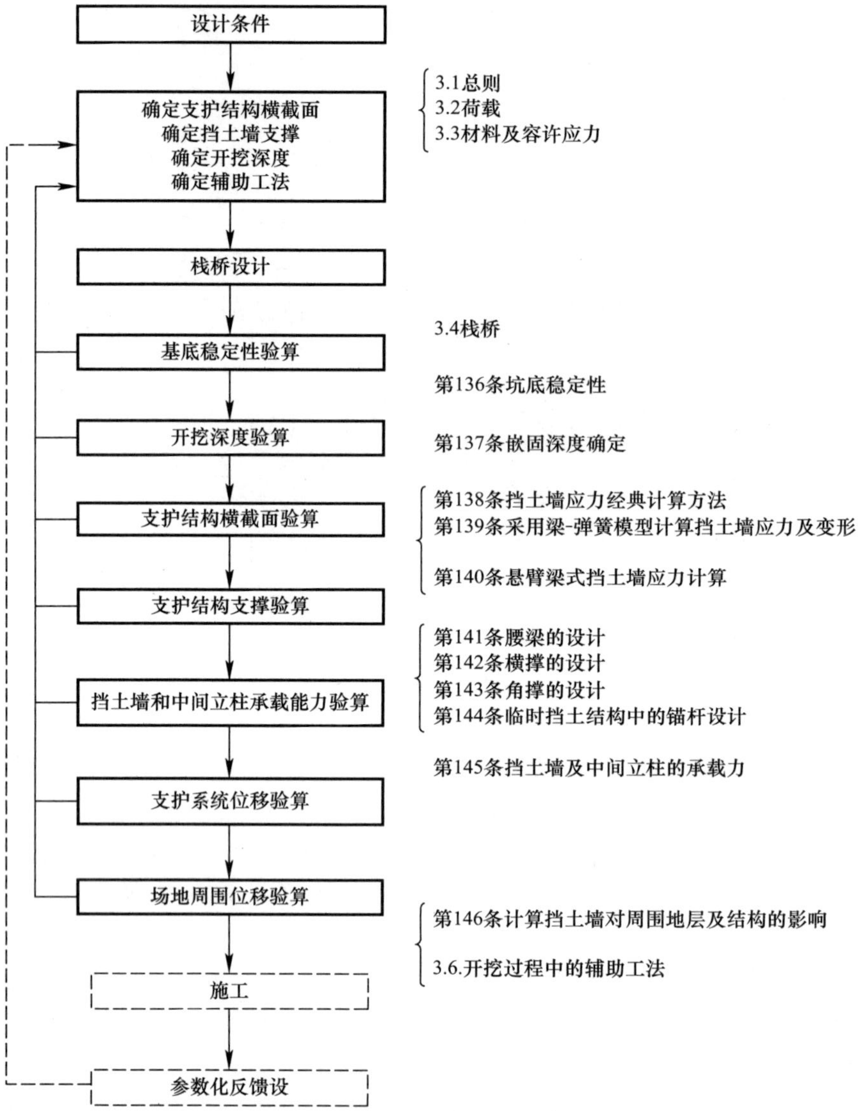

图 C3.3　临时结构的基本设计程序

3.2　荷载

第 118 条　荷载类型

临时结构设计需要考虑以下类型荷载：

（1）恒载；

（2）活载；

（3）冲击荷载；

（4）侧压力；

（5）其他荷载。

【条文说明】

支护系统和道路盖板设计中的荷载组合如表 C3.1 所示。

荷载组合 **表 C3.1**

荷载类型	挡土墙				中间立柱		支撑	腰梁	道路盖板	
	穿透深度	承载能力	应力	变形	承载能力	应力	应力	应力	挠曲	应力
恒载		√	√	√	√	√	√			√
活载	√	√	√	√	√	√			√	√
冲击荷载		√	√	√	√	√				√
侧压力	√		√	√			√	√		
其他荷载	需要时考虑									

第 119 条 恒载

一般说来，计算恒载时应该使用其实际重度，或者使用表 3.1 所示的单位重度。

材料单位重度（kN/m³） **表 3.1**

材料	单位重度	材料	单位重度
钢，铸钢，锻钢	77.0	木材	8.0
铸铁	71.0	沥青	11.0
钢筋混凝土	24.5	沥青混凝土路面	22.5
混凝土	23.0	碎石，砂砾	19.0
水泥砂浆	21.0		

【条文说明】

表 C3.2 可用于计算盖板的单位重度。

盖板的单位重度（kN/m²） **表 C3.2**

类型	单位重度	
	2m 跨度	3m 跨度
钢制	2.15	2.15
钢制（防滑）	2.3	2.3
钢＋沥青	3.0	3.0
钢＋混凝土	3.0	3.3

第 120 条 活载

车辆荷载、行人荷载等应被视为活荷载。

【条文说明】

车辆荷载和行人荷载（人行道活荷载）是作用在临时结构上的活荷载。此外，必要时需考虑施工中重型器械的荷载。活载分为两类：T 形荷载是直接作用于栈桥板的荷载，用于栈桥和中间立柱的设计；附加荷载，作为一种分布荷载作用于挡土墙背面。临时结构所受活载的一般状态如图 C3.4 所示。

（1）车辆荷载

文献［1］和图 C3.5 中的 T 形荷载主要用于车辆荷载。

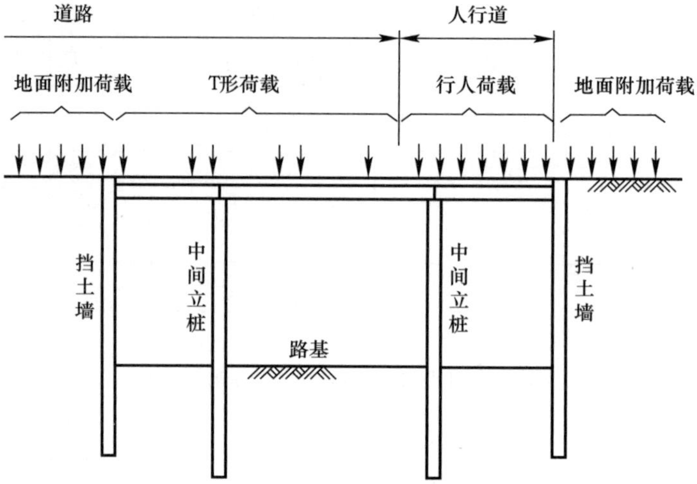

图 C3.4　活载工作条件

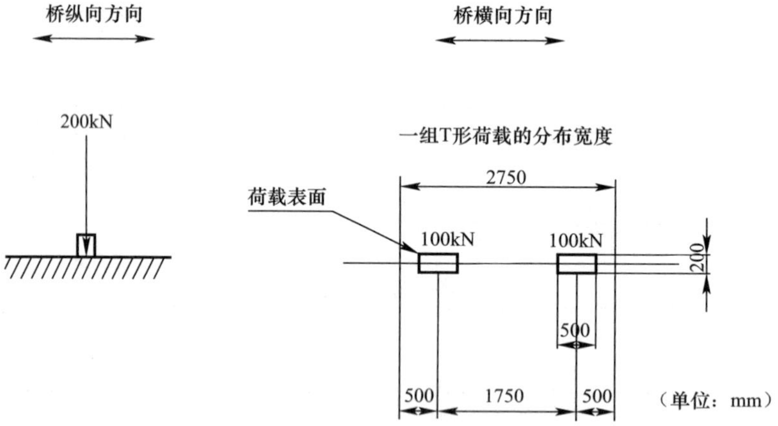

图 C3.5　T 形荷载（单位：mm）

（2）行人荷载

行人荷载用于人行道，大小为 5.0kN/m² 的均布荷载。具体见文献［1］。

（3）地面附加荷载

对于路面作业，假定临时结构范围以外的车辆荷载可转换为 10kN/m² 的附加荷载。但如果在挡土墙附近存在的车辆荷载、重型机械和建筑等产生的附加荷载被认为可能导致危险，则要考虑的附加荷载值绝不仅仅是 10kN/m²。

（4）其他荷载

必要时，需要考虑其他荷载，如挡土墙附近的火车荷载，重型施工机械的荷载和起重荷载等。

参考文献

[1] 日本道路协会：公路桥规范和解析（第1部分，普通版）.11-22，2002.

> **第121条　冲击荷载**
> 冲击荷载应作为活荷载考虑，但不能视为人行荷载。

【条文说明】

在临时结构的设计计算中，通常将活荷载乘以冲击系数，$i=0.3$，但栈桥板的标准冲击系数为 $i=0.4$。

尽管文献［1］规定车辆荷载的冲击系数应为 $i=20/(50+L)$（L：跨度，单位为 m），但冲击系数仍常用 $i=0.3$，因为用这个系数计算出的构件应力差别不大，而且最重要的是，它对于结构的影响很小。但是，用于道路盖板的冲击系数一般为 $i=0.4$，因为盖板跨度小且直接承受冲击荷载。

参考文献

[1] 日本道路协会：公路桥规范和解析（第1部分，普通版）.20-24，2002.

> **第122条　侧压力的一般处理方法**
> 根据支护系统的设计方法确定支护系统的侧向压力，同时须考虑土体条件、地基特性和条件、地下水条件、周围结构以及施工方法。

【条文说明】

挡土墙支护系统或挡土墙设计方法分两种：经典计算法和梁—弹簧模型法。后者主要用于含支撑的挡土墙结构设计，详见第134条。两种方法相应的侧压力系统已经建成。

用于挡土墙设计的侧压力一般有两种：一种侧压力是在假定的极限平衡状态下土压力和水压力的理论和，另一种侧压力可通过测量土压力值和水压力值或支撑轴力得到。

在渗透系数相对较高的砂土层，侧压力分别根据土压力和水压力确定，而水压分布会根据地下水位的波动而发生变化。而黏性土的渗透系数通常较小，即使在水位变化的情况下，黏土层中的水仍然会滞留一段时间。这意味着土压力和水压力应作为一个整体进行考虑。因此，在计算侧压力之前，必须在仔细分析土体微粒的基础上做好黏性土和砂土的分类。

在经典计算方法中，用于计算构件应力的侧压力与用于计算埋深的侧压力是分开的，而且分别使用相应的侧压力公式。因为需要用主动土压力来计算挡土墙和支撑的受力和位移，所以表观土压力包括每个开挖阶段通过支撑轴力估算而来的土压力的最大值。最后开挖阶段在于确认挡土墙和支撑不仅要在开挖的最后阶段能够满足安全值，而且在整个开挖的过程中都能满足。此外，在计算埋深时假定存在一个稳定性的极限平衡状态，并且使用库仑土压力理论或朗肯土压力理论。需要注意的是，地下水位以下的砂土需要计算受力、位移以及埋深，此时需同时考虑土压力和水压力的影响。

梁—弹簧模型法需要连续计算各个开挖阶段挡土墙的特性，因此相关阶段实测值必须被视为作用在挡土墙上的荷载。也就是说，所用土压力计算公式应能够反映出各个阶段测量到的土压力。用于弹塑性计算的侧向土压力包括主动侧压力、被动侧压力以及作用在开挖面一侧的静止侧压力。主动侧压力是基于作用于挡土墙的土压力的实际测得值和理论测算的土压力得到，其他侧压力则是在对比试验设计结果与测得的挡土墙的应力和变形值后得到。

对于没有支撑的挡土墙而言，在极限平衡状态的假定下，侧压力会用于计算埋深和受力情况，且假定挡土墙发生较大位移而且作用在墙上的侧压力在极限平衡状态下是平衡的。

在嵌入部分，支护桩和板墙没有挡板，因此不是连续的墙。土压力的最大作用宽度见表 C3.3。建议参照过去记录、土质和施工条件减少该值（见表 C3.1）。

支护桩上的土压力作用宽度（嵌入部分）　　表 C3.3

砂土	$N>30$	$30\geqslant N>10$	$N\leqslant 10$
黏土	$N>8$	$8\geqslant N>4$	$N\leqslant 4$
土压力作用宽度	3 倍的凸缘宽度（翼缘宽度）	2 倍的翼缘宽度	等于翼缘宽度
	注：宽度必须等于或小于桩间距		

第 123 条　经典计算方法中的侧压力

作为侧压力的经典计算法，土压力和水压力在砂土条件下应分开考虑；黏土中的土压力和水压力应作为整体考虑（见图 3.1）。

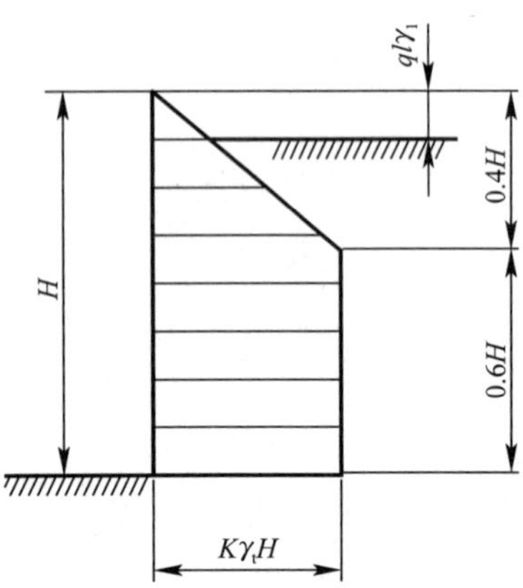

图 3.1　经典计算方法中的表观土压力

$$P_a = Kr_tH + P_w$$

式中　P_a——主动侧压力；

K——主动土压力系数（见表 3.2）；

r_t——土的湿重度（kN/m^3）（黏土 $\gamma_t=16kN/m^3$，砂土 $\gamma_t=17kN/m^3$）；

H——换算后的开挖深度（m）；

q——附加荷载（kN/m^2）；

N——N 值由标准贯入试验获得；

P_w——固定点的静水压力（黏土的 $P_w=0$）。

土压力表观系数　　表 3.2

土质	K
砂土	0.2～0.3
硬黏土（$N>4$）	0.2～0.4
软黏土（$N\leqslant 4$）	0.4～0.5

作用在支护结构上的水压力为静水压力，且假定水压力如图 3.2 所示为三角形分布。地下水位的设计值为支护结构安装期间预估水位的最大值。

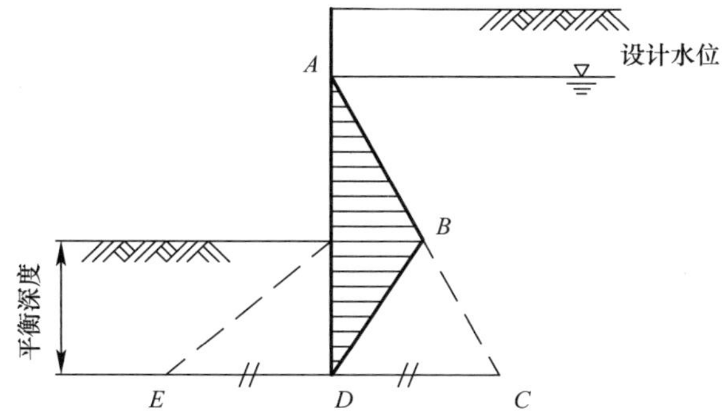

图 3.2　水压力分布图

【条文说明】

基于经典方法，通过处理支撑轴力值获得的表观土压力用于计算构件压力。通常随着开挖的进行，侧向压力在大小上会重新分布，也就是说，侧向压力的大小和分布会发生改变。因此，使用经典方法计算构件应力时，需要使用开挖过程中侧向压力的最大值。图 3.1 给出的表观土压力分布图是对大量测量数据进行统计编辑后所得。其中假定侧压力值的包络最大就是该地区的表观土压力。

当使用图 3.1 和表 3.2 时，以下几点需注意：

（1）图 3.1 所示的侧向压力分布图仅适用于开挖深度小于 15m 的情况，因为它属于表观土压力分布，适用于经典的计算方法。

（2）当软黏土的 N 值小于或等于 2 时，或者预计可能发生隆起时，需要考虑改良土体和采取其他辅助方法。然而，为防止隆起的发生，可基于稳定数值、敏感度和软土层的厚度，使挡土墙嵌入高质量的土层中。此时，建议使用梁—弹簧模型法进行设计。

（3）土体的类别是根据一定深度范围内的土体质量来确定的。该深度是开挖深度加上（挡土墙）嵌固深度的一半，如图 C3.6 所示。

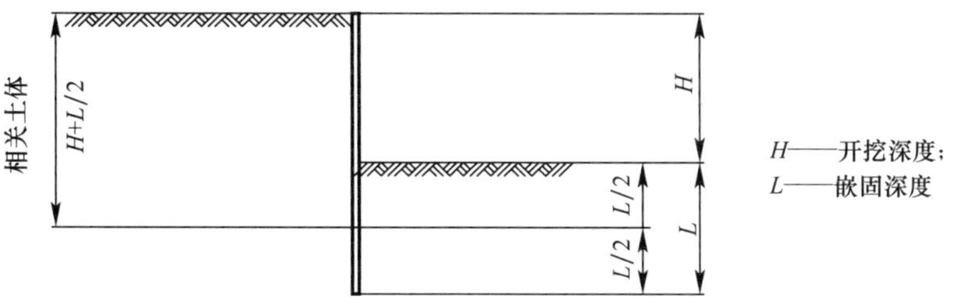

图 C3.6　用于确定土体类别的相关土体示意图

（4）遇到黏土与砂土形成交错地层情况下，若黏土层的总厚度（$\sum hc$）大于或等于计算深度（$H+L/2$）总厚度的 50%时，如图 C3.6 所示，可假定土层为均质的黏土层。若小于 50%，则假定土层为均质砂土层。若土层判定为黏土层，当 $N\leqslant 4$ 的黏土层厚度达到总厚度（$\sum hc$）的 50%或以上，则认为此黏土层为软黏土；若 $N\leqslant 4$ 的黏土层厚度小于黏土层总厚度（$\sum hc$）的 50%，则认为此黏土层为硬黏土。

（5）如果地层中需建防水挡土墙，而开挖过程中挡土墙背面的土层中地下水位在施工过程中并未下降，例如，在渗透系数高且水源充足的砂土层中，或当砂土层中夹杂着黏土层时，水压力应单独考虑。此时，可用有效重度作为地下水位线以下土体的单位重度。

（6）作用在不具备防水功能的挡土墙（如支护桩、板墙等）的表观土压力可能小于图 3.1 和表 3.2 所示的表观土压力，因为它所应用的情况通常土质较好或作用在墙上的水压力较小。因此，建议根据具体情况对这种挡土墙的表观土压力系数大小进行验算。

一般情况下，对于砂土的土压力和水压力要分开考虑，而对于黏土的土压力和水压力不需要分开考虑。当挡土墙所在地层为单一性的砂土层时，挡土墙背面的地下水绕过挡土墙的底部流入了开挖面，水压力向开挖面一侧减少。自此，作用在墙底两侧的水压力相等。因此，对于这种底层的水压力，通常假定其呈三角形分布，且水压力在挡土墙底端减少至 0。

第 124 条　梁—弹簧模型中的侧压力

梁—弹簧模型中的侧压力对于砂土而言采用水土分算，对于黏土而言采用水土合算。

（1）作用墙背面的主动侧压力

对于砂土：

$$p_a = K_A(\gamma_t z - P_{wl} + q) - 2c\sqrt{K_A} + p_{wl}（注意，p_a \geqslant 0.3\gamma_t z）$$

对于黏土：

开挖面以上：$p_a = K_{A1}(\gamma_t z + q)$

开挖面以下：$p_a = K_{A1}(\gamma_t H + q) + K_{A2}\gamma_t(z - H)$

注意，黏土层的主动土侧压力必须设置为不小于水压力。

式中　K_A——砂土中固定点的主动土压力系数，$K_A = \tan^2(45° - \phi/2)$；

γ_t——各层土的湿重度；

z——地表到固定点的深度；

P_{wl}——固定点该土层的孔隙水压力（黏土层的 $P_{wl}=0$）；

q——地面附加荷载；

H——开挖深度；

K_{A1}——开挖面以上固定点的挡土墙背面侧压力系数（见表 3.3）；

K_{A2}——开挖面以下固定点的挡土墙背面侧压力系数（见表 3.3）；

c——黏土层在该固定点的黏聚力；

ϕ——砂土层在该固定点的内摩擦角。

黏土层中挡土墙背面的侧压力系数　　表 3.3

黏土的 N 值	K_{A1}		K_{A2}
	估计值	最小值	
$N \geqslant 8$	0.5-0.001H	0.3	0.5
$4 \leqslant N < 8$	0.5-0.01H	0.4	0.6
$2 \leqslant N < 4$	0.7-0.025H	0.5	0.7
$N < 2$	0.8-0.025H	0.6	0.8

注：H 为开挖深度（m）。

（2）开挖面一边的被动土压力

$$K_p = \frac{\cos^2\phi}{\left\{1-\sqrt{\frac{\sin(\phi+\delta)\sin\phi}{\cos\delta}}\right\}^2}$$

式中　K_p——被动土压力系数；

γ_t——土的湿重度

z'——开挖面到固定点的深度；

P_{w2}——固定点地层中的孔隙水压力（黏土的 $P_{w2}=0$）；

c——黏土层在该固定点的黏聚力；

ϕ——砂土层在该固定点的内摩擦角；

δ——挡土墙和土层的摩擦角，一般取 $\delta=\phi/2$。

（3）土层开挖面一侧的静止侧压力

$$p_0 = K_0(\gamma_t z' - p_{w2}) + p_{w2}$$

式中　K_0——土层开挖面一侧的静止侧压力系数（见表 3.4）；

γ_t——各土层的湿重度；

z'——各层到该点的厚度；

P_{w2}——开挖面一侧固定点的水压力（黏土的 $P_{w2}=0$）。

开挖面一侧静止侧压力系数　　**表 3.4**

土质		K_0
砂土		$1-\sin\phi$
黏土	$N\geqslant 8$	0.5
	$4\leqslant N<8$	0.6
	$2\leqslant N<4$	0.7
	$N<2$	0.8

注：ϕ—砂土的内摩擦角；N—N 值。

（4）水压力

作用在挡土墙上的水压力基于孔隙水压力确定，孔隙水压力可通过地质测量等方式获得。

【条文说明】

（1）作用在挡土墙背面的主动侧压力

梁—弹簧模型可被归为一种不考虑挡土墙位移、且已知作用在墙后的侧压力的方法，也可被视为假定土体弹簧作用于挡土墙背面的方法。一般常用的是第一种方法，其作用于墙背面的侧压力如下所述。

① 砂土

在砂土中，挡土墙向开挖面的轻微变形会导致墙背面的静止土压力转变为主动土压力。砂土中主动土压力常用库仑土压力和朗肯土压力。前者与后者的区别在于前者考虑墙体与墙后土体的摩擦角。对主动土压力而言，土体与墙面的摩擦角影响小而安全，因此作用在墙背面的主动侧压力如文中所述进行规定。

由于洪积砂土层和洪积碎石层一般是紧密压实的，有较好的黏聚性。因此，洪积砂土层黏聚力的大小需要考虑结构尺寸和地层条件的影响。

② 黏土层

对于墙背面为黏土的侧压力的规定如正文所述，这些规范要求已被成功地应用在许多不同的施工导引中，而且与现场测量的吻合度很好。

过去对深基坑的测量表明，作用于墙背面的侧压力从未低于水压力，所以，黏土层墙背面的侧压力的取值不得低于水压力。如果在黏土层以上或以下存在砂土层，黏土层中水压力的取值应基于砂土层中的水压力计算。

（2）作用于地基的被动土压力

通常用库仑土压力系数作为被动土压力系数，而当考虑墙面的摩擦角时则使用朗肯理论，因为在墙背处，它有经过多种场地验证的记录。与墙背类似，砂土可假定为具有黏聚力。注意，砂土层的水压力情况如第 123 条所述。

（3）作用于地基的静止侧压力

对于作用于挡土墙的侧压力而言，砂土的土压力和水压力是分算的，而黏土的土压力和水压力则是合算的。对于作用于挡土墙背面的侧压力和作用于开挖面的被动侧压力的考虑与此相同。

在利用梁—弹簧模型进行挡土墙结构设计计算时，如果需要估算外部荷载和开挖面以下部分的被动抗力，则作用于开挖面一侧的静止侧压力为主动和被动侧压力中扣除的部分。

（4）水压力

在砂土层中，当挡土墙的底部处于透水层时，地下水从墙背处渗透到开挖面一侧，最后墙背处和开挖面一侧在墙底两侧的水压力趋于相等。此时，可用图 C3.7。需要注意的是，当开挖面较小而挡土墙的嵌固深度较大时，墙背处的水压力并不会统一减小。

当有黏土层存在于上部或下部地层时，图 C3.8 和图 C3.9 中可以设置 $K_{w1}=K_{w2}=1.0$。当出现地层变化（如图 C3.10 所示），且挡土墙底部充分穿透不透水层时，可以使用砂土层的孔隙水压力。

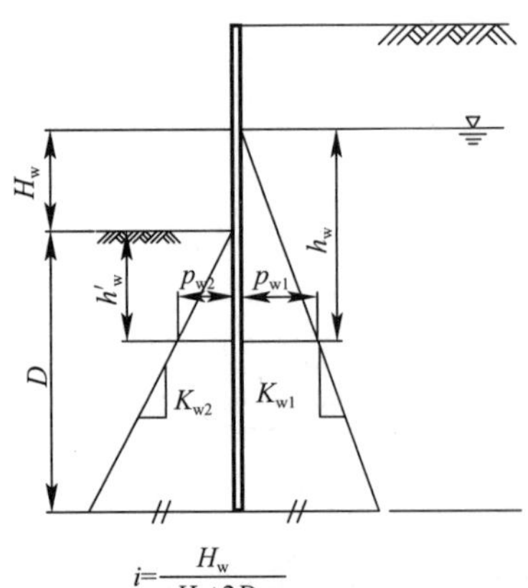

$$i=\frac{H_w}{H_w+2D}$$

$K_{w1}=1-i$　　$p_{w1}=K_{w1}h_w$

$K_{w2}=1+i$　　$p_{w2}=K_{w2}h'_w$

图 C3.7　砂土层的水压力

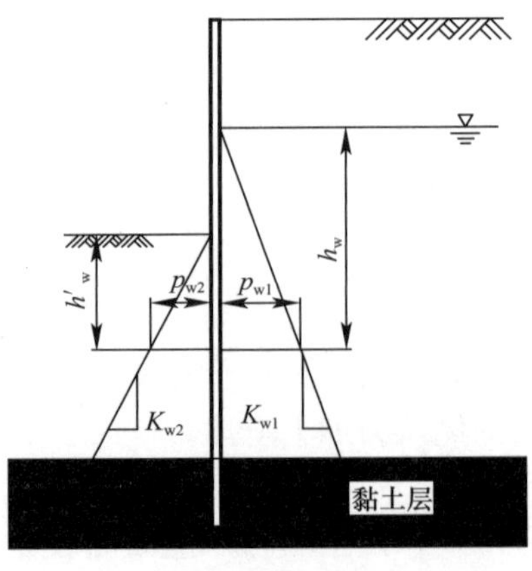

$K_{w1}=K_{w2}=1.0$　　$p_{w1}=K_{w1}h_w$　　$p_{w2}=K_{w2}h'_w$

图 C3.8　下部地层存在黏土层时的水压力

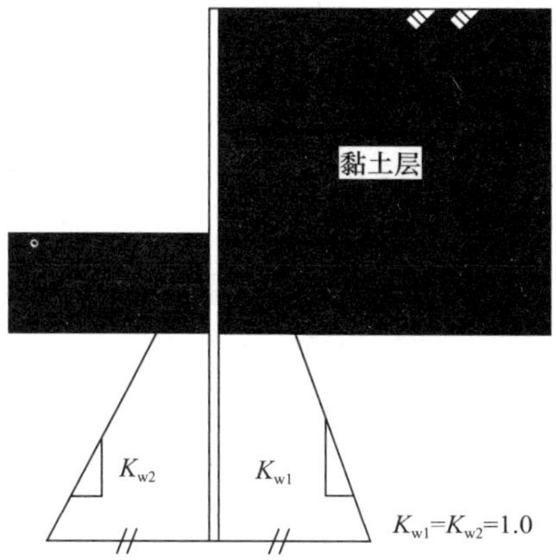

图 C3.9　上部存在黏土层时的水压力

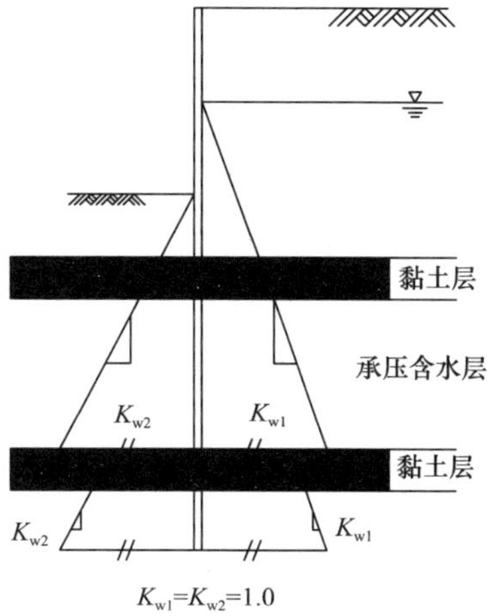

图 C3.10　交错层中的水压力

还需注意的是，深基坑开挖，由于工期较长，需充分关注季节性的水压力变化以及围堰的影响。

第 125 条　其他荷载

设计临时结构时，除了考虑普通荷载外还应加上实际情况的附加荷载，同时应考虑地形、地质以及特殊施工方法的影响。

【条文说明】

本章节第 119 条～124 条所述荷载是设计临时结构时正常所需考虑的荷载。除此之外，还有一些荷载需根据施工场地情况进行考虑，一般有以下几种：

（1）温度变化

钢支撑直接暴露于阳光下，会导致温度上升，继而使压应力增加。因此，需对钢支撑的应力进行验算。

由于实际钢支撑两端并不是完全固定的，故支撑轴力的增长要小于采用温度扩散系数计算的值。根据测量结果，轴力实际增长量约为假定两端固定时理论值的 18%～19%。温度每上升 1℃，支撑轴力增加约 11.0～12.5kN。

假设由夏天和冬天温度差异造成的轴力可以通过土体的徐变进行吸收，并且一天中最大温差为 10℃，则轴力增加约为 120kN。也就是说，在安装栈桥时，温度变化产生的影响设为 120kN。

一般来说，轴力增量 ΔP 可通过以下公式获得：

$$\Delta P = \alpha_t AE\beta\Delta T_S$$

式中　α_t——固定程度（横撑支撑点的受限程度），包括挡土墙刚度，其中墙后的地基刚度取值为 $0<\alpha_t\leqslant1$；

A——横撑的横截面面积；

E——横撑的杨氏模量；

β——横撑材料的线性扩展系数；

ΔT_S——横撑的热量改变比率。

影响固定程度 α_t 的因素有：横撑接头的松紧度、横撑长度以及挡土墙和墙后土体的刚度。

（2）地震

一般认为支护结构受地震影响不大，因为它们的施工周期较短；此外，作为地下结构，它们自重轻，而且在地震时产生的振动与周围土体一致。因此，原则上不需要考虑地震影响。当施工周期特别长或者周围有重要结构时，则需要采取加固构件接头等措施。此外，还可以通过逆作法等方法先施工顶板来增加临时结构的总体刚度。

（3）雪载

文献［1］适用于雪载。

当必须考虑雪荷载时，一般假定雪载为以下两种状态之一：①车辆行驶在紧密压实的雪地上；②因为雪覆盖层过厚，车辆已无法通行，即该状态下只需考虑雪载。即使在中间阶段（例如，因道路积雪，通行车辆数受限），为安全起见，建议选用以上两种方法之一来进行计算。

在方法①中，当积雪达到一定程度时，让规定的活荷载安全通过的概率极小。因此，除了规定的活荷载以外，将雪载设定为大约 1.0kN/m^2（等于厚度为 15cm 的被压密的雪）就足够了。

在方法②中，雪载按以下公式进行计算：

$$w_s = PZ_s$$

式中 w_s——雪载；

P——雪的平均重度；

Z_s——积雪覆盖深度设计值。

雪的平均重度随着地区不同而变化，且不同季节也不一样，但是在降大雪区域，3.5kN/m^3 的值是足够的。积雪的覆盖深度设计值应在考虑目前的积雪深度和积雪状态的前提下确定一个合适的值。一般可将年均积雪覆盖深度最大值设定为 10 年的重现期。

（4）化学灌浆和土质改良效应

当计划使用化学灌浆或土质改良作为辅助方法时，挡土墙的设计需考虑化学灌浆压力、深层搅拌混合过程中产生的压力、地层冻结方式以及使用石灰桩方法时导致的扩张压力。

参考文献

［1］ 日本道路协会：公路桥规范（第一部分，通行本）.61-62，2002.

3.3 材料及容许应力

> **第 126 条　材料**
>
> 建造临时结构所使用的材料应取材容易，且在强度、质量、形状及尺寸上能够满足使用要求。

【条文说明】

常用钢材的类型及适用标准如表 C3.4 所示。

常用钢材的类型及适用标准　　**表 C3.4**

钢材的类型	标准	符号
结构钢	JIS G 3101 用于一般结构的轧钢	SS400
	JIS G 2106 用于焊接结构的轧钢	SM490
钢管桩	JIS A 5525	SKK400，SKK490
H 型钢桩	JIS A 5526	SHK400
钢板桩	JIS A 5528 热扎钢板桩	SY295
钢管板桩	JIS A 5530	SKY400，SKY490
连接用钢构件	JIS B 1180 普通六角螺栓	Strength class 4.6
	JIS B 1186 六角摩擦型螺栓	F8T，F10T
钢筋	JIS B 3112 钢筋混凝土中的钢筋	SR235，SD295，SD345
	JIS G 3109 预应力混凝土中的钢筋	SBPD 930/1080
钢绞线	JIS G 3536 预应力混凝土中的钢绞线	SWPR 1-7，SWPD 1-3

第 127 条　容许应力的确定

本节所规定的容许应力值将被视为容许应力上限值；该值在设计临时结构时需要按照所需材料的应力进行减少。

【条文说明】

在确定临时结构材料的容许应力时，必须考虑结构的重要性、荷载条件以及材料的磨损和使用年限等因素。由于直接确定材料的容许应力会带来许多问题，本文的目的仅为确定材料的容许应力的最大值。因此，在设计时必须根据以上条件降低材料的最大容许应力。

一般做法是，在设置临时结构的容许应力值时，将永久结构的容许应力值增加 50%。这种情况下，钢材屈服点的安全系数为 1.14，混凝土受压强度的安全系数为 2.0。容许应力值的确定应基于综合考虑，同时需要考虑计算方法中所涉及的荷载和安全系数。当结构既作为临时结构又作为永久结构发挥作用时，这一点尤为重要，因为临时施工和建成后的荷载阶段不同，而且必须防止对施工结束后的结构产生不利影响。当临时结构附近存在重要结构时，也应采取这些措施。

第 128 条　钢材容许应力

（1）钢材容许应力

用于一般结构的轧钢（SS400）其容许应力值和用于焊接结构的轧钢（SM490）其容许应力应小于或等于表 3.5 所示值。

钢材容许应力（N/mm²） **表 3.5**

类型		一般结构的轧钢（SS440）	焊接结构的轧钢（SM490）
轴向拉力（净截面）		210	280
轴向压力（全截面）		$l/r=18$：210 $18<l/r\leqslant 92$：$210-1.23\ (l/r-18)$ $92<l/r$：$\dfrac{1800000}{6700+(l/r)^2}$ l—构件压屈服长度； r—断面二次半径	$l/r\leqslant 16$：280 $16<l/r\leqslant 79$：$280-1.8\ (l/r-16)$ $79<l/r$：$\dfrac{1800000}{5000+(l/r)^2}$ l—构件压屈服长度； r—断面二次半径
弯曲	极限受拉纤维（净截面）	210	280
	极限受压纤维（全截面）	$l/b\leqslant 4.5$：210 $4.5<l/b\leqslant 30$：$210-3.6\ (l/b-4.5)$ l—翼缘定点间距； b—翼缘宽度	$l/b\leqslant 4.0$ 280 $4.0<l/b\leqslant 30$ $280-5.7\ (l/b-4.0)$ l—翼缘定点间距； b—翼缘宽度
剪力（全截面）		120	160
承载力		315	420

（2）钢板桩、钢管桩和钢管板桩容许应力

热轧钢板桩（SY295）、钢管桩（SKK400，SKK490）和钢管板桩（SKY400，SKY490）的容许应力应小于或等于表 3.6 中所示值。

钢板桩、钢管桩和钢管板桩容许应力（N/mm²） **表 3.6**

	钢板桩 SY295	钢管桩		钢管板桩	
		SKK400	SKK490	SKY400	SKY490
容许弯曲拉应力	270	210	280	210	280
容许弯曲压应力	270	210	280	210	280
容许剪应力	150	120	160	120	160

（3）焊接点容许应力

① 用于一般结构的轧钢（SS400）焊接点的容许应力应小于或等于表 3.7 所示值。

焊接点容许应力（N/mm²） **表 3.7**

焊接类型	应力类型	工厂焊接	现场焊接
坡口焊	拉应力	196（210）	168
	压应力	196（210）	168
	剪应力	112（120）	96
角接焊	剪应力	112	96

② 热轧钢板桩焊点的容许应力应小于或等于表 3.8 所示结果。

钢板桩焊点的容许应力（N/mm²） **表 3.8**

应力类型	工厂焊接	现场焊接	备注
拉应力	240（270）	216	在现场进行焊接连接时应采用对接焊和拼接相结合的方式
压应力	240（270）	216	
剪应力	130（150）	120	

（4）螺栓容许应力

普通螺栓和高强螺栓的容许应力应小于或等于表 3.9 所示值。

螺栓的容许应力（N/mm²） **表 3.9**

螺栓类型	应力类型	容许应力	备注
普通螺栓	剪应力	135	SS400 或同等物
	承压应力	315	
高强螺栓	剪应力	285	当普通金属为 SS400
	承压应力	355	

（5）钢筋的容许应力

用作混凝土钢筋的标准钢筋为 SD295、SD345S 和 SR235，其容许应力值应小于或等于表 3.10 所示值。

钢筋的容许拉应力（N/mm²） **表 3.10**

钢筋类型	SD295A SD295B	SD345	SR235
普通钢筋	270	300	210
水或泥水环境中的钢筋	270	300	—

【条文说明】

（1）钢材容许应力

表 3.5 所示的容许应力为文献［1］中的容许应力值（作为标准值）的 1.5 倍。

（2）钢板桩、钢管桩和钢管截面板桩的容许应力

表 3.6 所示的容许应力值和（1）基于同样的概念。钢板桩的容许应力值通过将 JIS 规定的标准屈服点乘以普通钢中的相同比例（210/240=0.9）获得。

当采用 SKK490 钢管桩和 SKY490 钢管板桩时，由于构件变薄，故应特别注意它的可焊性、打桩时的弯曲情况以及支护结构的变形。

（3）焊接点容许应力

当进行射线检测或拉伸试验的情况下，工厂焊接钢材的焊点的容许应力比普通金属上焊点的容许应力值高 50%（普通金属容许应力值参见文献［2］）；当不做这些测试时，容许应力值比普通金属的高 40%。从 50%降到 40%是因为未进行这些测试，预期的可靠性降低了。

在确认焊接结构（SM490）、钢管桩和钢管板桩中的轧钢焊接点的容许应力值时，应使用同一组概念。

考虑到桩的构件以及定位装置全焊透的难度，钢板桩很难进行工厂焊接。然而，拼

接板可以弥补定位装置横截面的缺失部分，而且在进行射线检测或拉伸试验的情况下，会选择普通钢材的容许应力值。如果不进行测试，可靠性会降低。容许应力值取普通金属容许应力值的90%。

当现场焊接需要考虑降低容许应力值时，应对工作环境和施工条件加以考虑。对于钢板桩的现场焊接而言，在安装前，可将钢板桩平铺，进行正常的对接焊或在平坦位置上进行拼接焊接，此时容许应力值可设为原有金属的80%或更小。原则上，由于存在不利条件，一般不在现场调位时进行焊接，例如立足点可能不稳，板桩上下板桩斜角错位，以及在驱动力作用下可能发生斜面变形。

（4）螺栓容许应力

螺栓容许应力设定为比成品螺栓（SS400或同等产品）和作承压连接的高强螺栓（如文献［2］）的容许应力高50%。

（5）钢筋容许应力

钢筋的容许应力值比文献［3］所述高50%。

参考文献

［1］ 日本道路学会：公路桥规范和条文说明（第二部分　钢架桥）.125-136，2002.（日文版）
［2］ 日本道路学会：公路桥规范和条文说明（第二部分　钢架桥）.141-149，2002.（日文版）
［3］ 日本土木工程学会：混凝土结构标准规范．“结构性能检验”，245-247，2002.（日文版）

第129条　混凝土容许应力

混凝土容许应力一般基于混凝土强度标准值 f'_{ck} 确定。

（1）普通方法中混凝土的容许应力

① 容许弯曲压应力值（包括轴压应力）应小于或等于以下公式所得值：

$$\sigma_a = \frac{f'_{ck}}{2} + 1.5$$

式中　σ_a——容许弯曲压应力（N/mm^2）；

f'_{ck}——混凝土强度标准值（N/mm^2）。

② 容许剪应力和粘结应力值应小于或等于表3.11所示值。

容许剪应力和粘结应力　表3.11

			给定混凝土强度 f'_{ck}			
			18	24	30	40
容许剪应力	不计算斜筋	弯曲	0.60	0.67	0.75	0.82
		冲压	1.20	1.35	1.50	1.65
	计算斜筋	剪力	2.70	3.00	3.30	3.60
容许粘结应力	变形后的钢筋		2.10	2.40	2.70	3.00
	圆形钢筋		1.05	1.20	1.35	1.50

注：表中的容许粘结应力适用于直径小于或等于51mm的钢筋。

③ 容许轴压应力值应小于或等于以下公式计算值：

$$\sigma_{ca} \leqslant 0.45 f'_{ck}$$

式中　σ_{ca}——容许承载应力。

对于局部荷载而言，当混凝土表面面积为 A，而受荷部分面积为 A_a 时，容许应力应小于或等于以下值：

$$\sigma_{ca}=1.5(0.25+0.05A/A_a)f'_{ck}(注意,\sigma_{ca}\leqslant 0.75f'_{ck})$$

（2）使用稳定泥浆置换法时的混凝土容许应力

在使用稳定剂置换法时，混凝土容许应力值应小于或等于表3.12所示值。注意，此时混凝土的标准配合比为单位体积的混凝土中包含至少 $3.5kN/m^3$ 的水泥，水灰比应小于或等于55%，标准试块28d的抗压强度值应大于等于 $30N/mm^2$。

当使用稳定砂浆置换法时混凝土的容许应力值（N/mm^2）　　**表3.12**

28d抗压强度	容许轴压应力	容许弯曲压应力	容许剪应力		容许粘结应力（螺纹钢筋）
			不计算斜筋	计算斜筋	
30	9.5	12.0	0.35	2.55	1.80

注：当稳定剂的浓度超过10%时，需要通过分别测定来确定各容许值。

（3）水泥土的容许应力

水泥土的容许应力值应基于规定的混凝土强度确定，而混凝土强度一般通过强度测试获得。

【条文说明】

（1）使用常规方法时的混凝土容许应力

采用常规方法时，混凝土的容许应力应设置比文献［1］中给定值高50%。

（2）采用稳定灰浆置换法时的混凝土容许应力

用于稳定剂置换法的混凝土的混合比参照文献［2］确定。此时，混凝土的容许应力设定为比混凝土28d抗压强度值 $30N/mm^2$ 高50%。采用更高强度的混凝土时，其容许应力值如表C3.5所示。

使用稳定剂替换方法的高强度混凝土的容许应力值（N/mm^2）　　**表C3.5**

28d抗压强度	容许轴向压应力	容许弯曲压应力	容许剪应力		容许粘结应力
			不计算斜筋	计算斜筋	
35	11.0	13.5	0.36	2.70	1.9
40	12.5	15.0	0.38	2.85	2.1

注：当稳定剂的浓度超过10%时，需要通过分别检测来确定各容许应力值。

（3）水泥土的容许应力

基于不同的施工方法、土体和施工条件，水泥土质量有很大不同。因此，在混合设计时应充分考虑这些因素，确保设计强度。

参考文献

［1］　日本土木学会：混凝土结构标准规范．“结构性能检验”，242-243，2002.

［2］　日本道路协会：公路桥规范和注解（第四部分　亚结构）．146-154，2002.

第 130 条　木材容许应力

用于设计挡板的木材容许应力应根据木材的类型和质量以及使用环境确定。

【条文说明】

木材的类型和质量以及使用环境不同，木材的强度也不同。在特定情况下，能用的材料受到限制。而且，纤维的方向不同木材的强度也不同，且强度值也会发生波动。因此，结合这些因素和场地条件来选择适合的木材是十分重要的。每种木材拥有不同的特性无法完全检测。表 C3.6 基于行业安全和健康管理，提供了各种木材的容许应力参考值。当木材需要使用较长时间时，应特别注意其稳定性和质量的劣变。

木材容许应力值（N/mm^2）　　**表 C3.6**

木材		压力	弯曲	剪力
针叶树	日本红松，黑松，松树，柏树，铁杉，美国松，美国柏树等	11.8	13.2	1.0
	日本柳杉，日本冷杉，云杉，枞树，美国柳杉，美国铁杉	8.8	10.3	0.7
阔叶树	常绿栎树	13.2	19.1	2.1
	日本普通栗树，橡木，山毛榉，榉树	10.3	14.7	1.5

注：摘自第 241 条的职业安全和健康管理条例。

3.4　栈桥

第 131 条　栈桥设计

（1）栈桥应有足够强度与刚度以抵抗荷载。

（2）在栈桥设计时应考虑车辆防滑和降噪措施。

【条文说明】

关于（1）

栈桥设计采用的荷载应参照第 3.2 节内容。应适当研究导致路面出现最大应力的荷载状态。

计算横截面时，假设简支梁如图 C3.11 所示受到横梁支撑，研究时应使用栈桥的跨度。

栈桥路面的挠曲过大会使得连接点处高低不同，导致冲击加剧，同时降低稳定性。因此，活载导致的挠曲应限制在跨度的 1/400 之内。

栈桥路面应符合现场条件，且充分考虑路面的形状、材料、容许应力及荷载试验结果。

大多数栈桥路面长度为 2～3m。开挖时，支撑的间距应与栈桥梁间距一致，以便开挖工作有充足的作业空间。在选用栈桥路面时，为确保安全，必须对安装地点条件、安装周期以及可施工性进行检测。

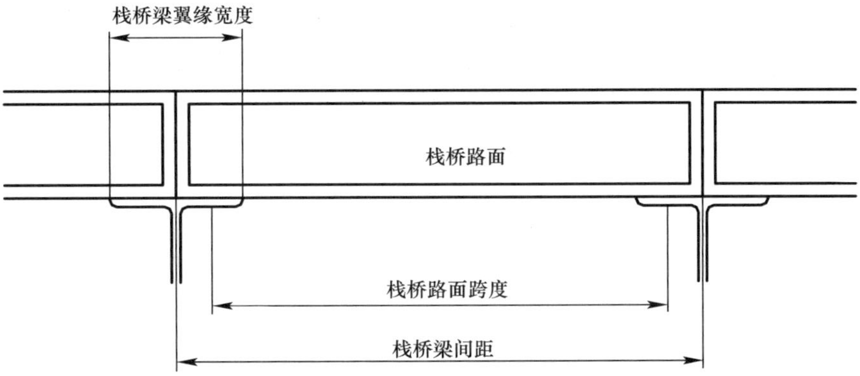

图 C3.11　栈桥跨度示意

关于（2）

当栈桥路面潮湿时，行驶车辆更容易产生滑动并发出更大的噪声。

有些栈桥路面通过覆盖混凝土、沥青或者树脂材料来增加粗糙度，因为这些材料都有各自的防滑及降噪效果。防滑降噪措施的选用应结合具体情况选择。交通流量大的城市道路尤其需要栈桥路面有足够的防滑性能。

由于栈桥路面的特点，车辆噪声的测量数据不足。但是作为一种趋势，据说有小突起或黏性砂的路面噪声比粗糙路面更小。

第 132 条　栈桥梁设计

（1）栈桥梁应有足够强度与刚度以抵抗荷载。

（2）选用施加活载方法时应考虑车辆交通情况。

【条文说明】

关于（1）

验算栈桥梁的应力及挠度时应假设其为简支梁，且承受第 3.2 节所述的恒载、活载和冲击。采用栈桥梁悬挂地下设施可能导致栈桥上的挠曲和振动被传递到地下设施上，从而引发事故。因此，必须使用悬挂专用的梁。

栈桥梁的挠度过大会导致栈桥表面不平，降低稳定性。因此，活载（不考虑冲击）影响下的挠度值应限制在跨度的 1/400 或 25mm 之内。推荐采取一定的措施（如使用构件）减小梁的挠度，因梁的挠度会经常导致大跨度栈桥产生振动、噪声等问题，尤其是在市区。

理论上，横截面无破裂的构件都可以用作栈桥梁。但这种构件经常转做他用，因此需要考虑其容许应力的降低以及因裂隙导致的断面性能劣化。转用次数与使用周期也应加以考虑。

栈桥梁直接承受车轮传递的荷载，所以交通量大或者长期承受荷载条件下，应考虑降低其疲劳效应的容许应力值。

在陡坡或道路交叉口附近等地方，应充分考虑车辆制动的影响，防止栈桥路面位移和栈桥梁倾覆。

当栈桥梁被作为地下连续墙的横撑考虑其支撑作用时，还应计算梁的轴力。此时，需要确保竖直状态能够支撑挡土墙，并应根据设计轴力验算栈桥梁、栈桥支撑构件和防松螺栓。在基于梁—弹簧模型考虑连续墙的支护设计中，当考虑栈桥梁的支护作用时，经常会基于梁的竖直状态，根据经验降低弹性系数。

关于（2）

除非管理部门特别规定或者道路通行大量的重型车辆，车辆荷载通常设计为T形荷载。动荷载分为“活载B”和“活载A”。“活载B”假定总重约245kN的大型车辆高频率通行，而“活载A”中同样重度的大型车辆低频率通行。在施加活载B的道路，考虑交通荷载的影响时，将使用T形荷载计算所得的构件应力（弯矩、剪力、反力、挠度等）乘以根据表C3.7中所示的构件跨度计算出的系数。注意，该系数不得大于1.5。这里构件跨度是指平行于车辆行驶方向的构件跨度。

用于计算交通荷载的系数 **表C3.7**

构件跨度 L（m）	$L\leqslant4$	$L>4$
系数	1.0	$L/32+7/8$

另一方面，如果路面施加的是活载A，则不使用表C3.7中的交通荷载系数，因为此时总重超过245kN的大型车辆的低频率通行。

栈桥梁垂直或平行于车辆行驶方向时的活载施加方法与用于计算表C3.7中所述系数的构件跨度方法如下：

① 栈桥梁与车辆行驶方向垂直时

如图C3.12所示，活载施加方法中，T形荷载最多适合两组垂直于车辆行驶方向的数据，第三组及以后组的荷载减半。即，考虑荷载时，假设栈桥梁的最大应力发生的位置由荷载组合决定。当考虑冲击时，$p_1=130\text{kN}$，$p_2=65\text{kN}$。

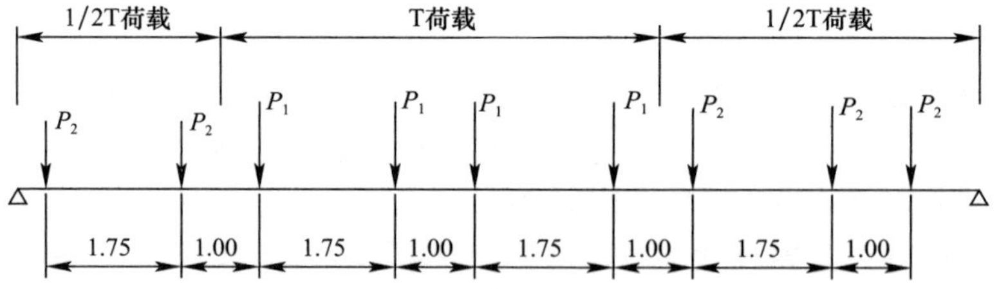

图C3.12 用于验算弯矩的荷载组合（当栈桥梁与车辆行驶方向垂直时）

用于确定表C3.7中系数的跨度，L_1为栈桥梁跨度，而L_2为栈桥梁支撑构件及承重桩的跨度，如图C3.13所示。

② 当栈桥梁与车辆行驶方向平行时

如图C3.14所示，施加活载时，将T形荷载施加于栈桥路面，用以检测每个荷载对栈桥梁的影响。

图C3.15所示的跨度值L_3被用于确定表C3.7中的系数。注意，确定L_3的大小时，如果只有梁的单侧有支撑构件，则假定该构件为支撑点；如果双侧均有支撑构件，则假定承重桩的中心为支撑点。

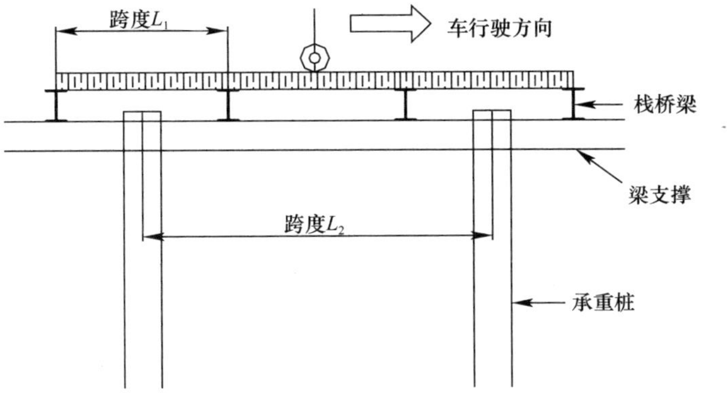

图 C3.13　栈桥梁与车辆行驶方向垂直时的构件跨度

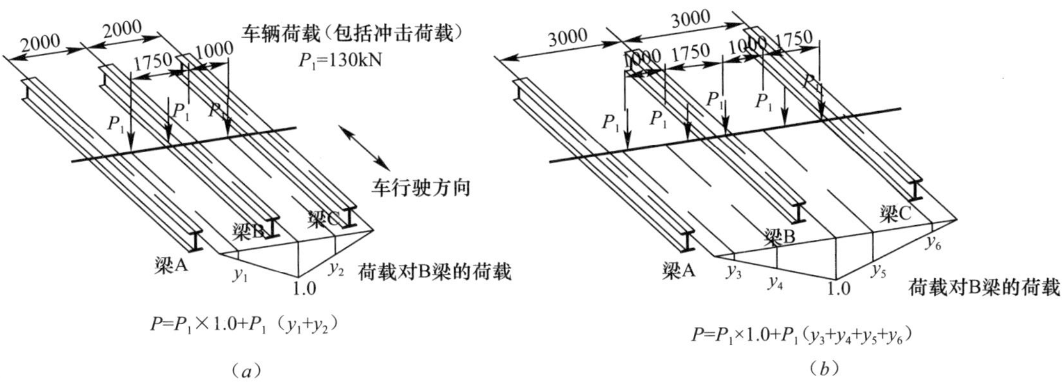

图 C3.14　用于验算弯矩的荷载组合（栈桥梁与车辆行驶方向平行）

(a) 当栈桥跨度为 2m 时；(b) 当栈桥跨度为 3m 时

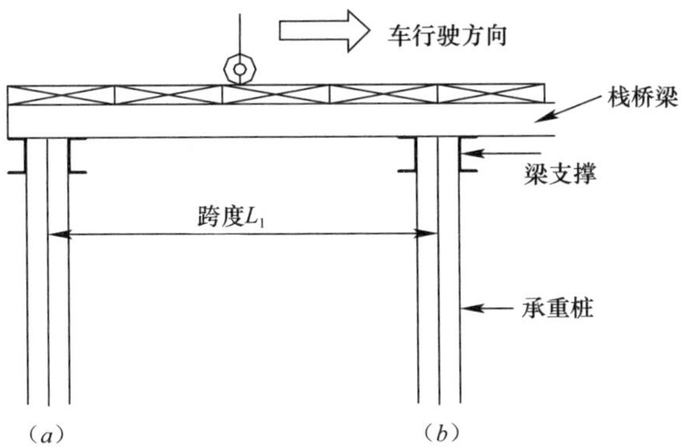

图 C3.15　栈桥梁平行于车辆行驶方向时的构件跨度

(a) 单侧有槽钢；(b) 双侧有槽钢

如果要用到重型施工设备，应在最大应力条件下施加活载，以此来确认栈桥梁的安全性。

第 133 条　梁支撑构件设计

梁支撑构件应有足够抵抗荷载的强度。

【条文说明】

在验算梁支撑构件上所受应力时，假设由简支梁作支撑，且梁支撑构件由，桩中心支撑如图 C3.16 所示。恒载、活载以及冲击荷载应根据第 3.2 节取值。

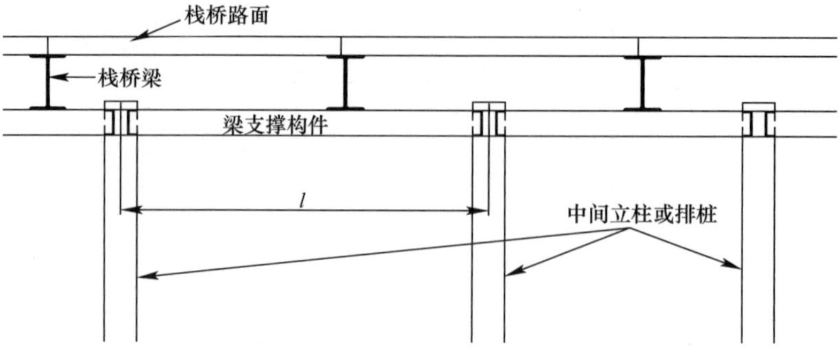

图 C3.16　梁支撑构件的跨度

栈桥梁最大反作用力被视为作用在梁支撑构件上的荷载。当梁支撑构件与车辆行驶方向平行时，荷载仅作用在各个构件内力最大的位置。梁支撑构件的自重较小，因此计算时可忽略不计。但对于通过专用梁对地下设施进行悬吊保护的情况，悬吊梁的反作用力也必须视为荷载。

现场实际情况表明，从施工角度来看，很难将梁支撑构件视为连续梁处理。因此，为确保安全，在计算时可将其视为简支梁。但是，当梁支撑构件能够保持连续梁的性状时，计算时可以将其视为连续梁。在这种情况下，栈桥梁应以最大荷载施加于支撑构件之上。连接构件的螺栓应足够大，且布设平衡，确保荷载能顺利传递。

当梁支撑构件平行于车辆行驶方向时，需将依据上图确定的构件内力乘以表 C3.7 所示的系数，跨度取图 C3.13 中的 L_2。

3.5　支护系统

> **第 134 条　一般规定**
>
> （1）明挖法施工时，应选择适合开挖规模、施工条件、地层条件以及环境条件的支护系统，防止围岩失稳或发生大的变形。
>
> （2）选择支护结构的设计时，应充分考虑开挖规模和深度。

【条文说明】

（1）明挖法的支护系统

支护系统一般由与土直接接触的结构，即挡土墙，和墙体的支撑系统构成。临时支护结构和施工方法多种多样，而支护系统的选择应结合安全性、经济效益、环境保护及其他因素综合考虑。

临时支护结构根据支护方式可分为：悬臂式、支撑式、锚杆、锚桩—拉杆以及土钉墙（土钉支护）等类型。基于支护类型分类的结构和临时支护工程如表 C3.8 所示。

临时支护的结构（支护类型）和特征　　表 C3.8

临时支护类型	概念图	支护类型	特征
无支撑（悬臂式）	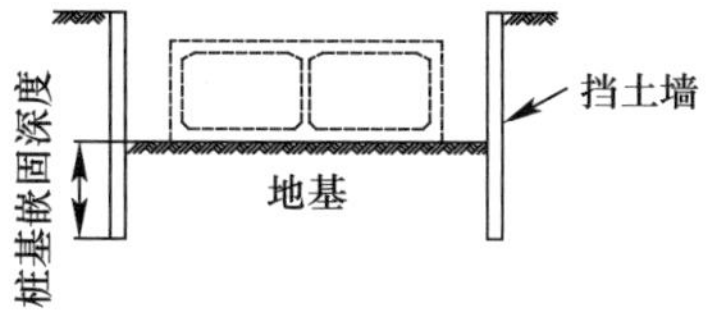	仅用挡土墙的埋入部分的被动土压力来承担侧压力	适用于地层稳定性好的浅开挖工程，因为地层压力全部由挡土墙嵌固部分的被动土压力承担。开挖面没有支撑使得开挖更加简单，但同时也使得挡土墙的位移增加
支撑式	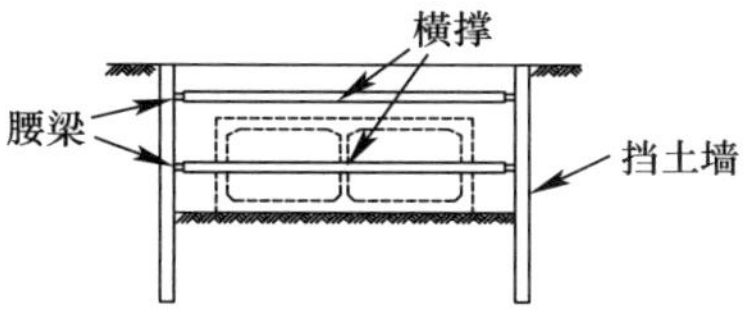	利用腰梁和横撑的支撑力以及挡土墙的嵌固部分被动土压力来承担侧压力	支护数量和布设方式依据现场条件确定，除非会妨碍机械开挖和隧道主体建造。当开挖面较宽时，支护数量及中间立柱会增加，继而导致挡土墙的位移的增加
锚杆	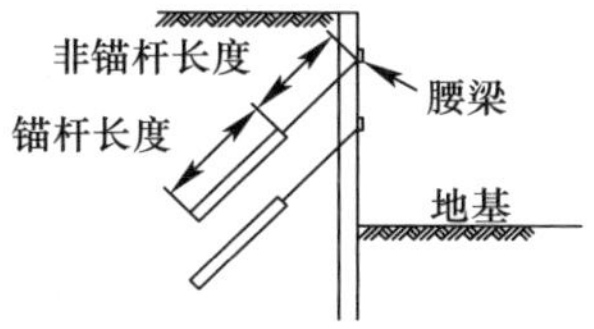	利用锚杆和腰梁的支撑力以及挡土墙的埋入部分的被动土压力来承担侧压力	开挖面内部缺少横撑使得机械开挖及主体建造更加简单。当地层压力不均匀或开挖面较宽时，该支护方式依然有效。前提是，在一定深度下的地层稳定性良好，且挡土墙附近存在能够设置锚杆的地方。当锚杆无法适当放置时，需采用可拆除式锚杆
锚桩—拉杆	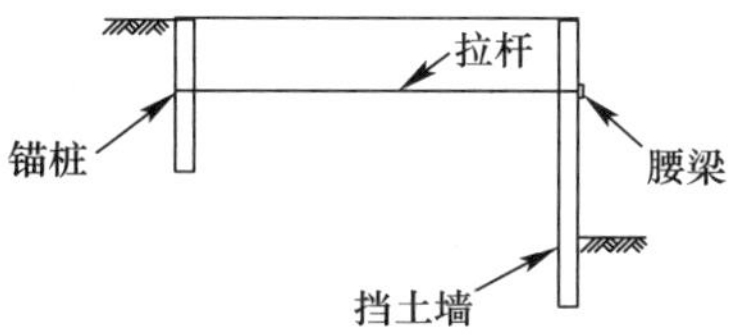	利用 H 形锚桩、打入挡土墙背面地基的板桩、拉杆、腰梁以及挡土墙的埋入部分的被动阻力来承担侧压力	适用于地层稳定性较好好的浅层开挖以及当悬臂式挡土墙可能发生较大变形时的情况。由于没有内部支撑物，机械开挖及主体建造比较容易。但需要确保挡土墙附近锚桩及拉杆有足够的施工空间
土钉墙	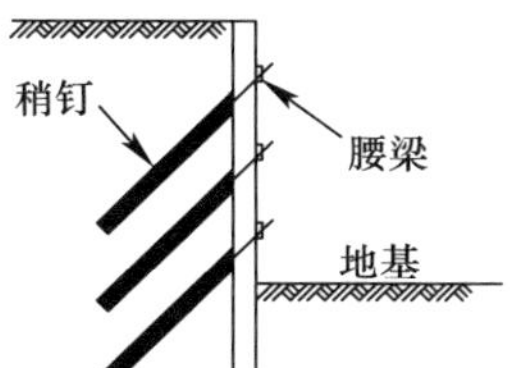	通过充当挡土墙来承担侧压力；根据土钉法利用受拉钢筋、腰梁等支护结构来提高地基的整体性	由于开挖面上没有支撑物，机械开挖及主体建造比较容易。虽然所需土钉的量比锚拉式多，但土钉更短，也减少了临时支撑物附近的施工空间问题。这一方法适用于浅埋开挖，因为它无法确保深基坑开挖时设计的合理性

悬臂式挡土墙有着相对较大的形变允许值，用于开挖深度约 3m 的基坑。对于开挖深度更大的基坑，必须使用支撑式或者锚杆等临时性支护措施，同时也应仔细考虑施工条件及地层情况。

表 C3.9 总结了挡土墙的结构及特征。在选择结构体系时，需考虑施工条件及地层情况。

各种挡土墙的结构及特征　　表 C3.9

名称		墙体平面形状	结构	特征
简易式		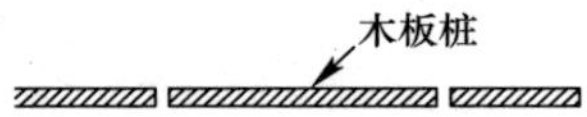	使用简单的板桩（木板桩、轻型钢板桩）的墙	轻、短、易控。由于截面性能及阻隔性能较低，这种类型的挡土墙只能用在极小规模的浅层明挖法
排桩和防护墙		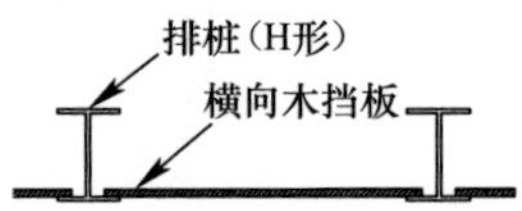	钢桩以 1～2m 间距交替打入地下或竖立在预先挖好的桩洞内，桩间的挡板也随之施工	地层稳定条件下小规模明挖法的标准施工方法。由于阻隔性能不足及对地基穿透缺乏连续性，在高水位地层或软土层中采用本法时一般需要进行排水或使用石灰桩等辅助措施
钢（钢管）板桩墙	钢（钢管）板桩墙	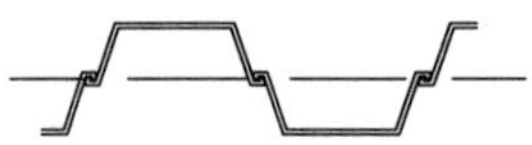 U形钢板桩	将断面为 U 形、Z 形、线形或 H 形的钢板桩连续地打入地下，桩间互相连接的墙	由于良好的阻隔性能及对地基穿透的连续性，适用于高水位或软弱地层中的小规模施工。由于振冲锤击法会产生振动或噪声，市区内经常采用静压桩法。同时采用预先钻孔法或旋喷法可以增加本方法的适用地层。但是，使用长度过大的桩易导致倾斜或接头错位，拔桩时的地面沉降也需要加以考虑
	钢管桩墙	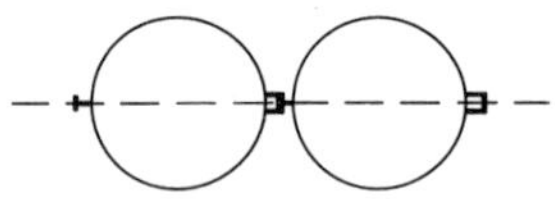	连续打入地层的钢管截面板桩由构件互相连接，连接构件包括角钢、钢管等	由于良好的阻隔性能、对地基穿透的连续性以及较高的截面性能，适用于水位较高的地层或软弱地层。当振动或噪声会导致问题时，应避免采用振冲锤击法
地下连续墙	现浇桩墙/预制桩墙（钻孔桩墙）	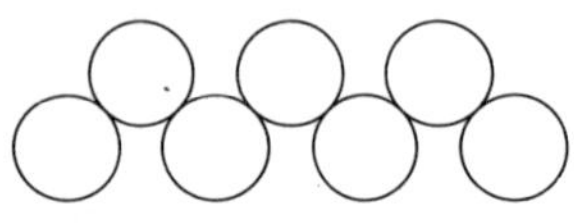 交错式布置(柱式) 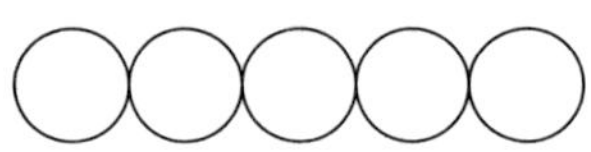 相切式布置(柱式)	将现浇混凝土桩或者 H 型钢水泥砂浆桩连续打入。也可以采用超塑性土替代砂浆，将预制混凝土桩（混凝土或钢管）通过内部开挖的方式或桩插入的方式直接安装在水泥土搅拌孔中	因为各桩之间是点连接，当隔断性能是影响支护效果的主要因素时，应改进地下连续墙背面的地层阻隔性能。因其截面性能高，且振动及噪声小，该方法经常用于市区的中型规模明挖法
地下连续墙	水泥土连续墙	 螺旋钻孔类：柱状 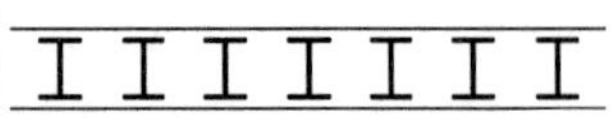 等厚钻孔法	利用各种螺旋钻和切割器将 H 型钢持续插入已挖好的槽内，槽内充满了原位水泥土搅拌浆	由于阻隔性能较好及相当于现浇或预制桩墙的良好截面性能，常用在市区中型规模的明挖法。需要注意的是，水泥土的性能可能因原位土的不同而不同
	使用固化浆的连续墙	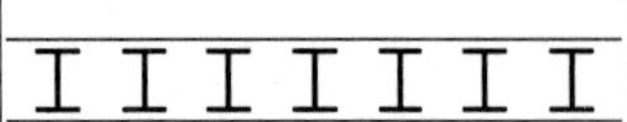	将 H 型钢或预制板插入充满膨润土或聚氨酯浆液的连续墙槽内，之后在浆液中掺入稳定剂直接固化浆液或用水泥砂浆或超塑性土置换并固化	除了部分不必要的固化剂或挖出土方变成工业废料外，本方法有利于减少工业废物并通过固化或制作超塑性土有效利用原位土。这种墙的刚性不如钢筋混凝土墙，这意味着开挖深度受限。但是，其平面开挖方面的极高准确性使其可以运用在较深位置建造隔断墙。采用本方法前需要考虑施工条件及造价

续表

名称		墙体平面形状	结构	特征
地下连续墙	钢筋混凝土地下连续墙	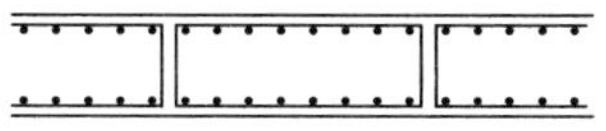	将钢筋笼放入利用膨润土和聚合物稳定剂开挖的槽内，继而加入混凝土，用以构筑连续的混凝土墙结构	因其即便在较深位置也有较好的阻隔性能及良好的截面性能，该方法适用于大型明挖工程、重要建筑附近施工或软土层作业。墙体可以用作永久结构，且施工中的振动和噪声小。其他挡土墙施工方法相较需要更大的空间，因此采用本方法前需要考虑施工条件及造价
	钢制地下连续墙	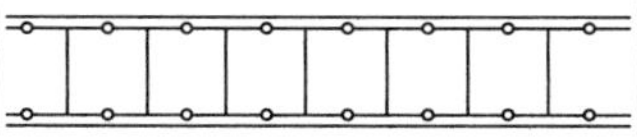	将预制带连接的角钢放入利用膨润土和聚合物稳定剂开挖的槽内，继而加入混凝土或砂浆或稳定剂的固体，用以构筑地下连续墙	与钢筋混凝土地下连续墙特征相似。由于强度更高，钢制地下连续墙的墙体可以更薄。此外，墙体可以作为临时结构，且施工空间较钢筋混凝土地下连续墙小。采用本方法前需要考虑施工条件及造价

这些施工方法中包括顺作法与逆作法。为选择适当的方法应仔细分析施工条件及对周围的影响。

每种施工方法的特征如表C3.10所示。

开挖及框架体施工方法与特征 **表C3.10**

方法	原理图	概述	特征
顺作法	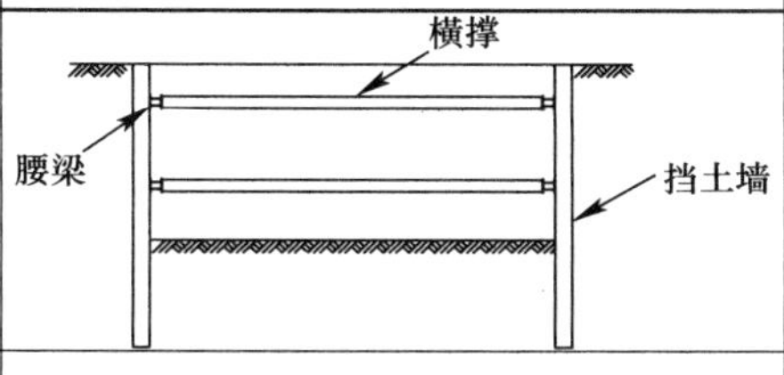	反复开挖并支护至基坑底深度，继而自下而上交替地构筑主体框架并拆除支护。在主体的上部，回填与拆除支护依次反复进行	本方法是最常用的方法。为确保施工简便，顺作法施工开口处较逆作法大。同时，由于从下向上顺序施工，连接点的阻隔性能更好
逆作法	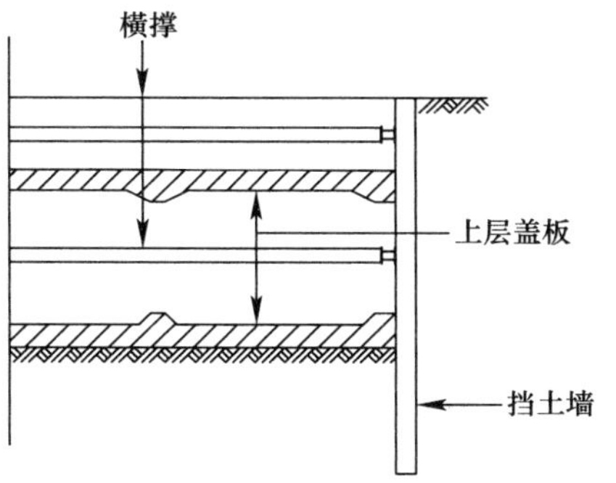	自上而下反复开挖并构建主体结构（主要是板）。当工作阶不够时，板被用作支撑并增加数量。 主体的上部回填与拆除支护应依次交替进行	由于主体的板用于支护，其刚度和承载性能较常规的支撑结构更高，临时支撑系统更加稳定。在控制临时支护结构的变形时，应对以上因素的影响加以考虑。此外，由于需要承担板的荷载，应预先建造承重桩。作为一个结构时，混凝土连接点的结构和防水性都比较脆弱。由于模板支撑解体，开挖工作在梁下进行，可施工性受到不利影响

当开挖方向上采用的临时挡土措施不同时，应防止连接处发生中断现象。

（2）挡土系统设计

设计挡土系统时，可以使用悬臂式挡土墙设计法、传统计算法以及使用内部支撑和锚杆的梁—弹簧模型法。随着对施工经济性、效率及对周围地层和结构的影响越发重视，梁—弹簧法成为基本方法。如果开挖规模较小且不需要考虑对周围的影响也可以采用经典法。

梁—弹簧法可以较准确地计算不同开挖阶段的位移及应力。计算过程中需要用到较多的土力学参数，需要谨慎选取。

经典法可用来计算横撑的反力、挡土墙弯矩及剪力等需在设计中使用的参数。为此，假设通过测量横撑轴力得到的表观土压力作用横撑上，且简支梁或连续梁受到开挖面侧边地层的虚拟支撑。虽然这种方法不能真实反映地开挖过程中的土压力或水压力变化，但已被大量案例证明是可靠的。

除此之外，如果地层状态及水文情况复杂，且需要详细分析两者对周围地层及建筑结构的影响时，也可以采用有限元法。

第 135 条　挡土系统设计

设计挡土系统时，应仔细研究施工过程中起作用的荷载，以分析地层稳定性、应力及该系统构件在每个施工阶段的位移。

【条文说明】

临时挡土结构与地层直接接触，常处于复杂的应力环境中，荷载及结构体系随着开挖不断变化。在市区中施工时，对地下设施及周围环境的影响是重点考虑因素。在每个施工阶段确保以下项目的安全性至关重要：

（1）基坑底板稳定性；

（2）抗土压及水压的渗透稳定性；

（3）挡土墙上的应力；

（4）支撑结构上的应力；

（5）挡土墙及中间立柱的竖向承载力；

（6）挡土墙变形、墙后地层位移及二者对周围的影响。

第 136 条　坑底稳定性

设计挡土墙时，应对下列所述方面进行研究，综合考虑开挖规模和形状、所用支护形式、地层情况及周围环境：

（1）在软黏土地层中开挖时，需要采用抗隆起措施。

（2）在高水位的砂土层或自流水砂土层中开挖时，需要研究防止流土及管涌的措施。

（3）对于某些土体来说，承压（自流）含水层处于透水性相对较低的土体（如隔水层），此时必须研究防底鼓措施。

【条文说明】

开挖过程中不利于地基稳定性的现象如表 C3.11 所示。

地基失稳会导致挡土墙发生大变形，可能继而导致整个临时支护系统的失效。这就是稳定性验算的重要性所在。

在软黏土岩层中开挖时，由于地基以下土体强度不足，地基鼓起，并使得挡土墙背面的地层发生较大沉降，这就是底鼓现象。

开挖过程中的基坑失稳现象　　　　表 C3.11

类别	地层状态	现象
隆起	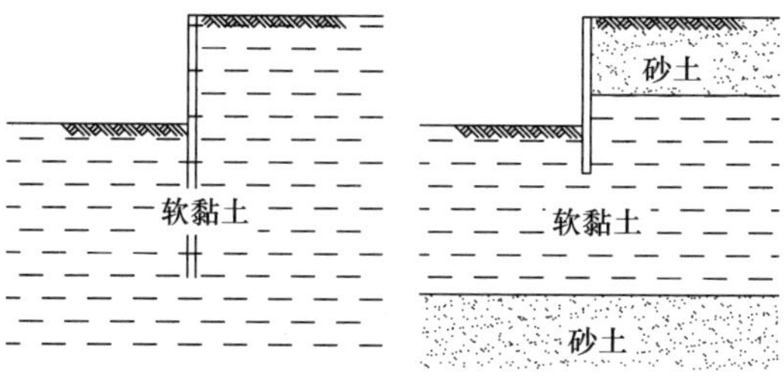 基坑附近的软黏土层以及主要由高含水量的厚层塑性黏土层构成的冲积黏土	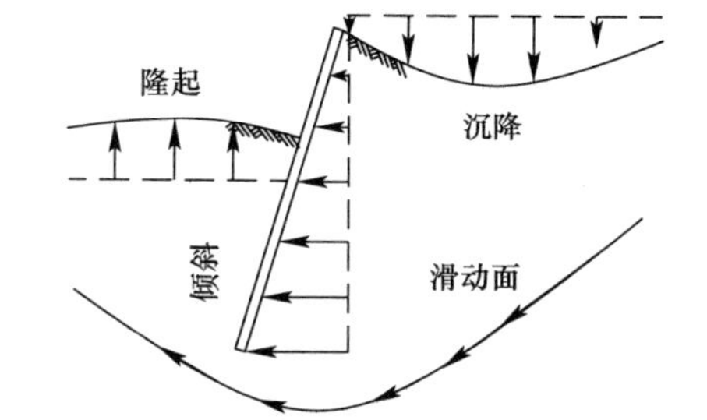 在挡土墙后土层的重力或挡土墙附近的地面荷载作用下，形成滑动面，导致基坑上升、挡土墙倾斜、周围地面沉降，最终导致挡土墙失稳
流土	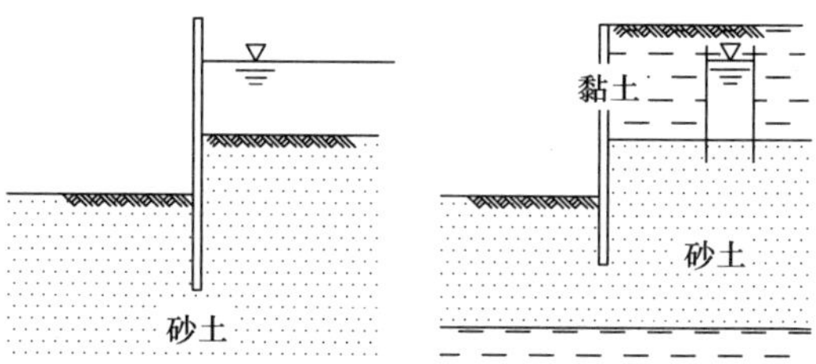 含有高地下水位的砂土，且在支护系统附近可能存在充足补充水源如河、海等	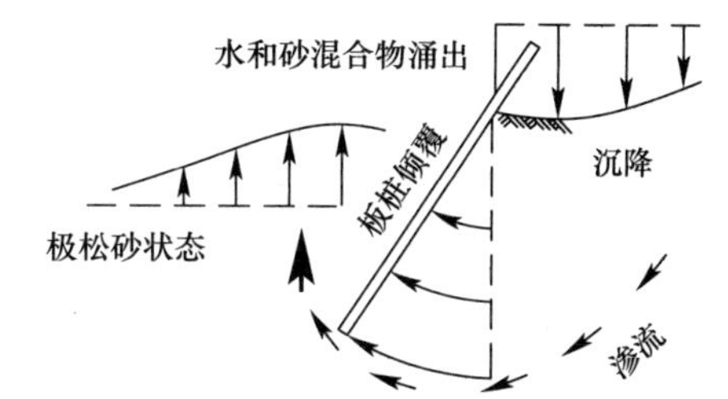 当采用防渗挡土墙时，墙两侧水压不同导致水向上渗流。当渗透压超过土层有效重度时，土、水混合物如沸腾一样喷出。最终导致基坑土失去抗剪力，使得挡土墙失稳
底鼓	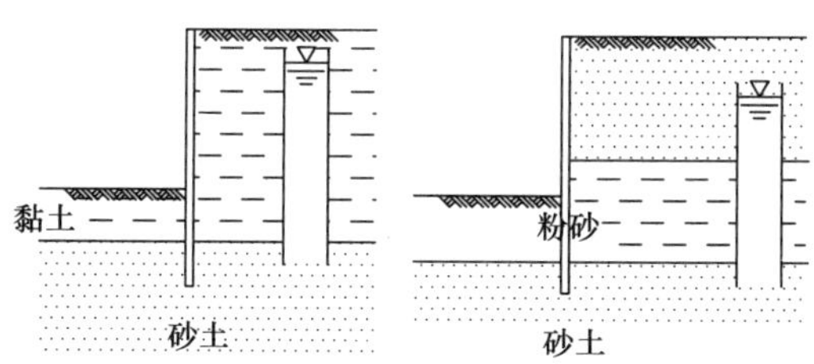 基坑附近地层中含有隔水层，其下方是有高水头的透水层，其中隔水层不仅包含黏土，也含有大量的砂土微粒	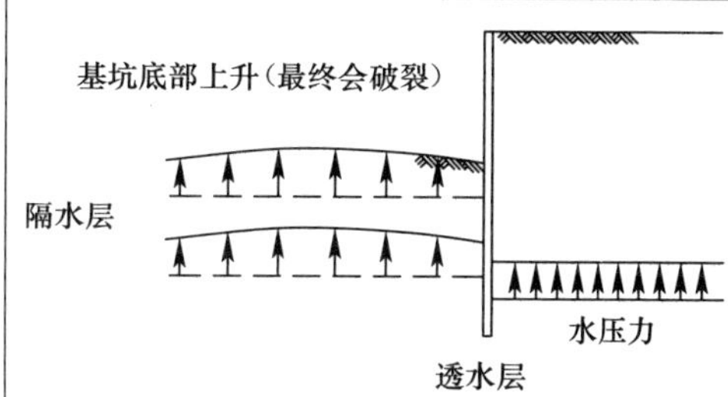 隔水层会阻止向上的渗流，但向上的水压作用在隔水层下面。如果向上的水压超过上方的土体自重，则会发生基坑隆起。最终导致隔水层破裂，产生类似流土的破坏
管涌	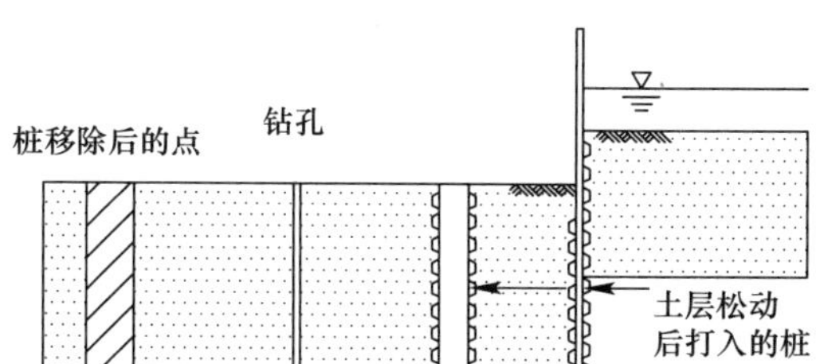 与产生突涌及隆起现象相似的地层中，可能产生流道，人工流道可如上图所示	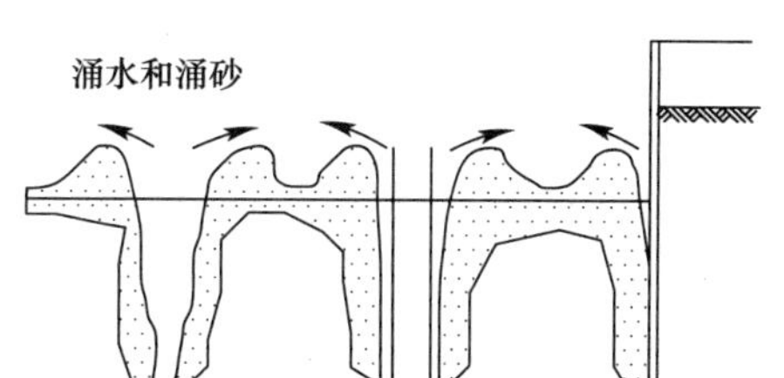 渗流冲刷基坑中的土微粒，在地层中形成渗流通道。渗流进一步向上冲刷大颗粒土，继续扩大流动通道，最终发生管涌

在高水位的砂土层或承压水砂土层中开挖时，水或砂可能会像沸腾一样喷出地层，继而使得基坑底下地层失去被动阻力，最终导致挡土墙失稳，这种现象叫“流土”。由于某些原因形成流通管路，使得地层内水砂混合物通过管道喷涌而出，这个现象叫“管涌”。随着管涌逐步发展，流通管道会逐步变宽，水砂喷出量也相应增加，导致开挖面失去主动支护阻力，因此必须充分注意管涌现象。

在位于隔水层如黏土层下方存在承压含水层的地层中开挖时，承压水可能会导致基坑底鼓。在一些情况下，水和泥的混合物穿透隔水层，形成“底鼓”现象。注意，隔水层不止含有黏土也含有大量微粒的砂土。

坑底稳定性不仅取决于地层条件也受到临时挡土结构、施工方法及环境变化的影响。例如在一些工程中挡土墙刚度不足或嵌固深度不足会产生底鼓。此外，地基以下的土体改良不完全也曾导致底鼓，或者泥和水的混合物从既有的地质钻孔或桩洞突喷射出来，形成流土。降雨导致挡土墙背面地层中水位上升过高也会导致流土。

设计工作中必须充分考虑如上所述影响地基稳定性的因素，并研究地层条件，以便预测可能发生在地基上的问题。挡土墙的刚度及埋深设计也应基于地基稳定性的预测，如果挡土墙不符合稳定性要求，应考虑采取其他辅助措施，如改良土质或控制地下水压力。确定挡土墙支护系统及施工方法时应参照相似条件下的已有工程案例记录，这一点也很重要。

除以上三种问题外，导致基坑变形问题的另一个现象是土体回弹（见第 146 条）。

关于（1）

隆起验算应基于对黏性土在深度方向上的强度特点的正确理解。

1）用 Peck 公式进行验算

对于隆起变形，使用 Peck 公式计算，如下所示。这是确定是否需要详细检测的依据。

$$N_b = \frac{\gamma_\tau H}{S_u}$$

式中 N_b——Peck 稳定系数；

γ_τ——土的湿重度；

H——开挖深度；

S_u——基坑深部位置黏土的不排水抗剪强度（可认为等于黏聚力）。

当 $N_b>3$，挡土墙位移将会增加，但是当 $N_b\leqslant 4$ 时未发生过失稳现象。当 $N_b>5$，基坑失稳发生概率增加，需要采用刚性更大的支护系统并增加嵌固深度。综上可得到下列结论：

① 当 $N_b\leqslant 3$，支护系统可以可靠的。

② 当 $N_b>5$，支护系统遭受失稳风险较高。

在此情况下，不排水抗剪强度 S_u 的判断对计算 N_b 很重要。必须注意：不要过高估计不排水抗剪强度，因为该参数容易受到基坑以下的地层变动、各向异性、土体分层的影响。例如，当地层发生变化或深度方向上的不排水剪切强度发生变化，则地基附近使用 S_u。

2）隆起验算

Peck 稳定系数通过理论测试得出，测试时假定黏土层中开挖长度不受限制，黏土层的宽度在深度方向上有足够厚度，且忽略墙后地层的抗剪强度。因此，即使稳定数相同，在开挖宽度小、基坑和硬岩之间的黏土层薄、挡土墙刚度高及埋深大的情况下，基坑稳定性更高。基坑设计中考虑这些因素对确保开挖安全性至关重要。

隆起验算公式如下所示（图 C3.17）：

$$F_s = \frac{M_r}{M_d} = \frac{x\int_0^{\pi/2+a} c(z) x \mathrm{d}\theta}{W\dfrac{x}{2}} \left(\alpha < \frac{\pi}{2}\right)$$

式中　$c(z)$——与深度有关的黏聚力公式（对于常规固结状态的冲击黏土层，黏聚力增加系数为 $2\mathrm{kN/m^3}$，但建议通过实验室测试得出该系数，如抗压强度）；

x——中心在最下面横撑上的滑动弧的任意半径（最大值为开挖深度）；

W——墙背 x 范围内作用在基坑上的荷载，$W = x(\gamma_t H + q)$；

q——地面附加荷载；

γ_t——土的湿重度；

H——开挖深度；

F_s——安全系数（$F_s \geqslant 1.2$）。

当假设此处的黏聚力与基坑以下较深处的黏聚力相同时，安全数的计算如下所示（其中 c 为土的黏聚力）

$$F_s = \frac{M_r}{M_d} = \frac{x\left(\dfrac{\pi}{2} + a\right)xc}{(\gamma t H + q)x\dfrac{x}{2}} = \frac{(\pi + 2a)c}{(\gamma t H + q)}$$

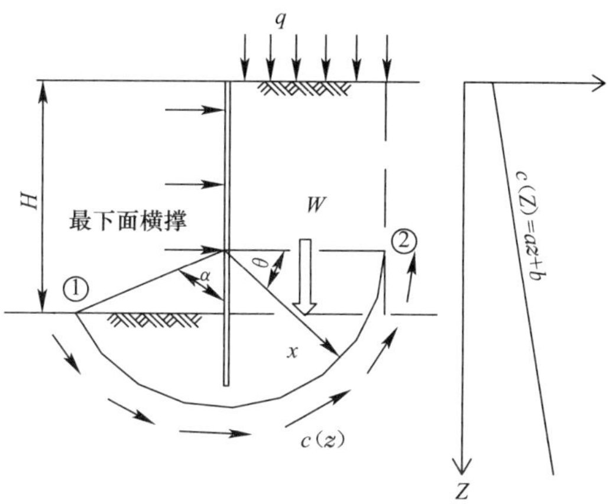

图 C3.17　隆起验算

3）防隆起措施

① 增加挡土墙刚度及嵌固深度。

② 通过改良基坑以下地层提高土体的不排水抗剪切强度。

③ 降低有可能导致隆起的动力，通过降低挡土墙背面地层的地面坡度。

关于（2）

验算流土及管涌时，准确理解现场地层和地下水情况至关重要。

1）流土验算

通常采用太沙基公式验算流土。该公式假设平均超孔隙压力等于挡土墙底部两侧水压力差。最近研究表明，当开挖深度小于嵌固深度或开挖形状接近于矩形时，太沙基公式计算出的解决方法偏于危险。相应公式如下所示（图 C3.18）：

$$F_s = \frac{w}{u}$$

式中　F_s——流土的安全系数；

w——土层有效重度，$w = \gamma' l_d$；

l_d——设计嵌固深度；

u——挡土墙底部的平均超孔隙压力；

γ'——土的有效重度；

$$u=\lambda\frac{1.57\gamma_w h_w}{4}(u\leqslant\gamma_w h_w)$$

λ——关于支护系统形状的校正系数：

方形支护系统：$\lambda=\lambda_1\lambda_2$

圆形系统：$\lambda=-0.2+2.2\ (D/l_d)^{-0.2}$（当 $\lambda<1.6$ 时取为 1.6）

D——圆形支护系统直径；

λ_1——关于开挖深度的校正系数；

$\lambda_1=1.30+0.7(B/l_d)^{-0.45}$（当 $\lambda_1<1.5$ 时取为 1.5）

λ_2——关于支护系统平面形状的校正系数；

$\lambda_2=0.95+0.09(L/B+0.37)^{-2}$（$L/B$ 为支护系统平面性状的长边/短边）。

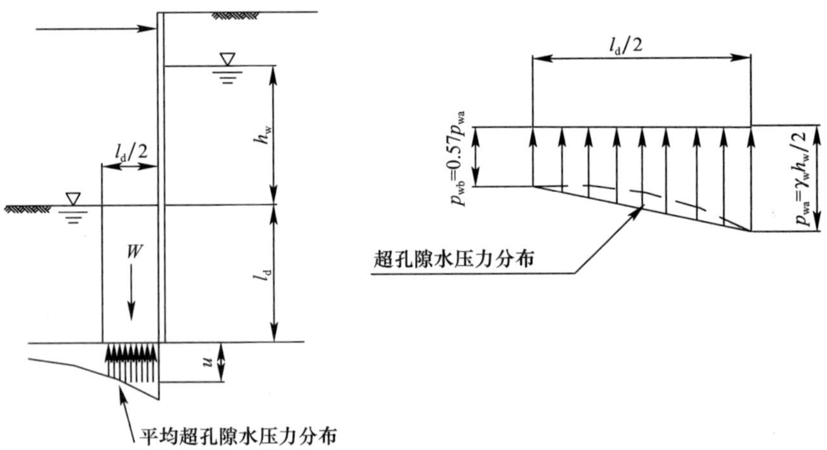

图 C3.18　流土验算法

用于考虑开挖宽度影响的还有其他公式。

2）防止流土措施

① 增加挡土墙嵌固深度。

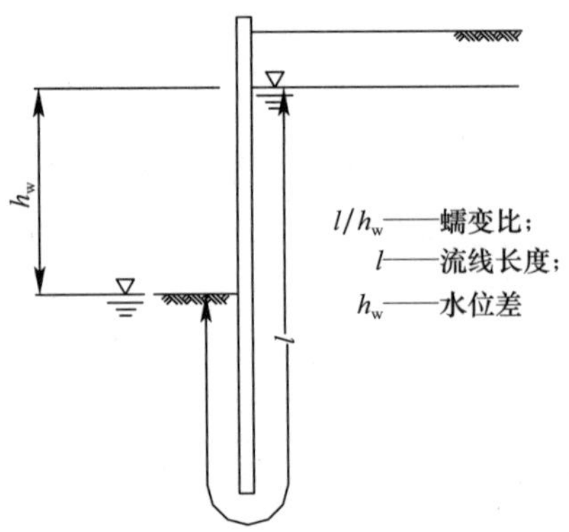

图 C3.19　管涌验算法

② 利用深井或井点降低地下水位。

③ 通过改良土体，防止地下水渗入开挖面。

3）管涌验算

管涌是在地层软弱部位形成渗流通道的现象。对于处于自然状态的地层，蠕变比概念被用于验算管涌。根据这一概念，该比率为渗流强度与挡土墙内外水位高差的比值，如图 C3.19 所示。蠕变比的选定要适合该地层。一般建议蠕变比应大于或等于 2。当渗流路径为高渗透性地层时需要特别注意，因为某些情况下这可能导致危险。

管涌可能发生的位置包括开挖前打入的桩附近、桩及板桩拔出后的桩洞处、既有的勘探钻孔处。因为先期钻孔导致地层松动，此时打排桩很可能会形成管涌通道。打桩过程中同时使用水射流也会形成管涌通道。为避免产生管涌问题，应选择对地层扰动小的施工方式或完全回填桩洞。

关于（3）

当验算底鼓时，要明确隔水层厚度、土体条件、承压地下水压力。

1）荷载平衡法

当开挖宽度较大时，既没有挡土墙嵌固段与地层间的摩擦力，也没有隔水层的剪切阻力，验算底鼓的方法为分析隔水层底部水压力与基坑至隔水层间的地层重度的平衡，如图 C3.20（*a*）所示。

如果承压水的水头能够准确定位，所需安全系数为 1.1；否则需要根据系统的可靠性确定安全系数。

2）考虑挡土墙与地层摩擦力的验算方法

如果开挖基坑平面规模比嵌固深度，既没有挡土墙嵌固段与地层摩擦力，也没有隔水层的剪切阻力，底鼓验算可按照图 C3.20（*b*）所示方法进行，同时应考虑地层情况及孔隙压力。直接确定嵌固深度和隔水层厚度之和（H_1+H_2）与基坑边长的比值比较困难。该值一般去小于或约等于 2，但最近一些研究也有取 3 或者小于 3 的值。挡土墙嵌固段与地层摩擦力会因挡土墙类型、施工方式及地层扰动而有所不同，需要仔细分析。

水头压力可能会随着季节或周围排水情况而升降。建议通过详细的地质调查确定设计水位，并在施工过程中观测水位变化。

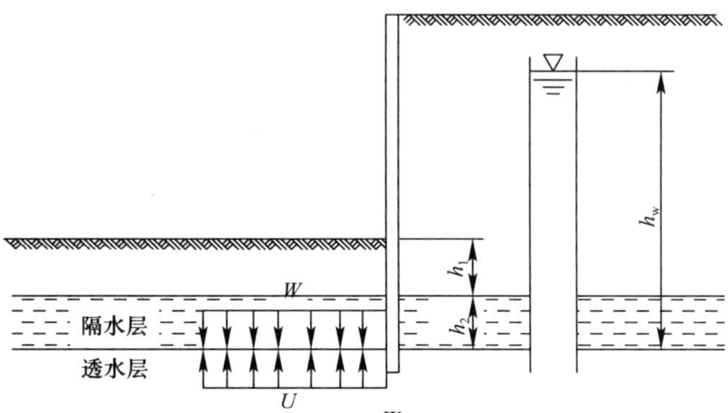

$$U \leqslant \frac{W}{F_s}$$

式中　U——承压地下水的浮力（$U=\gamma_w \cdot h_w$）；

W——从坑底到隔水层下部的土体重度（$W=\gamma_{t1}h_1+\gamma_{t2}h_2$）；

γ_{t1}，γ_{t2}——土的湿重度；

h_1，h_2——厚度；

h_w——承压水水头；

γ_w——水的重度；

F_{s2}——所需安全系数（F_s=1.1）。

（*a*）

图 C3.20　验算底鼓的方法（一）

（*a*）荷载平衡法

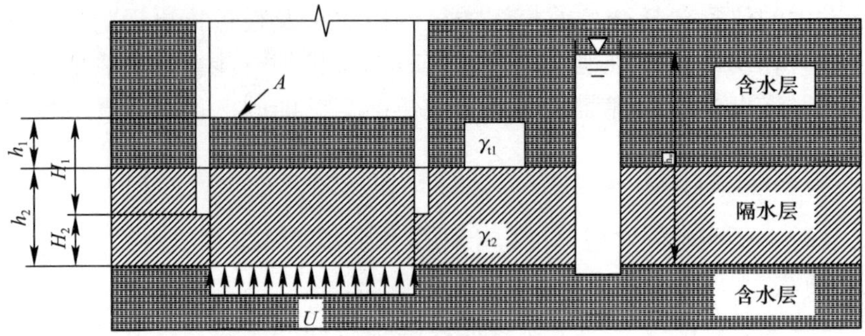

$$U \leqslant \frac{W}{F_{s1}} + \frac{f_1 l H_1}{F_{s2}} + \frac{f_2 l H_2}{F_{s2}}$$

式中　U——承压地下水的浮力；

γ_w——水的重度；

h_w——承压水水头；

A——开挖面的地面积；

W——从坑底到隔水层下部的土层重度［$W=(\gamma_{t1}h_1+\gamma_{t2}h_2)A$］；

γ_{t1}，γ_{t2}——土的湿重度；

γ_{t1}，h_1——层厚；

f_1——挡土墙嵌固H_1部分与隔水层厚度间的摩阻力（$y_1=c$）（仅考虑H_1深度内的黏性土，不考虑砂土。当软黏土的N值不小于等于2时，也不考虑摩阻力）；

c——黏性土的黏聚力；

f_2——从挡土墙的埋深底至隔水层底边的厚度H_2中剪切阻力（$f_2=\sigma_h\tan\varphi'+c'$）；

σ'_h——固定点的横向土压力（$\sigma'_h=\sigma_y K_0$）；

σ'_y——固定点的有效覆土压力；

K_0——静止土压力系数；

φ'——内摩擦角；

c'——黏聚力。

（*b*）

图 C3.20　验算底鼓的方法（二）

（*b*）考虑挡土墙与地层摩阻力的验算法

3）抗底鼓措施（图 C3.21）

① 增加挡土墙嵌固深度至隔水层，确保足够的安全系数。

② 通过深井降低泉涌压力下透水层的地下水位。

③ 通过改良土体构筑人工隔水层。

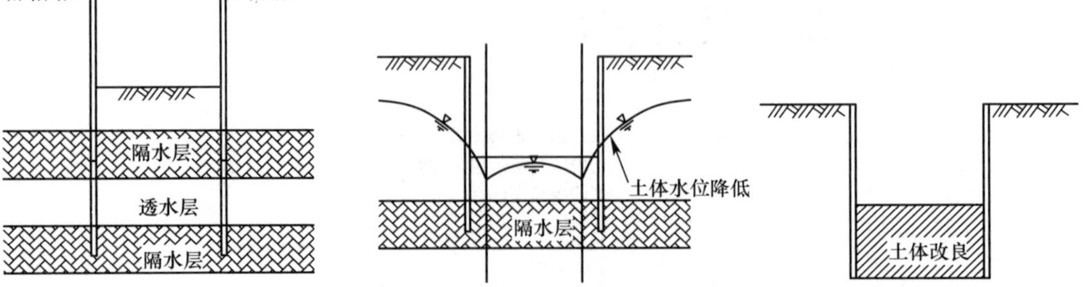

（*a*）　（*b*）　（*c*）

图 C3.21　防底鼓措施

（*a*）挡土墙的嵌固深度增加；（*b*）降低地下水位；（*c*）土体改良

如果通过深井来降低承压水的水头，应对有关降低周围地下水位和固结沉降的情况加以验算。

> **第 137 条　嵌固深度确定**
> 挡土墙嵌固深度应确保开挖基坑的稳定性及承载性能有关的安全性。

【条文说明】

（1）嵌固深度计算方法

嵌固深度应采用以下计算方法中所得的最大值：

① 嵌固深度应确保挡土墙可以抵抗埋深部分的侧压力；

② 嵌固深度应确保挡土墙竖向上的容许承载力，如第 146 条所述；

③ 嵌固深度应确保开挖基坑的稳定性，如第 137 条所述；

④ 最小嵌固深度见下文（3）。

采用梁—弹簧模型时，嵌固深度须满足上述要求，且挡土墙底部所在地层中也应有弹性区。

（2）嵌固部分的抗侧压力稳定性

1）采用内支撑及锚杆支护的挡土墙

挡土墙抵抗墙后地层的侧压力，利用支护及地基内嵌固部分的地层阻力保持墙体稳定。验算挡土墙稳定性的基本方法为计算墙后的侧压力与地层内嵌固部分的地层阻力是否达到平衡。保持这种平衡所需的最小嵌固深度称为平衡深度。

计算平衡深度的常用方法为分别验算开挖全部完成时或最下部横撑尚未安装时，以横撑为支点的墙后主动侧压力力矩与开挖面上的被动侧压力力矩是否达到平衡。据此可以确立图 C3.22 中（*a*）和（*b*）两种平衡状态。选用两种中较大的嵌固深度作为平衡深度，然后将平衡深度的 1.2 倍作为设计嵌固深度。

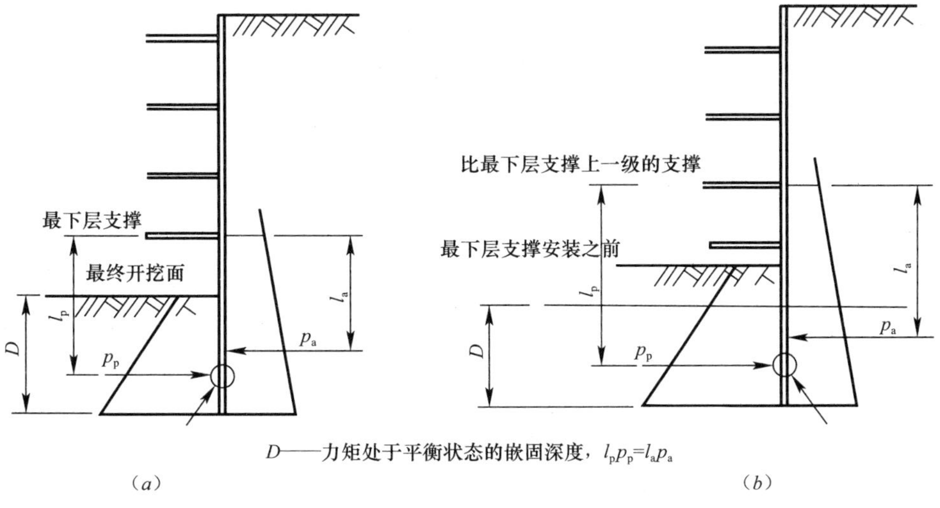

图 C3.22　确定平衡嵌固深度的方法

（*a*）开挖完成时；（*b*）最下层支撑安装前的开挖状态

注意，对于只有一道支撑的基坑，挡土墙嵌固深度的确定通常基于没有安装任何横撑时的状态。

为验算稳定性，用于计算平衡深度的侧压力在墙后地层中应为主动土压力，在坑底用被动土压力。据此，平衡深度计算公式如下：

$$p_a = K_A(\gamma_t z - p_{w1} + q) - 2c\sqrt{K_A} + p_{w1}(p_a \geqslant 0.3\gamma_t z)$$

$$p_p = K_p(\gamma_t z' - p_{w2}) + 2c\sqrt{K_p} + p_{w2}$$

式中 p_a——地层主动土压力（在墙背侧）；

p_p——地层被动土压力（在开挖面侧）；

K_A——为固定点地层主动土压力系数；

$$K_A = \tan^2(45 - \phi/2)$$

K_p——固定点地层被动土压力系数；

$$K_p = \frac{\cos^2\varphi}{\left\{1 - \sqrt{\dfrac{\sin(\varphi+\delta)\sin\varphi}{\cos\delta}}\right\}^2}$$

φ——固定点土体内摩擦角；

δ——挡土墙与地层间的摩擦角，$\delta=\varphi/2$；

γ_t——土的湿重度；

p_{w1}——固定点的地层孔隙压力（注意，对于黏土地层 $p_{w1}=0$）；

p_{w2}——为固定点地层孔隙压力（注意，对于黏土地层 $p_{w2}=0$）；

z——地表到固定点的深度；

z'——基坑到固定点的深度；

q——地面附加荷载；

c——固定点的土层黏聚力。

如果根据郎肯公式计算有黏聚力地层的主动土压力，其结果一般是作用在挡土墙上的主动土压力非常小。然而，实际工程中，由于地面附近地层的施工扰动或雨水流入地层中的张力裂缝，可能会导致地层中实际主动土压力大于公式计算得出数值。此时，地层压力的最小值设定为 $p_A=0.3\gamma_t z$。

使用这些侧压力时应注意以下几点：

① 在发生地层变化时，需根据每层土的重度来确定土压力的分布。

② 挡土墙嵌固部分黏土及砂土地层交替时，需要正确分析每个含水层的孔隙压力。

③ 当内摩擦角确定存在于黏性土中，依照土体质量或排水条件，黏土地层的内摩擦角通常取值为 $\varphi\leqslant 5°$。

对于以上第②点，可使用第 124 条（4）的条文说明。

当采用梁—弹簧模型计算挡土墙支护系统的应力及位移时，墙后的地层压力采用第 124 条（1）中的公式，而非上述侧压力公式。

2）无支撑挡土墙

这类挡土墙支护系统的嵌固深度计算方法有多种。常规做法是通过验算两种力的平衡来确保安全性：一种是水平方向上力的平衡，另一种是力矩的平衡。

基于力的平衡的挡土墙验算应仔细进行，因为无支撑挡土墙的稳定性难以保障。

开挖前，静止土压力作用在挡土墙上，使其保持平衡，如图 C3.23（a）所示。地面开挖使得开挖面和墙背面的侧压力不平衡，导致挡土墙内外两侧压力随之变化，如图 C3.23（b）所示。

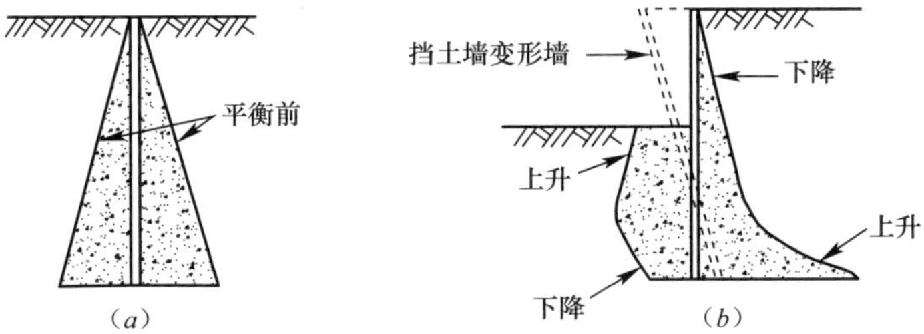

图 C3.23　开挖前后作用在无支护挡土墙上的地压力及水压力变化

（a）开挖前；（b）开挖后

嵌固深度可设定为图 C3.24 中平衡深度（D）的 1.2 倍。图 C3.24 显示了图 C3.23（b）中土压力和水压力的线性分布。本方法假设 $\sum H=0$ 及 $\sum M=0$ 且能够满足其稳定性条件。平衡深度可以采用以下两个联立方程来确定，将平衡深度（D）和从挡土墙底部到土压力变化点（n-n）的距离 l_n 作为未知数（参见图 C3.24）。

$$P_A+R-P_p=0$$

$$P_A+Ra_R-P_pa_p=0$$

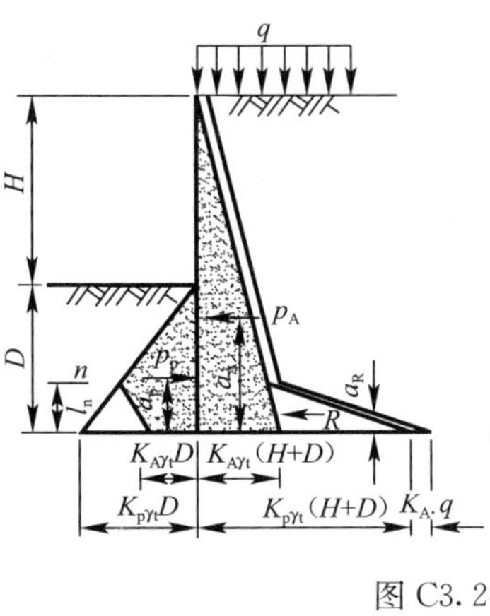

H—开挖深度；
D—平衡嵌固深度；
K_A—主动土压力，砂土层采用库伦土压力公式，黏土层采用朗肯土压力公式；
K_P—被动土压力，砂土层采用库伦土压力公式，黏土层采用朗肯土压力公式；
r_t—土的重度（土层位于水位线以下时，要加上水的重度）；
P_A—墙后主动土压力及水压力的合力；
P_P—开挖面侧边的土压力及水压力的合力；
R—土压力及水压力的反力合力；
q—附加荷载；
n-n—土压力改变点。

图 C3.24　平衡嵌固深度（满足安全条件的方法）

图 C3.25 所示的方法使得计算简便容易，因为增加的嵌固深度与主动弯矩和被动弯矩相等处的深度相加所得深度被用作平衡深度。本方法适用于自稳性高、无水压力作用的挡土墙，如排桩及板墙。

当计算嵌固深度时，可以通过力矩平衡得出 l_0'[图 C3.25（a）] 并通过水平方向力的平衡得到 Δl（增加的嵌固深度）[图 C3.25（b）]。

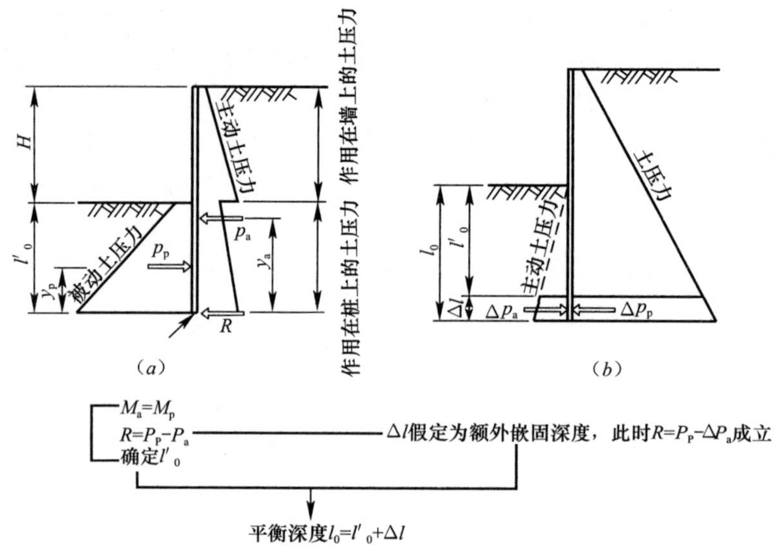

图 C3.25　平衡嵌固深度（增加额外的埋置深度）

平衡深度计算方法如下式所示，且设计嵌固深度为 $1.2l_0$。

$$l_0 = l'_0 + \Delta l$$

（3）最小嵌固深度

当墙背计算所得土压力较小或被动土压力较大时，在黏聚力大的地层中，墙的嵌固深度可能会很小。为确保安全，通常规定排桩及板墙最小嵌固深度为 1.5m，钢板桩最小嵌固深度为 3.0m。在充分验算脆性破坏后，如果发现这些嵌固深度值不合理，则可以降低，例如，极坚硬地层、软岩或加固后的地基。

第 138 条　挡土墙应力经典计算方法

（1）挡土墙应力计算不仅包括开挖完成之后的状态校验，还包括从开挖到回填的全过程的安全性验算。

（2）挡土墙承受水平方向上的土压力和水压力，某些情况下也承受竖向作用力，如来自栈桥的压力或来自锚杆荷载竖向的分量。验算挡土墙的安全性时应综合考虑这些因素。

（3）挡土墙应确保能够抵抗弯矩、轴力及剪力。

【条文说明】

关于（1）

基坑被全部开挖完成时一般是最危险的，因此，通常对这一阶段的状态进行应力计算。然而，施工过程中随着横撑竖直方向上的间距以及虚拟支撑位置的不同，即将安装横撑前的挡土墙应力可能会比基坑开挖完成时更大。开挖完成后拆除或替换妨碍隧道主体施工的横撑过程中，以及移除横撑进行回填时的应力往往都会比开挖完成时更大。这些过程中，应充分考虑挡土墙的安全性。

关于（2）

① 挡土墙上的水平荷载

应力计算时假设第 123 条中提及的侧压力作用在地基上，如图 C3.26 所示。图中并未考虑作用在嵌固部分的土压力。计算作用在挡土墙上的弯矩时，假设简支梁在横撑的位置以及虚拟点得到支撑。采用简支梁模型能够便于计算，另一方面也使计算结果偏于安全。虚拟支撑概念是为了便于计算。当平衡深度按照第 137 条中关于（2）1）的条文说明进行取值，则虚拟支撑与被动土压力的合力作用点是一致的。

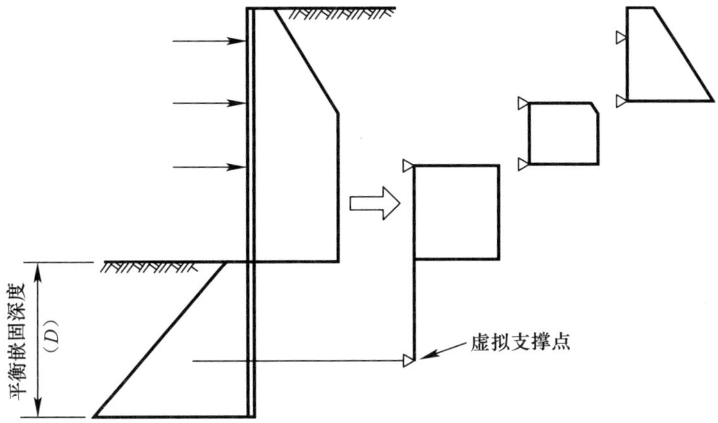

图 C3.26 挡土墙应力计算方法

② 挡土墙上的竖向荷载

作用在挡土墙上的竖向荷载包括栈桥压力、锚固力的竖向分量、挡土墙支撑的自重以及挡土墙的自重。

关于（3）

1）用于应力计算的横截面性状

挡土墙承受的荷载可以用来计算其构件应力，假设每一个挡土墙结构体系的横截面以及所用材料如表 C3.12 所示。

用于应力计算的截面性能 **表 C3.12**

挡土墙类型		截面性能
排桩和板墙		仅型钢截面有效
钢板桩（钢管板桩）	U 形	假设钢板间完全搭接，则截面模量的 60%作为有效截面模量
	Z/H 形	板桩的全部截面有效
	钢管板桩	钢管桩的全部截面有效
地下连续墙	水泥土	仅核心型钢截面有效
	固化剂固化	仅核心型钢截面有效
	钢筋混凝土	钢筋混凝土的矩形截面
	钢制	钢与混凝土的复合矩形截面

注：1. 对 U 形钢板桩，如果焊接连接点位置在钢板桩冠部，或头部相连并用混凝土固结，其截面模量可增加达 80%。

2. 随着钢板桩截面积的增加，U 形钢板桩的截面模量会降低。如果采用大截面的钢板桩，挡土墙的变形可能产生问题，设计过程中应设置合理的接头系数。

2）挡土墙应力计算方法

计算挡土墙应力时应采用其在不同施工阶段发生的最大构件应力。

① 排桩和挡板（横板）：挡板一般使用木材。如图 C3.27 所示，端部大于挡板厚度或大于等于 40mm 时，该部分应放在排桩翼缘之后。其厚度必须满足下列有关弯矩及剪力要求的公式，其中最小厚度应为 30mm。

$$\sigma=\frac{6M}{bt^2}=\frac{3wL^2}{4bt^2}\leqslant\sigma_a,\tau=\frac{S}{bt}=\frac{wL}{2bt}\leqslant\tau_a$$

式中 σ——横挡板的弯曲应力；

σ_a——横挡板的容许应力；

τ——横挡板的剪切应力；

τ_a——横挡板的容许剪切应力；

w——作用在挡板上的土压力；

L——用于计算的横挡板跨度；

b——横挡板的单位宽度；

t——横挡板厚度；

M——横挡板所受弯矩；

S——横挡板所受剪力。

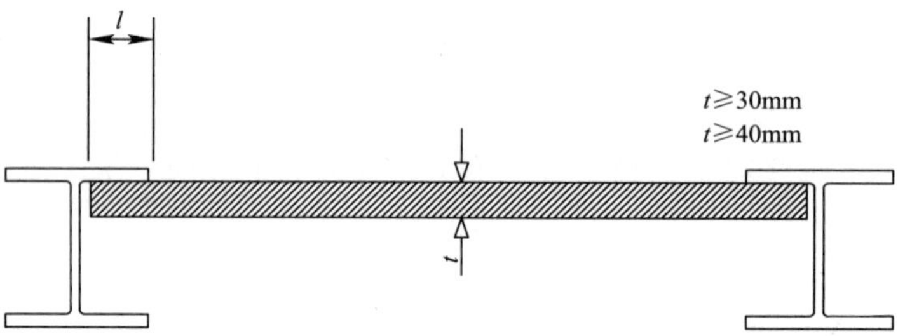

图 C3.27 挡板规格

横挡板跨度 L 的计算式为 $L=L_0-B$（L_0 为排桩的中心距，B 为排桩翼缘宽度）。

② 钢桩：排桩、板墙、钢（钢管）板桩墙中的 H 型钢以及用在水泥土连续墙和固化泥浆连续墙中的核心型钢，应力计算方法如下：

$$\sigma=\frac{M}{Z}+\frac{N}{A}\leqslant\sigma_a,\tau=\frac{S}{A}\leqslant\tau_a$$

式中 σ——挡土墙的应力；

σ_a——挡土墙的容许应力；

M——挡土墙极限弯矩；

N——挡土墙轴力；

Z——挡土墙截面模量；

A——挡土墙的横截面积；

τ——腰梁的剪力；

S——剪力；

τ_a——容许剪应力。

③ 钢筋混凝土：钢筋混凝土构件的应力计算方法如文献［1］所述。

3）接头

当挡土墙采用钢制接头时，相邻钢制接头必须互相抵消，以免同一断面中出现两个连接件。

当连续墙作为永久结构墙体的一部分，需要去除加固材料与地面销钉。这一铲修过程会导致搭接的强度降低，建议连续墙主要加固的接点不要设置在这一区域。

参考文献

［1］ 日本土木工程协会：混凝土结构标准规范．“结构性能检验”，237-247，2002.

第 139 条　采用梁—弹簧模型计算挡土墙应力及变形

（1）为准确计算挡土墙的应力及变形，需要根据挡土墙、地层及支撑系统的特征采用恰当的模型。

（2）模型中使用的常数应经过仔细分析后确定。

（3）挡土墙应设计为能够充分抵抗弯矩、轴力及剪力。

【条文说明】

关于（1）

从根本上说，梁—弹簧模型可以用于计算挡土墙应力及变形，因为它可以更准确地模拟实际工况，开挖过程中可以计算挡土墙整体的应力及变形。不受限制的参数取值范围也使得计算结构与监测结果容易吻合。

梁—弹簧模型的分析假定如下所述（图 C3.28）：

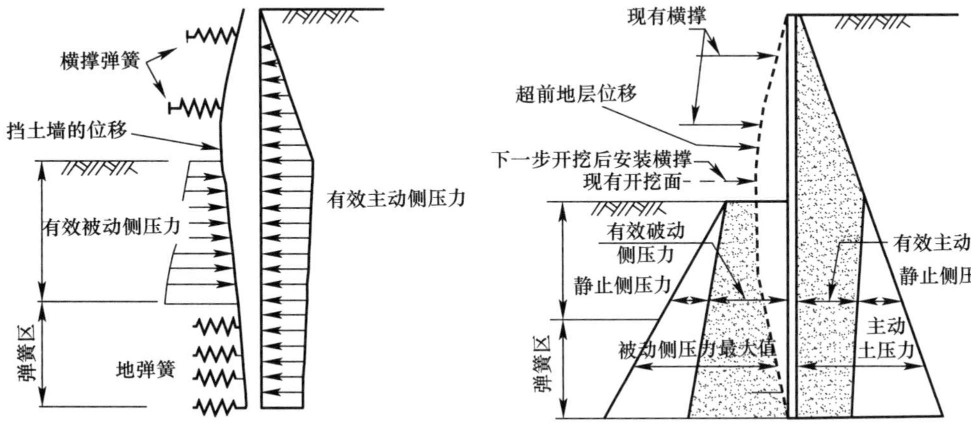

图 C3.28　梁—弹簧模型的结构及侧压力示意图

（a）结构模型；（b）工作状态侧压力

1）与结构体系相关的假设

本方法对结构体系做出如下假设：

① 本计算方法假设挡土墙有限长并且嵌固部分的端点处于自由状态。

② 假设挡土墙上支撑及锚杆安装位置在安装前已发生位移，即地层位移应予以考虑。

③ 假设挡土墙在塑性区是一种弹性梁，受到从基坑以上墙后侧压力及基坑以下有效墙后侧压力减去有效被动侧压力所得荷载影响。在弹性区，挡土墙是一种弹性地基上的梁，受到有效背后侧压力。

④ 假设挡土墙支撑是一种弹性承载，与挡土墙位移、支护系统的杨氏模量、截面积成正比，与墙体长度成反比。

挡土墙的应力及位移都不是在挡土墙施工完成时产生的，但二者在开挖过程中逐步增加。挡土墙是弹性体，应力及位移呈正比。然而，随着应力增加，土层中应力—位移比例关系失效。因此，有必要分别考虑弹性区及塑性区中土层的应力—位移关系。

在相应的开挖状态中已经发生了应力和位移后，挡土墙支撑才提供支护。由于挡土墙的结构体系每个开挖阶段都有所不同，相应地，支护系统的支护阻力也随之变化。

2）与地层压力相关的假设

本方法对侧压力做出如下假设：

① 墙后侧压力及基坑侧压力在每个开挖阶段都不同，因此可以用来应对土体条件发生变化的情况（如地下水位下降）。

② 基坑以上，墙后侧压力作用来自墙后方。

③ 基坑以下，墙后有效侧压力作用来自墙后方。与挡土墙位移成正比的弹性反力作用在基坑侧弹性区，有效被动侧压力作用在塑性区。注意，弹性区内静止侧压力与弹性反力之和小于或等于被动侧压力；塑性区内两者之和与被动土压力相等。此外，有效背后侧压力由背后主动侧压力减去基坑侧静止侧压力得出，其中基坑静止侧压力不受挡土墙位移影响。有效被动侧压力则由基坑的被动侧压力减去静止侧压力得出。

3）嵌固段稳定性

嵌固深度过小通常会导致挡土墙、横撑及锚杆有较大的应力和位移。另一方面，随着嵌固深度增加，应力和位移都会降低至某个极限值。应力和位移达到极限值时的嵌固深度可以通过计算比较不同嵌固时挡土墙的合力、位移及横撑与锚杆中的应力得出。本方法可以应对计算地层有所变化时的挡土墙截面积。尤其是当地质勘探不够充分，或在软土层中主动侧压力作用下发生的位移大于预期值时，或当地质条件对于平面延伸较长的挡土墙来说复杂多变时，本方法对确定嵌固深度是有效的。

关于（2）

在梁—弹簧模型中，采用不同参数对计算结果有较大影响，选取不同常数时应极其谨慎。

1）挡土墙抗弯刚度

在确定用于计算挡土墙的应力及位移的抗弯刚度时，应仔细考虑挡土墙和所用材料的种类。常见挡土墙抗弯刚度可参考表 C3.13。

挡土墙抗弯刚度　　　　表 C3.13

<table>
<tr><th colspan="2">挡土墙类型</th><th>抗弯刚度</th></tr>
<tr><td colspan="2">排桩和板墙</td><td>仅型钢截面有效</td></tr>
<tr><td rowspan="3">钢（钢管）板桩墙</td><td>U 形</td><td>抗弯刚度来自于钢板间完全搭接时的 45%</td></tr>
<tr><td>Z/H 形</td><td>板桩的抗弯刚度</td></tr>
<tr><td>钢管板桩墙</td><td>钢管桩的抗弯刚度</td></tr>
<tr><td rowspan="4">地下连续墙</td><td>水泥土</td><td>仅核心型钢的抗弯刚度</td></tr>
<tr><td>固化剂固化</td><td>仅核心型钢的抗弯刚度</td></tr>
<tr><td>钢筋混凝土</td><td>混凝土截面抗弯刚度的 60%
$E_C I_C \times 0.6$，式中 E_C 为混凝土杨氏模量，I_C 为墙体惯性矩</td></tr>
<tr><td>钢制</td><td>钢材与混凝土构件的复合抗弯刚度
$EI = E_S I_S + \alpha E_C I_C$
$\sigma_{eay} = 1200000\left(\frac{l'}{r_y}\right)^{-2}$
$h = \frac{1}{4\pi} \cdot \frac{\Delta W}{W}$
$\frac{G}{G_0} = K \cdot A \cdot p'^B$
$1 \times 10^{-6} < \gamma < 5 \times 10^{-4}$
$\gamma_a \gamma_b \gamma_i \frac{V}{V_u} \leqslant 1.0$
$V_u = V_{ug} + V_{ul}$
$V_{ug} = \frac{\mu(nf_{syd}A_{sg} + \sigma_N A_{cg})}{\gamma_c}$
$V_{ul} = \frac{\mu \sigma_N A_{ul}}{\gamma_c}$
$w_y = \frac{a_x l_x^4}{a_y l_y^4 + a_x l_x^4} = C_y w$
式中 E_S、E_C 分别为钢材及混凝土杨氏模量，I_S、I_C 分别为钢材及混凝土惯性矩，α 为考虑混凝土（含裂隙）的抗弯刚度修正系数（默认值 0.4）</td></tr>
</table>

注：1. 随着截面增加，U 形钢板桩的连接率会降低，因此当采用大尺寸的钢板桩时建议设置合理的连接率，否则挡土墙可能会产生较大位移。
2. 钢筋混凝土地下连续墙构件中的裂隙会降低墙体抗弯刚度，导致惯性矩变为完整构件的 0.5～0.7 倍。所以，当考虑裂隙时，计算钢筋混凝土构件的抗弯刚度时应乘以 60%。
3. 钢制连续墙相当于是一个内部填满混凝土的钢构件，其抗弯刚度由钢构件的刚度及充填混凝土的裂隙共同决定。
如果认为表面的混凝土有抗弯刚度，则混凝土与钢材应采用防滑螺柱连接。

2）水平地基反力系数

即便对相同地层，水平地基反力会因墙体位移、荷载宽度、荷载加载速度（荷载周期）等而各不相同。考虑到该常数的复杂性，应进行全面校验，结合地层条件、挡土墙结构体系、开挖尺寸、施工速度等综合考虑。一般采用如下公式：

$$K_h = \frac{1}{0.3}\alpha E_0 \left(\frac{B}{0.3}\right)^{-3/4}$$

式中　K_h——水平反力系数（kN/m^2）；

E_0——依据各种测试得出的地层变形系数（kN/m^2）；

B——荷载宽度（B=10m）；

α——E_0 计算法的修正系数（见表 C3.14）。

E_0 计算法的修正系数 **表 C3.14**

地层变形系数计算方法	α
在直径 30cm 钢板上进行的平板载荷测试所得变形系数的 1/2	1
钻孔内侧变形系数	4
单轴或三轴试验所得变形系数	4
假定 E_0=2800N，根据标准贯入试验 N 值计算出的变形系数	1

3）横撑弹簧常数

横撑弹簧系数需要考虑材料、截面积、杨氏模量、长度、水平间距及施工条件。一般采用如下公式进行计算：

① 钢制横撑

$$轴向弹簧常数\ k_s = \alpha \frac{2AE_s}{l_s}$$

② 混凝土横撑

$$轴向弹簧常数\ k_c = \alpha \frac{2AE_c}{l_s}$$

环向弹簧常数 $k_\theta = \eta \frac{E_c I_c}{l_n}$（采用逆作法、上板与挡土墙固定连接时）

式中 k_s、k_c——横撑压缩弹簧常数；

A——横撑截面积；

E_s、E_c——横撑的杨氏模量（钢、混凝土）；

s——横撑长度；

l——横撑水平间距；

α——横撑松弛系数（假定为 1.0）；

k_θ——旋转弹簧常数；

η——根据挡土墙附近中间支撑点的固定状态确定的系数（$3 \leqslant \eta \leqslant 4$；完全固定状态时 η 取 4）；

I_c——混凝土板的惯性矩；

l_n——从挡土墙中心到相邻中间支撑点的距离。

当栈桥梁作为支撑系统的一部分，用来限制地层变形时，栈桥梁与挡土墙、栈桥梁、梁支撑构件、栈桥梁防松螺栓之间的连接都应验算安全性。

由于横撑及腰梁必须连接在一起以防松脱，松弛常数 α 设为 1.0。然而，如果考虑腰梁变形的影响，松弛常数可以根据实际情况取 0.5～1.0。

③ 锚杆：采用锚杆时，弹簧常数可以采用如下公式计算，其中需要考虑锚杆打入的倾斜角度、未锚固段的延伸率和水平间距。采用本公式的前提是要将张力引入计算过程［详见第 4 条］。由于锚固段的位移比未锚固段小，锚固段的位移可以忽略不计。

$$k_a = \frac{AE}{l_{sf}} \cdot \frac{\cos^2\theta}{s}$$

式中 k_a——锚杆弹簧常数；

A——锚固体截面积；

E——杆体的杨氏模量；

l_{sf}——杆体的自由长度；

s——锚杆的水平间距；

θ——锚杆的水平倾斜角。

4）预加载

此处的预加载是一种预先施加的轴向力，能在横撑或锚杆安装后立即发挥作用，用以抑制挡土墙位移。需要注意的是，预加载与用来防止支护结构不稳所施加的荷载相比，大小和目的均不同。

考虑预加载的支护系统分析方法如表 C3.15 所示。

当墙体的刚度较大且挡土墙位移可以被控制在较小的范围时，该行为被视为更具线弹性，因此根据表 C3.15 中分析方法 1 进行计算不会造成任何实际问题。但如果上述条件不能得到满足，则需要更精确的分析，推荐设计时参考分析方法 2。

考虑预加荷载的分析方法　　表 C3.15

方法	分析方法 1	分析方法 2
	将墙后抵抗预加载的地层反力视为弹簧反力	将墙后地层视为弹塑性弹簧
描述	该方法除了进行常规的弹—塑性分析外，还包括将预加载作用下的外部荷载施加和叠加至一个模型；该模型将墙后地层视为弹性弹簧	该方法将墙后地层视为弹塑性弹簧，方法同开挖区域地层，且预加载和实施分析采用相同的模型。在获取挡土墙后的地层压力时，不是将其视为挡土墙发生变形的原因，而是将其视为挡土墙发生变形导致的结果。地基侧地层弹性反力的最大值是被动侧压力，墙后地层弹性反力最小值是主动侧压力
适用性	可以比较精确地得出预加荷载导致的挡土墙变形。然而，开挖过程中结构体系与预加荷载作用下的结构体系存在理论上的出入	本方法对开挖及预加载过程中挡土墙的动态表现计算精度高

5）土体改良后的参数

当对土体进行改良，用以提高地层强度时，设计中一般采用改良后的土体参数。由于改良后的土体参数随地质条件、地层情况、地下水情况、施工方法等不同而发生变化，在采用该参数进行设计前，应仔细校原地层的测试结果。当土体改良过程中的膨胀压力（石灰桩）或注浆压力（高压喷射注浆）可能对挡土墙稳定性有害时，应对土体改良过程中发生的侧压力增加量进行正确分析，以便在设计中反映分析结果。

6）控制墙后侧压力

墙后侧压力一般有两种设定方法，一种是将其设定为与挡土墙位移无关的已知量，另一种是将墙后地层设定为与地基侧相似的地层弹簧，如第 124 条所述，并据此将墙后侧压力与挡土墙变形建立联系。使用内部支撑预加载或改良地基后的支护系统可以减少挡土墙的变形，但同时会增加墙后的侧向土压力。由于第一种方法无法恰当反映墙后土压力，采用第二种方法更加合理。第二种方法需要的参数包括墙后水平地基反力系数、墙后最小及最大土压力。

7）挡土墙含有非对称结构

支护系统设计一般基于结构对称性假设。但由于施工或地层条件影响，支护系统可能不对称。非对称结构可能是墙体两侧抗弯刚度不同、墙体埋深也不同等。至于不同嵌固深度的影响，只要嵌固深度计算中的极限嵌固深度不变，应力及变形会几乎成为不受刚度影响的常数。经典设计已经确认，只要所用材料的刚度相差不大，抗弯刚度对挡土墙的影响较小。所以，即使对非对称结构，挡土墙两侧可以分别设计。

如果两侧墙体抗弯刚度差别较大，则需要分别校验挡土墙两侧的应力及变形。

以下方法可以用于设计非对称结构的支撑系统：

① 基于梁—弹簧模型，分析时应充分考虑两侧墙体的不同影响；

② 采用框架模型，假设两侧墙体是一个整体（如图 C3.29）；

③ 基于梁—弹簧模型，分析时将墙后荷载视为附加荷载；

④ 有限元分析法。

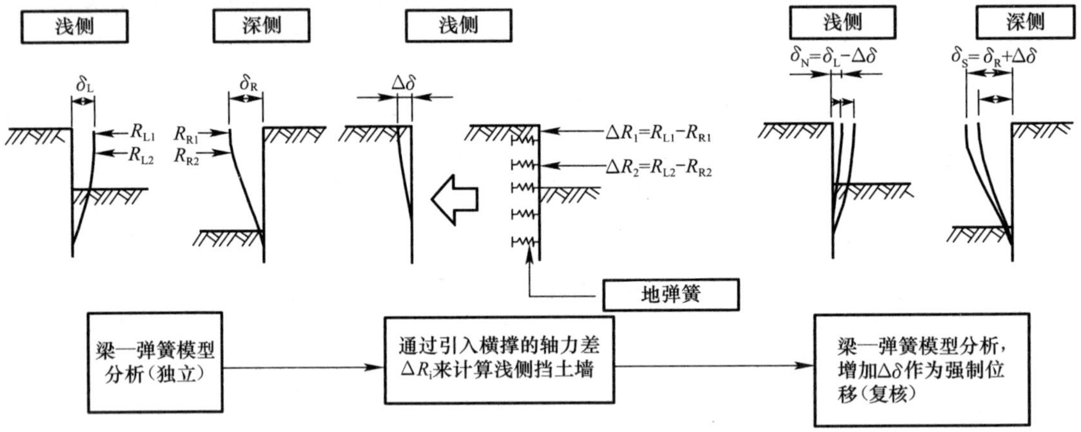

图 C3.29　采用梁—弹簧模型考虑两侧墙体的不同影响

8）非对称压力

建在斜坡上的支护墙，或相对两面墙之间荷载不均衡的支护系统会呈现出非对称行为，即在非对称压力条件下，会整体向一侧倾斜。浅侧的挡土墙向后位移，导致墙后产生过大的地层压力，并进一步导致挡土墙系统产生巨大应力或变形，甚至破坏整个支护系统的稳定性。在这种情况下进行校验时，必须考虑挡土墙的这一行为。设计受非对称压力作用的支护系统与设计结构不对称的支护系统方法相同。

关于（3）

挡土墙的应力计算方法如第 138 条（3）所述。

第 140 条　悬臂梁式挡土墙应力计算

计算悬臂梁式挡土墙应力应采用计算嵌固深度时的侧压力，同时假设悬臂梁有平衡嵌固端作为固定端。

【条文说明】

悬臂式挡土墙需计算嵌固深度与墙体应力两部分。两部分的计算通常都需要用到极限侧压力，如主动侧压力和被动侧压力。换言之，悬臂式挡土墙有显著的向内变形，且可以假定作用在墙上的侧压力处于极限状态。

第 141 条　腰梁的设计

（1）腰梁应有充分的强度和黏聚力，能将荷载从挡土墙传递到横撑。

（2）在确定腰梁的垂直间距时，应确保安全性，同时需要考虑荷载大小、腰梁的强度和刚度，以及挡土墙系统的构件的可施工性。

（3）设计横撑时应采用开挖及隧道主体结构施工各个阶段的最大荷载。

（4）计算时应假定腰梁为简支梁，受到由横撑或锚杆支撑。

【条文说明】

关于（1）

一般采用 H 型钢作为腰梁，有时使用钢筋混凝土板。当横撑被作为墙体支撑时，将轴向力传递到横撑需要腰梁构件不少于横撑构件，型号大于或等于 H300。

当横撑与腰梁连接处承受较大应力时，采用 H 型钢时该处可能会发生局部弯曲，其翼缘也可能会产生变形。因此，这些连接处必须采用加劲肋或混凝土按需加固（图 C3.30）。

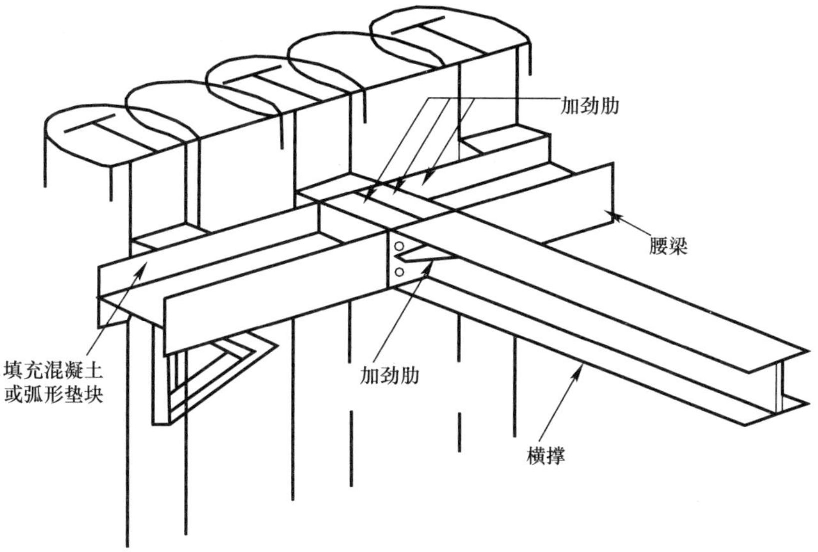

图 C3.30　典型连接点加固

采用支架等支撑腰梁也是必需的，用以防其由于受到路面振动、安全通道荷载、来自横撑的竖向荷载、锚固力竖向分量而失稳。

关于（2）

腰梁竖向间距的确定应考虑应力及挡土墙的可施工性。这一间距一般设定为 3m 左右，第一级腰梁应距离地面 1m 或以下。经过详细检测，已确认栈桥安装和大型开挖安全性的情况除外。

关于（3）

当采用梁—弹簧模型对挡土墙进行应力计算时，横撑的荷载应从开挖、主体修筑及拆除支撑系统三个阶段的应力计算结果中选用最大反力值。

计算作用在腰梁上的荷载（支撑反力）时，通常采用下方分担法。该法基于以下事实，即，第123条所述应力计算中采用的侧压力是通过处理横撑荷载传感器的观测数据得到。其中，最终开挖状态中的腰梁与下一阶段的腰梁或基坑底部之间的侧压力作为荷载（如图C3.31所示）。

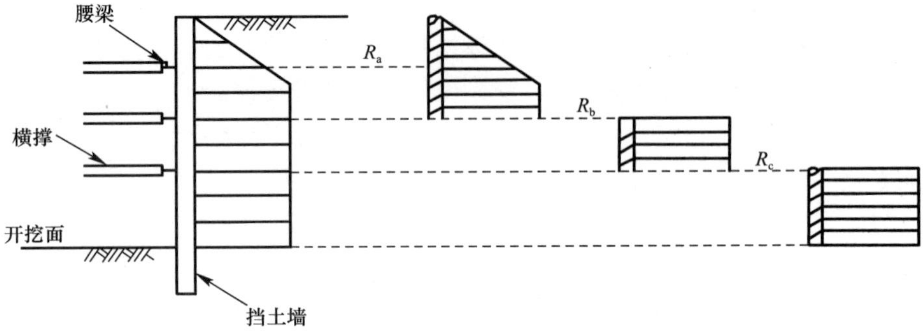

图C3.31　作用在腰梁上的土压力（下方分担法）

或者，假设移除支撑后上下支撑之间有一个简支梁。这时支撑反力可以设定为原始反力与上下层支撑的增加反力之和。同时，将被移除的支撑反力作为集中荷载（如图C3.32所示）。

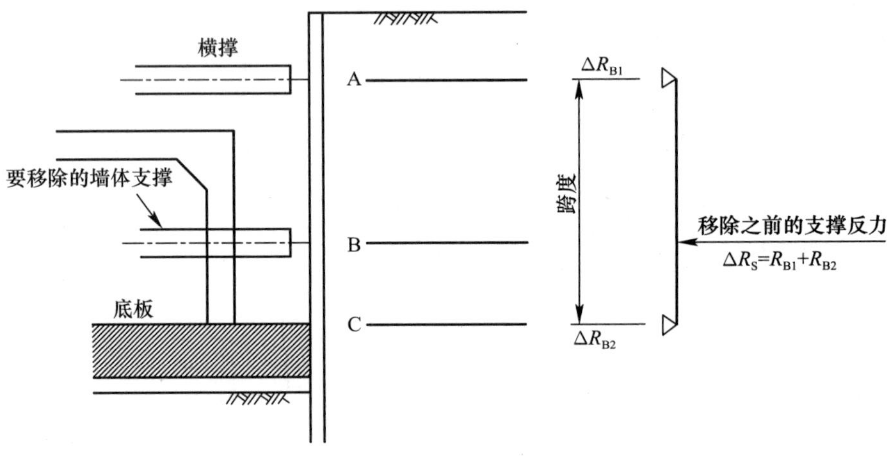

图C3.32　移除支撑时的验算方法

腰梁端部，轴力可能会起作用（温度变化或尾部轴向剪力，如第125条所述）。此时，腰梁应该被设计为受到弯矩及压力的构件。

关于（4）

腰梁的连接点可能会强度不足，为安全起见，可假设其为简支梁。如果相关连接点结构优良，可以像连续梁一样传递弯矩及剪力，则计算时可以假设其为连续梁。由于钢（钢管）板桩及连续墙可以将荷载视为均布荷载，因此采用下列公式对连续梁或简支梁进行相关的简化计算。

简支梁：　　$M_{max}=\frac{1}{8}wl^2, S_{max}=\frac{1}{2}wl$

连续梁：　　$M_{max}=\frac{1}{10}wl^2, S_{max}=\frac{1}{2}wl$

式中　M_{max}——弯矩最大值；

S_{max}——剪力最大值；

w——统一分布荷载；

l——跨度。

当采用连续梁模型计算时，腰梁受到来自诸如排桩和板墙等集中荷载的影响。此时，在允许荷载组合如图 C3.33 所示传递的情况下获取应力值，并在此应力基础上确定腰梁的横截面。

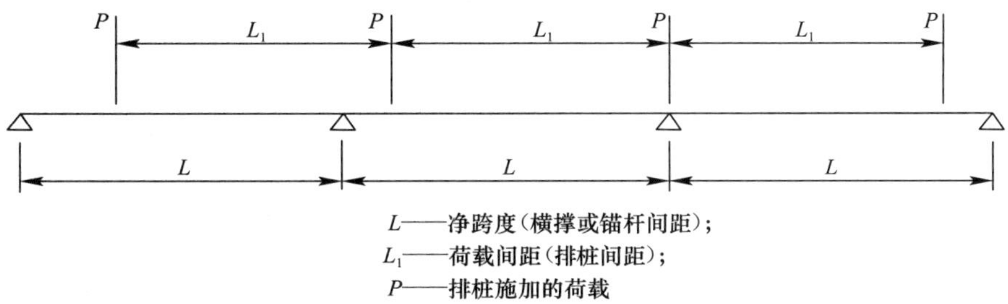

图 C3.33　排桩式地下连续墙腰梁上的荷载

当采用角撑连接横撑和腰梁时，常规计算方法是将其视为跨度为 L 的简支梁，如图 C3.34（a）所示，同时考虑降低角撑连接点的支护约束效果。当安装两级或以上的角撑

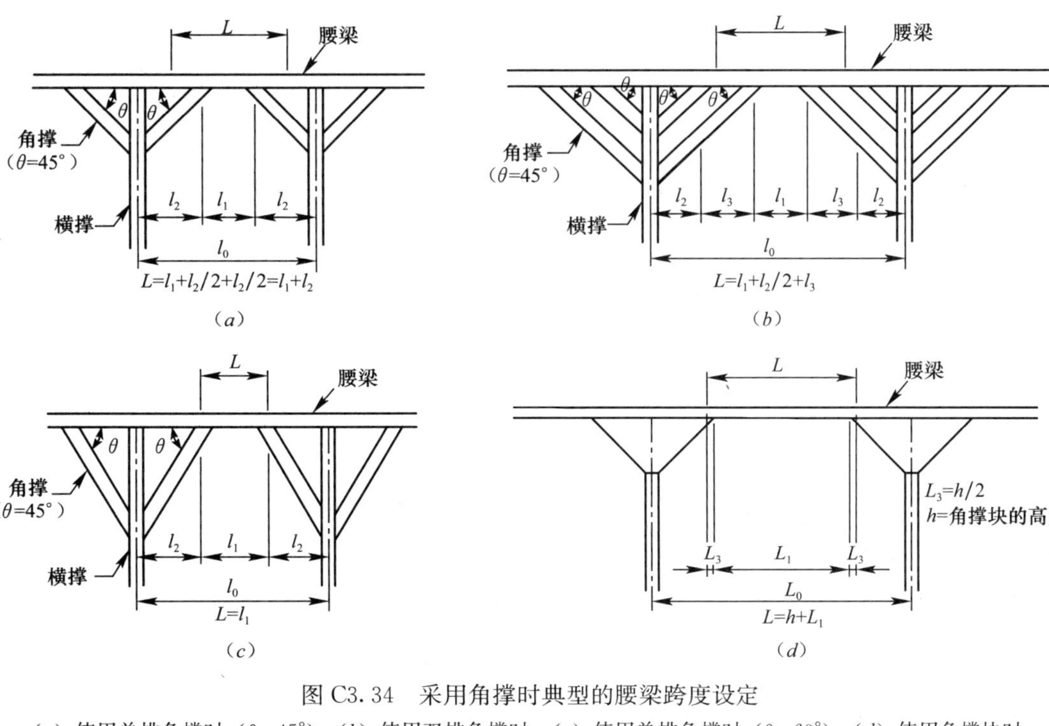

图 C3.34　采用角撑时典型的腰梁跨度设定

（a）使用单排角撑时（$\theta=45°$）；（b）使用双排角撑时；（c）使用单排角撑时（$\theta=60°$）；（d）使用角撑块时

时，没有明确的梁跨度计算方法。图 C3.34（*b*）所示为一个计算案例。另一方面，当角撑的安装角度大于或等于 60°时，通常使用图 C3.34（*c*）中所示的跨度 L 作为腰梁的跨度。当采用角撑块时，角撑块端部的间距与两端分别加上整个块体 1/2 厚度作为支撑，如图 C3.34（*d*）所示。

确定腰梁截面时应使用以下公式：

$$\sigma_{\mathrm{b}}=\frac{M}{Z}\leqslant\sigma_{\mathrm{ba}},\tau=\frac{S}{A_{\mathrm{w}}}\leqslant\tau_{\mathrm{a}}$$

式中 σ_{b}——腰梁弯曲应力；

τ——腰梁剪应力；

M——弯矩；

S——剪力；

Z——腰梁截面模量；

A_{w}——腰梁腹板的截面积；

σ_{ba}——容许弯曲压应力；

τ_{a}——容许剪应力。

在常规挡土墙结构的端部，腰梁也有作为横撑的功能，如图 C3.35 所示；当腰梁上轴力作为反力时，腰梁应被设计为一个承受轴力和弯矩的构件，如第 142 条（3）所述。

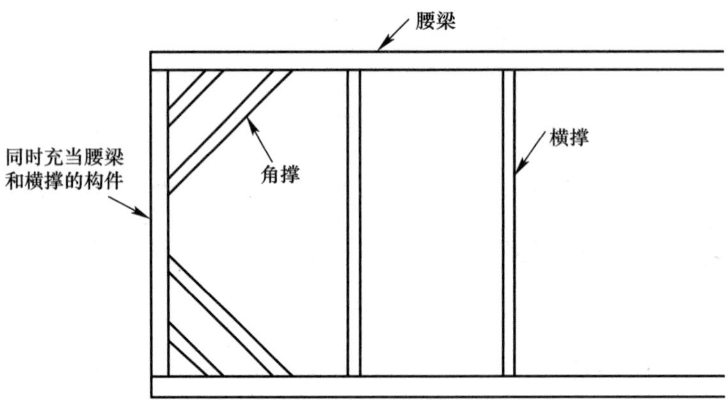

图 C3.35 挡土墙端部的腰梁

当使用锚杆支护时，腰梁水平方向（强轴方向）应校验其弯矩及剪力，并假定简支梁或连续梁在锚杆处存在支撑。在竖向（弱轴方向），腰梁受到设计锚固力的竖向分量，因此需要校验翼缘截面，并假定简支梁利用支架作为支撑。上下层腰梁的竖向荷载分担比率需根据锚杆支架结构来计算，而常规方法是将锚头安装在水平双槽钢腰梁上，如图 C3.36 所示。这一结构中，锚杆上全部竖向荷载都由下方腰梁承担。

理论上，由于锚杆产生较大的向下作用力，锚杆托架的两侧都应安装腰梁牛腿。这表明应该使用设计锚固力的竖向构件荷载来对托架横截面及支架与挡土墙连接处的横截面进行验算。

当钢筋混凝土地下连续墙采用锚杆支护，设计中可以假设挡土墙内有虚拟的钢筋混凝土腰梁。

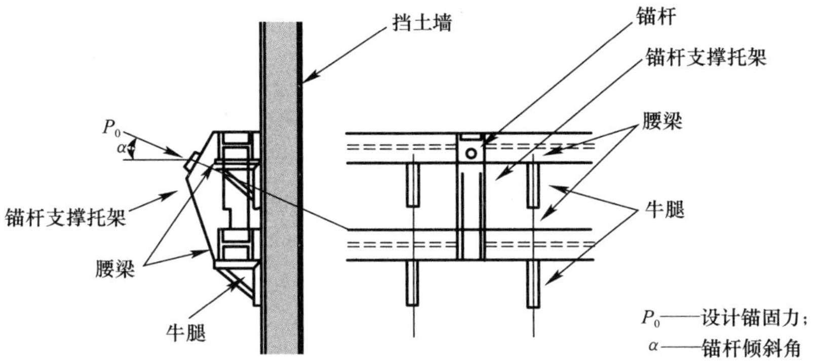

图 C3.36　锚杆支护时采用的钢腰梁

第 142 条　横撑的设计

（1）为确保安全，横撑的水平间距和竖向间距应在考虑荷载大小和可施工性后确定。

（2）横撑应有足够的截面面积与刚度，可以抵抗轴力导致的屈曲。采用长横撑时，应使用中间立柱或拉杆等进行加固。

（3）理论上不应对横撑施加荷载。如果不可避免，应将横撑设计为承受轴力与弯矩的构件。

（4）不建议对横撑进行连接。如果不可避免，应对连接部分采取加固措施，以保障连接强度。

（5）横撑与腰梁连接点应采用托架，防止松脱。

（6）当采用自流平混凝土作为横撑时，应确保其厚度能够提供足够的刚度。

（7）当环形挡土墙采用圈梁支护时，应利用适当的工作荷载及适合地层条件的计算模型来进行验算，确保结构安全。

【条文说明】

关于（1）

进行横撑施工准备时，应建立施工流程。开挖过程中应计划好横撑拆除及重新安设程序。采用逆作法时，应关注挡板位置及结构，加固筋的连接方法，混凝土浇筑厚度及隧道主体结构建筑高度。在确定横撑水平间距时，需考虑开挖期的可施工性及隧道主体结构施工时的运料，但一般不超过 5m。

为确保横撑间距足够大，需要有效利用角撑、支撑块，或采用横撑集中。

关于（2）

横撑的设计依据是计算受到来自腰梁最大反力的轴力导致的长柱屈曲。横撑截面设计需要满足如下公式：

$$\sigma_c = \frac{N}{A} \leqslant \sigma_{ca}$$

式中　σ_c——横撑的轴向压应力；

σ_{ca}——横撑的容许轴向压应力；

N——作用在横撑上的轴力；

A——横撑的横截面积。

作用在横撑上的轴力除了来自腰梁的反力外，还包括温度应力，这意味着在设计过程中应对第125条中所述的温度变化产生的影响加以考虑。

如果开挖过程中因回弹产生的中间立柱浮力较大，其对横撑的影响应予考虑。因为许多用来估算该浮力的参数未知，所以在施工过程中应对横撑的安全性进行全面监测。

轴向压应力容许值是由构件的屈曲长度决定的，而横撑屈曲长度的影响因素包括中间立柱、拉杆、角撑及其他加固构件，如图C3.37所示。

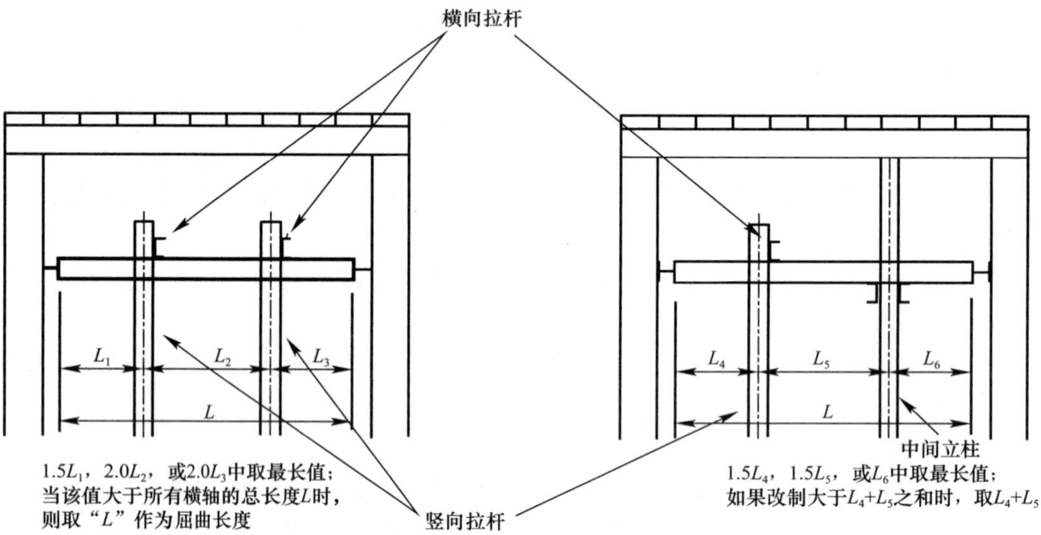

图C3.37 横撑屈曲长度的常见确定方法

关于（3）

当采用钢横撑，且附加应力大致等于临时放置材料的重度时，在验算时可将横撑视为受到轴力和弯矩作用的构件，同时假设其承受竖向荷载大约为5kN/m，其中包含横撑的自重。在验算时，作用在横撑上的任何较大施工荷载都应予以考虑。

适用于承受轴力及弯矩的构件（型钢SS400）的公式如文献［1］所示。但是一般采用如下公式，因为横撑通常不受弱轴方向弯矩影响。

$$\frac{\sigma_c}{\sigma_{caz}}+\frac{\sigma_{bcy}}{\sigma_{bagy}\left(1-\dfrac{\sigma_c}{\sigma_{eay}}\right)}\leqslant 1.0$$

式中 σ_c——截面轴向压应力（需校验）；

σ_{bcy}——强轴方向上的弯曲压应力；

σ_{caz}——弱轴方向上的容许抗压应力，$b'=13.1t'$（如图C3.38）；

σ_{bagy}——强轴方向上的容许弯曲压应力，不考虑局部屈曲（$2A_c \geqslant A_w$）；

$l/b \leqslant 4.5$时取210（N/mm^2）；

$4.5 < l/b \leqslant 30$ 时取 $210 - 3.6(l/b - 4.5)(\mathrm{N/mm^2})$；

b——受压翼缘宽度（cm）；

l——受压翼缘固定点的间距（cm）；

A_c——受压翼缘总截面积（$\mathrm{cm^2}$）；

A_w——腰梁总截面积（$\mathrm{cm^2}$）；

σ_{eay}——强轴方向欧拉屈曲应力（$\mathrm{N/mm^2}$）；

$$\sigma_{eay} = 1200000\left(\frac{l'}{r_y}\right)^{-2}$$

l'——有效屈曲长度，由构件两端支撑点情况确定（cm）；

r_y——靠近强轴的截面的回转半径（cm）。

当采用钢筋混凝土横撑时，应设计为横截面受到轴力和自重弯矩，且必须确定适当的截面和加固区。

关于（4）

接头易受到弯曲破坏。如果必须使用接头，应通过加固确保构件有足够的强度，如图 C3.39 所示。建议将接头设置在受到中间立柱、横撑等限制的区域附近（通常为 1m 以内）。

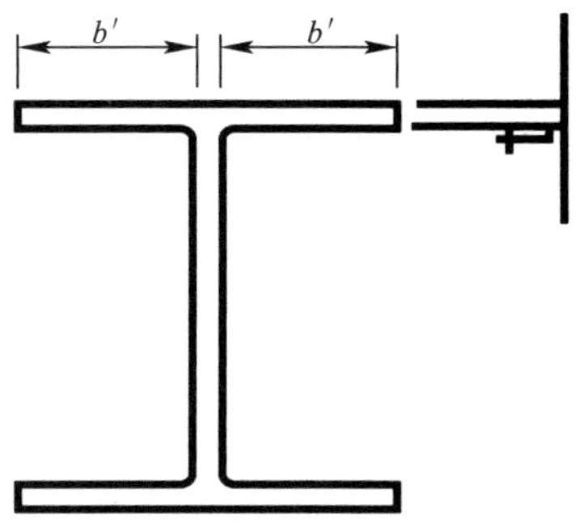

图 C3.38　b'和 t'的计算方法

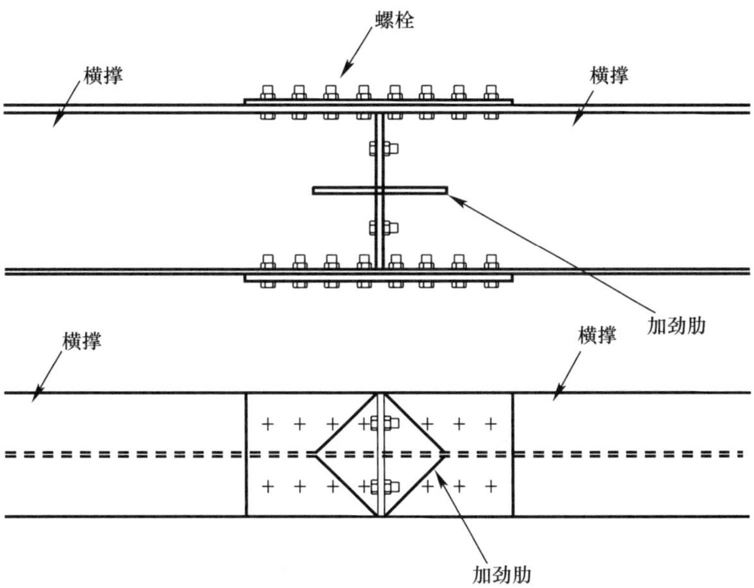

图 C3.39　典型横撑接头

关于（5）

横撑与腰梁之间的缝隙或松弛意味着横撑将无法支持腰梁，导致腰梁跨度加大，增加挡土墙变形并最终导致墙后地面沉降。需要使用千斤顶或者支架使横撑和腰梁紧密接触，并使用螺栓连接。另一种防止墙后地面沉降的方法是在横撑上施加预加载以减少挡

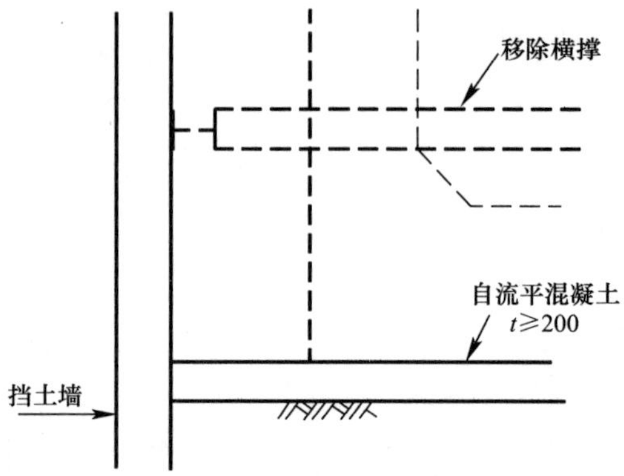

图 C3.40　自流平混凝土作为横撑的案例

土墙变形。

一般情况下，横撑与腰梁以直角相交。如果二者斜交或使用角撑，应确保横撑与腰梁间采用螺栓稳固连接，防止水平分力导致横撑滑移。

关于（6）

当移除横撑时使自流平混凝土作为支撑时，应确保截面有足够的承载力以抵抗工作荷载，同时需要考虑自流平混凝土（少灰混凝土）的强度、刚度及龄期（图 C3.40）。此时，混凝土的厚度应为 20cm 左右。验算时，假设这些横撑为长（细）柱或受到轴力的板。

关于（7）

当采用圆形支护的圈梁承受来自于挡土墙的相同压力时，梁上截面各处受到相同的压应力。另一方面，由于挡土墙施工精度不够、横撑形状不规则或地面不平引起的不对称压力等导致圈梁内出现弯矩时，需要验算梁的抗弯及抗压安全性。在计算弯矩的方法中，可取圈梁半径的大约 2%作为椭圆化比率，或取侧压力的 10%～20%作为不对称压力值。

对于圈梁来说，梁的屈曲很可能导致大的事故，因此应在梁的上下部使用支架，防止发生失稳。当大规模开挖采用圈梁时，原则上应采用钢筋混凝土确保抗屈曲安全性。

参考文献

[1]　日本道路协会：公路桥规范和条文说明（第二部分，钢架桥）. 169-173，2002.

第 143 条　角撑的设计

角撑应能确保应力传递。

【条文说明】

角撑通过扩大横撑水平间距或通过支撑腰梁拐角来加固腰梁。角撑两端与腰梁或横撑斜交时，容易产生滑移。因此连接结构应有足够的抗滑能力。

角撑必须与横撑对称连接，防止因为偏心荷载产生弯矩。角撑被设计成承受轴向压力的抗压构件，采用如下公式进行计算（图 C3.41）：

$$N = \frac{L_1 + L_2}{2} w \frac{1}{\sin\theta}$$

式中　N——作用在角撑上的轴力；

L_1、L_2——腰梁跨度；

w——作用在腰梁上的均布荷载；

θ——角撑的安装角度。

一般与横撑相连接的角撑是短构件，这意味着它们自重产生的竖向荷载可以忽略不计。原则上角撑的安装角度应为 45°。如果由于腰梁的设置方式使得接头包含搭接，应

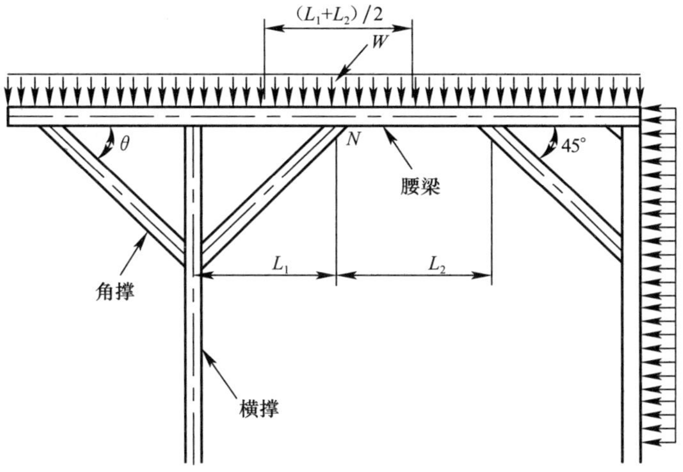

图 C3.41 角撑轴力的计算方法

考虑使用接合螺栓。

角撑截面应满足如下公式：

$$\sigma_c = \frac{N}{A} \leqslant \sigma_{ca}$$

式中 σ_c——压应力；

σ_{ca}——容许轴向压应力；

N——轴力；

A——横截面面积。

近年来，工程中开始采用支撑块来节省人力。这类块体所需使用的螺栓更少而刚度很高。由于有多种类型可供使用，需要确定每类的使用方法。应特别注意相对腰梁的连接位置与腰梁位置的准确性。

第 144 条 临时挡土结构中的锚杆设计

（1）临时挡土结构选用的锚杆应适合相关结构的规模、形状、地层条件及环境情况，且设计荷载有足够安全的抗拔力。

（2）用作临时挡土结构的锚杆能有效地锚固在硬质土体中，且应在仔细分析过地层、施工、环境条件、现存地下设施、挡土墙应力及位移，以及结构体系的稳定性后决定锚杆长度及布置方式。

（3）特殊条件下采用特殊用途的锚杆，应在仔细研究测试结果后进行设计。

【条文说明】

关于（1）

锚杆被用于支护系统，用来将反力从腰梁传递到锚固地层。足够的地层抗剪强度是采用锚杆支护的先决条件。提前建立适合土层特征的土体参数非常重要。

计算锚杆的抗拔力需要仔细的检测，因为钻孔可能会使得孔壁变粗糙，而且导致地层剪抗强度降低。土体恢复抗剪强度的程度会因砂浆灌注情况而不同。以上各个因素应进行仔细分析，方法如下：

为了解锚杆的最终抗拔承载能力以及锚杆抵抗地层变形的力学行为，必要时，应进行基本的调查测试，测试条件尽量与实际条件相同。这有助于为锚杆设计确立各种常数。基本的调查测试应包括拉拔试验及长期性能测试，如文献［1］所述。必须进行长期性能测试，以便确定设计中所需的预应力大小，主要通过获取锚杆使用期间锚束残余抗拉强度随时间降低的量。

支护系统中锚杆各部分的名称如图 C3.42 所示。

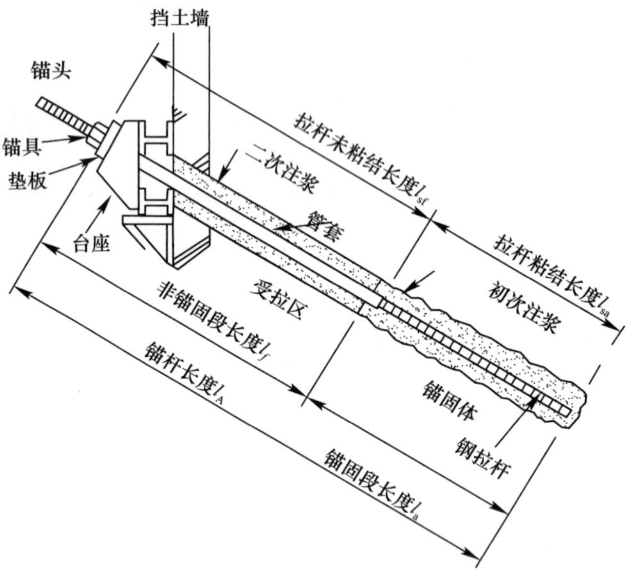

图 C3.42　支护系统中锚杆构造

挡土系统中的锚杆设计应基于支护结构、锚固参数，提供足够的锚固力。必须注意防止来自腰梁反力的设计锚固力超过容许锚固力。即

$$T_a \geqslant T_d$$

式中　T_a——容许锚固力；

T_d——设计锚固力。

1）锚固段长度

根据锚拉式支撑方式，锚杆可以分为摩擦型与承压型。摩擦型锚杆将拉拔力通过锚杆表面与锚固地层间的摩擦力传递到地层。锚杆表面摩阻力的统计结果可以为基础拉拔试验提供指导。

摩擦型锚杆根据（从拉杆到注浆过程中）应力不同可进一步分为拉伸式与压缩式。另一方面，承压型锚杆通过作用在锚杆端部地层被动土压力的阻力将拉力传递到地层。由于锚固区域地层强度的影响，承压型锚杆的承压值难以明确。

因此，本节描述了摩擦型锚杆的设计方法。在采用承压法之前，建议进行基本调查测试确定承压值。

锚固段的设计长度应能确保锚固段在地层摩擦力或锚杆端部的承载力作用下的安全性。

对于摩擦型锚杆，标准锚固长度是 3～10m。如果设计锚固力较小，锚固段长度可以减少，如果锚固长度过短，倾斜度或厚度的轻微变化都会对抗拔力产生巨大影响。为将这种影响降至最低，锚固长度最小应为 3m。图 C3.43 显示了摩擦型锚杆拉拔力极限值与锚固长度之间的关系。当设计锚固力较大时，每根锚杆的拉拔力极限值与锚固长度的增长并不呈正比例。当锚固长度超过 10m 时，其抗拔力极限值几乎不再增加。因此，标准锚杆长度设定在 10m 以内。

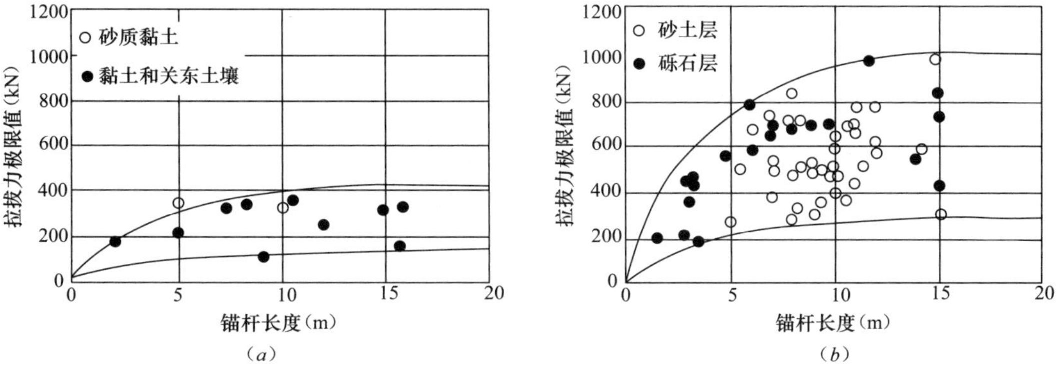

图 C3.43　锚固长度与拉拔力极限值的关系

(a) 黏土层；(b) 砂砾石层

当锚杆主要通过承载压力或摩擦力抵抗拉拔力时，若锚固长度小于 3m 或大于 10，则需要进行同尺寸的锚杆试验以确保其安全性。

2）浆液强度

在拉力及设计工作荷载作用下，临时锚杆的水泥砂浆抗压强度应不小于 $18N/mm^2$。

3）设计锚固力

设计锚固力可通过水平反力确定，而水平反力按照第 141 条（图 C3.44）所述的腰梁工作荷载取值。即

$$T_d = T_p \frac{1}{\cos\alpha}$$

式中　T_d——设计锚固力；

T_p——腰梁支撑点上的最大水平反力；

α——锚杆倾斜角度。

4）容许锚固力

容许锚固力应取容许拉力、容许拉拔力和容许粘结力中的最小值。

① 容许拉力应取锚束极限拉力的 65%（$0.65T_{us}$）或锚束屈服拉力的 80%（$0.80T_{ys}$）二者中的较小值。

② 容许拉拔力应按照下式计算：

$$T_{ag} = T_{ug}/f_s$$

式中　T_{ag}——容许拉拔力；

T_{ug}——极限拉拔力；

f_s——拉拔力安全系数（$f_s \geq 1.5$）。

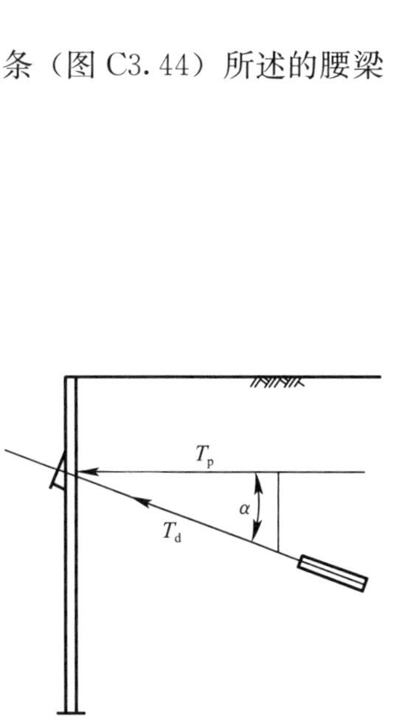

图 C3.44　设计锚固力计算图示

极限拉拔力，主要因地层情况导致锚杆发生最终破坏时需要用到的力，其计算公式如下：

$$T_{ug} = \tau\pi d_a l_a$$

式中 T_{ug}——极限拉拔力；

τ——锚杆表面摩阻力（表 C3.16）；

d_a——锚杆公称直径；

l_a——锚固长度。

表 C3.16 中锚杆表面摩阻力是注压式锚杆拉拔试验测试的统计结果。在不使用基础调查测试的情况下，锚杆表面摩阻力可参考本表取值，但应考虑以下情况：

(a) 理论上，当表土层较薄时，锚杆表面摩阻力通过基本调查测试得出。

(b) 与加压型锚杆相比无压型锚杆的表面摩阻力非常小，此时本表格不适用。

(c) 如果锚固地层是岩体或砂层，锚杆表面摩阻力可能小于表中值。一般情况下，上述岩体中的摩阻力应考虑风化、裂隙分布和破裂状况。对风化岩石，摩阻力应根据风化情况设定为小于表中的数值。

注压式锚杆的表面摩阻力（kN/m^2） **表 C3.16**

地层类型			摩阻力
岩体	硬岩		1500～2500
	软岩		1000～1500
	风化岩		600～1000
	硬质地层		600～1200
砾石	N 值	10	100～200
		20	170～250
		30	250～350
		40	350～450
		50	450～700
砂土	N 值	10	100～140
		20	180～220
		30	230～270
		40	290～350
		50	300～400
黏土			1.0c c——黏聚力（kN/m^2）

③ 容许粘结力计算方法如下：

$$T_{ba} = \tau_{ba} U l_{sa}$$

式中 T_{ba}——容许粘结力；

τ_{ba}——容许粘结应力（表 C3.17）；

U——锚束周长（表 C3.18）；

l_{sa}——锚束粘结长度。

容许粘结力（N/mm²）　　**表 C3.17**

<table>
<tr><th>设计标准注浆强度
锚束类型</th><th>18</th><th>24</th><th>30</th><th>40 或以上</th></tr>
<tr><td>PC 钢丝</td><td rowspan="4">1</td><td rowspan="4">1.2</td><td rowspan="4">1.35</td><td rowspan="4">1.5</td></tr>
<tr><td>PC 钢筋</td></tr>
<tr><td>PC 钢绞线</td></tr>
<tr><td>多重 PC 钢绞线</td></tr>
<tr><td>异形（螺纹）PC 钢筋</td><td>1.4</td><td>1.6</td><td>1.8</td><td>2.0</td></tr>
</table>

周长计算示例　　**表 C3.18**

<table>
<tr><th>锚束类型</th><th>装配方式</th><th>表面周长</th></tr>
<tr><td>变形 PC 钢筋
多重 PC 钢绞线</td><td>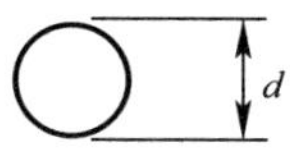</td><td>$d\times\pi$
d——公称直径</td></tr>
<tr><td rowspan="2">PC 钢绞线
变形 PC 钢筋</td><td></td><td>图中虚线长度</td></tr>
<tr><td>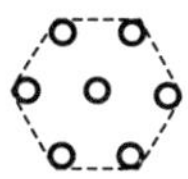</td><td>图中虚线长度或者一条钢绞线的周长乘以钢绞线数量，取而者中的较小值</td></tr>
</table>

关于（2）

支护系统锚杆所埋设的地层应具有足够的抗拉拔力，能够满足设计所需的锚固力。如果表面摩阻力是在未预先进行基本调查测试的情况下通过参考表 C3.16 确定取值，则需进行类似测试对所埋设锚杆进行确认。该测试应尽早进行，以确保实际锚固地层的拉拔力能够满足设计条件（参见第 193 条）。若锚固区位于层状地层，建议进行基本调查测试以确保锚固特性。

① 锚杆位置

锚杆长度应确保结构体系的稳定性，而锚固位置应确保外部的稳定性。理论上，锚杆的非锚固段长度应不小于 4m。

② 锚杆间距

锚杆间距设置是为了确保安全性与经济性，设置时应考虑地层条件与支护系统构件的横截面。锚杆增加间距可能导致腰梁应力增加，进而需要更大的构件。相反，降低锚杆间距可能导致横撑截面的减小。然而，锚杆之间的相互影响或群锚效应导致锚杆极限拉拔力的降低。

群锚效应受锚杆安设间距、锚杆长度、锚杆直径及锚杆与地层关系的影响。实测结果表明当锚杆间距达到锚杆直径四倍或以上时，一般不需要考虑群锚效应，1.5m 的间距是安全的。如果锚杆间距小于这一值，可能需要采取交错排列，并降低锚杆倾角以确保锚杆间距超过这一数值。

③ 锚杆倾角

确定锚杆与水平方向的倾角时，不仅要看它的动力学特性，也应考虑其他多种条件。此外，还应检测随着倾角增大而发生的锚杆水平分力。设计时一般取 $\alpha\leqslant45°$，但应注意避免将锚杆倾角设置在−5°～+5°之间，因为施工和浆液固化过程中残余沉渣以及浆液流出可能极大影响锚固力。

理论上，锚杆应与挡土墙面垂直。

④ 锚杆安装深度

在确定锚杆锚固位置时，应考虑结构体系的整体稳定性。锚固位置须确保有足够的附加覆土荷载，防止浆液泄漏并确保达到锚杆所需锚固力。此外，为尽量减少重型机械通行对锚固地层的干扰，锚固位置的最小覆土深度理论上应不小于5m，如图C3.45所示。如果锚杆位置覆土深度必须小于5m，则需通过基本调查测试确定其极限拉拔力。

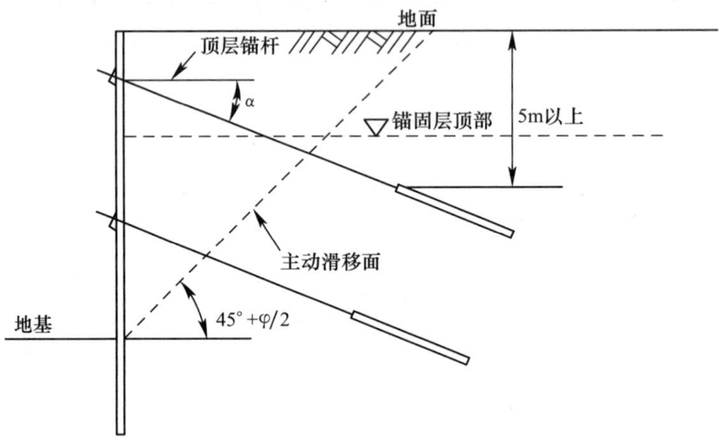

图C3.45　最小锚固覆土深度示意图

⑤ 结构体系整体稳定性

在锚杆支护系统中，需要验算包括锚杆在内的整体结构的外部稳定性［图C3.46(*a*)］，也需要验算锚固区土层的稳定性。这一稳定性被称为内部稳定性，一般通过Kranz简化计算法进行计算［图C3.46（*b*）］。

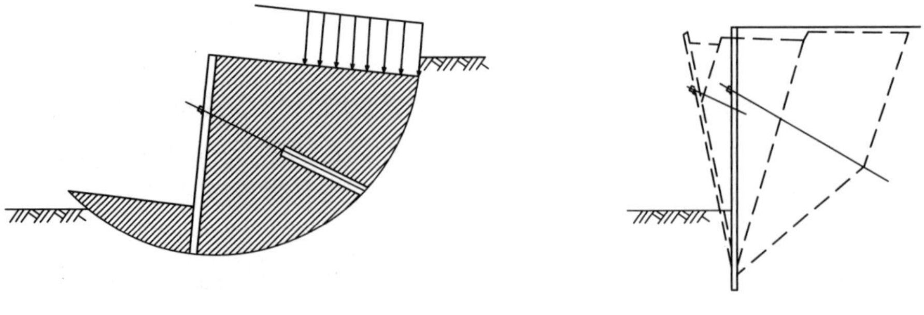

（*a*）　（*b*）

图C3.46　锚杆稳定性概念图

（*a*）外部稳定性；（*b*）内部稳定性

⑥ 初始拉力

锚杆支护的支护系统中锚杆的初始拉力必须考虑地层条件、挡土墙结构、支护系统安装周期及施工方式。

锚杆的弹簧系数小于横撑的弹簧系数，因此需在锚杆安装时施加拉力以限制挡土墙位移。拉杆变松、锚固时的初始设定值、锚杆及地层的变形都可能导致拉力降低。因此初始设定时必须要确保所需的拉力。

拉力降低的比例无法精确计算，因为它受到地层条件、挡土墙结构及施工方法的巨大影响。尤其是在黏土层中，由于锚固地层有大的徐变变形，因此最好通过徐变试验所得的预应力降低比率来确定张拉力。

锚固力由挡土墙设计时的荷载情况决定，这表明对于设计荷载以及最小荷载时挡土墙的应力情况都应该进行研究。这是因为当荷载较小时，锚杆拉力是作用在挡土墙及地层上的反向荷载。此时，不建议总是使用太大的初始锚固力。

基于以上考虑，初始拉力一般设定为50％～100％的设计锚固力。

关于（3）

为特定用途的锚杆确定设计参数经常是很困难的，如承压水地层中的锚杆、需要移除的锚杆、受循环荷载或冲击荷载的锚杆等。此时，必须基于特定情况下的基本调查测试结果进行设计。

① 承压水地层中的锚杆

挡土墙中的锚杆安装位置通常低于地下水位。如果锚固时不采取措施，地下水可能会倒流，对地层造成扰动，并进一步降低前期安装锚杆的承载力或使得墙后地层产生空腔。因此必须通过注浆或使用截水箱保障防水性能。

② 需要移除的锚杆

当前市区内施工时使用可移除锚杆的情况越来越多。其中包括施工至最后阶段时，需要移除附近的锚杆。

根据锚束的锚固方法不同，可移除锚杆可以大致分为摩擦阻力型与支撑阻力型。设计时应综合考虑结构、不同种类锚杆的锚固机理及移除机理。设定容许锚固力之前需要进行基本调查测试。锚杆移除后的钻孔处理应考虑围岩、结构设计及充填材料对环境的影响。

参考文献

[1]　日本土工协会：锚杆的设计和安装标准及解析．20-23，2000.

第145条　挡土墙及中间立柱的承载力

（1）作用在挡土墙及中间立柱上的竖向荷载一般是施加在横梁或地下设施专用梁上的荷载的最大反力。

（2）必要时，可加固梁支护构件或安装斜撑构件，以分散挡土墙或中间立柱上的竖向荷载。

（3）在确定挡土墙及中间立柱的容许承载力时，应将其承载能力极限值除以一个规定的安全系数；除非该承载力数值小于隧道主体结构的容许压力。

（4）设计挡土墙和中间立柱时，竖向施加的工作荷载不得超过容许承载力。

【条文说明】

关于（1）

挡土墙和中间立柱受到竖向荷载作用，而其他的则不承受。以下为作用在挡土墙及中间立柱上的主要竖向荷载：

① 地面附加荷载；

② 栈桥自重（栈桥板、梁等）；

③ 地下设施自重（包括梁）；

④ 桩及挡土墙的自重及来自于横撑的竖向荷载；

⑤ 锚固力的竖向分量。

一般内部支挡系统分析计算时可以假定横梁反力最大时产生①、②、③类荷载。当桩自重及竖向横撑荷载非常大时应予以考虑第④类荷载。对于锚杆支护墙来说，在验算挡土墙上的竖向荷载时，⑤中所列锚固力的竖向分量必须予以考虑。

关于（2）

挡土墙及中间立柱上的荷载分布可以按如下考虑：

① 排桩

当模板（梁支撑）构件与排桩连接时，来自横梁的荷载应按照模板数量分布到每个排桩上。

② 钢板桩

当模板构件如图 C3.47（*a*）所示安装时，假设竖向荷载分布于两个钢板桩上。当在钢板桩的两面都安装时，如图 C3.47（*b*）所示，假设上述荷载分布于 4 个钢板桩上。注意，分担荷载的钢板桩数量不能超过横梁之间的桩数。

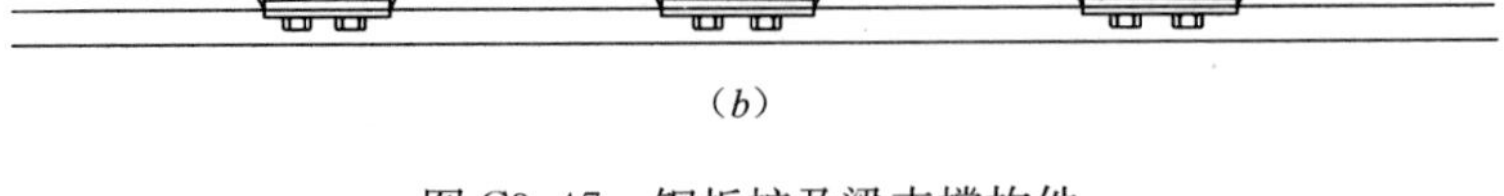

（*a*）

（*b*）

图 C3.47　钢板桩及梁支撑构件

③ 钢管板桩

假设由单个钢管板桩承受竖向荷载。

④ 水泥土地下连续墙

当水泥土地下连续墙的型钢间距小于或等于 1m 时，假设两根型钢分担竖向荷载；当型钢间距为 1m 或以上时，假设由单根型钢承担荷载。

⑤ 钢筋混凝土地下连续墙

假设竖向荷载均匀地分布于整面墙上。

⑥ 中间立柱

对桩间角撑等构件进行合并加固是为了提高中间立柱轴向上的刚性。

当中间立柱固定在桁架结构上时（如图 C3.48），如果桩间距为 3～5m，作用其上的竖向荷载可能仅为最大反力的 1/3。其他情况下，竖向荷载应单独计算。无桁架加固的中间立柱各自独立承担竖向荷载。

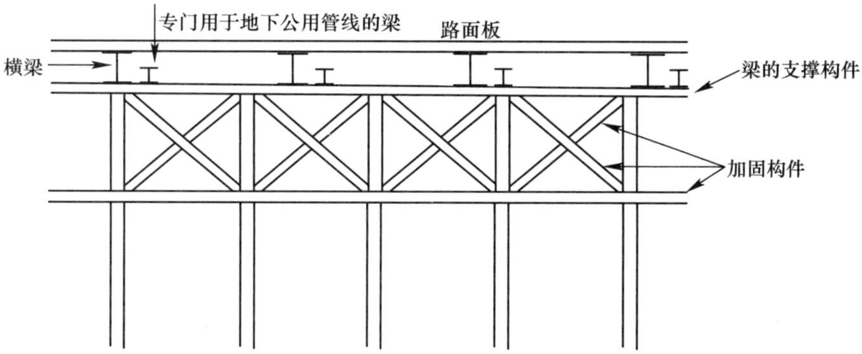

图 C3.48　中间立柱的典型加固方式

关于（3）

1）承载力计算方法

用于计算挡土墙及中间立柱承载力的方法无法确切分类，因其受到各种因素的影响，如挡土墙的承载特性、挡土墙周长及横截面积的确定、开挖过程中的地基沉降、地层回弹导致的强度降低等。

因此，对于挡土墙及中间立柱来说，尤其对于重要临时结构来说，确定承载力和沉降情况的最好办法是荷载试验。当无法进行荷载试验时，相关参数可以基于地下勘探结果，通过下文 2）中的方法进行估算。

中间立柱承受来自栈板的竖向荷载，而同时这些立柱与横撑相连，充当横撑的中间支护，从而减小了横撑的弯曲长度。因此，中间立柱的沉降或水平位移会破坏挡土墙的整体稳定性。这表明，应对中间立柱的承载力进行仔细检测验算。

挡土墙及中间立柱的容许承载力一般通过将极限承载力除以安全系数得到，计算公式如下：

$$R_a = \frac{1}{n} R_u$$

式中　R_a——容许竖向承载力；

n——安全系数（1.5～2.0）；

R_u——从地表算起的排桩（挡土墙）极限承载力。

对于钢筋混凝土地下连续墙，当挡土墙自重较大时可以采用下列公式：

$$R_a = \frac{1}{n}(R_u - W_s) + W_s - W$$

式中　W_s——排桩（挡土墙）替换的土体的有效重力；

W——挡土墙有效重力。

极限承载力 R_u 计算方法如下：

$$R_u = q_d A_p + Ulf_s$$

式中 A_p——桩端面积；

q_d——极限端阻力；

U——周长；

l——桩的嵌固深度；

f_s——侧摩阻力。

考虑到开挖过程中挡土墙向开挖面一侧产生变形，分析挡土墙侧摩阻力时只有埋置部分是有效区域。由于 $N \leqslant 2$ 的软土安全性不足，只有在黏聚力可以通过测试估算出来的情况下，才需要考虑侧摩阻力。

2）承载力估算方法

建议通过荷载试验得出挡土墙底面地层和中间立柱的极限承载能力q_d。如果荷载试验无法进行，可以通过地下勘探估算出地基承载力。

通过地下勘探估算承载能力时，需要使用静态公式或使用基于既有荷载试验结果的承载力估算公式进行计算。

综合既有荷载试验结果的承载力估计公式如下所示，主要用于锤击桩和现浇桩。

对于端部承受冲击的 H 型钢桩、钢板桩及钢管板桩等，其承载力可参考锤击桩确定。

对于端部承受高压喷射水泥浆的 H 型钢桩、地下连续墙及钢管板桩等的桩，其承载力可以参考现浇桩确定。

① 锤击桩

（a）极限端阻力

$$q_d = 200\alpha N$$

式中 q_d——极限端阻力（kN/m^2）；

α——基于施工条件的端阻力系数（见表 C3.19）；

N——端部地层 N 值，$N=(N_1+N_2)/2$；

N_1——桩端部 N 值；

N_2——从端部向上 2m 范围内的平均 N 值。

基于施工条件的端阻力系数 α　　　表 C3.19

施工方式		α
捶击法		1.0
振动法		1.0
静压法		1.0
预注浆法	充砂	0
	端部锤击、振动、压装	1.0

（b）侧摩阻力

$$f_i = 2\beta N_s \quad (\leqslant 100)(砂土)$$

$$f_i = 10\beta N_c \text{ 或 } f_i = c \quad (\leqslant 150)(黏土)$$

式中 f_i——侧摩阻力最大值（kN/m^2）；

β——基于结构条件的侧摩阻力参数（表 C3.20）；

N_s——砂土 N 值超过 50 时取 50；

N_c——黏土 N 值超过 15 时取 15；

C——黏聚力超过 150kN/m^2 时取 150kN/m^2。

基于结构条件的侧摩阻力 β 值　　**表 C3.20**

施工方式		β
捶击法		1.0
振动法		0.9
静压法		1.0
预注浆法	充砂	0.5
	端部锤击、振动、压装	1.0

注：对于预注浆法，仅考虑注浆处理区域的侧摩阻力。

② 现浇桩

（a）极限端阻力

$$q_d = 100N_s \quad （砂土）$$

$$q_d = 3q_u \quad （黏土）$$

式中　q_d——极限端阻力（kN/m^2）；

N_s——砂土端部地层 N 值（$N \leqslant 30$）。桩端嵌入坚硬的砾石层时，或当地层中包含有胶结性质的老的砂土层时，经过测试后 N 值最大可取 50；

q_u——无侧限抗压强度（kN/m^2）。

（b）侧摩阻力

$$f_i = 5N_s \quad (\leqslant 100)(砂土)$$

$$f_i = 10N_c 或 f_i = c \quad (\leqslant 150)(黏土)$$

式中　f_i——最大侧摩阻力（kN/m^2）；

N_s——砂土 N 值；

N_c——黏土 N 值；

c——黏聚力。

3）计算承载力的考虑

图 C3.49 所示值可以用于周长 U 及中间立柱截面积 A_p 的计算，包括插桩及夯击桩。

当中间立柱的周长较小或直径较大时只需要考虑端阻力。如果是软黏土层或相对较松的砂土层，则不考虑端部承载力，只需考虑摩擦力。

挡土墙的周长及截面积因挡土墙类型不同而不同，即图 C3.50（a）中的数值主要用于钢筋混凝土地下连续墙及钢制地下连续墙，而图 C3.49 中的数值可以用于其他类型的地下连续墙。

因为通常认为钢板桩不具备阻隔作用，所以在假定周长时，无需考虑与土接触的那部分的不规律性，如图 C3.50（b）所示。端阻力可以忽略不计。

当认为端部地层具有承载力时，应将桩深贯入该地层。当由于桩太宽而不能深埋入地层时，需要减少端阻力。

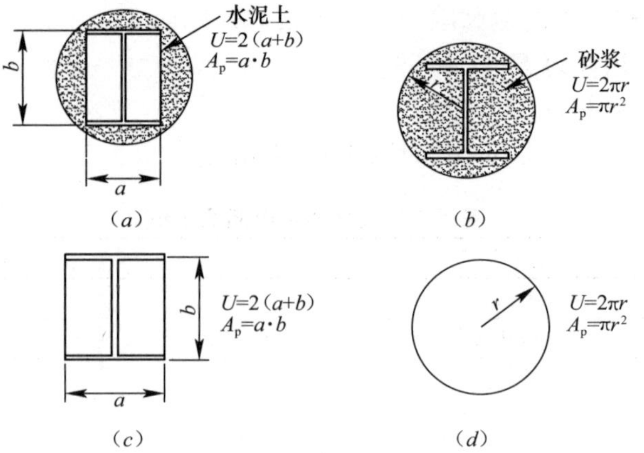

图 C3.49　确定中间立柱周长及截面积的方法

(*a*) 水泥土搅拌桩（插桩）；(*b*) 砂浆桩（插桩）；(*c*) H 型钢板桩（夯击桩）；(*d*) 钢管桩（夯击桩）

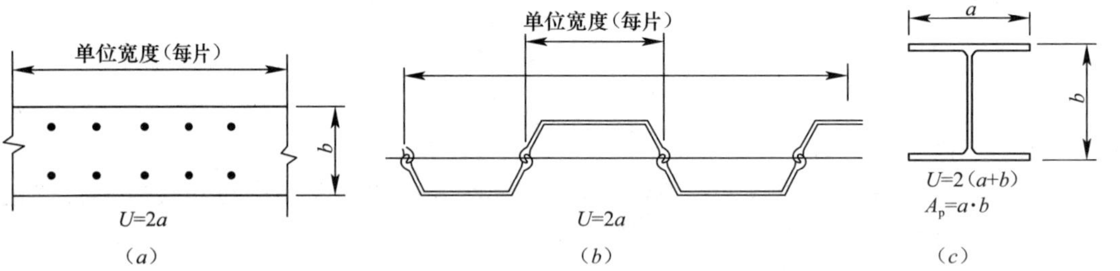

图 C3.50　确定挡土墙周长及端部面积的方法

(*a*) 地下连续墙；(*b*) 钢板桩；(*c*) H 型钢板桩

常用安全系数是 1.5～2.0，根据施工条件及临时结构的重要性来确定。根据 2）中所述采用地下勘探所得结果对承载力进行估算时，安全系数设定为 2。

不考虑竖向荷载作用下的膨胀，因为挡土墙及中间立柱由横撑及腰梁支撑。但在隧道主体结构混凝土施工进入拆除横撑阶段时，如果中间立柱的限制点间距增加，则需对膨胀进行研究以确保安全性。

参考文献

［1］ 日本大陆协会：道路工程和临时结构指南．70-71，1999.

第 146 条　计算支护系统对周围地层及结构的影响

设计挡土墙时应考虑开挖规模及形状、地层条件，有必要时也应考虑挡土墙对周围地层及结构的影响。计算时应仔细考虑实际条件选择合适的计算方法。

【条文说明】

明挖工程对既有结构的影响与开挖规模及形状、挡土墙类型、地层类型、地下水位及施工方式有关。在研究开挖影响时应充分考虑这些因素。

（1）开挖过程中的地层变形及影响因素

明挖工程中与地层变形相关的影响因素如下：

① 挡土墙施工导致的地层变形；

② 开挖导致的地层变形；

③ 水位下降导致的黏土层及松散砂层的沉降；

④ 隆起、流土及回弹导致的地层变形；

⑤ 因拆除墙体支护导致挡土墙变形产生的地层变形；

⑥ 拆除挡土墙、中间立柱及残余结构导致的地层变形。

研究不同施工阶段地层变形的影响因素及采取合适的措施都非常重要。

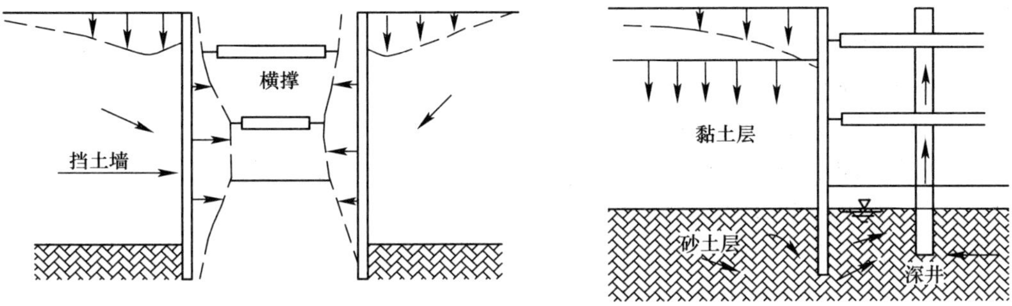

图 C3.51　周围地层变形的主要影响因素

（*a*）开挖过程中因挡土墙变形导致的地层变形；（*b*）因基坑降水引发的固结沉降

1）挡土墙变形导致的地层位移

弹簧—梁模型主要用于计算挡土墙变形。输入数据对输出结果有显著的影响，需要通过系统的实验确立支护系统构件、地层压力和土压力及地层参数。计算结果验算也很重要，例如，将相似条件下的计算值与测试值进行比较。

图 C3.52 所示为伴随着开挖，挡土墙逐步变形导致的地层变形。挡土墙顶部变形在一级开挖时达到最大值，且挡土墙一侧的周边地层沉降达到最大。在二级开挖阶段，墙体水平位移受到横撑限制，底部水平位移最大且呈现拱形分布。伴随二级开挖，地层沉

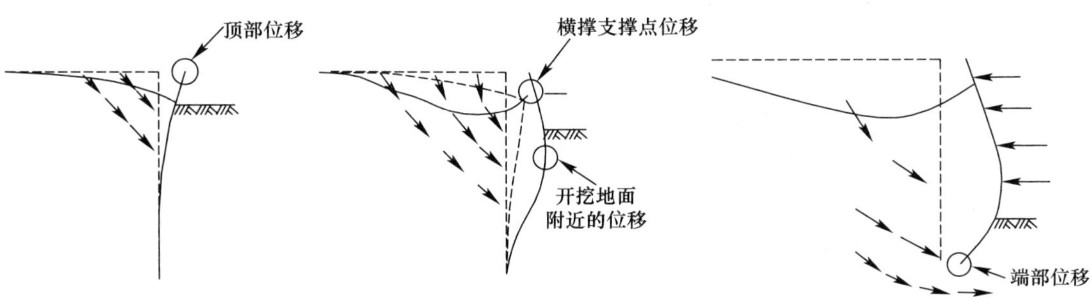

图 C3.52　开挖过程中挡土墙变形及周围地层的位移

（*a*）一级开挖；（*b*）二级开挖；（*c*）三级开挖

降的分布与挡土墙变形分布增加呈现出相似的规律，在地面方向旋转 90°，与一级开挖中的沉降叠加。在墙体一侧的变形较小，但是在距离墙体稍远的位置，变形达到最大值。

2）水位降低导致的地层移动

在水位线下开挖可能会导致挡土墙附近的地下水位降低。黏土层或腐殖土层可能会引起固结沉降。当地下水位下降导致的有效应力增量与地层初始应力之和大于地层固结屈服应力值时，就会发生沉降。当考虑到周围固结沉降过大可能出现问题时，应采取适当措施，例如选用防水的挡土墙。

在含水层（如砂砾层）中进行开挖时，地基中地下水位可能受深井影响而降低。然而，即使施工现场附近似乎不存在导致固结沉降的地层，这一做法也可能会导致离施工现较远的黏土层发生固结沉降。为避免这种问题，需要预测可能受地下水位降低影响的区域。通常的做法是进行抽水测试，并调查区域内的黏土层。另外，施工隔水挡土墙可能会阻止地下水流动，导致上游地下水位上升及下游地下水位下降。如果下游存在黏土地层，也可能发生固结沉降；此时，可以考虑预先开挖恢复井。

松散砂质地层由于孔隙水压力下降，可能伴随地层体积收缩发生瞬间沉降。

3）由于基坑底部变形导致的地层位移

基坑底部的变形，例如隆起、流土及回弹，可能影响围岩和周围结构。在透彻研究这些情况发生的可能性的同时，应对基坑底部的稳定性进行验算。

回弹是一种在开挖过程中，因土体重度被移除导致应力释放，使得基坑、围岩及结构被抬升的现象。在基坑底面的中间部分，这种隆起达到最大值；从中心向挡土墙方向逐步降低。在使用逆作法进行的明挖隧道施工中，需要注意的是，中间立柱的抬升可能会对其支撑的面板产生不必要的应力。另外，基坑以下的地下管道及设施可能会由于回弹产生变形。

（2）对周围结构的影响程度

在设计临时结构时，需要检测他们对周围结构的影响。受影响区域一般只需粗略估计。如果该结构可能对周围结构产生影响，都应在咨询结构管理者后采取适当的措施。

（3）预测周围地层的位移

虽然预测明挖工程周围地层的变形量这项工作很重要，但要准确预测却很困难。可用预测方法很多。其中一种是基于另一个相似结构的实际结果。另一种是基于地勘数据的简单预测。数值模拟分析也是方法之一。应根据实际情况选取最合适的方法。

1）简单预测法

明挖工程中，可以用来预测周围地层变形量的方法很多。典型的方法如下所述。也有利用 N 值及支护系统的情况进行估算的方法。

① Peck 公式法：该方法中地面沉降以基于大量监测数据的沉降曲线表示。沉降曲线体现了沉降量与测点距支护结构距离和开挖深度的比值（无量纲）的关系。

本方法中，地层按类型被分为三个区域，而挡土墙由低刚度构件组成，如钢板桩、排桩及板墙。

② 基于挡土墙的变形量进行预测：本方法包含有关周围地层竖向位移的简单估算，以及根据梁—弹簧法确定的挡土墙水平位移（挡土墙最大位移的 1/2）。此时，假定挡土

墙变形导致的土体变形量等于地面土体沉降的量，并以此估算沉降。如果降低地下水位可能产生影响，则对固结沉降进行单独计算，并计入挡土墙变形导致的沉降总量。

2）基于数值分析的预测

当上述简单预测法结果表明地层位移会对周围地层产生影响时，或当简单预测不够准确时，可以基于数值分析进行研究，包括使用有限元法。

常用数值分析是二维有限元法。由于对地层或挡土墙的模拟以及边界条件的设定都会影响计算结果的准确性，分析模型应建立在对现场条件的彻底校验基础之上。

明挖工程对周围地层影响的典型数值分析方法如下：

① 应力及变形分析：本方法基于受力平衡情况用于计算由施加或移除地面荷载导致的应力及变形。计算可以是二维或三维的，需基于现场情况进行选择。常用的是二维分析法，因其简单且耗时少。必须计算拉力（如回弹）时，需要彻底分析地层变形特征。

② 渗流分析：渗流分析用于计算挡土墙施工过程中或开挖过程中地下水的行为。分析时可采用二维、准二维或三维分析法，具体应根据参数、计算耗时及所需计算精度选择。虽然渗流分析不能直接提供开挖过程中的变形量，本方法中得到的地下水变化率也可用于单独进行固结计算，以便估算地层变形量。

（4）对策

当支护系统周围地层的位移可能引起既有结构及地下设施发生较大变形时，需要采取下列措施：

1）减小挡土墙变形的方法

① 采用抗弯刚度高的挡土墙。

② 每步开挖完成后立即对挡土墙施加支护，如安装腰梁及横撑。

③ 必要时在一定范围内减小墙体支撑间的竖向距离，注意不要影响使用预应力支撑构件的施工。

④ 改进开挖面的侧边地层以增加被动土压力，必要时可以预先安装地梁。对于软黏土层，需要对开挖侧进行土体改良，以防止挡土墙向后产生过大变形。

2）控制地下水位降低的方法

① 采用高阻隔性能的挡土墙。如果工程现场不能采用这类挡土墙，挡土墙的背面必须采用化学注浆以提高隔水性能。

② 将挡土墙端部嵌入到相对不透水的地层。如果不存在这种地层，应增加嵌固深度，延长地下水从挡土墙附近地层到基坑底部的流动距离。

③ 由于既有地下设施的存在导致挡土墙不连续时，挡土墙的隔水性能应通过加固地层来保障。

④ 采取回灌措施。降水过程中泵出的水回灌至周边地层。此时应采取措施防止水质受到污染。

⑤ 改良土体，确保防水性。通过降低坑底的渗透性来防止地下水穿透。

3）控制回弹的方法

① 通过土体改良增加坑底的强度。

② 分部施工。

第 147 条　地下连续墙工作井支护系统的设计

设计地下连续墙工作井时，需要考虑工作井形状引起的三维效应。

【条文说明】

工作井的支护系统设计通常采用的是二维模型。但二维模型中挡土墙的应力及位移常常与实际情况不符，导致这一情况的正是地层或挡土墙的三维效应。尤其是当隧道开挖深度较大时，设计时如果采用二维模型而不考虑三维效应，可能会导致支护系统造价过高。

地层中的三维效应指的是因受到四面墙的约束，开挖面上的地弹簧和被动土压力增加的情况。根据工作井形状的不同，设计时可能需要考虑支护系统的三维效应（形状效应）。

（1）圆形工作井

① 设计中的侧压力取值

考虑静止侧压力是因为挡土墙变形较小。由于圆形工作井对偏心荷载很敏感，必须考虑不对称压力；这些压力主要是由地质不均、倾斜以及施工中的不确定性因素导致的。一般将静止侧压力的 10％～20％设定为偏压。结构重要性和规模不同，偏压也不一样。

② 计算方法

竖向的分析采用梁—弹簧系统，且假定一个环形弹簧。在水平方向上分析时假定一个环形截面。

对于圆形工作井，因为严格意义上它属于多边形结构，且即使在受力均衡的情况下也会产生弯矩，因此需要特别注意的是，这种弯矩的影响随工作井的半径减小而增加。

在计算环形弹簧时，应考虑支护系统的结构状态、开挖程序及地层条件，并根据具体情况进行充分估算（图 C3.53）。

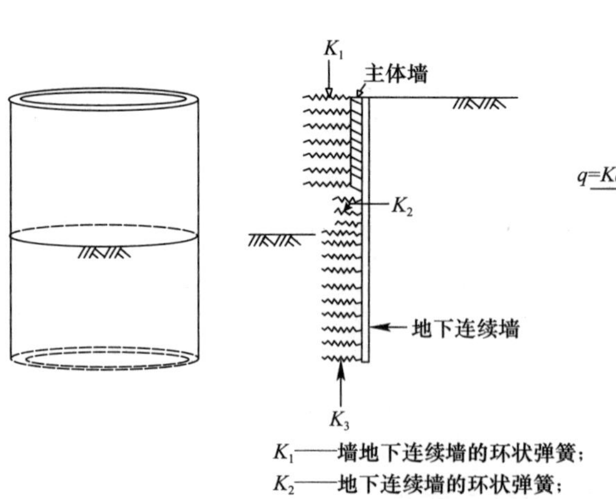

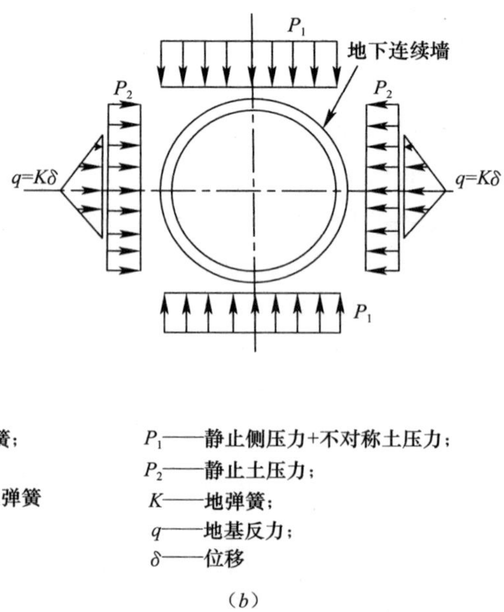

图 C3.53　圆形工作井弹塑性分析及水平方向分析

（a）梁—弹簧分析模型；（b）水平方向的分析模型

（2）方形工作井

① 考虑形状效应的原则

小型或开挖面纵横比较小的工作井应考虑形状效应。

② 设计时的侧压力取值

因为工作井的形状效应可预测，且挡土墙位移较小，因此设计中使用的侧压力比第 124 条中的要大。但静止侧压力达到最大值。

③ 计算方法

方形工作井基于工作井形状效应的设计方法如下：

（a）类似圆形工作井，引入平面形状效应弹簧的概念；

（b）考虑开挖侧的地层压力（地基反力系数和被动土压力的增加）。

图 C3.54 展示了一个方形工作井的弹簧—梁模型分析示例。图（*a*）仅适用于基坑面积较小，连续墙水平刚度较大，挡土墙可以通过水平加固钢筋连接，且存在约束效应的情况。图（*a*）中所用的形状弹簧对结果会有很大影响，根据设定的水平刚度有所不同。对于方形工作井，常见的做法是当图（*a*）、图（*b*）和其他因素合并考虑时，可以假定有预期的形状效应。

相应地，对于方形工作井，应在考虑工作井规模、支护系统类型及地层条件的情况下选择适当的设计方法。

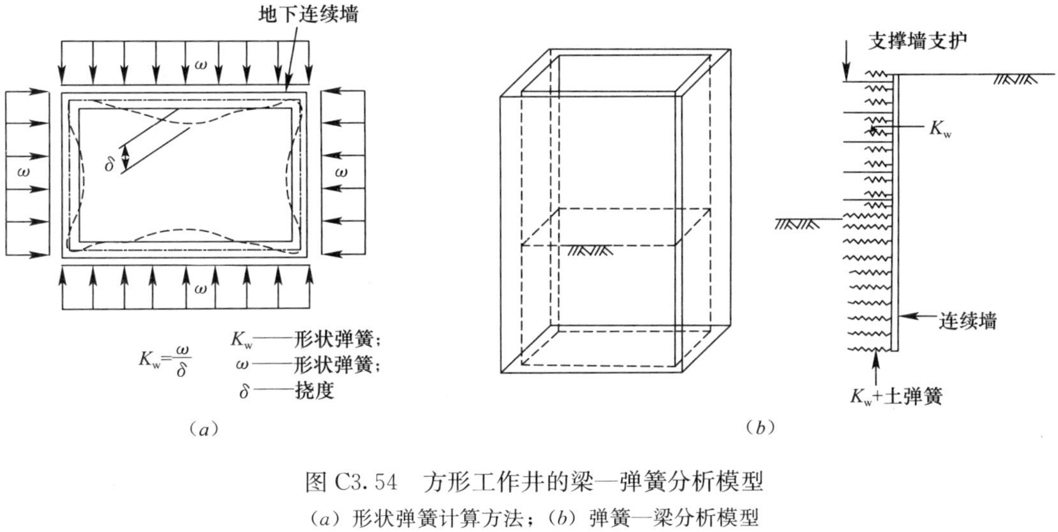

图 C3.54　方形工作井的梁—弹簧分析模型

（*a*）形状弹簧计算方法；（*b*）弹簧—梁分析模型

3.6　开挖过程中的辅助工法

第 148 条　一般规定

（1）设计支护系统时，应在充分考虑地层条件及周边环境的情况下对其进行校验，同时仔细考虑是否应采取辅助工法。

（2）辅助工法的选择和设计应满足安全性和经济性要求。

【条文说明】

与仅考虑地层及环境条件的计划相比，通过平行使用辅助工法可以使支护系统的设计更加经济和稳定。

当地下水位高于开挖深度，或当开挖面底部存在承压水，或当地层软弱时，挡土墙或开挖面底部可能会稳定性不足或者开挖效率降低。另一方面，附近的结构或地下设施可能受到地层位移带来的不利影响。这种情况下，比起仅针对支护系统采取措施，平行使用辅助工法可能更具有安全性和经济性。因此，在进行临时结构设计之前需要彻底校验辅助工法的影响。

当前采用的辅助措施有许多。表 C3.21 列出了典型案例。

辅助方法的种类及其特征　　表 C3.21

辅助工法			描述	特征
排水法	井点排水		大量被称为“井点”的小型井沿着挡土墙布置，通过真空驱动将水泵出	适用地层广泛，从高渗透性的砂质地层到低渗透性的淤泥砂质地层均可使用； 实际泵出深度大约 6m
	深井排水		地面钻孔后，将带滤网的管子插入孔中，并往其中填充过滤材料。地下水通过重力作用导入深井，然后通过潜水泵排出	适用于相对较高渗透性的地层（砂土层及砾石地层）
生石灰桩工法			生石灰桩以适当间距打入地层，石灰吸水膨胀使得周围地层受到压缩，从而增加了地层稳定性	适用于软淤泥、黏土、壤土层； 在近距离施工时使用排土式打桩机或缓冲措施，以防止地面隆起； 机械施工时，采用三点支撑式打桩机
深层搅拌法	机械搅拌工法	泥浆法 粉末法	搅拌叶片或螺旋钻旋转着穿透一定深度的地层，然后将水泥或石灰基固化剂压入土层，与原土混合，形成加固材料	硬岩地层外的其他地层均可使用； 在完全包裹施工的情况下，平行采用高压喷射法； 使用三点支撑式或反铲式打桩机
	高压旋喷法	单管法 二管法 三管法	高压射流切割地层，将土与固化剂混合或将固化剂充填到裂隙中以此加固地层。土体切割过程是通过喷射高压固化剂、喷射高压空气及固化剂混合物、喷射高压水及压缩空气形成被固化剂充填的裂隙	硬黏土层以外的其他地层均可使用； 与机械搅拌方法相比，可达到最高加固强度； 可以实现大范围加固； 可以实现完全包裹，产生隔水层； 小型钻孔机械作为基本的施工设备较机械搅拌法价格高
	机械搅拌与高压旋喷联合法		除了通过机械搅拌产生加固体外，通过搅拌叶片端部喷射还可以实现大范围加固	硬岩地层以外的其他地层均可使用； 改良土体全包裹施工或改良土体与挡土墙一起全包裹施工； 施工中采用三点支撑式或反铲式打桩机； 与高压旋喷法或机械搅拌法相比价格较低
化学注浆	双管注浆 双塞注浆		压力将浆液压入地层，充填到土层颗粒与裂隙中间，增加土层隔水性能及强度	一般用于砂质地层； 一般采用两排桩形成隔水层； 施工中采用小型钻机

续表

辅助工法		描述	特征
地层冻结	直接法 （液氮冻结） 间接法 （盐水法）	冷却剂在埋入到地层中的钢管内循环，形成冻结墙体	直接法不需要任何现场冻结设备，可以实现迅速冻结。当需要冻结的土方量较大时，与间接法相比，这一方法价格较高； 间接法需要大型设备； 冻结墙体需要较长时间，因此施工计划中应包含冻结时间； 可能需要采用缓冲孔等措施，以防止冻结过程中的地面隆起

第 149 条　辅助工法的选择

在选择适当的辅助工法时，应充分考虑其使用目的、地层条件、环境条件等选，同时应校验安全性、可靠性、经济性及施工流程。

【条文说明】

确定辅助工法之前，需要预先验算开挖过程中的地层、地下水及周边结构的特性。表 C3.22 列出了辅助工法的使用目的和典型用法。

辅助工法的目标典型用法　　表 C3.22

辅助工法使用目标	适用工法	影响	适用地层
防止隆起	生石灰桩法 深层搅拌法	地层强度增加	黏土层
防止流土	化学注浆法 深层搅拌法	渗透系数降低	砂土层
	排水法	工作水压降低	砂土层
防止底鼓	化学注浆法 深层搅拌法	形成不透水层 与挡土墙的粘结力增加	黏土层、砂土层
	排水法	工作水压降低	砂土层
减少挡土墙的应力及变形	生石灰桩法 深层搅拌法	被动土压力提高 地基反力系数提高	黏土层、砂土层
挡土墙受损部位防护	化学注浆法 深层搅拌法 地层冻结法	形成挡土墙替代物 形成拟挡土墙	黏土层、砂土层
防水及隔水	化学注浆法 深层搅拌法 地层冻结法	形成隔水层	砂土层
防止现有结构变形	深层搅拌法 钢板桩法	形成缓冲墙 建成施工防护墙	黏土层、砂土地
改进施工便利性及施工期间通行能力	生石灰桩法 深层搅拌法	地层强度增加 开挖土体含水量降低	黏土层
增加开挖土体连续性	生石灰桩法	含水量降低	黏土层

第 150 条　辅助工法的设计

设计辅助工法时应该明确使用辅助工法的目的以及可用方法的特性，并充分关注支护系统的整体性。设计辅助工法时所用的参数应在细致测试过相关地层的物理特性之后确定。

【条文说明】

各种辅助工法因其各自的使用目的和相关施工程序不同，设计方法也不相同。设计时要特别关注其使用目的以及应用过程。某些过程可能因为土体的性质，达不到所需的强度要求；或在深度较大时无法在指定位置形成加固体。在这种情况下，设计时需要考虑降低加固强度、范围或增加加固厚度。

理论上，辅助工法中的参数选取应基于调查和试验结果。然而由于时间所限，实际使用的参数往往基于过去的记录。此时，需要确定这些参数是在相似地层及建筑条件下得出的，也需要在施工开始后尽早确定各种参数。

第 4 章　施　　工

4.1　总则

第 151 条　施工计划

在明挖隧道施工之前，应基于隧道位置、障碍物情况、地层条件和环境等因素制定一个安全、经济的隧道施工计划。施工计划应包括工程规模、施工周期、地层条件、专用道路条件、障碍物的处理以及环境保护措施等。

【条文说明】

在基础施工计划之外，还应对每个分项工程制订详细的计划。

在制订施工计划的时候，应全面解决以下问题：要用的机械类型及数量，施工用电的供应和分配，给排水计划，可回收资源的循环利用，废物处理以及其他施工材料的供应。

施工过程必须按照计划进行合理高效的安排，并充分利用信息技术（IT）。

第 152 条　工法的改变

在明挖隧道施工过程中，如果工法不适合现场条件，则应采取措施尽快改变施工方法。

【条文说明】

即使在施工前已经进行过细致的调查，也依旧很难详尽掌握整个隧道沿线的地层情况、地下设施以及其他条件。隧道沿线的地质条件、地下水、地下设施、交通条件以及与当地民众和企业的关系等可能与设计有出入。如果最初的施工方法不适合实际条件，则需采用更加合适的工法，以避免影响施工进度。

4.2　测量

第 153 条　一般规定

测量应按照施工顺序细致完成，同时要确保达到测量目的所需的准确度。

【条文说明】

隧道测量常需要非常高的精确度。在明挖隧道建设中，通常将主体结构划分为顺序施工的单元进行测量。因此需要特别注意保持每个单元的纵向连续性。不论是主体结构还是临时结构，都需要通过细致的测量正确地处理其中的相互关系。表 C4.1 为隧道施工测量按照顺序进行的标准做法。

施工期间的测量方法 **表 C4.1**

分类	时间	目的	作业目录	作业结果
隧道中线测量	施工开始	建立施工测量基准点和控制点	三角测量 导线测量 水准测量	基准点 控制点 控制点布置图
水准点测量	施工前	为各类施工设置基准面	水准测量	基准点
现状测量	施工前 施工期间 施工结尾	用于恢复已移动建筑物的材料。确认附近可能受施工影响而导致的变形	平板仪测量 偏移测量 水准测量	按照 1/100～1/20 比例制成的平面图及高程图
打桩放线测量	桩工程施工前	桩点定位（包括地下连续墙）	偏移测量	桩位确定
路面作业测量	施工期间	确定停止打桩（包括地下连续墙）的高程，以及衬梁的位置和高程	偏移测量 水准测量	临时结构的位置/高程
开挖过程测量	开挖期间	设置临时水准点横撑位置和开挖深度	水准测量 偏移测量	临时结构的位置/高程
隧道中线引入测量	基础及底板混凝土浇筑后	设置隧道内部施工测量控制点，设置基准	导线测量 水准测量	隧道基准点的控制点
主体结构施工测量	主要结构施工前	确定主体结构部件的位置	偏移测量 水准测量	混凝土模板插入位置
隧道完工测量	隧道建设完成时	确认隧道建设的精确性	导线测量 偏移测量 水准测量	隧道施工值与设计值的偏差
地面恢复作业测量	地面恢复施工期间	确定地面恢复结构（包括道路）的位置及高程	导线测量 偏移测量 水准测量	需要恢复的结构坐标及高程

第 154 条　施工期间测量

（1）隧道中线测量：在明挖隧道施工前，必须完成隧道中线测量及纵向测量，并同时确定合适的测量控制点。

（2）水准点测量：水准测量必须以第一个水准点和类似物为起点。

（3）现状测量：为了做好地面开挖的准备，应对位置、高程、规定等条件进行测量并记录。测量对象包括一些将被临时移除的结构及其毗邻区可能受施工影响的结构。对这些结构的测量有利于施工后对其进行复原。

（4）施工期测量：需要精确测量桩位、表层结构、开挖以及主体结构等。这些施工测量都需要利用隧道中线以及基准点。

（5）隧道中线引入测量：引入隧道中线及控制点必须非常精确。

（6）隧道完工测量：在主体结构施工完成后，这部分测量用来校核隧道中线的对齐情况、隧道内部尺寸及坡度。为此，隧道中线测量点和控制点的间距必须合理，同时兼顾隧道整体尺寸、线性及其他相关测量点。

（7）地面恢复作业测量：地面恢复测量必须精确，以便准确恢复设施。

【条文说明】

连续性是隧道测量的重要方面。截面的测量结果必须与相邻截面的点、方向及长度、高度进行比较。

（1）隧道中线测量

中线测量一般在工作计划期间实施，在施工期间应对此测量结果予以重新确认。此外还需进行测量，获取施工所需的控制点。

在城区，由于地形限制也常用导线测量，应仔细选取测量点，进行准确测量。

如果因为地面施工、交通及其他施工活动影响而不得不移动测量点，应预先为测量点设置参考点。

（2）水准点测量

水准点不仅是隧道水准测量的基础点，在施工的中后期还被长期用来观测路面设施及地面起伏情况。

在设置水准点的位置及结构时，需要格外小心，必须对其进行监测和经常修正。

（3）现状测量

某些结构因为阻碍施工或受到施工过程中的变形影响而必须做出移动，且通常在施工完成后会被还原。因此，在施工前需要进行详细的测量。除了隧道中线外，测量过程中还需在相关道路的公共区和民用区界限附近设置参考线。

（4）施工期间测量

施工期间的测量内容包括桩施工（包括防水墙施工）、栈桥以及其他地面作业，且都基于隧道中线和水准点。在隧道施工期间，测量的目的在于服务横撑安装、开挖深度的确认以及主体结构的施工。输水隧道的高程（坡度）及内部尺寸，公路铁路隧道的轴线校准和内部尺寸的确定都需要非常高的精确度。

隧道主体结构的施工测量必须反复检查以确保准确度。

（5）隧道中线引入测量

隧道中线及控制点是通过敞开路面栈桥的一部分引入的，但是由于车辆振动，这些点的准确度很难保持。在进行测量时，料斗、防护墙、设备、材料等常会对测量视线造成干扰，因此应提前准备好应对措施。测量一般都分区段进行，相邻区段之间的关系应进行仔细处理，以保证隧道的连续性。

测量站设置在标有控制点的水泥基础上，在底部混凝土结构形成后需对其进行重新设置，避免桩、墙对其造成干扰。

（6）隧道完工测量

对隧道线性、内部尺寸、坡度等进行测量的目的在于，明确完工后的隧道与设计之间的偏差，并确认这些偏差对附属设施的安装可能造成的影响。

（7）地面恢复测量

为恢复路面结构、道路设施等，需要进行地面恢复测量。为此，要准确测量设施和结构边界的位置、高程以及排水设施。

4.3 挡土墙

4.3.1 障碍物处理、沟槽开挖及临时栈桥

第 155 条　一般规定

在挡土墙施工前，应以设计文件为基础资料进行地层调查和检测，处理施工障碍物，并通过沟槽开挖确认地下设施分布。

【条文说明】

挡土墙应根据设计文件进行施工。在施工期间，需要对施工现场条件进行调查和检测，其中包括地下设施、架空线缆、道路附属设施、沿线建筑、地层情况及道路交通状况等。对于妨碍施工的建筑物，在与该建筑物管理人员协商之后，对其进行迁移或拆除。

在挡土墙建设之前，须通过沟槽开挖确定挡土墙的整体长度（挡土墙的整体长度确定沟槽开挖）、探测出的地层中的管线分布。如果探测到地层中有管线设施，则应通过凿井的方式确定其位置。沉箱式打桩法可用于确定更深的位置。在此期间，应与地下设施相关管理人员进行协商，对联合检查、地下设施的保护办法、紧急措施及其他安全措施等问题给予安排。

挡土墙建设前一般采取如下步骤：

（1）试坑（以便确定地下设施的位置和准备桩位平面图）；

（2）处理地下公用管线，架空线缆，道路附属设施及其他一些障碍物；

（3）人行道切割（如果有必要）；

（4）打桩放线测量（确认桩位、沟槽开挖宽度）；

（5）沟槽开挖（必要时搭建临时盖板）；

（6）探测。

第 156 条　障碍物处理

对于地下设施、架空线缆、道路附属设施等阻碍挡土墙施工的障碍物，在和管理者协商后要采取迁移或者其他处理方法。

【条文说明】

在设计工作期间，地下设施的平面图一般通过调查其类型、位置、深度及形状来绘制。然而，设计图纸和计划在其位置和深度方面可能存在一定的疏漏和偏差。因此需要提前在打桩位置进行试坑，并且应与管理人员确定地下设施的位置。对于妨碍桩施工的

架空线缆也需要采取类似的步骤进行处理。

在道路下方修建隧道时，如果无法保证足够的作业区间，则有必要进行人行道切割，减小人行道宽度，以确保道路上有固定的工作区域。

第 157 条　沟槽开挖和临时盖板

挡土墙施工之前，须进行沟槽开挖以确定地下设施的位置以及打桩的位置。

临时盖板供沟槽开挖面上的道路交通和其他作业使用。

【条文说明】

沟槽开挖通常用于确定地下 1.2～1.8m 深度的公用管线位置。沟槽的宽度主要由施工机械以及桩身直径决定，通常为 1.2～2.0m。开挖的沟槽也被用作打桩时的泥浆坑，打桩之后也可以用来架设道路横梁的支撑构件。（见图 C4.1）

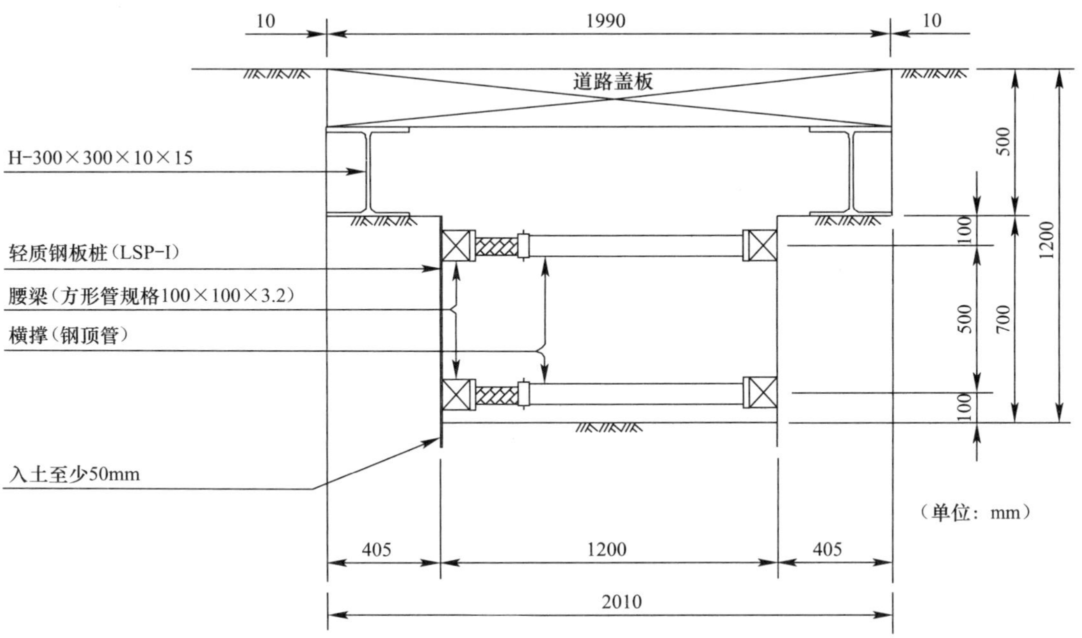

图 C4.1　道路盖板下方沟槽开挖的典型横截面

道路上的沟槽开挖应该使用人工开挖以避免对地下公用管线的损害，并在与现场的地下设施的管理者确定管线的位置之后，采取适当的安全防护措施。

如果沟槽开挖的上部空间需要用于交通或作业，则需加盖临时盖板。临时盖板的搭建应谨慎，避免因为车辆的冲击和雨水流入变得不平。

在桩施工和横梁支护构件搭建完成后，应采用特定办法及时对开挖后的沟槽进行回填恢复，以便道路通行。沟槽回填必须要小心，避免对周围道路表面、建筑物及地下设施造成影响。

私人土地内如果确认不存在地下设施，则可省略沟槽开挖此项工序。

4.3.2 用钢管桩、钢板桩、钢管板桩建造挡土墙

> **第 158 条　一般规定**
>
> 用钢管桩、钢板桩和钢管板桩建造的挡土墙，应基于设计文件并考虑过各种施工现场条件后才能进行规划和施工。

【条文说明】

（1）施工计划

在对采用钢管桩、钢板桩和钢管板桩挡土墙进行施工规划时，需要对桩位、倾斜角度、施工机械、施工方法和顺序、施工期间道路的使用、材料及设备的进场和出场、安全设备，以及工序具体细节进行确定。

尤其是，只有基于地下设施分布的先期调查结果确认施工位置后，才可以确定桩位。由于桩位与栈桥板的施工计划密切相关，因此桩位规划必须合理，以避免施工期间发生变更。

（2）施工顺序

钢管桩、钢板桩和钢管板桩按照以下顺序进行打桩：

① 处理障碍物，沟槽开挖和建造临时盖板；

② 沉桩（插入，压入以及钻孔掘进）；

③ 架设横梁的支撑构件（必要时）；

④ 沟槽临时回填。

> **第 159 条　施工设备**
>
> 钢管桩、钢板桩、钢管板桩要在考虑地层条件、施工及环境条件等因素的情况下选择合适的施工器械。

【条文说明】

（1）沉桩和压桩

以下机械主要用于钢管桩、钢板桩、钢管板桩的打桩或压桩：

① 液压千斤顶；

② 振动锤；

③ 液压锤；

④ 柴油锤。

应在对现场施工条件、施工规模、桩身长度、环境、道路宽度、交通量等因素综合考虑的基础上选定施工、移动、安全等性能出色的打桩机和/或压桩机。在城区及住宅区施工时应选用噪声小、振动小的机械。

（2）钻孔机械

打桩钻孔所需的主要机械类型有：

① 螺旋钻；

② 钻土机；

③ 旋转钻。

在选择钻孔机械时，要对机械特点进行比较，以选出适合钻孔尺寸、钻孔深度、地层条件的钻孔机械。如果地层是由交替层构成的，所选机械必须具有高效的钻孔能力，同时需要关注地层整体。常用机械为螺旋钻。但是，这类机械很难对付含有直径为100mm 或以上的卵砾石层或砾石层。在对地下水含量较丰富的松砂土层中钻孔时，要特别注意防止坍塌。

当作业空间狭小或者地层不能使用螺旋钻时，钻土机必须配合泥浆使用。在地层中含有砾石或者坚硬岩石时则采用旋转钻。

这些成孔机械一般可以形成 10～30m 深度的孔。如果要钻更深的孔，则需要增大钻孔直径并配合使用稳定液，或者采用大型钻孔机械。

（3）联合工法

对于施工困难的地层，例如砂层或者砾石层，可通过在钢管桩或钢管板桩端部安装高压水流喷射管或喷嘴来切割桩顶土层，而钢管桩和钢管板桩采用振动锤和压桩法相结合的办法进行打桩。或者可以采用单轴钻孔机械联合其他机械的办法先疏松地层，然后打桩。

第 160 条　钢管桩施工

（1）在钢桩施工中，须在指定位置上正确打桩/铺砌，避免对地下公用管线及地面设备产生影响。

（2）钢管桩应实现准确嵌入。

（3）在钢管桩竖立后，必须及时向钻孔填充强度足够的材料进行地面恢复。

【条文说明】

关于（1）

① 地下公用管线及地面设施的保护

在搬运和安装钢管桩时要注意避免对道路既有设施、电线杆、架空线缆以及其他暴露在沟槽中的地上和地下设备设施造成损坏。

② 位置

钢管桩与主体结构之间的间距基于钢管桩类型、垂直度、混凝土模板形状、侧边防水及防水施工方法等因素决定。中间钢管桩的打入位置应避开结构的主梁和加腋部分。

③ 精度

如果钢管桩打入带有一定的斜率或者钢管桩墙存在一定的曲度，则主体结构的施工会受到阻碍，或者挡土墙支护的施工会变得困难。因此，在钢管桩的施工过程中一定要保持垂直度，尤其是长钢管桩的施工。钢管桩的垂直度由钻孔的垂直性决定，并且需要经常测量，以保证桩前端的垂直性。

④ 接头

当钢管桩被连续打入且接头与相邻的桩接头处在同样高程上时，该接头会因受力而变得脆弱。因此在施工中，钢管桩接头不能位于同一个水平面。在打桩时，应注意检测，避免节点发生弯曲。

⑤ 孔壁稳固

在地下水含量大的松散砂层中钻孔可能发生孔壁坍塌。施工时必须采用膨润土、聚合物、稳定液或者套管来保护墙体。

关于（2）

在决定钢管桩的嵌固深度时，主要考虑的是对超载的承载力、作用在嵌固部分的土压力平衡、开挖底部稳定性及其他条件。就这一点而言，必须确保施工中的嵌固深度。当承载力不足时，则需分散附加力，延长钢桩的嵌固深度或者利用混凝土加强桩脚。

关于（3）

钻孔填充不密实可能引起周围地层沉降或者受开挖时钻孔中的水的影响而导致塌方。因此要求使用膨润土砂浆，或者凝结强度与周围岩土强度相同且具有高流动性的液化土对钻孔进行填充。

第 161 条　钢板桩施工

除了前述第 160 条之外，钢板桩的施工还可以加强其连续性以及确保不透水性。

【条文说明】

依据不同地层条件，由于钢板桩底部旋转，钢板桩可能会沿着打入角度发生倾斜。如果倾斜过大，则很难校正。因此，为防止倾斜，需要管理足够细致。若倾斜过大，可用连接钢板桩进行调整。

在软土层打入钢板桩可能导致沉桩。当正在打入的钢板桩接头处摩阻力大于相邻已打入钢板桩的承载能力时，可能发生沉桩现象，需要特别小心。

为了改变钢板桩的打入方向，最好使用异形钢板桩。异形钢板桩可以是角板也可以是联合板桩。联合板桩用作 T 形分支，或在打桩过程中该钢板桩或接头结构发生变化时使用。

钢板桩必须连续打入以达到防水目的。未被连接的部分需要采取适当的止水措施。

第 162 条　钢管板桩施工

除了第 160 条外，钢管板桩通过打桩或压桩安装，以便保持其刚度和连续性，实现防水性，且应正确安装在指定位置。

【条文说明】

钢管板桩的使用是为了达到刚度和防水性。打入钢管板桩时，应借助放样正确打入地层，以保持其连续性。

钢管板桩的接头形式多样。其中，通过往钢管板桩接头处注入砂浆以实现其组合效应和防水性是一种比较好的办法。

4.3.3　单轴式地下连续墙

第 163 条　一般规定

采用单轴式地下连续墙的计划和施工，必须以认真考虑了地层条件和施工方法特点的设计文件为基础。

【条文说明】

单轴式地下连续墙是建造挡土墙的一种工程方法，包括使用单轴钻孔机和连续灌注桩以形成一系列的柱体。

（1）施工计划

除了第 158 条的描述项目，施工计划也必须确定需用的材料和配料计划。

（2）材料及柱的布局

采用单轴式地下连续墙一般采用 H 型钢作为核心型钢，而且通常布置成一系列的单轴打入桩，通过不断地将砂浆或泥浆浇灌入孔形成。桩的连续排列包括接触排列和交错排列（见图 C4.2）

图 C4.2　连续桩墙的排列

（*a*）接触排列；（*b*）交错排列

（3）施工工序

一般来说，采用单轴式地下连续墙，其施工步骤如下：

① 处理障碍物，沟槽开挖和设置临时支护；

② 钻孔；

③ 向钻孔注入砂浆等；

④ 插入核心型钢；

⑤ 必要情况下，安装道路盖板支护梁构件；

⑥ 沟槽开挖的临时回填。

第 164 条　施工机械

用单轴式地下连续墙的机械选择必须基于对岩土条件、施工条件以及施工环境综合考虑的基础上确定。

【条文说明】

单轴式地下连续墙所用机械和第 159 条“条文说明”中所述的单轴机械相同。

其中所选用的砂浆混合物与砂浆泵必须能为每种工法提供其工作效率相应的足量的砂浆。

如果核心型钢过长，则应检查设备在插入核心型钢和连接核心型钢之间的时间、开始注浆与完成注浆的时间，以及设备的注浆条件。

第 165 条　施工

（1）单轴式地下连续墙的施工是连续的，对于每个桩的打入，桩与桩之间的间距，以及桩位排列都应经过认真考虑。

（2）制桩所需的砂浆或者泥浆的配比，应考虑地层条件，以达到设计要求的强度。

（3）注入砂浆时，应考虑砂土层中孔隙壁坍塌以及砂浆失水等问题。

（4）核心型钢必须在注入砂浆后立即准确定位。

【条文说明】

（1）打桩顺序、桩间距和桩位排列

如果在现浇桩法建造地下连续墙时使用了单轴螺旋钻，则桩位的排列方式可能是连续的，也可能是错开的，排列方式的选择基于排桩墙的工程目的。桩间距及工序是由排列方式决定的。首先，使用螺旋钻钻孔，每隔一个孔位或每隔几个孔位进行注浆。然后，在桩砂浆凝固变硬后通过在第一组桩之间形成钻孔桩墙的方式将他们连成地下连续墙。

在使用此法建造地下连续墙时，必须关注桩位的间距、高程的精度以及施工顺序，避免因发生桩位排列不直和墙面不平整而阻碍主体结构的施工。同时应避免桩间产生空隙，因为空隙会导致施工过程中挡土墙背面渗水变形。

（2）液化土

砂浆的强度一般为 21～28N/mm^2，而液化处理过的土的强度为 0.5～1.0N/mm^2。砂浆配合比须在考虑所需强度的基础上，经过施工检测和配合比试验确定。

（3）砂浆注入

若使用挖掘机，则打桩后钻头推进和拔出的速度如果比泥浆注入的速度快，则会因墙体坍塌导致桩内空洞和不密实，因此需要特别注意钻头推拔的速度。在地下水位较低的砂土层中，砂浆的水分也许会被砂层吸收而使砂浆失去水分，致使核心型钢无法插入。在这种情况下，需要往土层中注入膨润土、高分子溶液及其他稳定液，或者向砂浆中加入缓凝剂等。

（4）核心型钢

注浆后，砂浆静置时间太长容易发生固化，使得型钢难以插入。如果型钢上有接头，则应尽可能地减少接头结合的时间。在插入型钢时，应注意避免损坏钻孔墙。型钢骨架应垂直树立在孔隙中间，避免偏心。

4.3.4　水泥土墙

第 166 条　一般规定

采用水泥土搅拌法建造连续墙时，必须根据设计文件进行规划和施工，并充分考虑地层条件和工法特点。

【条文说明】

水泥土墙搅拌施工是通过在原位土体中混入胶结剂（水泥浆）进行搅拌，并利用多轴螺旋钻和链式切割机将核心型钢（排桩）放入指定位置的方法。这种工法在防水性能上要优于使用单轴式地下连续墙的工法，因为桩位的布置是重叠且连续的。

（1）施工计划

施工计划的制定可参照第 158 条。由于在水泥土墙中用到了粘合剂，需注意六价铬的析出。

（2）水泥土墙的分类

水泥土墙可以按照所用施工方法分类，如图 C4.3 所示。

（3）施工顺序

水泥土墙的施工顺序如下所示：

① 处理障碍物，沟槽开挖，设置临时设施；

② 钻孔，注入胶粘剂；

③ 插入核心型钢；

④ 架设与道路附属设施相关的梁体；

⑤ 沟槽开挖的临时恢复。

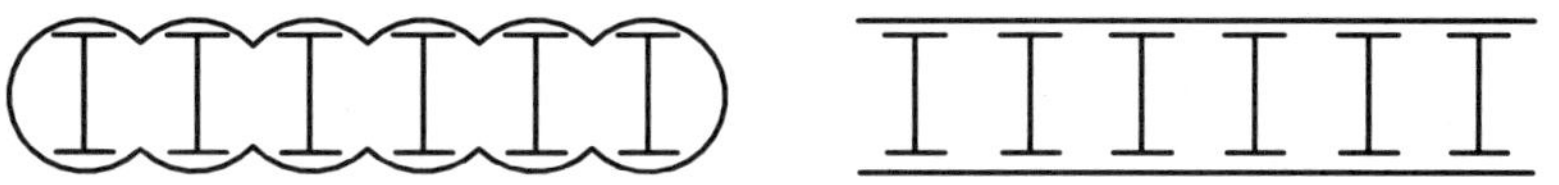

（*a*）　　　　（*b*）

图 C4.3　水泥土墙施工方法和截面

（*a*）柱法（多轴钻孔法）；（*b*）墙法（间歇切割法）

第 167 条　施工设备

用水泥土搅拌法施工的地下连续墙在选择适当机械时，需仔细考虑土体、施工和环境条件。

【条文说明】

当采用水泥土搅拌法建造地下连续墙时，由于机械施工能够增加墙体的连续性和可使用性，所以可采用机械施工来保障墙体平整和提高防水性能。其中，多轴螺旋钻或链式切割机的使用能够确保连续水平方向上成型的槽壁达到厚度均匀。

在水泥土墙的施工过程中，应选用那些能够根据每种工法的工作效率提供足够水泥浆的搅拌机和泵。为建造较长的水泥土搅拌桩，应对从钻孔开始到结束所用时间以及钻孔尺寸（墙体厚度）等仪器性能进行检查。

第 168 条　施工

（1）由于多轴钻孔法中的水泥土搅拌桩或柱都是连续成型的，在施工期间，需要注意每个桩的成型顺序，确保垂直度。

（2）使用链式切割法涉及水平向的连续成型。此处，在施工期间应注意设置水平向的成型速度并且依据土体和岩层条件确定水泥土混合量。

（3）所用水泥浆中水泥土的比例必须根据施工场地来决定，确保能够达到设计文件中规定的强度要求。

（4）核心型钢必须在混凝土硬化之前及时插入指定位置。

【条文说明】

关于（1）

当采用多轴螺旋钻施工时，柱间距是由钻头附件之间的距离决定的。桩的位置应该交错布置。为保证连续性和垂直度，使用多轴螺旋钻机打入的桩必须与下一个桩完全重合。一般而言，多轴螺旋钻是一种用来独立形成地下墙体的连续式钻机，也可以是一种高级的钻孔方式，其中地层通过单轴钻机疏松，而墙体则通过多轴螺旋钻施工。后者主要用于砾石地层以及 N 值为 50 或以上的地层，或在进行深层钻孔时使用。

应充分注意确保垂直度，并确保施工顺序不会因为墙面的不平整而影响混凝土结构的施工，同时避免挡土墙在开挖时因为桩间渗水发生背面变形。

关于（2）

使用链式切割机时，通常进行一次施工，开挖与搅拌为同一步骤，或者采用三次施工，将搅拌放在开挖之后。

为确保墙体的连续性，需要配合沟槽水平向的开挖速度及时调整土体胶粘剂的注入量且保持注入均衡。开挖速度主要受到开挖深度、墙体厚度及其他条件影响。

为确保墙体的连续性，需要对已经成型的部分重新钻孔至大约 30cm 的深度。在即将完成时，应避免墙体周围土体硬化妨碍开挖，必须为切割机预留足够的空间，并将其保存在混合浆液中。

如果施工位置在道路面以上或者施工时间受到限制，则很难为链式切割机获得足够的作业空间，而且施工位置也将受限。如果出现地下障碍物，则链式切割机械将无法水平自由移动进行连续施工。因此，必须确定障碍物的位置并且提前移除。

关于（3）

水泥浆中的泥土配合比可能因所需强度和土体条件而不同。原则上，泥土混合物需要通过与原位土的混合测试进行确定。

当使用链式切割机械开挖时，常用含有膨润土的钻孔浆液来液化开挖后土体。钻孔浆液需具有较好的保水性能并能长期保持最佳稠度。

关于（4）

参见第 165 条的条文说明。

4.3.5 使用泥浆护壁的地下连续墙

第 169 条　一般规定

地下连续墙使用泥浆护壁时必须依据设计文件、地层条件以及工程特点进行计划和施工。

【条文说明】

使用泥浆护壁的地下连续墙主要通过沟槽开挖的方式施工。施工时，依靠泥浆稳定槽壁，然后往槽中投放钢筋笼，最后浇灌混凝土将泥浆置换出来。与其他工法相比，这种方法能够使挡土墙刚性更高。近年来，已经开始利用开挖出的土体制作护壁泥浆进行置换。

（1）施工顺序

泥浆护壁一般按照以下顺序进行：

① 处理障碍物，沟槽开挖，设置临时盖板；

② 建筑导墙；

③ 开挖设备入场和组装，安装稳定泥浆制备装置；

④ 开挖，稳定液制备；

⑤ 处理挖出土体；

⑥ 排除坑底淤泥并用符合要求的（或者混合新制的）泥浆置换；

⑦ 放入连接件和钢筋笼；

⑧ 移除二次泥浆并放入导管；

⑨ 注入混凝土；

⑩ 拔出连接件（必要时）；

⑪ 处理废弃的稳定液。

（2）施工计划

施工计划应依照第158条条文说明所列要点来决定，主要包括稳定浆的制备装置，所用材料和混合比例，以及对开挖土体和废弃稳定液的处理。在决定开挖方法、单元布置和单元接头时，须注意以下两点：

① 开挖方法（见第170条）；

② 单元布置。

一般情况下，墙体的施工主要位于3～7m长的单元内。单元布置长度的确定主要受到开挖所需的时间、混凝土的注入量、开挖期间坑壁的稳定性以及开挖的直线长度（开挖单元）等影响。

③ 单元连接方法

锁扣管、钢隔墙或切割等方法均可用。方法的选择应以结构使用目的、开挖类型、防水性能、可施工性以及经济性为依据。

④ 单元施工

每个单元从开挖到浇筑混凝土都应连续施工，并且要适当考虑相邻单元的情况。

⑤ 检查沟槽的稳定性

影响沟槽稳定性的因素有地层条件、地下水位、泥浆重度、单元形状和长度、停工时长、开挖深度、附加荷载等。在考虑地层条件时，这些因素都应进行检测。

（3）当把泥浆护壁作为永久结构时的检查要点

常作为临时结构的地下连续墙在某些情况下也可作为永久结构。此时施工必须特别注意以下几点：

① 施工的精确性；

② 连接方法的选择；

③ 渗水处理措施。

在一个完整的墙体系统中，应特别关注内墙（后浇筑的混凝土墙）的接头处理，使其与其他结构形成整体。

（4）其他

由于大型地下设施布设使得挡土墙无法从路面开始施工时，或者为了减少路面施工对道路交通的影响时，地下连续墙会被建为二级挡土墙。因此，近年来，大型工程中常用净空高度较小的开挖设备进行地下连续墙作业。当采用这种施工方法时，须注意施工基准面以及地下水位情况（包括承压地下水），同时严格检查施工安全。必要时，需要考虑使用辅助工法。

第 170 条　挖掘机

地下连续墙施工中使用的挖掘机须依据地层条件、施工条件和周围环境来决定。

【条文说明】

在地下连续墙施工中选用的挖掘机必须安全、经济并满足以下条件：墙厚、沟槽深度、施工基础条件、地层条件（尤其关于是否存在鹅卵石）、机械施工精度、可施工性以及墙体是临时使用还是永久使用。

当地下连续墙作为隧道结构的一部分时，挖掘机的选择应重点关注道路盖板以下施工时的净空高度和垂直度。

挖掘机可以根据施工方法进行如下分类：

（1）抓斗式挖掘机

抓斗挖掘机是一种可以依靠线缆悬挂并通过电缆直接控制或者液压开关控制的挖掘机，也可以是依靠杆悬挂并利用液压控制开关。使用这种系统进行开挖时，需要依据地层和机械条件，预先将导孔钻掘到挖斗张开宽度相应的长度。此外，地层夹层也可以使用抓斗机挖掘。沟槽开挖时需要使用泥浆护壁。

（2）旋转式挖掘机

这种系统可以使用各种形状的钻头进行沟槽开挖，并且通过循环使用护壁泥浆将开挖土体和钻屑运输至地面。该系统可以是一个竖向的多头旋转钻，沿纵轴方向旋转；也可以是一个横向的多头旋转式切割器，其滚筒式切割器沿横轴方向旋转。

这种系统除了适合开挖卵石层和砾石层外，也适合其他各种不同的岩层，因为可以根据地层情况选择适合的钻头，且稳定液正向或反向均可以循环。通过正向循环，稳定液被从挖掘机的钻头处抽出并同碎石一起流至地表，从而与切割的土体分离。通过反向循环，稳定液与开挖的土体和挖掘机端头的碎石通过抽吸泵和挖掘机内部的潜水砂泵被送到地面，从而达到泥浆与废石分离的效果。这种反向循环方式经常与旋转式挖掘机一起使用。

（3）冲压式挖掘机

该系统通过竖向移动各种形状的钻头来破坏地层，然后通过泵将开挖土体与稳定液一起输送出去。这种开挖方式主要分三类：

① 钻孔型：在固定的位置开挖；

② 移动型：采用水平移动开挖；

③ 竖向型：提前钻孔并沿着钻孔进行竖向开挖。

这类冲压式挖掘机也可适用于岩体开挖，因为它可以通过撞击破坏岩体。稳定泥浆可通过正向和反向循环利用。

第 171 条　开挖

（1）在正确安装导墙的情况下，可以进行地下连续墙的开挖，期间应按照要求测量垂直度，以确保开挖墙体的垂直性。

(2) 通过对添加剂的密度和比例进行明确规定来确保稳定液在开挖过程中保持所需的稳定性，同时应注意地层的透水性、地下水位等情况。

(3) 整个施工过程必须注意环境保护并注意开挖材料的处理安置。

【条文说明】

(1) 导墙及其准确性

导墙就像一把尺子，为挖掘机安装和开挖确定位置，同时能够防止施工过程中由于挖掘机的荷载出现槽壁的崩塌。导墙施工的准确性会极大地影响开挖的准确性。

因此，考虑到以上的叙述，导墙应准确地建在指定位置。

如果导墙附近的地面不稳定，挖掘机移动过程中产生的压力和振动可能会导致开挖槽壁的倒塌。因此有必要用混凝土加固周围地面，用横撑等加固导墙。如果这块空间需要实行交通开放或用作导墙作业，则必须对结构使用临时盖板。

连续墙开挖过程中，槽壁开挖的准确度直接关系到混凝土墙完工时的准确度，因此必须确保开挖墙的垂直性和平面性，为此，在开挖过程中应对墙的情况进行监测。最好使用超声波检测和机械测量仪器来完成槽壁形状（垂直度和平整性）的最后测量。

施工中的垂直度正常为1/300～1/500。地下深层施工或者将连续墙用作永久结构墙时，对垂直度要求更高。

(2) 稳定液

开挖连续墙时的稳定液被用来防止崩塌和失水，以及通过槽中悬浮的土碴来提高开挖的有效性。

稳定液拥有实现上述功能的特性，同时须仔细考虑地层和施工情况。泥浆主要由黏土组成，比如膨润土和水溶性聚合物。

在开挖过程中，为保持稳定液的性质，必须不断进行试验来确保其达到规定的重度、黏度、含砂量、pH值和滤失体积。其目的在于稳定液的管理，包括再利用的判断、重新调理、废浆的处理和稳定液的补充。

稳定液随着重复使用，性能将会变差，最初的性能最终将会消失。使用这样的稳定液将会引起开挖墙的崩塌。因此必须通过不断确认其性能来调整配合比。任何性能变差的稳定液都要处理掉。在施工中，要充分实施管理来保持稳定液处在一个恒定、规定的水平。

(3) 开挖材料

开挖材料需要脱水并且任何稳定液都要与开挖材料分隔开。为了避免对道路交通和沿线区域不产生不利影响，沉淀物需要通过防渗车辆运出来。

第172条　钢筋混凝土地下连续墙

(1) 钢筋笼应装配牢固，并注意防止在运输和安装过程中的变形。钢筋笼应放置在指定位置。

(2) 在完全去除沉渣后，按照规定配比制备的混凝土应通过混凝土导管持续输送。

(3) 单元接头的施工应按照设计文件保持其连续性和防水性。

【条文说明】

关于（1）

钢筋笼应通过正确的钢筋布置和必要的焊接或者绑扎方式来预先安装。钢筋绑扎和焊接必须紧密，以防止钢筋笼在搬运和放置过程中变形。当连续墙被用作永久结构的一部分时，需将钢筋和主体混凝土结构的板加固钢筋连接在一起。

钢筋笼的安放过程中，在上升位置时要十分小心，防止变形和扭曲。钢筋笼必须被吊装在指定的位置同时保持垂直状态，避免因为倾斜破坏开挖表面，引起崩塌。钢筋笼应用大且宽的附加定位块予以保护，这样就不会破坏槽壁。如果实际开挖的槽宽比规定的要厚，注意必须将钢筋安放在正确的位置。必要时应采取措施，避免在浇筑混凝土的过程中移动钢筋笼。

关于（2）

开挖之后，混凝土浇筑之前，稳定液中的悬浮固体将会下沉，并且积累在槽底。如果沉碴不予清除，地基的承载力将会被弱化且将来可能会发生不均匀沉降。此外，沉碴混入混凝土会导致强度降低和渗水。因此，在浇筑混凝土之前必须给出足够的时间来清除沉碴。沉碴可以用旋转式挖掘机或者图 C4.4 所示方法来清理。接头处的沉碴粘附可能降低接头处混凝土的强度并经常引起漏水，须用清洁刷或喷水器清理。

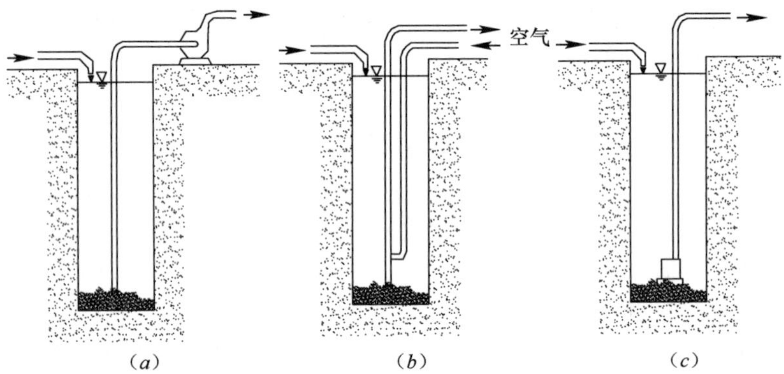

图 C4.4　沉碴清理方法

(*a*) 吸泵排泥法；(*b*) 压缩空气升液排泥法；(*c*) 潜水砂泵排泥法

混凝土一定要通过导管浇筑。为了不让混凝土与泥浆混合，导管的下口须埋设在混凝土下 2m 以上的深度。导管间距不超过 3m，且应被放置在端部和拐角处，防止因混凝土的流动而造成材料离析现象。要特别注意保持混凝土表面尽可能平整。混凝土浇筑要连续进行，以避免由于施工中断导致混凝土硬化。

当混凝土浇筑完成后，移除导管时，应先确认导管插入混凝土底部的长度，每隔 1～3m 逐渐地拔出。

如采用地下连续墙作为永久结构的一部分，当结构接头复杂，或者当钢筋布局紧密时，需要考虑使用混凝土的流动性。

关于（3）

单元接头连接的方法可选用锁口管接头法、分区钢片法或切割法。为便于更好地施工，应根据设计选择连接方法。

对于深层地下空间或者作为永久结构墙的部分，必须注意确保连续性和防水性，以便各板整体活动。

第 173 条　钢制地下连续墙

（1）钢制地下连续墙各部件应正确安装在指定位置，同时要确保垂直度。

（2）混凝土的浇筑和接头的选择参照适用第 172 条。

【条文说明】

钢制地下连续墙是一种用来安放构件的工法，是用来替代钢筋笼建造混凝土连续墙的方法。钢制地下连续墙构件的翼缘两端均有连接件，由平行翼缘类型的钢制挡土墙材料制成（图 C4.5）。

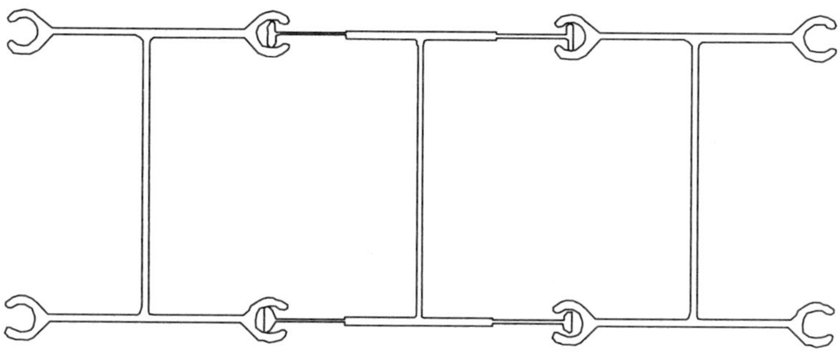

图 C4.5　带接头的钢制地下连续墙构件

关于（1）

为确保安装的准确性，在安装完成之前应对钢制地下连续墙的标准构件进行测量。之后，进行必要的超声波检测。在定位完成后，将构件牢牢固定，防止其在混凝土浇筑过程中发生移动。

关于（2）

单元之间的接头不得因受到混凝土浇筑产生的压力导致钢制地下连续墙的构件发生变形，也不能导致混凝土泄漏（图 C4.6）。在安装其他单元之前，该结构应有利于接头的清洁和沉碴的处理。

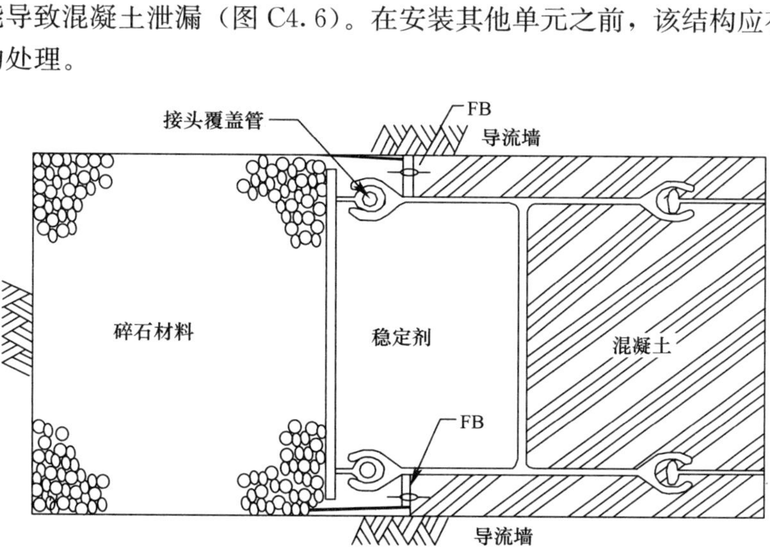

图 C4.6　单元的接头和接头处理

第 174 条　用固化液稳定地下连续墙

（1）在稳定液凝固之前，应彻底清理沉碴并且将 H 型钢、钢板桩、预制板和其他核心型钢正确插入指定位置。

（2）为了固化稳定液，在根据特定的方法搅拌后，应注意使其保持混合后的静止状态，并控制配合比以达到指定强度。

【条文说明】

关于（1）

H 型钢、钢板桩和预制板应安放在正确的位置，并特别注意在浇筑过程中避免变形和倾斜。还应注意在安放时避免破坏槽壁。

如果开挖出的厚度大于指定厚度，则需粘贴定位块之类的物件，确保安装位置正确。

关于（2）

稳定液可以通过以下方法进行凝固：

1）自硬化法

用这种方法筑墙时，需要使用固化剂（自固稳定泥浆）与稳定泥浆的混合液。这种混合液用在沟槽的开挖部分是为了确保槽壁的稳定。开挖后，核心型钢也被插入稳定泥浆中，通过保持泥浆的静止状态使其固结。

当此法应用到施工中时，要考虑以下几点：

① 仅能使用斗式挖掘机；

② 需要限制开挖至核心型钢插入所用时间，该时间长短取决于泥浆的固结时间。

2）槽内混合法

此法利用稳定泥浆完成沟槽开挖；开挖过后，向槽内的稳定液中注入固化剂并通过向槽底部吹入压缩空气来搅拌/混合。核心型钢插入放在固化剂注入前后均可。

当此法应用到施工中时，要考虑以下几点：

① 使用压缩空气完成气泡搅拌以确保泥浆和固化剂充分反应。为使泥浆全部固结，需要详细说明固化剂的混合比例。

② 若在添加固化剂之前插入核心型钢，由于核心型钢上有泥块粘附且固化过程中稳定液会流出，核心型钢的连接螺栓部位可能产生中空。

3）稳定液的置换法

这种方法和一般连续墙所使用的方法类似，涉及在沟槽开挖过程中使用稳定液。开槽后，一种固化混合剂通过导管被注入槽中。这种混合剂是一种比泥浆比重大的固化液，在工厂中通过向泥浆中加入固化剂制备。墙体施工采取顺作法，因为比重差使得该混合液能够置换出稳定液。在泥浆置换前后插入核心型钢均可。

当此法应用到施工中时，要考虑以下几点：

① 如果槽中稳定液和固化液的置换比重差太小，那么这种替换是有问题的；除了要考虑填充物（黏土、砂或开挖土），还要将配合比调到足够稳定的比重差。在替换和确认泥浆和固化液的替换比重差之前，要测量出槽中泥浆的比重。

② 应将槽底的沉碴清理干净，以防置换失败。

③ 在置换泥浆之前插入核心型钢，由于核心型钢上有泥块粘附且固化过程中稳定液会流出，核心型钢的连接螺栓部位可能产生中空。

> **第175条 泥浆处理**
> 将稳定液作为废弃物处理时，要遵守相关法规并采取必要的措施。

【条文说明】

废弃的稳定液是工业废弃物。应对其排放进行限制并按照相关法律法规进行处理。（参见第3条）

在施工过程中，要采取措施防止稳定液的分散和径流。工业废弃物的处理要委托给运输和处理部门，处理的状况要随时监控。

4.4 栈桥

> **第176条 一般规定**
> 在修筑栈桥之前，应基于设计文件准备施工计划，并仔细考虑道路的宽度、交通量、工作时间和其他现场条件。

> **第177条 梁支撑构件的附属物**
> （1）在道路上安装梁支撑构件之前，必须先进行沟槽的开挖和搭建临时栈桥，并在梁支撑构件安装后及时进行临时恢复。
> （2）梁的支撑构件安放要合理，以便横梁的荷载能够准确地传递到排桩和中间立柱上。并且，必须注意确保路面板的平整性。
> （3）梁构件的接头位置以及施工过程中有可能出现裂缝的地方必须进行加固处理。

【条文说明】

关于（2）

通常，槽钢被用作梁的支撑构件，但近些年，梁压顶法被用于在中间立柱顶部安装H型钢作梁支撑，以此扩大间距（见图C4.7）。

梁支撑构件的高度是栈桥的高度的基础，且必须满足预期栈桥高度的要求。在确定栈桥高度时，需结合道路的纵坡和横坡作出适当调整。当路侧的高度和梁支撑构件的高度不同或者不对等时，梁板可能产生扭曲或者摇晃。因此二者须进行准确结合。桩（包括板桩和插入型钢的地下连续墙）中的螺栓孔和梁的支撑构件必须用钻机打孔。用来连接梁的支撑构件的螺栓可能会由于栈桥的振动而松动，所以必须拧紧螺栓，而且需要用到弹簧垫圈之类的物件。在使用栈桥时必须对结构附属物进行周期性检查。

关于（3）

在梁的支撑物（包括板桩和插入型钢的地下连续墙）安装好之后，在以下情况需要对其进行加固：

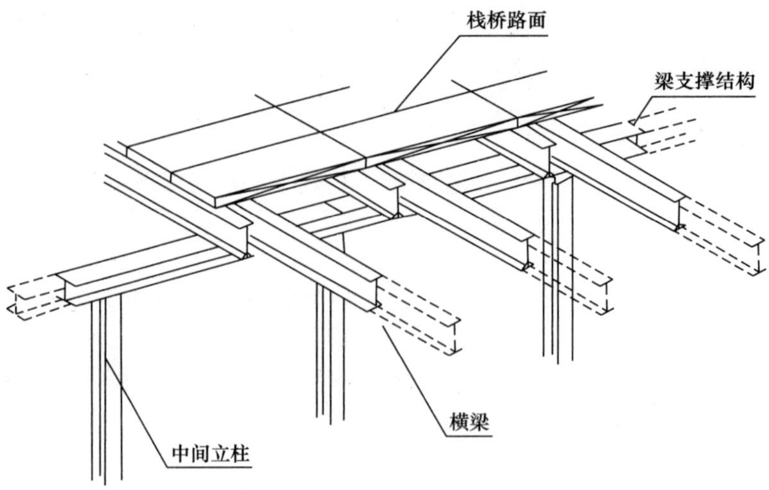

图 C4.7　面板结构示例

① 当梁支撑的部分结构被拆除以避免影响地下设施；
② 由于桩的非线性而在梁支撑构件中出现裂缝时；
③ 当桩之间的梁支撑物构件的末端出现大型悬垂物时；
④ 当存在障碍物致使桩间距很大时。
拼接板或者梁支撑物之间的双重链接（槽钢）通常被用作加固措施（见图 C4.8）。

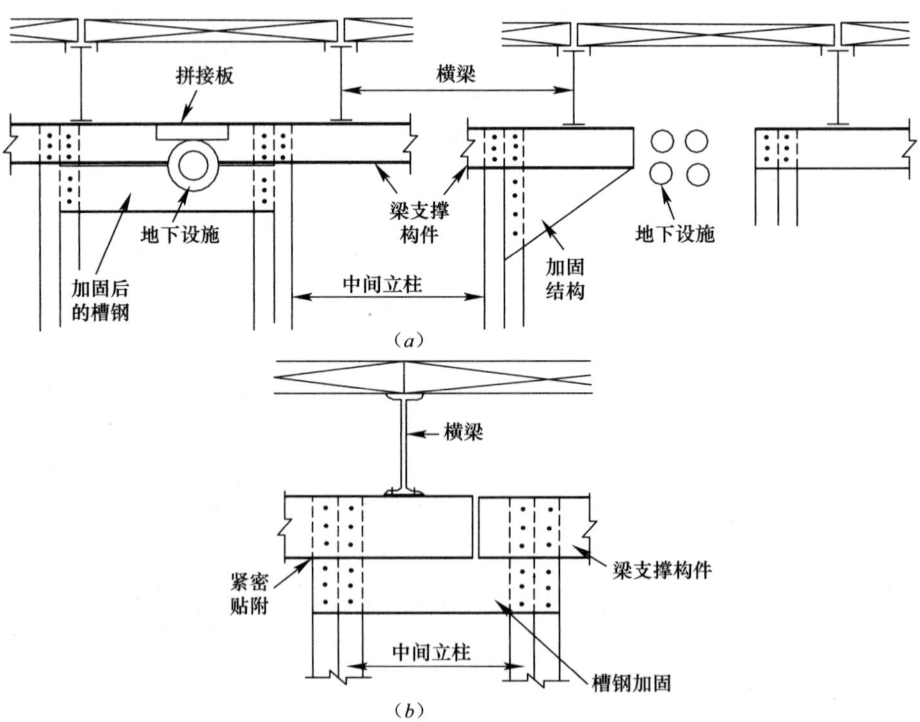

图 C4.8　梁支撑构件的加固
（*a*）用于因地下工程安装发生部分损坏时；（*b*）用于梁上的次梁连续

第178条　路面拆除

（1）栈桥日常铺设的范围需要根据地面交通状况来计划。

（2）在清除路面时，应注意避免损坏地下设施，并且在施工时应降低噪声和振动。

（3）栈桥与既有道路表面接缝处不得产生断层，而应形成连续路面。

【条文说明】

关于（1）

除非道路够宽或者能够提供变更路线（绕道）的方案，否则栈桥的铺设一般都是在夜里交通量少的时候进行，在早高峰之前停止。由于绝大多数栈桥铺设的工作时间被花在清理路面上，所以要对日常施工范围和工作时间进行限制，防止阻碍第二天的交通。

在清理深基坑时会暴露地下设施，因此需要加以保护。下雨会使土体崩塌的风险增加并影响栈桥铺设的进程。因此，清理工作的深度应采用最小值，以免阻碍横梁的安装。

关于（2）

混凝土破碎机等一般用于清理路面。所用机械需综合考虑环境、埋设的管线和工作进度的因素进行选取。如果机器的噪声过大，或地下设施的覆土较浅，则应提前对路面进行切割并且使用合适的机器对路面进行剥离。为有效利用资源，混凝土和沥青块可以回收处理。

关于（3）

在横梁安装好之后，必须将整体板固定到横梁的末端，路基超挖部分要根据指定的方法进行整改。如果使用的整体板数量不足，板间孔隙中的路基砂土可能被雨水冲掉，导致连接处发生沉降。

如果路面有纵坡和横坡，栈桥与既有道路连接的部分可能产生断层。栈桥搭建完成后，应及时对纵向和横向的断层和连接点进行铺平，防止这些过渡点阻碍道路交通。栈桥搭建结束后铺设的路面通常用作临时路面；如果临时路面过长，则应重做。连接部分道路坡度应小于5％且应尽量平整。

第179条　横梁和盖板安装

（1）横梁应按规定的间距安装在梁支撑构件上，以适合盖板的规格。

（2）当道路坡度较陡时，横梁需安装防倾覆装置。

（3）盖板的质量应达到规定要求，布设平整且中间不留空隙，避免摇摆。

【条文说明】

关于（1）

横梁由工字钢和H型钢制成，盖板（栈桥板）安装在上面。如果横梁之间的间距没有对齐，可能导致盖板滑移或摇摆，因此必须准确对齐间距。当由于受到地下设施阻碍或者因特殊情况需要将梁的高度设置较低而必须采用刚性梁和宽间距时，须充分考虑刚性和挠度。

关于（2）

在陡坡上或者临近十字路口处，横梁会受到来自汽车刹车产生的水平荷载，结果可能导致梁的倾斜、倒塌或者晃动。因此需要通过使用斜杆（斜撑）来加固横梁（见图 C4.9）。此外，对于道路交叉口之外的路段，需要采取措施防止盖板因地震影响发生掉落，必要时可采取横梁加筋的办法。

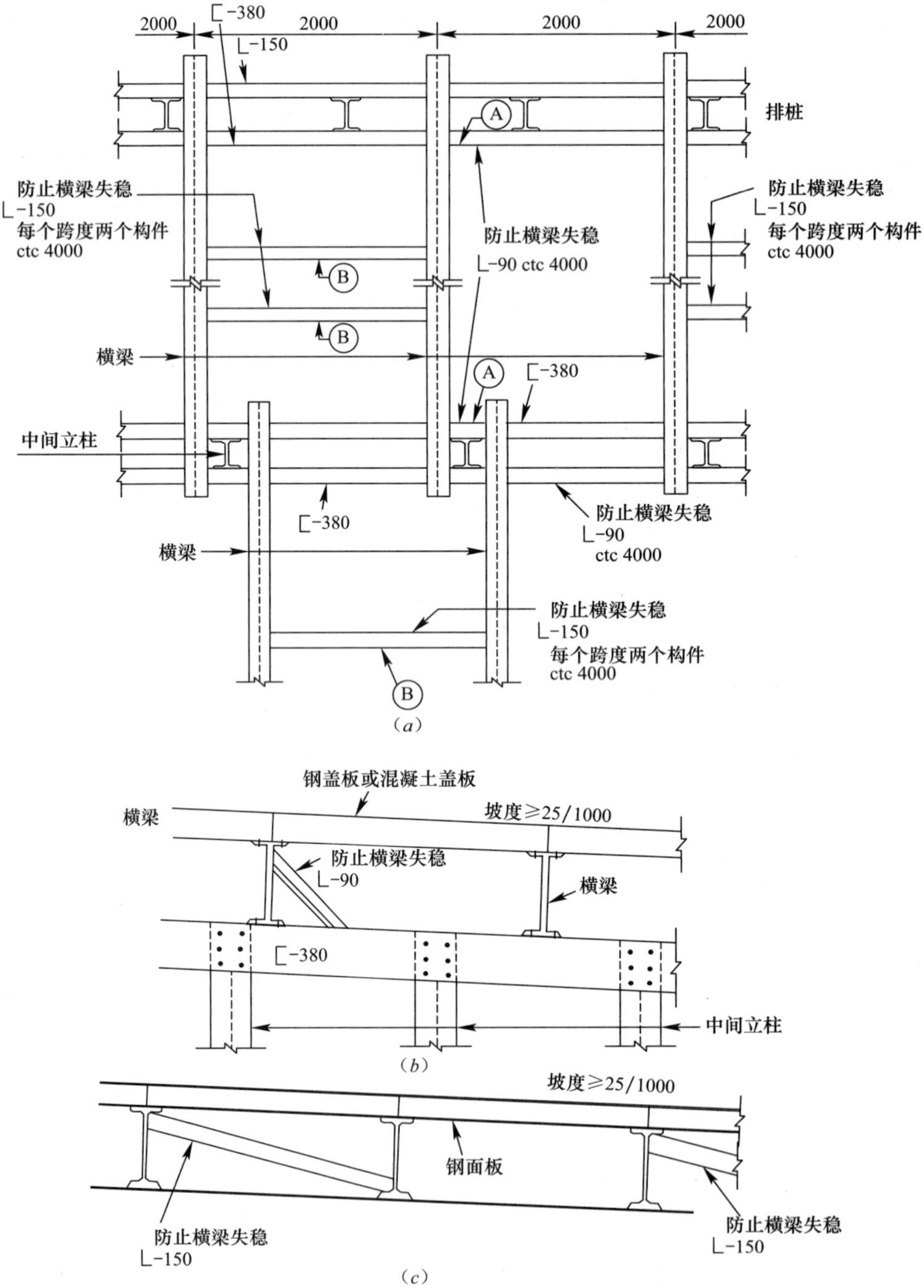

图 C4.9　横梁加固防止失稳

（a）平面图；（b）A 处详图；（c）B 处详图

关于（3）

栈桥板的质量、形状和表面修整一般在设计图中已有规定。栈桥板可多次使用，且已证实其性能不会由于疲劳和老化而降低。

栈桥板上必须加装防滑金属，防止纵向方向上的滑移。栈桥板的支撑上要加包装材料，防止摇摆和噪声。

断层和裂隙会引起盖板的摇摆和水平滑移，因此在安装时，盖板的布设应紧凑，防止滑移和表面断裂。盖板用于人行道或人行横道时，应对盖板上用于吊装的孔进行临时覆盖。

栈桥板的两端边缘要配置钢筋以防止横向滑移。在道路交叉口，由于交叉方向上的汽车起动和制动，尤其容易发生盖板滑移现象。因此，需要在横梁边缘的许多部位通过加筋来防止滑移。

当弯道或者地下设施阻碍横梁按照规定的间距安装时，使用特殊尺寸的横梁时，或将盖板筛用作隧道通风时，都需要充分研究梁的特性。栈桥的盖板通常需要使用防滑盖板。

盖板主要有钢盖板和钢筋混凝土盖板两种。标准规格是 1m 宽、20cm 厚、2～3m 长。具体规格要在计划之前确定，因为不同的产品规格也会有所不同。

第 180 条　栈桥的维护

设置巡逻队来监督栈桥和附件的维修，确保不阻碍交通。

4.5　开挖

第 181 条　一般规定

在开挖之前，要根据设计文件准备施工计划，详细考虑开挖的尺寸、进度、土体情况、周边环境和其他现场条件。

第 182 条　挖掘机和其他设备

选用的开挖机械和设备应具备合适的功能，能够有机结合且合理布局，同时应考虑以下因素：待建挡土墙的种类，是否需要栈桥，挡土墙支撑和中间立柱的布置，土体和地下水的情况，开挖深度，开挖材料在隧道中移动的距离，地面工作区域和工作进度等。

【条文说明】

挖掘机和设备的总体组合如表 C4.2 所示，表中所列为用于实现满足现场条件所需的最优组合。

用于开挖的挖掘机和设备　　表 C4.2

	设备和安装（地面）	设备和安装（填挖中）
开挖	抓斗挖土机和反铲挖土机 桶型斗，抓泥铲斗 带式输送机	推土机，牵引式铲车 铲车，反铲挖土机 带式输送机 电铲（短吊杆型）

续表

	设备和安装（地面）	设备和安装（填挖中）
排水	水下泵，排水线，凹形池，污水处理设备	
通风	风扇，风道，通气孔，送风管	

第 183 条　开挖

（1）开挖要选择最合适的方法，同时应考虑地层情况以及隧道中的众多限制条件。

（2）在挖掘时，注意每次开挖的长度、宽度和高度以及坡度，使其符合土体条件，避免使周围地层产生松动。当开挖含水砂土层和软土层时，要注意采取隧道排水和辅助措施。开挖时尤其要考虑到边坡的破坏以及挡土墙表面的维护。

（3）隧道内的运输方式和开挖材料的搬运方式应适合施工现场条件。

【条文说明】

关于（1）

在计划时，需注意以下方面：

① 盖板下的开挖

有些位置受到横梁和地下设施影响，挖掘机无法进入，此时开挖基本靠人力来完成。如果工作区可以设在地面，周围没有地下设施、挡土墙及中间立柱，则可以使用反铲挖掘机和抓斗挖掘机从地面开始开挖。

② 临近地下设施的开挖

在地下设施附近使用机械开挖会对设施造成损害。也有可能地下设施已经遭到损坏。这种情况下，开挖必须由人力完成，同时要考虑表面情况。

在地下设施附近开挖时，要十分注意前期开挖的高度和坡度，防止损坏地下设施或引起地下设施倒塌。为了防止工伤事故，需要清除地下设施、管线周围的土体以及下水道的毛石基础或者防止其倒塌。

③ 临近中间立柱和挡土墙的开挖

当机械开挖临近中间立柱和挡土墙时，机械可能会触桩，并且对地下设施和桩的承载能力产生不利影响。此时最好使用人力开挖。不透水挡土墙的不连续部分参照适用第 185 条。

④ 机械开挖

在机械开挖时，每次开挖的范围和深度都可能较大。要注意及时安装挡土墙支撑，避免使周边地层产生松动。

关于（2）

① 每次开挖的长度、宽度、高度和坡度

在决定每次开挖的长度和宽度时需要考虑到施工段的开挖区块和地层情况（土和地下水）。

人力开挖时的开挖高度和坡度应符合表 C4.3 的规定，同时应详细考虑地层情况、支撑层的间距和地下设施的位置。

② 在砂土含水层中的开挖

在开挖之前，应采取适当的辅助措施，如化学注浆法，对挡土墙背后地层进行加固及止水（参见第 4.13 节）。开挖的同时就要进行排水，直到干作业施工。开挖表面应该通过降低孔隙水压力和渗流压力来进行稳固。

③ 在软土层中的开挖

土体条件、支护系统和开挖深度是影响软土开挖的三个重要因素。开挖会导致挡土墙背后的地层发生大面积沉降，对挡土墙背后的地下设施、道路表面和相邻结构都会产生不良影响。必须采取适当辅助措施，且在开挖过程中，须及时和准确地安装墙支撑体系。为了确保开挖面的稳定和交通能力，必要时应采取石灰桩法等辅助措施。必要时需测量挡土墙背后的孔隙水压力和地面沉降。

④ 发生水泄漏和涌水时的措施

在开挖过程中须采取适当的冲刷防护措施，比如在分步开挖阶段用混凝土覆盖地表来保护地下设施，防止由于下水道等暴露，污水涌出而造成地面崩塌。

人工开挖时的基坑高度和边坡坡度　　表 C4.3

土体类型	开挖深度	边坡坡度（°）
岩石或者密实黏土	＞5m ＜5m	90 75
其他	＜2m 2～5m	90 75

注：当截水沟（宽度为 2m 或以上）位于斜坡上时，截水沟之间的每个坡度都会用到。

关于（3）

可根据开挖土的不同属性对其进行改良以提高施工效率。

将开挖土运出的方式一般取决于开挖区的土量、开挖深度、工程进度以及是否有地表工作区域。应在详细考虑过工作效率和安全性后，采取最适当的工法。开挖材料通常通过自动推进式抓斗挖掘机运出。可以根据现场条件选用固定土料斗（固定桶型斗和抓泥铲斗）或可移动土料斗。

第 184 条　木挡板

为获得足够的强度和耐久性，应根据设计文件需要选择排桩的挡板、挡板方法以及安装阶段，开挖过程中应及时通过将挡板与地层紧密结合的方式进行安全安装。

【条文说明】

在仔细选取水平木挡板的同时需要考虑其使用长度。在放置挡板时，必须在排桩和挡板之间的边缘处打入木楔，以便后者可以与开挖地面紧密接触。发生超挖时，须通过充分回填优质土或者其他合适的材料来填补超挖部位。

如果挡板因挡土墙背后土层松动发生倒塌，则应采取措施，如将挡板与拉杆结合在一起，防止在水进入隧道时挡板发会浮动或松动。

当因受到地下设施影响，排桩的间距大于标准间距时，必须增加木挡板的厚度，以便牢固支撑土压力。

当水从挡土墙处涌入，并且带走沉积物时，挡土墙背面可能发生坍塌。此时，需采取措施，如在挡土墙背后填埋沙包，防止挡土墙背后的沉积物随水流失。

第 185 条　挡土墙的中断点

由于地下设施的存在导致防水的挡土墙出现中断时，需要为该中断部分建造挡土墙，这取决于开挖的进度，同时需要充分考虑相邻挡土墙的强度、防水性和不连续性。

【条文说明】

在开挖过程中，如果连续性挡土墙段间产生空隙，必须及时建造强度和防水性达标的挡土墙。在开挖之前，必须对不连续中断点背后的地层进行加固，同时要仔细考虑地面情况和开挖底部的稳定性。

不连续部分的挡土墙刚度应与连续部分的挡土墙刚度相同，且它的质量和结构应该足够承受侧压力。

位于砂土或者地下水含量丰富的软土层中的不连续挡土墙部分，必须修建防水性高的挡土墙，防止沉积物通过地表水渗出，以及软土的挤压和沉积物的移动。

当有荷载作用在不连续挡土墙端部时，需检查作用在不连续挡土墙上的压力。

第 186 条　开挖时中间立柱的加固

在开挖过程中需要考虑中间立柱的承载能力，并按照设计文件所述对其进行适当加固，防止发生弯曲，同时要考虑现场条件。

【条文说明】

由于承受巨大的压力，中间立柱一般通过支柱连接，用来分散支撑压力。

第 187 条　隧道排水

涌水应在不妨碍开挖的前提下，选择适当的排水方法进行处理。在实施时要考虑水量、土体条件、开挖方法和其他现场条件。

【条文说明】

集水井通常用来排水。如果单用集水井不能降低水位，必须同时使用一种降水方法。大量涌水会阻碍开挖。

为将开挖过程中的水限制到设计水平，需要同时使用足够多的边沟，才能将涌水量排入集水井。

在获取相关管理人员允许的情况下，从开挖隧道中抽出的水必须在经过砂沉淀后排放到下水道或者河里。

在隧道暂停排水时，要仔细考虑水位上升可能引起的混凝土结构浮动。

第 188 条　开挖土方的处理

根据处理规定，开挖出的材料从隧道中运出后应被运到指定地点。在处理计划中，应该考虑土方的再利用。

【条文说明】

使用明挖法会造成大量的土石方。这些土方应尽量用作回填材料再次利用，注意防止对环境造成不良影响。当运出的土方超过一定量时，要根据“促进再生资源利用法”制订计划，以便于可再生资源的使用。

制订处理土方办法时要考虑以下因素：

① 处理的方法和处理的地点；

② 运输的方法以及运输路线；

③ 运输车辆的运作办法。

第189条 安全

（1）在开挖过程中，通过巡查工地，检查支护系统、开挖后的路基及挡土墙背面情况来确保隧道内外安全。

（2）开挖的隧道中应配备安全作业所需要的安全和卫生设备。

4.6 挡土墙支护

第190条 一般规定

为确保每个施工环节的安全，应进行挡土墙支护的规划和建造。过程中应充分考虑土体条件、挡土墙结构、开挖尺寸、是否存在地下管线、路边建筑以及待建主体结构的施工方法。

【条文说明】

挡土墙支护（支护系统或沟槽支护）是指腰梁、横撑、拉杆和锚杆等用于支护挡土墙的结构总称。

在设计挡土墙的支护时，必须注意以下事项：

（1）材料的选择（无论是加工过的还是原材料）；

（2）一个符合主体结构设计要求的支护系统的布局；

（3）考虑横梁布局时，保留足够大的开口以便于材料和设备的运入；

（4）由于存在地下设施而不能使用某个结构或位置的情况；

（5）构件接头的位置和结构；

（6）填充腰梁和挡土墙孔隙的方法；

（7）施工顺序，应考虑开挖和待建主体结构施工步骤之间的关系；

（8）支撑与拆除支撑的方法，以及需要使用的器械；

（9）是否引入以限制挡土墙变形为目的的预加载，以及引入办法；

（10）测量支撑轴力的位置和方法；

（11）预留维修保养通道；

（12）拆除挡土墙时如何转移挡土墙上的荷载。

第 191 条　挡土墙支护的安装和拆卸

（1）挡土墙支护应根据开挖进度在规定位置及时安装。

（2）当进行主体结构施工或回填时，在必要位置应通过指定的方法对挡土墙支护进行拆除。

【条文说明】

关于（1）

开挖后作用在挡土墙上的侧压力会随着时间增加，结果可能导致墙体挤入隧道以及挡土墙背后发生沉降。在软土层中这种倾向尤为明显。因此，开挖后，要在指定位置及时安装支护系统。其中，腰梁支撑件必须连接，横撑和腰梁的两端必须用螺栓固定，以防止挡土墙支护的下沉，如图 C4.10 所示。

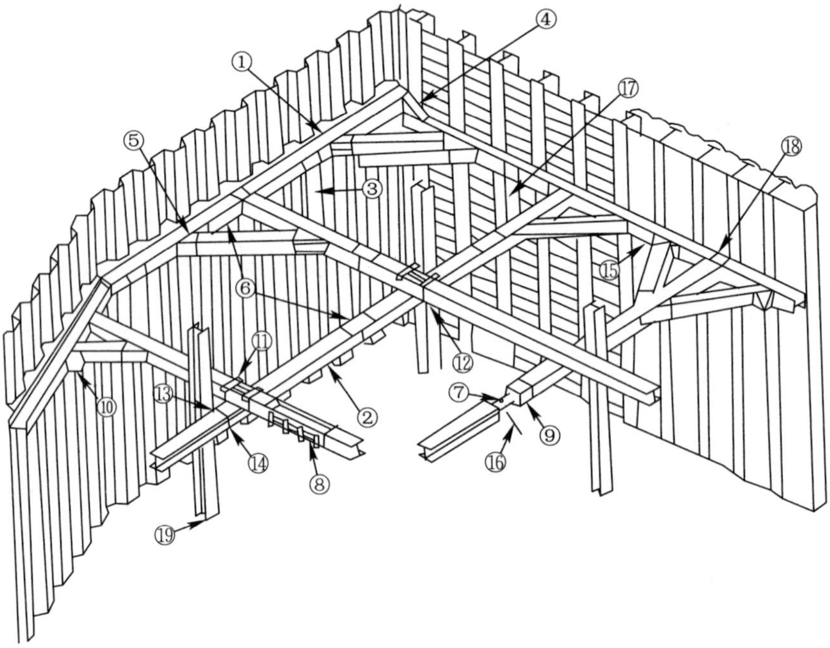

①腰梁；②横撑；③角撑；④腰梁的支撑件；⑤角梁的支撑件；⑥盖板；⑦插孔；⑧插孔盖；⑨插口的连接件；⑩角撑的支撑件（不加约束的类型）；⑪连接用的连接件；⑫U形螺栓的固定连件；⑬U形螺栓的固定；⑭横撑的支架支撑；⑮腰梁的支架支撑；⑯插孔手柄；⑰角撑块；⑱支肋；⑲中间立柱

图 C4.10　典型挡土墙支护

关于（2）

在支撑拆除阶段，作用于挡土墙上的荷载必须通过钢材或松木转移到主体结构的混凝土上，否则必须立即对横撑以下进行回填，将荷载转移到回填材料上。还必须防止挡土墙的变形。在将挡土墙支护上的荷载向主体结构传递时，绝不能对结构产生不利的影响。

第192条　腰梁与横撑

（1）腰梁的施工应符合现场条件，以便能均匀支撑来自挡土墙的荷载和传递荷载到内支撑或锚杆上。

（2）横撑的结构应能均匀地支撑来自腰梁的荷载。

【条文说明】

关于（1）

挡土墙表面不平整，则腰梁和挡土墙之间很可能产生空隙。通过使用混凝土或插入钢填料的办法填补空隙，必须将挡土墙和腰梁紧密结合起来，以便腰梁均匀承受来自挡土墙荷载。必要时，应将加固材料固定在横撑与腰梁结合的位置（见图C4.10）。

腰梁的长度应取6m以上，以便使构件尽量均布分担侧向压力，同时应避免局部破坏。因为很难对腰梁进行全长连接，连接点的位置必须靠近横撑，且结构必须具有足够的强度抵抗弯矩和剪力。

如果腰梁向内弯曲，应通过增加横撑和锚杆的数量对其进行加固。常见的内支撑方法是在横撑上使用角撑来支撑。必须注意避免对横撑施加弯曲应力，确保横撑安全。

关于（2）

腰梁和横撑之间的间隙可通过嵌入填充材料进行完全封闭，并用液压千斤顶预加载，避免外界土压力引起位移。

为尽量减少城区地下挡土墙发生变形，可以使用一个预压法，预先用千斤顶给横撑施加轴力。在采用预压法时，需要在确认挡土墙后的地质条件、挡土墙的位移和横撑反力后采取分阶段办法。预加载后要重新紧固螺栓，因为预加载很可能造成螺栓连接件的松动。

横撑的设计为纯受压构件，这意味着它们必须垂直连接腰梁并与后者紧密连接，避免承担压应力之外的其他应力。当弯曲应力作用于横撑时，必须在考虑横撑的承载力基础上确定是否有加固的必要。

在使用角撑时，或当横撑不能垂直于腰梁安装时，如果腰梁或挡土墙发生滑移，应对其施加荷载进行阻止。因此，应采取适当措施，避免横撑、腰梁和挡土墙发生滑移。

理想的横撑没有接头。由于基坑开挖很宽，需要使用接头时，接头应靠近中间立柱设置，且横撑必须要通过U形螺栓与槽钢或角钢紧固连接。使用接头连接时，不应降低横撑的承载力（见图C4.10）。

横撑过长可能降低抗弯曲安全性。必要时，应安装竖向/水平拉杆，减少横撑固定点的间距。

第193条　挡土墙支撑锚杆

挡土墙支撑锚杆应根据设计文件安装，并仔细检查场地条件，尤其是土体条件，以便决定具体的施工方法和施工顺序。

【条文说明】

锚杆或拉杆均按照设计文件安装，以便正常发挥作用。安装时须考虑以下情况：

（1）土体条件的确认

钻孔时要仔细确认现场土体条件是否与设计条件相匹配。如果锚固区的土体条件不好，应该另选锚固区，同时要注意避免损坏周围结构和地下管线。

（2）质量保证试验

抗拔力和长期性能试验是对锚杆设计的一个基本测试。当安装锚杆，要进行以下质量保证试验，以确认其负载能力和安全性：

① 多周期荷载试验；

② 单周期荷载试验；

③ 其他检验试验。

（3）监测

一般安装锚杆时的预应力低于设计工作荷载。如果作用在挡土墙上的外力，如土压力，接近设计值，则锚杆会被拉长，墙体可能发生位移，且挡土墙背面地层也可能发生变化。因此，必须进行适当监测。

在城区，在全部或部分拆除锚杆时通常连同钢筋锚具（连紧拉杆）大部分一起拆除，尽量减少锚杆的残留，以避免阻碍未来土地利用计划。

锚杆安装到腰梁上时，腰梁会受到锚固力的竖向分量，这意味着支架结构和布局应当使其具备足够强度。

第 194 条　挡土墙支护检查

在施工过程中，挡土墙支护应随时进行检查以保证安全。

4.7　防水

第 195 条　一般规定

施工规划须结合不同的施工场地条件进行，之后应对隧道主体结构进行防水，以达到设计文件要求的防水目的。

【条文说明】

根据施工工期，可预先通过在支撑板或挡土墙上铺设防水卷材防水，然后浇筑混凝土，并在混凝土浇筑完成后对该结构进行防水处理。防水工程通常先做底部，再做顶部。侧面防水取决于周围条件。在防水提前的情况下，在周围布设钢筋或进行压力焊接时必须小心，避免损坏防水材料。

各种防水方法见表 C4.4。

防水方法概述　　**表 C4.4**

类型		安装	材料	特征
防水卷材	高分子合成材料	胶粘	硫化橡胶	高延展性和抗基层裂缝强度高。使用有机溶剂粘合接缝
			非硫化橡胶	接缝处有良好的粘合性，通过与后浇筑的混凝土发生化学反应形成粘附

续表

<table>
<tr><th colspan="2">类型</th><th>安装</th><th>材料</th><th>特征</th></tr>
<tr><td rowspan="3">防水卷材</td><td rowspan="3">高分子
合成材料</td><td rowspan="3">胶粘</td><td>氯乙烯树脂</td><td>质轻且可施工性良好。一般用金属固定。通常用于水池和山岭隧道</td></tr>
<tr><td>改进的橡胶沥青</td><td>卷材厚度适中且有高延展性。接缝采用热熔法</td></tr>
<tr><td>乙烯乙酸乙烯酯共聚树脂</td><td>质轻且可施工性良好。有些产品通过与后浇筑的混凝土发生化学反应形成粘附</td></tr>
<tr><td rowspan="4">防水涂层</td><td rowspan="4">高分子
合成材料</td><td rowspan="4">喷施</td><td>环氧树脂</td><td>与基础粘合性高，延展性低</td></tr>
<tr><td>聚氨基甲酸乙酯</td><td>高延展性和抗基层裂缝强度高。一般固化时间长</td></tr>
<tr><td>橡胶沥青</td><td>适用于潮湿基面。固化时间长</td></tr>
<tr><td>聚合物水泥</td><td>适用于潮湿基面。与基础粘合性高，且与后浇筑混凝土粘合</td></tr>
<tr><td>防水垫</td><td>膨润土</td><td>胶粘</td><td>膨润土垫</td><td>膨润土遇水膨胀从而具有防水的能力</td></tr>
<tr><td rowspan="2">其他</td><td>砂浆</td><td>涂层</td><td>防水砂浆</td><td>添加外加剂后，砂浆变得具有高防水性。可施工性好。需注意小心处理涌水和固化</td></tr>
<tr><td>沥青</td><td>热熔</td><td>沥青面板</td><td>利用沥青的防水性、黏着性和抗腐蚀性。需要进行消防管理</td></tr>
</table>

第 196 条　防水膜

该工法在精确结合所需防水膜后将其紧密贴合到主体结构上，形成规定要求的防水膜。

【条文说明】

应用型防水膜以膜作为主要材料并用粘合剂对其进行胶粘。粘合膜的方法主要有四种：现场涂覆粘合剂、预先在膜上涂布粘合剂、用剥离纸现场粘结以及热熔法胶粘。不论用何种方法，都应确保膜的紧密结合并紧紧贴合到混凝土结构或基底表面。

第 197 条　涂膜防水

运用涂膜法时，需要使用特定质量的材料形成规定所需的均匀防水膜。

【条文说明】

涂膜防水是通过在基底表面喷涂碱基化合物和现场混合特定比例的固化剂来诱导化学反应从而形成防水膜。其应用是通过手工涂层或喷涂进行。选择该方法时必须同时考虑现场条件和施工规模。

第 198 条　膨润土防水板（防水垫）

为形成指定防水层，需胶粘膨润土防水垫，并避免垫中膨润土的流失。

【条文说明】

防水垫或膨润土防水板是将膨润土颗粒固定在两层土工布之间，制成卷形的防水毯。膨润土颗粒分布均匀，用钉子固定。膨润土吸水后会膨胀，因此具有防水性。

第 199 条　其他防水措施

（1）砂浆防水的施工要适应混凝土结构，避免断裂或剥离。

（2）沥青防水是将多层饱和沥青毡和特定的组合屋面材料层压形成特定的防水层。

【条文说明】

关于（1）

砂浆防水是将防水砂浆和防水剂混合后涂布在混凝土结构上形成防水层的方法。

防水剂是一种混合物，通过防止固化的砂浆发生吸水和渗透来提高防水性。用作防水剂的主要是高聚合物防水剂（橡胶胶乳，树脂乳液，水溶性树脂等）。

第 200 条　防水基层

防水施工前应对防水膜基层进行检查并妥善处理，以避免对防水膜产生不利影响。

【条文说明】

防水基层包括基础混凝土表面、结构混凝土表面、充当底板的混凝土结构以及挡土墙。

在进行防水膜施工之前，必须对基层进行全面检查和处理，确保满足施工条件。基层的检查和处理必须正确操作，因为接合不当会影响卷材的有效粘合，还可能会损坏卷材继而导致漏水，这意味着不能形成规定需要的防水膜。

第 201 条　防水膜保护

应对防水膜进行保护，使其能够发挥预期功能。

【条文说明】

防水膜在防水施工后应用砂浆、混凝土和防水胶合板及时保护。防水膜的保护取决于防水施工方法和施工位置，即，应选择适合施工条件的方法。

第 202 条　接缝的防水

在混凝土结构中的接缝应谨慎处理，防止它们成为防水薄弱点。

【条文说明】

隧道结构中的接缝是施工缝和伸缩缝的位置。

施工缝的防水与其他部分的接缝相比较弱，必须通过增加防水卷材和使用填缝材料来小心保护，防止已完成的混凝土结构发生漏水。

考虑到结构关系，伸缩缝必须仔细覆盖，防止它们成为防水薄弱点。止水带或接缝填料也适用于伸缩缝。

4.8　隧道主体结构

第 203 条　一般规定

在主体结构施工之前，应按照设计文件拟定施工方案，同时认真考虑结构尺寸、形状、工艺、工作环境等场地条件。

【条文说明】

隧道主体结构或构件应在设计指定位置上准确建造。须同时关注横截面的内部尺寸和纵向倾斜等。构件厚度设计要仔细，应使结构具备足够的强度以便正常使用。

为确保该工程主体结构的施工方案能够分步、有效完成，应对钢筋制备、组装、模板支撑结构、混凝土运输、混凝土浇筑和养护进行详细研究。

第204条　基础准备

基础应在开挖后及时使用指定材料进行处理。

【条文说明】

在基础施工之前，应进行挡土墙和开挖底部处理，防止水渗入，导致妨碍主体结构的施工。

下列基础材料可分别使用或混合使用：破碎机运行骨料，再生未筛碎石，碎石或回收碎石，砂，砂浆和混凝土（基础混凝土，自流平混凝土等）。

混凝土或砂浆可用作基础施工材料，完工时应使表面平整，确保主体结构防水不受影响。

第205条　钢筋

（1）钢筋制备时应避免设计文件规定的形状、尺寸和质量受损。尽量避免钢筋弯曲。

（2）钢筋应在装配之前去除有害物，且应布置在指定的位置并组装牢固，避免浇筑混凝土时钢筋发生位移。定位块应按照必要的间距放置，保持正确的钢筋保护层。

（3）钢筋接头应按设计文件规定进行定位和组装，同时考虑现场施工的限制条件。

【条文说明】

关于（1）

钢筋应严格按照设计规定的形状和尺寸来制造，确保质量不受影响。

通常钢筋是在常温下使用合适的弯折机来制作。钢筋由弯调直后，可能会降低其质量。

关于（2）

在重要的交叉部位，应用钢丝或用合适的夹子使钢筋绑扎紧密。必要时，需要用到钢材进行组装，防止混凝土在浇筑过程中发生移动。

定位块的材料可以是砂浆、混凝土、钢材、塑料、陶瓷。定位块的选用需要根据施工现场和环境条件确定。

应对组装后钢筋的保护层、布局和形状等方面进行检查。

关于（3）

钢筋接头的位置和连接方法通常在设计文件中有专门规定。施工时应考虑以下几点：

① 搭接接头：将规定长度的钢筋结合起来，然后用退火钢丝在几个点上进行绑扎。

② 焊接接头（气压焊，围封电弧焊接等）：由合格焊工操作，并检查接头。

③ 机械接头：使用设计文件指定的接头连接件按规定对其进行连接。

纵向钢筋接头有可能在部分区域集中，其原因与给定部分的施工范围有关。应认真考虑这个问题，避免在板和墙的施工缝中出现这类接头集中的现象。

参考文献

[1] 日本土木工程承包商协会公司：钢筋结构的间距设计与实施指南 1994.3（日语版）

[2] 日本土木工程学会：钢筋接头指标．1982.2．（日语版）

[3] 日本土木工程学会：钢筋接头指标（第二卷）．1987.9．（日语版）

[4] 日本压力焊接学会：钢筋的标准气压焊接工程．2005.4．（日语版）

第 206 条　混凝土模板和支撑

（1）用于混凝土模板和支撑的材料应具有足够的强度，能够支撑混凝土的浇筑，并方便组装和拆卸。

（2）混凝土模板和支撑的组装应精确，以使隧道结构达到预期的形状，并应加以固定，避免混凝土浇筑时发生位移。

（3）在混凝土达到规定强度之前不得拆除混凝土模板和支撑。

【条文说明】

关于（1）和（2）

模板工程应根据设计文件所示的形状和尺寸进行组装，应具有足够的强度和刚度以承载混凝土本身的重度以及混凝土浇筑过程中的荷载和振动。模板和支撑必须易于安装和拆卸，以便重复利用。

模板和支撑可能发生倒塌或破坏，因此需仔细研究土体、材料和结构情况。

关于（3）

在确定模板和支撑拆除时间时，应仔细考虑水泥的标号、混凝土的配合比、结构的类型和重要性、构件的规格，以及荷载、温度和天气。

第 207 条　混凝土浇筑和养护

（1）同一施工段的混凝土浇筑工作应连续进行，直至完成规定的浇筑工作。各个施工段浇筑的混凝土表面大多是呈水平的。

（2）应通过配备充足的设施对混凝土进行迅速运输和浇筑，以避免混凝土发生离析。

（3）在混凝土浇筑完成后的一定时期内，应按照指定方法对其进行养护。

【条文说明】

关于（1）

明挖法隧道中使用混凝土现浇的施工段长度通常为 20～30m。在拟定浇筑计划之前，需考虑混凝土制备时间和载运容量，并预先计算浇筑墙和板所需混凝土的量。混凝土应在规定的施工段实施连续浇筑，直到浇筑完成，尽量减少对施工缝的影响，因为施工缝往往是结构的薄弱点。如果大体积混凝土是由水平块或多个浇筑层组成，那么新浇筑混凝土可能受到先浇混凝土的限制，并且随着温度变化，应力也发生变化。随着有效杨氏模量的差异和温度差异增大，新旧混凝土之间的应力将增加。因此，应避免新旧混凝土浇筑的间隔时间过长。

关于（2）

在明挖隧道施工中，隧道主体结构通常建在地表之下较深的位置。在地下深部位置浇筑混凝土，这意味着必须采取措施避免混凝土材料发生离析。

混凝土一般用溜槽或混凝土泵进行浇筑。

当使用溜槽时，应采用适当直径的柔性竖向滑槽。使用竖向滑槽浇筑时应避免混凝土过度集中。为此，在浇筑之前应仔细考虑混凝土进口位置和间隔时间。

在浇筑混凝土时，应注意避免砂浆泄漏或模板膨胀变形。混凝土应充分压实，内部配置振捣器，确保混凝土均匀铺展在钢筋周围和模板各处。

关于（3）

新浇筑混凝土必须经水化反应充分加强，达到所需的耐久性、防水性及其他要求，避免出现裂缝。因此，混凝土浇筑后需要对其进行养护，使其在规定时期内保持足够的湿度并处在合适的温度。

在养护过程中需小心，避免使混凝土受到振动或承受过大的荷载。

第 208 条　接缝处理

（1）新浇筑混凝土与前期完成浇筑的混凝土应通过接缝紧密结合。

（2）主体结构的伸缩缝应达到其使用目的；处理接缝时应避免使其成为防水的薄弱点。

关于（1）

施工缝的设置位置要适当，避免损坏其结构强度、耐用性、防水性及外观。

明挖隧道结构的施工缝形成地下空间，施工困难。因此养护时，应注意确保新浇筑混凝土能够完全粘附在已浇筑完成的混凝土之上。

施工缝表面凿毛，清除松动的骨料颗粒和浮浆以及用水清洗，这些工作都需要仔细进行。

在竖向接缝和水平接缝的接触点处，每个接缝的止水带应重叠并结合在一起，防止成为防水弱点。

必要时，可使用水泥浆或砂浆来代替混凝土砂浆，并且应立即浇筑混凝土，使其紧密粘附在已浇筑完成混凝土上。

在仔细考虑好使用和清洁方案后，可使用缓凝剂，用于清除水平接缝上的浮浆。

关于（2）

明挖法施工的主体结构可以是无接缝的连续结构。在容易受到软土层、地基的不均匀沉降和地震活动的位置可以使用伸缩缝（结构缝）。

伸缩缝可能成为防水的弱点，因为它们会隔离混凝土结构或使主体结构和附属结构分离。

伸缩缝的防水一般用弹性氯乙烯止水带或用防水材料对其进行填充。

施工期间要考虑的要点详见第 202 条。

4.9 回填

第 209 条　一般规定

（1）应事先按照设计文件和标准图纸拟定回填计划，同时应考虑材料、压实方法和场地条件。

（2）回填计划应适当考虑回收资源的再利用。

【条文说明】

关于（1）

回填施工应达到还原后的预期目的，并应具备适当的承载能力。回填计划必须考虑到所需使用的材料、实际的填充工作、摊铺、夯实方法和施工管理。拟定该计划时，还应认真考虑施工位置（两侧和隧道的顶部）以及与作业相关的隧道条件，包括拆除挡土墙支护和使用永久性支撑对地下管线进行保护。

应尽可能多次对回填土方的承载力进行现场测试，加以确认。

关于（2）

当使用回收材料进行回填时，应对可回收利用的建筑副产物的类型和用量进行确认，并与道路管理者和土地所有者协商后决定。

第 210 条　回填操作

（1）隧道结构的侧面回填应安全缓慢进行，从下往上，使用适合的方法和材料对挡土墙和隧道之间的空间进行施工。

（2）隧道的顶部回填须从下往上，使用适当的材料和填充方法精确回填，并注意避免对地下管线和永久支护施加不对称的压力。

（3）使用液化土回填时，应使用适当运输和回填方法，同时需考虑施工条件。同时，有必要进行室内土工试验，确认其能够满足预先设定的标准值。

【条文说明】

关于（1）

对隧道结构的两侧进行回填作业时，随着施工进行通常需要拆除挡土墙支护系统。因墙体跨度发生临时拉伸，挡土墙的变形会增大。因此，填充土方应尽早回填，防止发生进一步变形。由于隧道构件和挡土墙之间的空间通常比较狭窄，当沉碴被用作回填材料时，可能难以准确地填充和充分夯实。因此，回填时应选用合适的材料，以免时间长了发生空隙。

为在侧面的狭窄空间中回填，经常使用无需压实且具有良好流动性的低浓度混合砂浆，并且所用混凝土通常浇筑在靠近挡土墙的位置。因此，对于侧面填充，需要充分研究夯实方法和材料的使用。

关于（2）

当使用沉碴回填隧道结构的顶部时，此填充物应均匀布置，且挡土墙内每层提升的厚度应尽量一致，保持在同一水平上。每一层回填后应用振捣器或碾压机充分压实。

隧道回填靠近地下管线时，或周围存在永久支撑保护构件和挡土墙支撑时，很难使用碾压机来压实沉碴。因此，随着回填作业进行，应使用指定种类的砂依次进行填充和夯实，防止这些区域产生空隙。

公园或私人土地下方的回填应用碾压机充分压实，与道路段回填施工一样。在拆除栈桥、拔除桩以后，需要使用合适的材料对表面填充找平。

关于（3）

液化土是用来改良施工土体的一种处理土。它具有流动性且能自动硬化，不需要压实，适用于狭窄空间的回填。

使用液化土时，应在确认预先设定的标准值得到满足的条件下，尽量对其进行多次测试，以获取相关数据，如最大粒径、无侧限抗压强度、流动值、泌水率、密度等。

可能需要再次开挖的地点，应使用液化土，回填材料不应太坚硬，以免妨碍重新挖掘。

由于使用液化土可能导致地下设施上浮，因此须考虑采取抗浮措施，其中包括逐步回填或预先将地下管线用其他设备紧固。

4.10 栈桥拆除和路面恢复

第211条 一般规定

（1）拆除栈桥时，需要根据道路交通状况和路面恢复工作量拟定计划，并仔细考虑施工工作量和施工范围等。

（2）在栈桥拆除后，应及时进行路面的临时恢复，以免阻碍道路交通。

（3）路面临时恢复后，如能确保路基和基础稳定，则应对路面进行完全恢复。

【条文说明】

关于（1）

在完成地下设施的永久支护工程且回填到达横梁下部时应拆除栈桥。在拆除期间，由于道路交通受到极大阻碍，一次性作业的时间和施工范围也受到很大限制。随着临时路面的恢复，栈桥拆除的工作要根据道路交通和临时恢复工作的进展情况开展。

关于（2）和（3）

在限定的时间内，需要在拆除栈桥的同时迅速进行路面临时恢复。

临时恢复施工过程中，对即将开放交通的道路要用压路机或其他设备进行充分碾压，以达到规定的承载力。

路面恢复工程完工之前，临时恢复的路面应保持在良好状态，可通过定期巡视检查监控，必要时应进行维修。

第212条 栈桥拆除

（1）在回填完工且确认不会妨碍临时恢复后，应拆除栈桥。

（2）除了确保交通不受阻碍之外，拆除栈桥时，还应避免损坏地下管线或附近的地面建筑物和其他结构。

【条文说明】

关于（1）

路面临时恢复与栈桥拆除工作同时进行。因此在实施前，应通过现场测试或者其他方法确认回填已完成至横梁下部，且临时恢复的路基具备足够的承载力。

关于（2）

横梁和用于地下设施的梁通常长且重，需要一个较宽敞的区域来完成拆除。因此，拆除作业应选在交通量少时进行。在梁的起吊和装载过程中，需要注意避免阻碍地面交通（包括人行交通），防止破坏各种高架线、附近结构以及横梁下的地下设施。

第 213 条　路面恢复

（1）在对地面情况进行仔细调查和充分考虑后，路面临时恢复工作要随着栈桥拆除迅速进行。

（2）路面结构和路面恢复时使用的材料须满足道路管理部门的规定。

【条文说明】

关于（1）

路面临时恢复的工作与栈桥拆除同时分小块进行。进行这项工作时，应考虑到它有别于大面积施工的道路工程，因为需要涉及路面找平这类工作。

用于路面临时恢复材料通常是沥青混凝土。在铺设之前，应在规定位置精确地安置排水沟和路缘石。完成铺设后，通常要立刻恢复车道或者分界线人行横道，以及其他路面结构和占用设施。

关于（2）

路面恢复需要使用的材料、结构和方法要满足道路管理部门在协商中的规定要求。为控制材料质量，应与道路管理部门进行协商，并在每一步完成后进行现场试验。

4.11　拆除挡土墙与中间立柱

第 214 条　一般规定

应提前拟定挡土墙、中间立柱等的拆除计划。该计划应参考沉桩过程中的记录，仔细考虑拆除长度，与相邻地下设施的距离和其他现场条件。

【条文说明】

施工计划中，通常需要拆除防护墙中使用的排桩、钢板桩和中间立柱。然而，由于各种因素，如沉桩条件、与地下设施和众多其他结构的关系、地质条件和环境等，这些桩可能难以拆除。最终是否拆除，需要根据与业主协商达成的计划决定。

根据计划，钢管板桩、单轴式地下连续墙、水泥土墙和泥浆墙通常不需要拆除。若需拆除，需要预先与管理人员沟通，仔细考虑现场条件，拟定拆除的方法、宽度和作业范围。

第215条　拆除排桩与钢板桩

（1）排桩和钢板桩需要通过使用连续坑和最小范围的开槽来拆除，同时考虑环境条件，避免阻碍交通。

（2）排桩和钢板桩拆除时要小心，避免破坏隧道结构和地下设施。

（3）排桩和钢板桩拆除后产生的空间需要用液化土、膨润土泥浆和砂完全回填。

【条文说明】

关于（1）

拆除工作的开展要考虑路面临时恢复的进展。尽可能使用扰动小、噪声低的机器，同时考虑周边情况。

关于（2）

在拆除过程中，要考虑防水材料、地下设施和高架线。在拆除前，必须掌握排桩和钢板桩打入后的情况和主体结构物的情况。还应确认这些预备拆除的桩不是用于永久支撑和地下设施保护的桩。要选择适当的拆除方法，防止由于拆除过程中的扰动和拆除后产生的空洞对其他结构物造成不利的影响。

关于（3）

拆除桩后产生的任何空洞都要用膨润土泥浆和砂等进行回填，使其能够达到或优于回填的效果。

如果其中的钢板桩和地下连续墙等不能拆除，则挡土墙的拆除应在与业主协商达成一致之后进行。所用方法与拆除排桩和钢板桩的方法相似。所使用的材料应记录备案，用于辨认未拆除物件的位置、范围和规格。

第216条　拆除中间立柱

（1）在结构完成后，位于隧道结构顶板之上的中间立柱需要承受路面荷载和其他荷载。为避免影响结构，需在指定位置对其进行截断，并将荷载转移至结构。

（2）在荷载转移后，留在结构中的中间立柱需进行截断并立即拆除。

（3）应对留置在结构中的中间立柱进行适当处理，以防损害隧道的完整性。

（4）已将荷载转移到主体结构顶板后，中间立柱的拆除参考适用第215条。

【条文说明】

关于（1）

将荷载从中间立柱转移到主体结构的顶板，以便表面荷载或者设施的永久支撑保护荷载能够得到顶板支撑并且广泛分布其上。转移方法是在顶板和中间立柱底端之间的空隙打入楔子，或者浇筑护脚混凝土。同时，为避免因为荷载转移造成中间立柱沉降，需要使用横拉杆对中间立柱进行保护。每隔一个中间立柱需要进行截断，并立即使用楔子等消除顶板与中间立柱之间的空隙，进行荷载转移。

关于（2）

在完成荷载从中间立柱的转移之后，截断并拆除留在结构里的中间立柱，其目的在于避免阻碍结构中的其他施工作业。

关于（3）

中间立柱截断部分可能在结构上或防水方面较弱。因此，应根据需要采取对策并给予关注。

关于（4）

在拆除中间立柱之前，要确认该中间立柱没有被用来作为地下设施永久支撑保护的受力桩。

4.12 地下设施保护

第 217 条 一般规定

（1）在隧道施工期间，如果开挖区域或其附近存在地下设施，需对地下设施采取适当的保护措施。

（2）根据与公共设施管理人员的协商结果、道路管理部门的设计文件和标准图，以及施工场地条件，对场地内的临时支护和永久支护的实施搬迁、悬吊保护等安全保护措施和其他步骤。

【条文说明】

关于（1）

在明挖隧道工程中，预先了解施工区域是否存在地下设施是非常必要的。若存在，需进一步确定其类型、位置、形状等。这些设施均需要在公共设施管理人员在场的条件下通过探挖确认。

在施工过程中，须采取必要的安全措施，根据现场情况使用安全准确的方法进行施工。

地下设施安全措施分类如表 C4.5 所示。

地下设施安全措施 **表 C4.5**

	类型	备注
隧道施工前的保护措施	接头确认，试坑	确认地下设施的位置和形状
	迁移	当阻碍打桩或其他工作或安全需要时
	管道类型变更 永久变更 临时变更	将旧管道改造为新管道
	安装应急阻断设备	阻断泄漏阀等（气、水）
	管道连接和连续性测试	提前测试电源和通信是否畅通
隧道开挖时的安全措施	悬吊保护	保护施工期间的裸露在外的地下设施
	临时支撑防护	施工过程中保护未受悬吊保护的设施
	加固防护	固定装置或设备防止其被拔出或摆动等
	挡土墙背后的防护	额外防护，防止开挖期间挡土墙背后地层松动或发生不均衡沉降
	使用临时悬吊保护，安装伸缩缝和压力环	防止断裂和渗漏
	接头确认、检查	确认地下设施和悬吊防护的情况

续表

	类型	备注
回填作业时的安全措施	永久支撑保护	保护回填之前的地下设施
	管道连接和连续性测试，保护涂层检查	事后测试和目测检查保护涂层上的裂痕，确认连续性是否受到施工影响
	接头确认、检查	检查永久支撑保护的情况

关于（2）

地下设施是复杂多样的，且近年来，地下设施的应用越来越广泛。一旦发生事故不仅会影响施工进度，还会造成人身伤害和严重的社会混乱。因此需要与行政机构达成全面的保护协议来管理，防止施工事故的发生；遵守公路管理部门发布的相关法律法规和指导意见；与公共事业管理部门充分协商确定保护方法、接头确认、检查和其他安全措施，以保证施工安全。

第 218 条　隧道施工前的安全措施

为了不妨碍隧道施工，需要对某些地下设施中的管道进行迁移或类型改变。施工前，必须确保安全措施到位且与设施管理部进行协调。

【条文说明】

若开挖区域内或周围存在地下设施，则在隧道施工之前必须采取安全措施，其中包含以下方面：

（1）迁移

对阻碍打桩、栈桥和其他工作的地下公用设施进行拆迁，将危险公用设施移至影响较小的安全位置。

（2）管道改造

改造管道类型可以消除它们在结构、老化和强度方面缺乏带来的风险：铸铁管可以改造为钢管或者球墨铸铁管；石棉水泥管可以改造为钢筋混凝土管等。

（3）紧急阻断装置

安装紧急阻断阀，防止发生泄漏。

为避免隧道施工受阻，应在施工之前认真考虑施工的影响范围，与道路管理者和公共设施管理者协同确定并实施地下设施迁移的位置和时机、管道改造的范围和紧急阻断装置的安装位置。

第 219 条　开挖过程中的安全措施

（1）因开挖造成地下设施暴露，需要通过将其悬吊、临时利用支撑保护或加固，并在回填完成后对其进行安全维护和管理。

（2）由于挡土墙背面的地下设施容易因开挖受到损坏，应适当采取措施，通过防止沉降、缓冲开挖以及定期检查来达到安全维护和管理的目的。

【条文说明】

关于（1）

尽量减少暴露在外的地下管线。对于已暴露的设施应及时进行保护。开挖过程中可考虑以下安全措施：

1）悬吊保护

① 及时处置和有效管理悬吊保护对象，避免影响其正常使用功能和破坏地下设施结构。

② 设置专门的桁架结构进行悬吊。

③ 螺栓之类的物件应紧贴在悬吊支撑以防松动；须对其进行调整使荷载均匀分散到各个悬吊支撑上。

④ 检修孔、消防栓、阀门和水表等设施的位置应清晰地注明在栈桥板上，部分设施须容易拆卸。

悬吊保护实例如图 C4.11 所示。

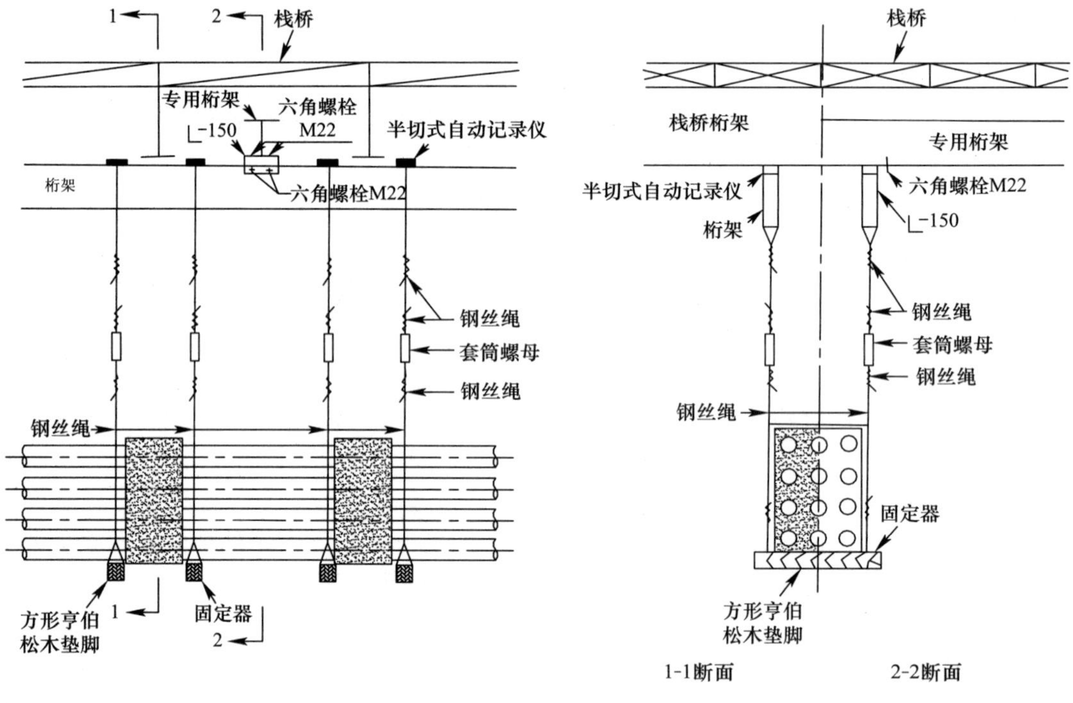

图 C4.11　悬吊保护实例（电力管线）

2）临时支撑保护

如果地下设施不适合用悬吊保护，则需要设置临时支撑对其保护，例如支撑桁架。

原则上，专用承载桩和支撑桁架被用来作为临时支护。如 1）④中的检查井和消防栓。

3）加固防护

伸缩缝、固定装置、防拔出装置、防摇摆装置和其他加固措施适用于保护地下设施不受内部压力或温度的变化而损坏。

关于（2）

开挖过程中，挡土墙背后地面开挖过程中易产生松动或不均匀沉降，受到影响的地下设施应提前采取安全保护措施，如第 218 条所述。开挖期间，需要通过测量检查地下设施的沉降，采取防沉降对策或设置缓冲装置，并持续监测。

1）沉降监测

为防止开挖过程中因挡土墙背后不均匀沉降而造成地下设施损坏的事故，应在地下管线上以及周围地面设施安装沉降监测孔（沉降测量开关），观察位移变化。沉降监测开关实例如图 C4.12 所示。

2）缓冲开挖

通过分阶段开挖，在靠近地面且不受开挖影响的区域建立缓冲区，缓解挡土墙后的不均匀沉降和汽车交通对地下设施的影响。易受开挖影响的区域保护如图 C4.13 所示。

3）沉降控制措施

在挡土墙后注入化学液体，防止地下设施的沉降。应注意避免将化学液体注入地下设施中。

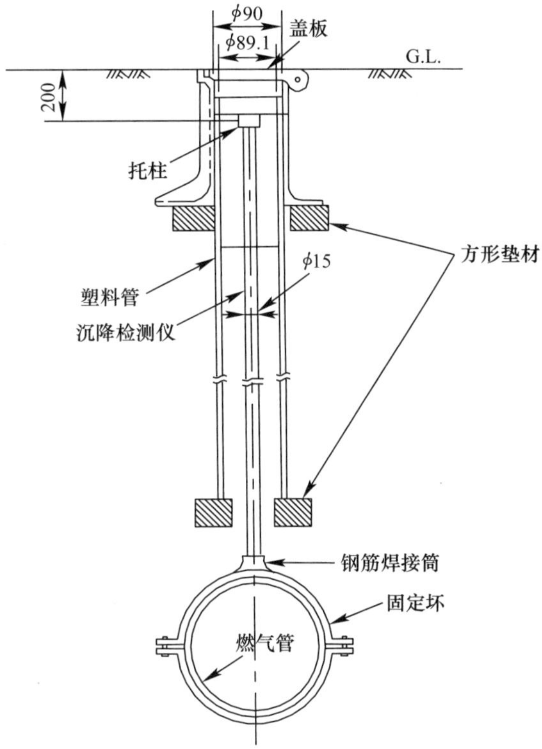

图 C4.12　沉降测量活塞实例（燃气管道）

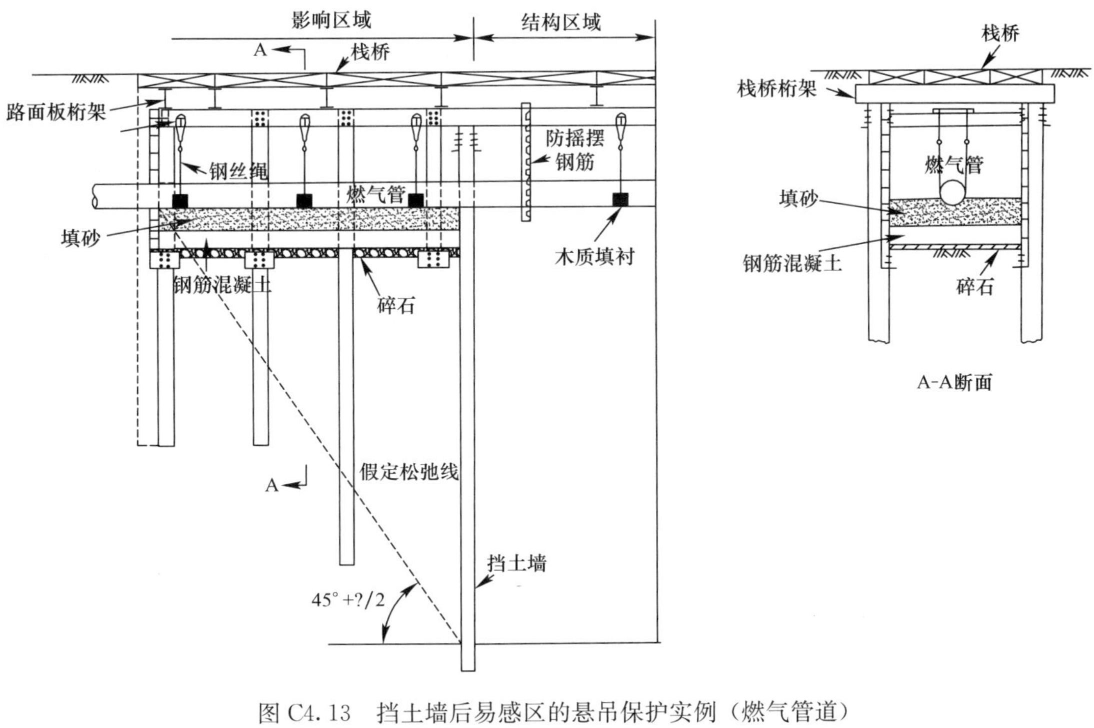

图 C4.13　挡土墙后易感区的悬吊保护实例（燃气管道）

第 220 条　回填时的安全措施

（1）在完成隧道结构之后和回填之前，需要根据设计文件和标准图建立永久支撑，以保护地下设施。

（2）与公共设施管理人员协商后，临时迁移的地下设施应及时恢复原样，然后再进行回填。

【条文说明】

关于（1）

使用永久支撑提供保护时要注意避免对地下设施产生损坏。回填时需要同样注意，确保地下设施和防护设施不受损坏。使用永久支撑提供保护的示例如图 C4.14 所示。

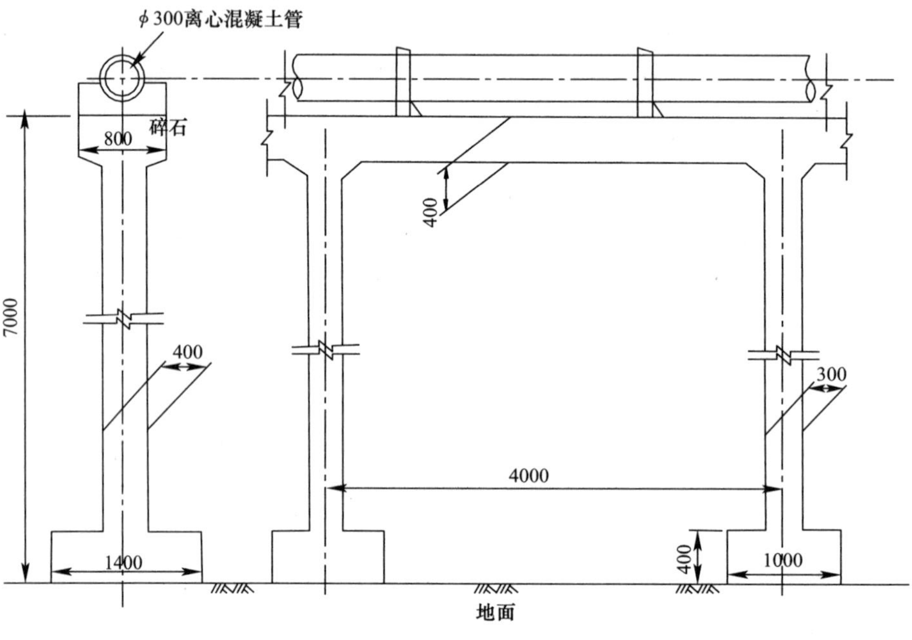

图 C4.14　使用永久支撑保护示例（污水管）

① 由永久支撑提供的保护需要根据前期安排由设施管理人员参与确认。

② 回填至地下设施底部时，在确保地下设施支撑安全后，对悬吊材料进行拆除。悬吊材料应认真清除，避免对设施产生损坏。

③ 依据与公共设施管理人员的协商结果，地下设施的周围应使用硬质土、改良土、液化土等进行回填并夯实。

④ 地下设施布设密集，致使无法按照设计文件和标准图进行永久支撑保护。这个问题需预先与有关各方充分合作、协同调整来妥善处理。

⑤ 建造提供保护的永久支撑时，须与设施管理人员进行协商，并且通过检查保护涂层、测试连续性（管道连接）和绝缘性，保证使用的安全性。

关于（2）

临时迁移的设施应在与设施管理人员协商后及时复原，以免阻碍施工管理和维护，防止回填工作和栈道拆除工作受到耽搁。

第221条 维护和检查

（1）地下设施在施工过程中应进行维护且持续检查，以保证其正常功能。

（2）随着施工进展，应与地下设施管理人员共同协商确定设施的安全措施，这些措施必须在设施管理人员在场时开展。

（3）紧急通信和应对系统必须在与相关各方充分合作和协商的基础上建立。

【条文说明】

关于（1）

对开挖区域和周围区域都要进行检查，确保地下设施的安全和正常运转。检查方法及项目需要提前与设施管理者协商决定。当检查结果显示某个地下设施存在异常或潜在问题时，应与设施相关管理协商立即采取应对措施。

检查应关注以下几点：

1）开挖区域内检查

① 设施构件情况：检查是否渗漏、接头是否突出、管道是否弯曲或损坏等。

② 悬吊和临时保护情况：检查是否松动、变形或悬吊支撑设备是否腐蚀；支撑桁架是否变形。

③ 加固情况：检查钢筋构件是否变形，螺栓是否松动等。

④ 永久支撑保护情况：检查支撑架是否倾斜、被破坏以及支架与管道间距。

⑤ 其他必要的检查与设施管理员协商的内容。

2）开挖周围区域的检查

① 地表变化：地表沉降和发生裂缝。

② 重要地下设施沉降：沉降、位移以及其他活动。

③ 挡土墙附近情况：设施裂缝、渗水和接头变形。

④ 其他需要检查的情况。

关于（2）

时间安排、需要设施管理人员现场确认的点、通信方法应该在前期与设施管理人员协商后决定。对于重要问题的要点，例如悬吊保护和永久支撑保护，应进行协商并签订和交换书面协议，确保有效的协作。

下列活动或事项需要管理人员在场进行校验：

① 试坑；

② 设施附近的沉桩或拔桩；

③ 开挖暴露设施；

④ 悬吊保护或临时支撑保护的完成；

⑤ 加固的完成；

⑥ 永久支撑保护的完成；

⑦ 回填至设施底端；

⑧ 其他必要的事件。

关于（3）

为了应对紧急情况，应预先为相关各方提供参建方的紧急联络名单、相关设施最新的布局系统图，阻断阀和气体探测器的位置。对于暴露在施工现场的设施应设置标记并树立警示牌，以提醒在该区域工作的所有人；警告牌上应注明设施的名字、分类、必要的安全措施和相关事项，以及管理人员的联系方式。

一旦发现任何异常或者潜在的严重问题，应立即通知相关人员并暂停施工。此时，应根据需要采取相应措施，禁止使用明火，停止交通，引导疏散周边居民和行人，并将信息报告给相关机构，包括警察、消防部门和道路管理人员。

4.13 辅助措施

第 222 条　一般规定

在使用辅助措施作业时，应仔细考虑这项作业的实施目的、施工方法、地质条件、环境条件以及如何与其他措施的组合使用。

【条文说明】

当使用辅助措施时，应在整个建设周期内对施工场地进行监控量测，来达到预期目标。

第 223 条　预降水法

预降水法被用来达到提前排水的效果。使用此法时，需要认真考虑地质条件和环境情况。

【条文说明】

预降水法适用于因地下水位过高或底层不稳定而难以使用常规方法开挖的情况。该方法适用于粉砂岩以及渗透系数在 10^{-1}～10^{-4}cm/s 范围内的砾石层。

预降水通常需要使用深井和井点降水系统。

深井降水主要用于渗透系数相对较高的地层，这种方法将集水井设置在基坑底部，通过重力作用收集地下水并泵送出去。

在粉砂或者细砂地层，井点降水系统采用高功率真空泵强力抽取地下水。这种真空预降水法适用于 6m 左右的降水，必要时采用分段降水进行更深的降水。

使用降水措施时，如果所在砂层中存在连续不透水层，将会降低地下水的降水效果。因此对于地层中是否存在不透水地层，必须预先进行地下调查加以确认。

通过补给的方式将泵出水回灌到地下的目的是保护地下水环境。这种人工补给方法需要用到降水井、回灌井和连接管道。如果降水井和回灌井之间的距离较短，水力梯度和抽水量会增加管道的风险。因此，这两个井应尽量远离。由于回灌井的阻塞会降低地下水的补给能力，因此从规划阶段开始就应该对地下水进行水质分析。应对补给能力和水位线的变化进行监测，并且通过定期清洁的方式维持回灌井的补给能力。

不管是降水措施还是补给措施，都有必要充分分析地下水位变化对周围地层位移的影响。此外，在整个施工期间都应对地下水位、地面情况、施工现场和附近的地下设施和结构进行监控量测。

第 224 条　石灰桩法

使用石灰桩法时，为达到预期结果，应仔细考虑施工方法、地质条件和周边环境的情况，保障地基稳定性和道路车辆的通行性。

【条文说明】

土压力伴随着基坑开挖产生，当计划使用石灰桩法时，应提前考虑挡土墙的刚度和支撑的位置。根据现有地面的强度和开挖的深度/宽度等估算隧道地基需要增加的强度，进而确定桩的长度、直径、布局以及施工工序。运用此方法时，不仅需要充分考虑隧道中地下设施，还需要考虑该工法对周围地下设施和结构的影响。

浇筑生石灰桩之前，必须保持孔壁完好并防止地下水进入孔洞。因此，螺旋套管与开关自如的滑槽通过旋转进入孔内，同时应防止因套管内空气被压缩导致地下水渗入。套管插入完成后，打开顶端盖帽，拉出套管的同时注入生石灰。这种方法被称为螺旋插入法。

当生石灰的量超过规定值时，只有拥有从业资格的施工人员才能参与处理，因为生石灰遇到水会产生大量的水化热。

第 225 条　深层搅拌法

深层搅拌法是在仔细考虑地面条件和环境的基础上，用来实现地基加固、止水和保护结构物等目标的方法。

【条文说明】

用于加固地层的深层搅拌法包括机械搅拌法、高压喷射搅拌法以及两者混合的方法（见表 C4. 6）。

深层搅拌法类型　　表 C4. 6

机械搅拌法	高压喷射搅拌法	机械和喷射混合搅拌法
水泥土搅拌法 石灰粉体搅拌法	浆液喷射法 浆液＋气喷射法 浆液＋气＋水喷射法	浆液喷射法 浆液＋气喷射法

（1）机械搅拌法

这种方法将固化剂注入软土地基中，并现场进行强制搅拌使其混合，利用地基土与改良剂的化学反应提高地基土的稳定性和强度。这种固化剂通常是水泥浆和石灰。

采用合理的施工管理方法可提高机械搅拌法的可靠性。

使用此方法之前需进行以下准备工作：

① 为固化剂制备和施工机械组装准备安全的场地。

② 确保施工机械通行区域畅通。

③ 当改良体重叠时，需要确认工作区域精确位置以保证施工质量，并在前一个改良体凝固前制备下一个改良体。

④ 要使加固后的地基紧贴挡土墙比较困难，这意味着会有部分未加固的土体紧贴挡土墙。此时，需要使用高压喷射搅拌法。

（2）高压喷射搅拌法

这种方法利用高压喷射流削切土体，并使削切后的土体与固化剂充分搅拌混合，在一定范围内形成圆柱形的加固土体。该方法所用喷射管有三种，可以单喷浆液（单管），也可同时喷射浆液和压缩空气（二重管），还可同时喷射浆液、水、空气（三重管）。

适当进行施工管理可以提高高压喷射搅拌法的可靠性。使用该方法时应注意以下几点：

① 粒径级别取决于地基条件和钻杆提升速度。在处理互层地层时需要特别注意。

② 由于砂、碎石和硬黏土分级复杂，因此需要注意经常会发生无法获得有效粒径的情形。

③ 如果浆液排放不顺畅，可能会导致地面抬升或者浆液进入地下公用设施，这时应密切关注分级速度和浆液的排放条件。

④ 在使用高压喷射搅拌法进行基础托换时，地面的承载力将在放坡开始之后、硬化剂硬化之前被释放。此时，应特别注意注浆的效果和放坡的顺序。

⑤ 注意，在完成操作时，不能离开通过柱顶部注浆的未加固区域。

⑥ 当在路面以下或地下水流速较快的地方使用该方法时，由于硬化剂在改良体凝固前可能随着地下水流失，因此须注意加固区域是否具有足够的强度。

（3）机械和喷射混合搅拌法

这种混合法利用两种方法的优点，通过从搅拌叶片的前端喷射高压浆状固化剂或同时喷射浆液和压缩空气，在机械搅拌部分进行喷射和搅拌，以达到提高改良土体等级的目的。

适当的施工管理可提高该方法的可靠性，但是应注意以下准备工作和要点：

① 优点体现在挡土墙的粘结性提高以及土体加固方面。

② 必须确保固化剂制备和施工机械组装场地的安全。

③ 必须保证施工机械通行区域畅通。

④ 如果浆液排放不顺畅，可能会造成地面抬升或者浆液进入地下公用设施，这时应密切关注放坡速度和浆液排放条件。

⑤ 需要确保加固达到某个特定直径时，应谨慎选择喷射方法。

（4）防止污染土体

在使用深层搅拌法时，由于固化剂中含有水泥材料，浸出后六价铬可能会超过法定土体环境中的标准值。现场应对土体进行六价铬浸出试验。使用固化剂时，应采取措施防止六价铬的浸出。

第 226 条　化学注浆法

使用化学注浆法时应认真考虑场地条件和环境条件，确定注浆材料、注浆方法、注浆范围和注浆比例等，以达到预期的注浆效果。

【条文说明】

在计划注浆时，应在充分考虑地基条件、注浆方法、注浆范围、浆液比例等的基础上选择可以达到特定目标的注浆材料（化学材料）。

按照既定计划注入化学试剂。由于地层结构复杂，应注意注浆的体积和压力的变化，估计注浆的效果，并且应注意调整注浆的顺序、体积、压力和凝结时间等，以达到特定的注浆效果。

注浆方法有双管过滤法（单液和双液）和双管双封阻隔法等。渗透注浆法未进行过重新排列土颗粒的孔隙中注入浆液，劈裂注浆法通过破坏土体的边界裂缝注入浆液。

通常情况下，利用悬浮水玻璃进行注浆，分为溶解型和悬浮型；pH 分为碱性的、中性的和酸性的；反应剂分为有机和无机。

在使用化学注浆法时应进行监测，了解化学试剂是否溢出，注浆压力过大是否引起地面抬升，是否有化学试剂溢出进入地下管道等情况。若发现异常，应立即停止注浆并采取恰当的措施进行处理。

此外，通过水质研究和适当的施工管理可以保护环境，同时确保生产安全。

其他化学注浆方法，如砂浆注浆和水泥膨润土注浆（CB）等，主要用于处理构筑物地基和填充挡土墙背后的孔洞或缝隙。

第 227 条　地层冻结法

使用地层冻结法时，要充分利用其特点，同时认真考虑地面和环境条件。

【条文说明】

冻结法包括直接法（低温液化气法）和间接法（盐水法）。

直接法利用汽化气体的潜热和显热直接冻结地面。低温液化气（液氮等）从制冷工厂直接传递到冷凝管中进行汽化。

在间接法中，现场建立制冷厂冷却液体（盐水：一般是氯化钙溶液），使其在冷冻管道中循环，盐水变温后由冷冻机再次冷却。这是一个循环型冷却法。

通过适当的施工管理，根据测量地下的温度确认土体的冻结情况，如果冻土强度高和防水性等级高时，地层冻结法是可靠的。应用该方法时，在前期应注意以下几点。

（1）冷冻机是一种高压气体制备机械和制冷剂是高压气体，必须根据相关法律规定按程序使用。

（2）需要通过测量地下温度确认和识别冻土情况。

（3）盐水循环设施的冻结地层的隔热保冷措施都是必要的。

（4）注意防止因冻结导致盐水管道的泄漏。通常情况下，铺设冻结管后应进行耐压试验。在冻结管周围对冻土进行开挖时，要注意管道的位置。

（5）流动的地下水（速度为 1～5m/d 或以上）会阻碍冻结进程。地下水含量丰富且渗透性高的砂土层和砾石层中应关注地下水的流动。在某些情况下，必须通过化学注浆阻断或减少地下水流动。

（6）应考虑冷却地下结构物，因为与冻土接触的地下结构物可能是一个热源，将会阻碍冷冻进程。

（7）冻土的强度会随着温度的降低而提高，但如果含水量比较低（10%或更低），冻土则达不到预期的强度。如果施工区域靠近大海，则应特别注意，因为冻土的含盐量会影响冻土的强度。

（8）混凝土主体结构需要浇筑在冻土附近时，必须采取应对措施避免低温对混凝土的硬化产生不利影响。

（9）在冻结期间，应注意冻胀现象和地层的冻胀压力，以及地面解冻时的融沉和收缩。冻胀和融沉情况会因地质条件、冻结持续时间、冻结的规模、解冻速度和荷载条件的不同而不同。

当采用地层冻结法时，应充分注意保护附近和地下的构筑物，应与地下设施管理人员协商后开展冻结工作。

4.14 临近结构施工

第 228 条　一般规定

考虑到明挖法隧道施工会损坏或者妨碍邻近结构的使用功能，设计时应适当考虑距离，施工时应采取必要的监测和应对措施。

【条文说明】

附近有结构的施工设计和实施流程如图 C4.15 所示。

必须与施工场地附近的既有结构的管理人员协商以下事项：

① 既有结构调查；

② 临近结构的判断；

③ 用于估算既有结构位移的方法；

④ 容许位移；

⑤ 应对措施；

⑥ 监测和仪器使用计划；

⑦ 应急通信系统。

上述项目具体说明如下：

（1）既有结构调查

在设计施工中，对地层条件了解不充分可能会导致既有结构的突然变形。因此必须调查土体分类、土体条件、地下水水位等。

对构筑物的调查需要包括附近构筑物的位置及其结构体系、形状、横截面尺寸、建筑用的材料、维护和使用情况等。通常情况下，需要与相关结构所有者或管理人员手中的完工文件和设计材料与现场实际情况进行对比。如果这些检查项目无法通过对比得到确认，则需要对结构物进行无损检测或者取芯检查。

（2）临近结构的判断

根据明挖基坑与既有结构的位置关系，以及挡土墙变形影响的区域大小，临近结构的判断分为以下三个等级范围。

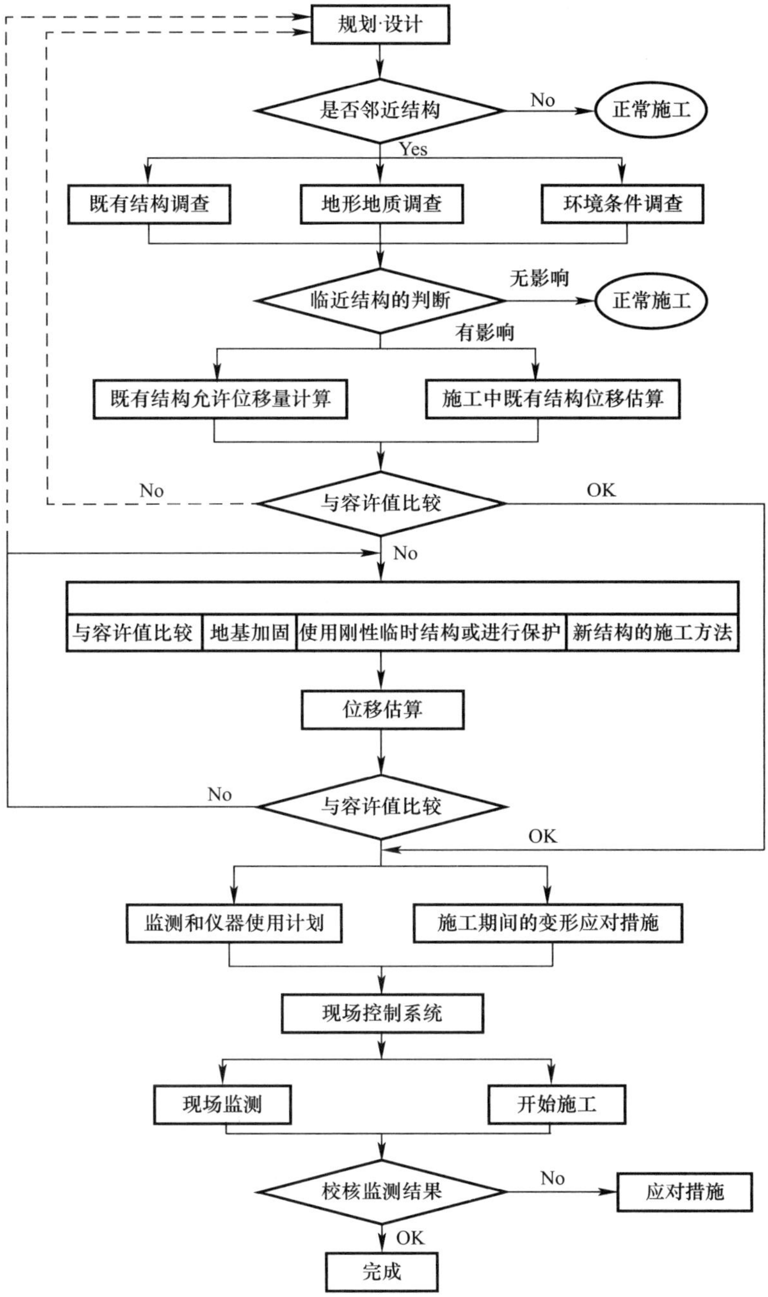

图 C4.15　临近结构设计施工的典型流程

① 无条件区域（或通常无影响区域）：明挖引起的地面位移对既有结构无影响的范围。

② 需注意区域：明挖产生地面位移对既有结构有间接影响的范围。

③ 限制区域（受影响范围，需要采取应对措施的范围）：明挖引起的地面位移或变形对既有结构有损坏的范围。

（3）估算既有结构位移的方法

如果接近程度在需注意和限制的范围内，则需对开挖面的位移和既有结构的变形进行预测。

更多关于挡土墙的变形和开挖面的沉降参看第 146 条。

预测开挖面的沉降对附近结构的影响时，主要可用以下几种方法：

① 该方法将地基变形视为施加在既有结构上的强制变形。

② 该方法中，用在既有结构上的计算荷载来自地基变形。

③ 该方法使用有限元分析法（FEM），将地基和既有结构视为一个单元整体。

由于地层常数、模型等计算参数设置的不确定性，计算结果可能与实际表现不一致。这时需要结合过去的分析和测量数据进行全面考虑。

（4）容许位移

设计时需要明确容许位移，以便施工时管理。既有建筑的容许位移需要根据其结构和功能的限制来确定。一般情况下，容许位移取决于结构类型、基础、地面支撑条件、设计荷载、结构的使用程度和管理人员等因素。因此，既有建筑的容许位移应该与其管理人员协商确定。

（5）应对措施

当结构处于限制区域或需要注意的区域时，或者当结构变形预测结果表明该位移可能对结构产生较大影响时，需要采取相应的应对措施。在选择应对措施时，需要综合考虑既有结构的重要性和陈旧度、安全性、可施工性、经济性和工期。

（6）监测和仪器使用计划

如果既有结构被判断属于需要注意或限制的区域内，就需要对该结构、周围地层和临时结构的变形情况进行监测。精确估计是困难的。因此，对施工影响导致的地面变形进行现场测量后，应将所得测量值转化为施工中的使用数据。每个施工阶段都应对测量值和预测值进行比较。必要时，须对设计参数值进行复核，针对施工最终阶段的变形作出预测，如果达不到容许值要求，还需要采取附加措施进行处理。尽量在施工前就详细研究额外应对措施，做好准备，以便在决定使用这些措施时能够立即执行。

第 229 条　作为应对措施的施工方法

对影响既有结构的问题必须加以解决，并应在仔细考虑地面条件和既有结构情况的基础上，选择适当的应对措施，兼顾安全性和经济性。

【条文说明】

用作应对措施的施工方法可以大致分为明挖隧道相关措施和既有结构的保护措施。

（1）明挖隧道相关的应对措施

采取明挖隧道相关措施是为了在靠近其他结构施工时，限制周围地层的位移。

地面沉降的主要影响因素有挡土墙的变形和基坑背后土体中地下水的抽取。需采取的防范措施如第 146 条所述。

除了以上因素，修筑挡土墙也可能会引起地面沉降或者侧向变形。此时，需要选择适合地面条件的临时支护工作进行仔细施工。

拆除挡土墙也可能会对附近区域产生不利影响。因此拆除之前需要进行详细规划

（参见第 4.11 节）。

（2）保护既有结构的防范措施

下列措施主要通过加强既有结构的边界或四周，防止明挖隧道施工引起的变形继续扩展：

① 加固地基。在挡土墙背后使用地基加固方法，限制挡土墙和既有结构周围地基的位移。地基加固的方法有很多，应根据地面条件和加固目的进行选择。化学注浆法、地层冻结法、生石灰桩、深层搅拌桩和其他方法都可能会对既有结构产生巨大压力。因此，在选择施工方法和实施防范措施时应仔细规划（如图 C4.16 所示）。

② 隔断墙保护法，是在明挖隧道与既有结构之间建起一道屏障，防止位移扩展。除了修筑挡土墙作为隔断墙外，还可使用地基加固和改良法。选择和使用该方法时必须谨慎，因为隔断墙可能会破坏周围地层（如图 C4.17 所示）。

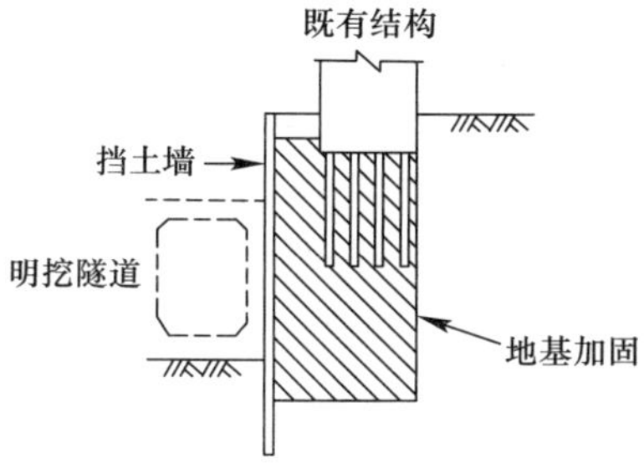

图 C4.16　保护既有结构的地基加固

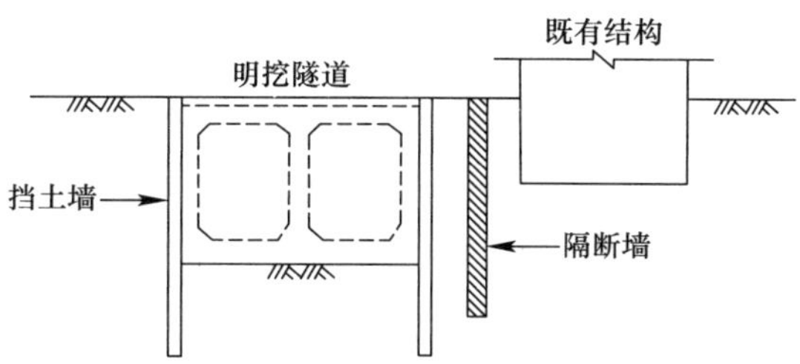

图 C4.17　用于防止变形扩展的隔断墙

③ 既有结构可通过加固结构本身，或通过加固其地下结构或基础来提高其抗变形能力（图 C4.18 和图 C4.19）。支撑、加固柱、附加柱、加固或附加墙等方法可用来提高

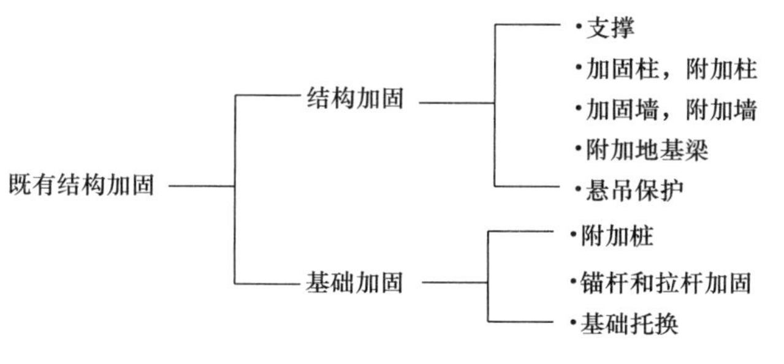

图 C4.18　既有结构的加固防护措施

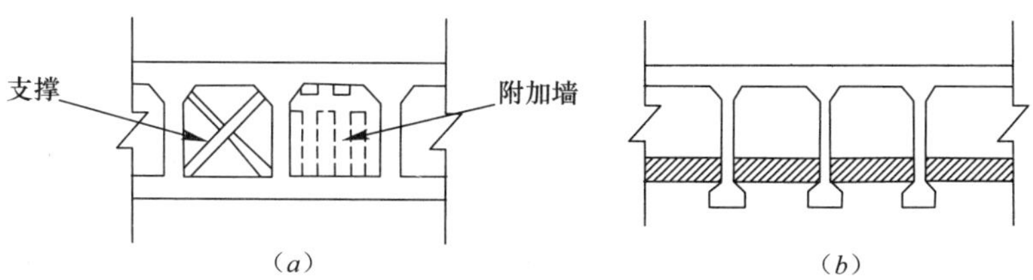

图 C4.19　既有结构加固示例（结构加固）

（*a*）支撑和附加墙；（*b*）附加地基梁

刚度和分散荷载，但这些简单的方法适用的范围有限。移除加固材料时，需要仔细观察既有结构有无变化。附加地基梁、将柱与梁连接也可以加固和提高既有结构的刚度。这种方法对可能受到基础不均匀沉降影响的既有结构较为有效。

悬吊这类方法也可以作为保护附近地下设施的措施，属于加固既有结构的方法。

例如，由于临近结构的修建，导致既有结构地基承载能力不足，可采用增加地基桩的数量来解决此类问题。与其他方法相比，这个方法更可靠，主要适用于加固跨度较小的结构。但是这种方法同样存在许多限制，如施工场地、因施工产生的顶部裂隙等问题。因此，规划时就需要仔细考虑需要用到的机械。防护措施的施工本身也在既有结构附近开展，这意味着在施工时，需要仔细观察结构有无变化［见图 C4.20（*a*）］。

锚杆和拉杆通过安装在既有结构和开挖处的地基之间来进行加固。此时，地下结构的加固作用来自水平方向［见图 C4.20（*b*）］。

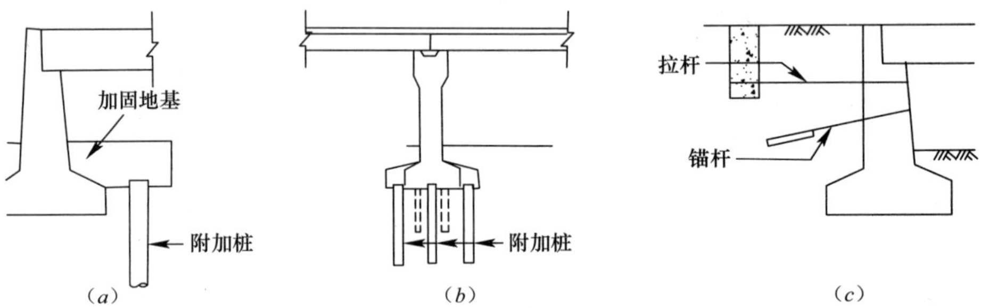

图 C4.20　既有结构加固示例（基础加固）

基础托换详见下一节（第 4.15 节）。

4.15　基础托换

第 230 条　一般规定

在明挖法隧道施工过程中，如果隧道上方或者附近结构的功能和结构受到影响，则需要实施基础托换。安装基础托换时，应对其进行监测，以便在保护目标结构的同时避免影响隧道施工。

【条文说明】

基础托换的方法可分为直接保护法和间接保护法。

当明挖隧道需要紧邻既有结构的下部施工时，开挖过程中应对既有结构的基础进行直接的和临时的基础托换，保证临时支撑结构深于基坑底部［见图 C4.21（*a*）］。也可通过使用管棚对既有结构进行间接保护，以实现临时的基础托换［见图 C4.21（*b*）］。

其次，在隧道结构完成后，应通过使隧道顶部直接承受既有结构的基础荷载来实现永久性的基础托换［见图 C4.22（*a*）］。或者将既有结构的荷载加载到隧道上部的新建基础上，以便直接传递给隧道结构之下的土体，而不是加载在隧道结构上［见图 C4.22（*b*）］。

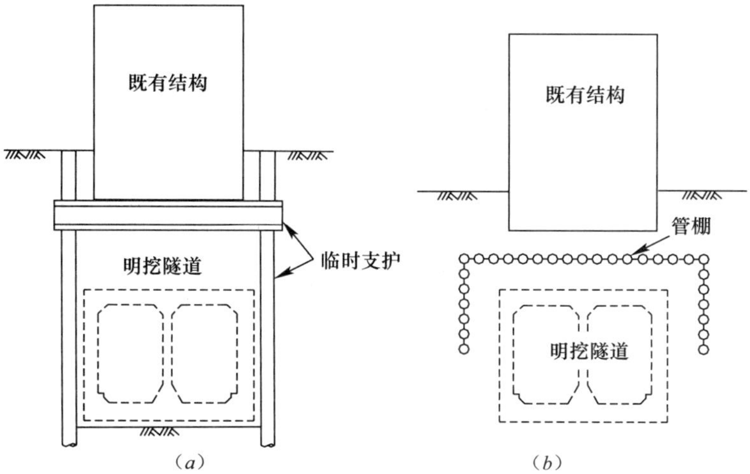

图 C4.21　开挖过程中临时基础托换

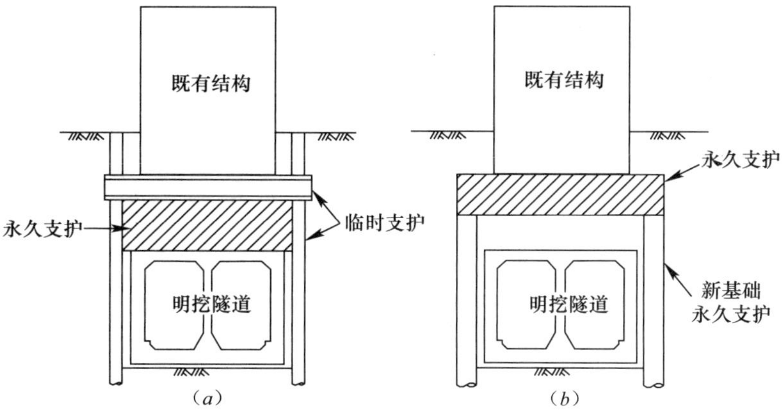

图 C4.22　隧道完成后永久基础托换

图 C4.23 展示的是需要研究的项目和托换基础的计划步骤。

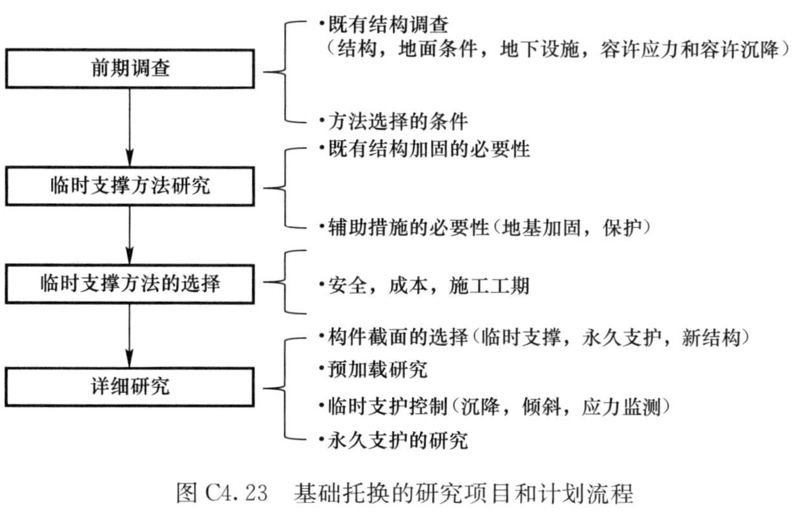

图 C4.23　基础托换的研究项目和计划流程

使用明挖法修建隧道时，需要使用基础托换的结构有穿越隧道、桥梁、铁路和建筑。采用基础托换保护这些既有结构时，必须注意确保所用构件不得妨碍隧道的施工。实施监测非常重要，因为在实施基础托换时，很难精确估算结构的变化（更多有关监控和仪表相关内容参见第 4.18 节）。

第 231 条　临时支护和永久支护

（1）为保证既有结构的安全需要设置临时支护结构。在明挖法隧道完工后，既有结构的荷载会完全转移到永久支护上。

（2）永久支护的修建要确保既有结构在隧道施工完成后得到安全支护。将临时支护上的荷载作用转移到永久支护上时，需要充分研究安全施工的方法、工序和时间安排等。

【条文说明】

对于（1）

在修建隧道结构之前，可利用图 C4.22（*b*）所示方法进行基础托换，从而省略临时支护的修筑。但是，基础托换常伴随有临时支护。此时，临时支护结构应避免过于厚重，以便在永久支护就位后对其进行拆除，避免妨碍永久支护工程。同时，临时支护需要具备足够的强度以支撑既有结构，并且在永久支护完成前避免结构产生任何变形。由于荷载存在两次变化，从现有结构基础上转移到临时支护基础上，又从临时支护基础转移到永久支护基础上，因此替换的时间、方法等应提前进行充分的研究。

当既有结构受到临时支护或永久支护时，基础托换结构上的应力是变化的。因此，在加固需要托换的结构构件时，有必要引入预压法。

在确定是否需要预加载时，应确认结构的自重，避免因自重作用导致既有结构发生有害变形。并且，应在测量变形并确认安全的情况下进行加载。由于预加载成本在总成本中比重较高，因此需进行充分的研究。

对于（2）

永久支护基础完工后，永久支护安装到位，将承受既有结构的荷载，并对其提供永久安全支护。

永久支护的使用方法如下：

① 直接支护

隧道结构通常作为永久支护的基础。典型例子如图 C4.22（*a*）所示。或者，将隧道结构和基础整合为一体，在这种情况下，既有结构的荷载传递到隧道结构上，继而受到隧道结构或结构底部的支撑。除此之外，还受到其他剩余基础的支撑。

② 基础托换

既有结构的荷载可以由它旁边或者底部的支护基础替换，也可以通过安装在基础上托换基础（梁）替换。典型示例如图 C4.22（*b*）所示。在这种情况下，基础是利用现浇钢筋混凝土桩、钢板桩、钢管桩、沉箱桩和/或槽形连续基础建成。

③ 针梁

如果既有结构是一个桥墩或类似结构，由独立基础支撑，那么该结构的荷载由附加在既有基础旁边的梁承担，先传递到隔离柱，然后传递到下部持力层。该基础与②中所述基础相同。梁与基础连接时要谨慎。

当荷载从基础托换的临时支护转移到永久支护上时，既有结构的支护条件是变化的。因此，替换支护前要充分研究既有结构的结构体系、应力条件、各支撑点的荷载、新基础的承载力等。通常施加预荷载，需要特别注意避免因替换、顺序和时机的错误设置造成事故。在确认永久支护安装完成后，应对临时支护进行拆除。

在没有临时支护的情况下，直接永久支护的基础通常是一种跨越隧道的结构，如图C4.22（*b*）所示。这些基础通常由沉箱桩、大直径现浇钢筋混凝土桩、沉箱或者槽形连续基础建成。荷载通常被传递到开挖基础下方的持力层。由于荷载大和跨度长，基础托换所用梁通常具有较大的横截面。为此，施工时需要使用增强型混凝土或者钢框架混凝土。

在任何情况下都需注意避免在隧道施工过程中造成新的基础变形，并采取必要的辅助措施确保安全，例如化学注浆等。

4.16　分步开挖法

第232条　一般规定

在使用分部开挖法修建明挖隧道时，应选择适合工程规模的最佳方法，同时认真考虑安全、场地位置条件、环境、地面条件、隧道形状和施工过程。

【条文说明】

分步开挖法是指通过分部开挖而非全断面同时开挖的隧道修建方法，其中包括沟槽开挖法和岛式开挖法，或逆作法。逆作法是指在全断面开挖期间，先建顶板和中隔板，然后再建底板的施工方法。

应根据各种方法的特点，选择能够完成规定目标的最优方法。

第233条　沟槽开挖法和岛式开挖法

沟槽开挖法和岛式开挖法应该在充分研究挡土墙类型、开挖顺序、施工方法、支撑顺序和隧道施工方法后使用，同时应认真考虑场地位置条件、环境、地面条件和隧道形状。

【条文说明】

（1）沟槽开挖法

沟槽开挖法可有明挖法和传统的暗挖法两种。

① 沟槽开挖明挖法

这种方法适用于修建大型地下结构。在周围地层发生变形的软土层中，由于该方法使用的桩较长，采用内部支撑很难保证其稳定性。因此，采用这种方法，防止地层因为开挖产生松动或变形，同时减少对周围地层和结构的影响。

使用该方法时，先修筑隧道结构的挡土墙，然后进行挡土墙支护安装、地面开挖和对隧道结构进行分部施工。接下来，使用结构作为挡墙，开挖中间部分，修建隧道结构并与两侧隧道结构进行整合，最终完成隧道整体结构（见图 C4.24）。

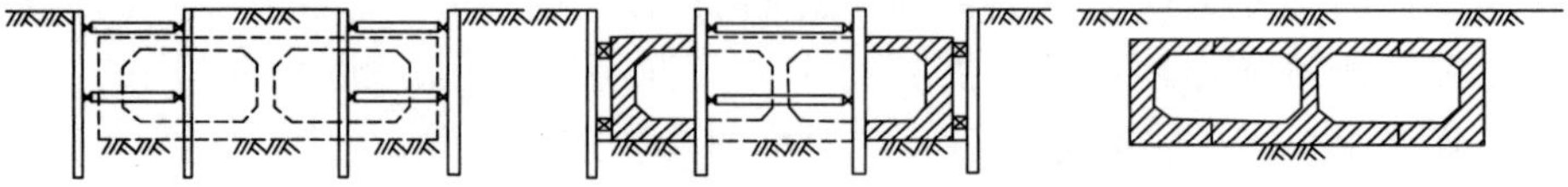

图 C4.24　沟槽开挖明挖法施工顺序

如果隧道两侧的结构是悬臂式的，那么中间部分可以不用挡墙支护进行开挖，建造中间混凝土结构。

② 沟槽开挖暗挖法

在横跨既有隧道、基台、桥墩、建筑物或其他结构修筑新的隧道时，为减少对既有结构的影响，通常使用该方法。

在修建过程中，隧道横截面被适当划分为边块、中心块和中间块。首先利用沟槽水平开挖隧道两侧和中心部分（暗挖法），并修筑上层结构的支撑。然后，开挖中间部分（板部分），浇筑混凝土结构，完成整座隧道建设（见图 C4.25）。

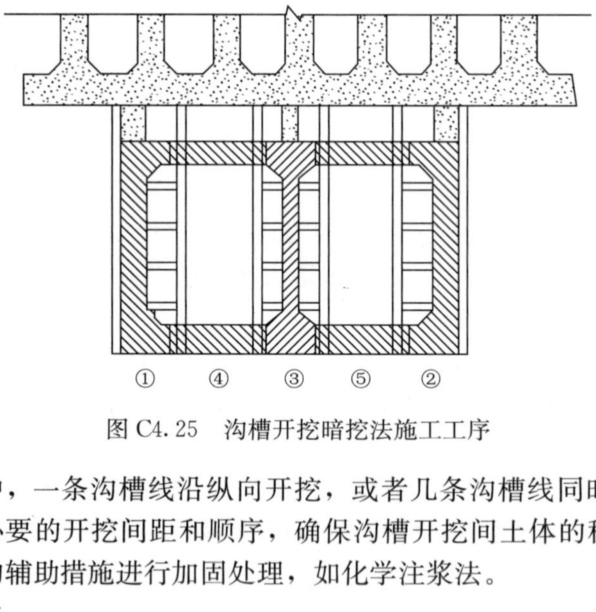

图 C4.25　沟槽开挖暗挖法施工工序

在沟槽开挖法中，一条沟槽线沿纵向开挖，或者几条沟槽线同时开挖。在第二种情况下，须仔细研究必要的开挖间距和顺序，确保沟槽开挖间土体的稳定性。对于不稳定的土体应采取必要的辅助措施进行加固处理，如化学注浆法。

（2）岛式开挖法

岛式开挖法适用于开挖宽度较大的情况，如建设地铁车站或者地下停车场。鉴于经济性和可施工性，应采取分部开挖。在开挖软土层时，为减少开挖过程中的松动和变形，减少对相邻结构的影响，也应采取岛式开挖法。

一般情况下，挡土墙所在深度应保证挡土墙能够自稳。只要挡土墙是悬臂的，与挡土墙内接触的土体形成一定的坡度，然后就可以在中心部分开挖建造隧道主体结构。在使用隧道主体结构作为横撑支架用来支撑挡土墙的同时，应开挖剩余部分土体并完成隧道整体结构的修建（见图 C4.26）。

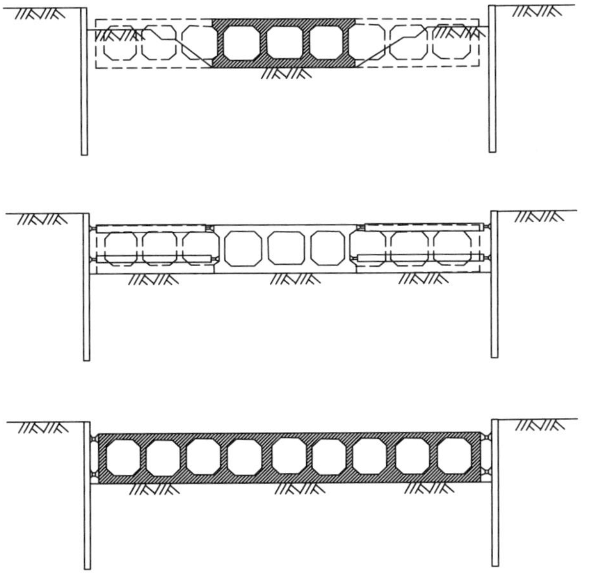

图 C4.26　岛式开挖法的施工顺序

使用该方法时，挡土墙前面土体的形状关系到挡土墙的稳定性，同时应考虑挡土墙的侧向压力、施工进度、经济性等。

由于中间施工岛可能会保留很长一段时间，必须注意使用排水沟和喷射砂浆等保护斜坡的稳定。

无论是使用水平支撑还是根据隧道形状设置倾斜支撑，都要认真考虑施工顺序、地面条件、挡土墙的刚性和施工工期等。是否需要使用支撑进行内部加固，主要取决于隧道的结构。安装倾斜支撑时须小心，避免使结构产生位移和受到不均匀荷载。

当开挖两侧土体时，应注意达到结构的总体平衡，因为中心结构可能会受到非对称压力的影响。

根据地质条件，有必要研究使用土体改良方法和/或辅助措施，防止地面隆起。

第 234 条　逆作法

逆作法施工在充分研究挡土墙类型、开挖顺序和开挖工法、支撑板的施工方法、隧道结构的施工顺序和方法后开展，同时，应仔细考虑相邻结构、地面条件和施工限制等因素。

【条文说明】

逆作法是修建隧道结构的一种方法。首先建造隧道结构的顶板或中隔板，并在开挖过程中将其用作稳定挡土墙的支撑，然后建造中隔柱和侧墙，并开挖到指定深度。

（1）逆作法主要用于以下几种情况：

① 当开挖区域附近存在重要结构时；

② 当挡土墙受到较大的侧压力，且竖向的墙体支护也不稳定，需要强大的刚性支护系统时；

③ 由于开挖深度过大，开挖或者建造隧道工期很长，需要更高的安全性时；

④ 由于工序上的原因导致在完成整个工程之前，需要对顶板以上或路面开挖处进行回填时。

（2）使用逆作法时需要考虑以下几点：

① 在逆作法的底板下施工会对可施工性和环境产生不利的影响，因此，须充分考虑安全性、开口处的布置、施工材料运输的办法以及施工顺序和方法。

② 在底板和立柱或侧墙之间应使用高强度的补偿收缩混凝土和砂浆，避免使接头成为结构的薄弱点。

③ 由于开挖过程逆作法底板的模板由地面支撑，混凝土浇筑过程中不能因混凝土自重导致其变形或移动。

④ 逆作法底板是隧道结构的一部分，应被作为永久性结构进行处理。在底板足够强之前，不能进行下一步挖掘。

⑤ 逆作法浇筑底板时应仔细考虑干缩对混凝土硬化的影响。

4.17 竖井

第 235 条　一般规定

根据设计文件应首先拟定竖井的施工方案，同时仔细考虑地面条件、竖井的形状、规格、用途和其他场地条件对施工的影响。

【条文说明】

竖井作为临时结构或永久结构被广泛地应用。作为临时结构时主要用作施工基础，包括：始发竖井、中间竖井、接收竖井和方向变换竖井；作为永久结构时包括通风竖井和排水竖井。

前一类竖井主要是用来运输和组装 TBM 掘进机、材料的出入和堆放、各种机械和工具的出入、出碴、长隧道中间部位材料的运入和出碴，TBM 掘进机的分解和运出。后一类竖井专门用来作为永久性的建筑设施。

（1）与普通的明挖隧道施工相比，竖井的施工具有如下特点：

① 竖井主要被用作深层开挖以到达指定深度，为盾构法修建隧道创造施工条件；

② 为了减小截面尺寸，竖井横截面一般被设计成独立的圆形或方形；

③ 施工可能需要花费较长的时间（包括盾构法隧道施工在内）；

④ 为了给盾构隧道提供安全的施工空间，挡土墙支护结构的水平和竖向间距往往更大。

制定竖井施工方案时，应充分考虑以上特点。

（2）与常规的工程开挖（约 40m）相比，深部地下工程施工过程中，挡土墙、支护结构以及基坑底部受到的土压力和水压力更高，同时施工周期也更长，这些因素及以下几点都需要注意：

① 环境保护；

② 安全保障；

③ 施工场地保障；
④ 弃碴处理；
⑤ 施工精度保障；
⑥ 辅助措施效果确认；
⑦ 监测。

第 236 条　竖井施工

竖井施工的每一阶段都应合理开展，同时要认真考虑特定施工条件与竖井结构特性之间的关系。

【条文说明】

竖井施工一般包括两种方法：明挖法；沉箱法。

明挖法挡土墙的施工参照第 4.3～4.5 节。沉箱法可分为气压沉箱法（主要在充气空间内干燥环境进行开挖）和开口沉箱法（从地面向下在水中开挖）。每种方法的特点如下：

（1）明挖法

① 栈桥

当竖井是为盾构隧道施工而服务时，为了满足盾构机的运输需要，往往无法在运输通道附近设置中间立柱，需要集中使用较大的中间立柱，并布置在不会影响运输的地方。此时要求栈桥的横梁和梁支撑构件的长度更长，因此必须采用大型的钢结构。

② 挡土墙

由于竖井井壁一般比较深，必须注意井壁竖向上的准确性。在市区施工时，作业时间会受到限制，必须认真考虑施工的顺序和方法。

地下设施的影响导致排桩之间或不连续墙之间的间距增大时，这些位置可能成为施工中的主要薄弱环节。要解决这个问题，可以采取桩加固、挡土墙止水等措施。

③ 挡土墙支护

竖井的挡土墙支护结构需按照设计文件来施工。由于受到地下设施或场地条件等限制，挡墙形状可能变得不规则，从而与施工的设计不符。此时，现场可以采取设置角撑或增加墙的支护强度。

为确保盾构隧道的安全作业空间，需要将竖井内部支撑的水平和竖向间距增加为原来的两倍。此时，挡土墙支护的安装需谨慎，以使挡土墙支护上承受相同的荷载。

④ 开挖

不同于常规的明挖施工，竖井开挖往往需要在地下开挖出一个独立狭窄的圆柱体，容易造成周围地下水向竖井内积聚。松散砂层中的流土和管涌现象，淤泥或黏土层中的隆起，以及层状土中的隆起是三个必须小心处理的问题。

竖井开挖的施工空间狭小，应仔细选用适合的开挖机械和碴土运出方式，同时应认真考虑地下设施和地面条件。

由于所有的施工作业都在一个狭小的隧道空间内完成，容易引发工程事故，因此必须做好安全健康管理工作。

⑤ 隧道结构制作

对于盾构法隧道施工来说，用作永久结构的底板和柱常常会阻碍盾构机的离场。在盾构机离开后进行部分隧道结构施工时需要特别小心。

（2）沉箱法

① 栈桥

如果直接从地面开挖进行沉箱施工，当施工完成以后，需要恢复道路的交通，此时沉箱法施工的注意事项与明挖法相同。

因受到道路交通及地下设施影响不能直接从地面施工时，需要在路面以下开挖出一个沉箱施工的安全空间。由于开挖面过大，且无法修筑中间立柱时，需要采用大跨度的栈桥，并增加横梁的数量。

如果明挖地基处在地下水位以下，可能导致箱体无法下沉，此时需要采取一定的降水辅助措施。

② 沉箱结构

沉箱结构所在地层必须能够承受沉箱结构、混凝土模板以及定位装置的重量。当地基承载力不足时，需要对地基土进行置换，以提高其承载力。定位装置必须能够承受刃脚以及工作区顶板的重量，并且容易拆解。由于井壁的表面处理会直接影响到整个沉箱结构的精度及下沉时的摩阻力，因此需要实施施工管理。

③ 开挖和下沉

施工过程中，应根据施工和地质条件控制下沉进度。下沉过程中需要采取措施防止沉箱发生倾斜、偏离、旋转和突沉。

如果沉箱不能依靠自重下沉，则可以通过施加外载、降低摩阻力以及其他方法促进沉箱下沉，例如喷水法或喷射压缩空气。除了直接在沉箱上施加附加荷载外，还可以通过在沉箱四周设置锚杆装置向其施加反力（千斤顶沉箱）。这种方法能够很好地控制下沉的准确度和速度，常用于开口沉箱施工。

降低摩阻力的方法有：在沉箱周围充水或压气、在混凝土沉箱外壁上充填膨润土泥浆或活性减摩剂等。由于开挖可能导致地下水位下降、地面沉降以及压气泄漏等，因此需要采取必要防护措施。

当采用气压沉箱法施工时，若开挖深度较深，则需要较大的工作气压。气压过大会导致工作环境恶劣，减少正常工作时间。为了保证工作人员的安全和健康，缩短施工周期，需要采取化学注浆或降水等辅助措施来降低施工空间的气压。近年来，针对深层地下工程还可以采用地面遥控机械开挖或使用氦混合气体等进行施工。

采用开口沉箱法施工时，若遇到坚硬的土层，则需要采取一定的辅助措施。而最近研制的自动开口沉箱法具有精度高、节约能源、施工周期短等特点，且适用于各种类型地质条件。

④ 混凝土封底和基础底板混凝土浇筑

对于气压沉箱来说，封底就是用混凝土填充底板以下的工作室。施工时要求封底混凝土具有足够的强度和流动性，同时由于气体被压缩导致工作室内压力升高，可通过排气孔对工作室内的气压进行调整。

对于开口沉箱，封底前首先需要对刃脚内的附着物进行清理。只有在确认沉箱周围水位不再变化时，才可以进行封底混凝土浇灌。浇筑过程中，需特别注意混凝土质量、混凝土导管布置以及浇筑方式。封底完成以后何时排出沉箱内的积水也是需要仔细考虑的问题。

⑤ 临时设施

开口沉箱法的临时设施主要包括：水下挖掘设备、供电设备、运输和安全设施。气压沉箱法主要的临时设施包括：空气压缩设备、备用设施、挖掘设施、通信设施以及电力和安全设施。由于空气压缩设备可能产生一定的噪声和振动，必须采取一定的隔声防护措施。

4.18　监测

第 237 条　一般规定

目测和测量是为了确保明挖隧道施工的安全性和经济性。

【条文说明】

监控与量测包括在巡逻工地时的目测以及使用仪器的测量。两种方法可以相互补充。

明挖隧道的设计依据是前期的地质勘察，但由于前期调查数据非常有限，且土质条件存在多样性，并且是在一定假设基础上得到的，所以在实际施工过程中，地质情况及地下水位可能会与设计中的估算值不同，作用在临时结构上的土压力和位移也可能不同于设计值。因此，在施工的每个阶段进行目测和测量是保证施工的安全性和经济性的重要手段。

第 238 条　目测

在明挖隧道施工过程中，必须进行巡逻视检。

【条文说明】

（1）检测项目

目测时需要检测以下几个项目：

① 栈桥情况；

② 挡土墙表面和坑底情况，涌水量和水质；

③ 挡土墙支护和中间立柱材料情况；

④ 周围结构及地下设施情况；

⑤ 施工场地周围的道路和地面状况；

⑥ 是否有可燃气体；

⑦ 土质和地下水位的变化；

⑧ 附近河流和污水流动状态。

挡土墙支护、中间立柱等连接结构需要目测变形、接点松动等情况。

（2）检测时间安排

当遇到暴雨、雨季、洪水或地震等异常情况时，原则上需要每天进行一次检测，直到施工完成或情况稳定。

当有异常情况发生时，需要进行检测，直到确定不会再有次生灾害发生为止。

第 239 条　测量

在明挖隧道施工过程中，需根据施工规模和现场情况进行测量。

【条文说明】

与目测不同的是，测量时需要将仪器或设备安装到指定位置。

测量可以检测出目测无法识别的微小变化。通过分析测量数据，可以发现数据的变化趋势，并对未来变化做出预测。

如果对施工管理设定了控制目标，那么持续的测量是保证施工过程安全经济的有效手段。

（1）测量项目

根据施工范围、施工条件、周围结构的重要性、地面条件等，需进行以下几个方面的测量工作：

① 作用在挡土墙上的土压力和水压力；

② 挡土墙的受力和变形；

③ 挡土墙支护结构的受力和变形；

④ 地表、基坑、相邻建筑、受托换支撑的结构、重要地下设施的变形；

⑤ 地下水位及水质；

⑥ 施工过程中废水的排放体积和水质；

⑦ 隧道中氧气、有毒气体等浓度。

（2）测量时间

原则上，在施工开始前（设定初始值），在施工过程中，以及发生异常情况时都需要进行测量，直到施工完成或测量值不再变化为止。

（3）测量频率

为了保证施工安全，特别是开挖期间可能给周围建筑和环境带来的影响和危害，必须定期对监测项目进行测量。若施工情况发生变化，为确保施工安全，需增加测量频率。

（4）测量方法

测量方法可以分为手动、半自动和全自动。在选择测量方法时，应根据施工条件考虑测量项目、周期、位置以及测量数目等因素。

在选择测量工具时，应考虑工具的易操作性、实用性、防水性、防尘性、耐腐蚀性和抗冲击性，同时要保证电力供应的稳定。

第 240 条　设计与施工过程中监测结果的反馈

对目测和测量结果应进行精确和全面的评价，并反馈到设计和施工中去。

【条文说明】

目测和测量的目的是为了确保施工的安全性和经济性，同时为设计提供依据。

因此，需要对监测结果进行分析，形成监测报告。报告中需包括测量项目名称和测量点的分布，并用分析图对监测值的异常变化进行标示。此外，在施工前要确定测量参考值和预警值，并制定相应的对策。

通过监测所得数据只是施工所需信息的一部分，更重要的是对数据和以往经验进行综合评价（见图 C4.27）。

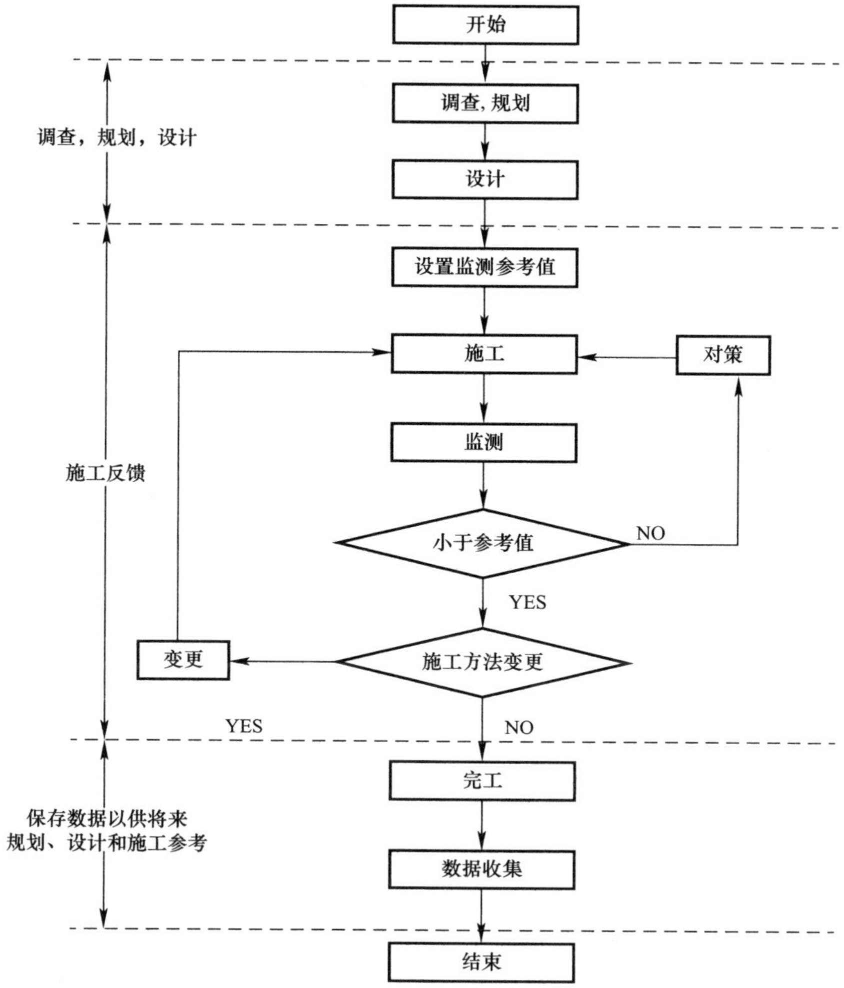

图 C4.27　监测过程

4.19　施工管理

> **第 241 条　进度控制**
>
> 实施进度控制是为了全程掌控项目施工情况和施工结果，并根据施工进度计划表采取适当措施，使项目实际进度与工程总体进度保持一致。

【条文说明】

根据进度计划实施进度控制是为了保证在安全和经济的基础上完成指定作业。为提高工作效率，近年来，需要通过引入 CALS 使用信息技术制订施工计划。由于进度计划和设施是在施工开始前研究确定的，可能会与实际施工情况有一定出入，因此，需要考虑以下几个因素：

（1）施工前准备和进度检查

在市区施工时，应尽量避免阻碍城市的正常运转或破坏居民的生活环境，这就给施工增加了很多限制条件。

针对这个问题，需要尽早地与各方进行协商解决，保证工程按时开工，并根据实际情况制定一个详细的施工进度表。

（2）施工过程中的进度控制

施工进度控制一般需要考虑如下几个方面：

① 定期将实际进度与计划进度进行比较，若产生延误则及时采取措施进行调整。

② 关注那些会影响其他分部分项工程（关键路径）进展，并加以严格管理。

③ 确保施工计划与施工条件的季节性变化相适应（需要限制以下时期的工作量：道路交通拥挤时、新年前后和农忙时节劳动力短缺时、旱季和洪水季节等）。

④ 基于已完成的工程（打桩等），对地面条件、地下水位和地下设施位置进行评估，并采取一定措施保障后续工程（栈桥、开挖等）顺利实施。

⑤ 对于那些会干扰交通、产生噪声和振动的工作，需要提前获得有关部门的批准，以免引起投诉和其他问题。

（3）不可避免原因导致的进度改变

以下原因可能会带来施工进度的改变：

① 施工条件改变（物理因素包括场地、地下水、地下设施等；社会因素包括道路条件、工作时间和劳务问题等）；

② 施工方法改变；

③ 暴雨、地震、事故等自然灾害。

有关方面必须对事件及其发生的原因进行确认，并采取相应措施。

第 242 条　质量控制

施工过程中使用的主要材料和产品的质量、尺寸和强度都需进行测试和检查。

【条文说明】

隧道工程使用的材料大致可以分为隧道主体结构材料、临时结构材料及其他用途材料（用于恢复地下设施、既有结构、道路等的材料）。这些材料的质量控制是保障隧道结构施工质量和施工期间临时结构安全的基础。因此，为确保工程质量，应参考目标要求的精确度和频率对所用材料进行抽检，并检测混凝土的配合比等，来确定材料质量是否满足要求。

根据近期发展趋势，应积极利用 CALS 和 IT 进行质量控制。

（1）隧道结构材料的质量控制

隧道结构材料主要包括钢筋、混凝土、钢管柱、钢结构等。基于以上考虑，隧道结构材料的质量必须符合 JIS 标准，并配有出厂检验合格证书。预拌混凝土这种半成品的质量变化系数较大，且受时间的影响较大。如果产品出厂时允许贴有 JIS 标志，在后期使用时仍需对产品进行抽样检查。如果使用的产品没有 JIS 标志或质量证书，则必须对产品的主要性能进行检测确认。对于那些已经通过了出厂检测但有可能变质的产品，需在现场进行再次测试，如果再次检测不达标，就不能使用。

（2）临时结构材料质量控制

临时结构材料一般只在短期内使用，主要通过提高容许应力。临时结构材料也可以反复利用，但是，由于受到钻探或局部变形的影响，反复利用可能会造成材料的疲劳损伤或质量退化。因此必须适时对材料进行测试，必要时进行加强处理。如果在长期施工中使用木材，要特别注意其耐久性。

（3）其他材料的质量控制（用于恢复地下设施、既有结构、道路等）

在隧道施工时可能会临时拆除部分原有地下设施、建筑、人行通道等，施工完成以后，需修复这些原有建筑结构。由于用于修复的这部分材料也用于永久工程，其质量控制应参照隧道结构材料的质量控制办法。施工完成后，需将结构移交给相应管理人员。移交前的质量控制应满足双方协议规定的条件，其中可能包括提供路面材料相应的质量证明。

第 243 条　作业控制

日常作业控制就是通过巡视和检查每个施工场地来掌握施工情况，确保施工进度按计划进行。

【条文说明】

作业控制不仅是简单了解每阶段的作业顺序、方法和作业内容等情况，还需确认地面、地下水、地下设施等施工条件，以及包括交通情况和商业活动在内的作业环境。完成确认工作之后，还必须考虑与后续工作的关系、施工可能带来的污染、工作内容和机器使用情况、人员安排、施工速度、安全性和经济性等。

4.20　安全健康管理

第 244 条　一般规定

施工期间，应严格遵守相关法律法规，采取安全健康管理措施来防止事故或灾害的发生。

【条文说明】

（1）相关法律法规

应制定能够反映实际施工情况的内部规则以及安全施工制度。通过对所有工作人员进行安全健康教育，定期进行检查并解决场地存在的问题，预防事故发生，保障工人健康安全。

（2）工作计划备案

为了确保施工安全，在施工计划阶段就应充分研究安全健康措施以便应对施工过程中可能发生的危险，并切实施行安全健康管理。

《职业安全与健康法》中规定的明挖隧道施工需要备案的文件如下：

① 以下设备需进行文件备案：

- 高度超过 3.5m 的模板支撑；
- 高度和宽度在 10m 以上的施工通道（使用时间超过 60 天）；
- 脚手架：所有悬挂式脚手架以及高度超过 10m 的脚手架（使用时间超过 60 天）；
- 使用时间在 6 个月以上的履带设备；
- 机械：吊车、升降机等。

② 以下工作需备案：

- 开挖深度超过 10m 的工程（不包括隧道开挖和取样和不需要工作人员进入开挖面的机掘作业）；
- 压气沉箱法施工。

（3）安全施工体系

必须成立包括安全和健康组织在内的安全施工管理体系，明确各组织的责任和权限，必要时可以成立委员会和理事会，并任命不同的经理或负责人管理相关事务。

（4）安全健康教育，作业限制

当工作内容发生改变，工人处在危险或可能有害的施工条件中时，应在工人上岗之初就对其进行安全健康教育。法律法规明确规定，从事特殊任务的人员必须持证上岗，并接受健康检查和作业限制。

（5）安全检查

安全检查除了要检查法律法规明确规定的项目外，还需要根据工作环境、施工方法、施工机具和设施等实际情况涵盖更全面的检查项目，并指定专人进行检查。

制定一个专门的检查项目表，定期对每个项目进行检查，并将检查结果填表备案。检查中若发现异常情况，必须进行修理或采取其他适当的措施进行处理。

第 245 条　创造良好的工作环境

为了维持一个安全健康的工作环境，施工场地应安装必要的设备和设施，并采取相应的对策措施确保此项工作完成。

【条文说明】

施工期间，必须为工人提供一个安全舒适的工作环境。尤其是在道路以下施工时，要特别注意施工场地的通风、照明和通行设施，消除可能对工人健康造成损害的因素。

为保持施工场地安全，应结合现场条件，准备好必要的机械设施以及施工标准。同时要确保工作环境能够满足大规模施工、机械化施工和快速施工的安全需求。

（1）通风

如果场地空气与外界空气隔绝，施工过程中使用了内燃机，或使用了粘合剂进行防水施工，此时应安装通风设备，以保持施工场地的空气流通。

（2）照明

为了预防事故发生并且提供良好的工作环境，必须为工作场地和通道提供照明系统，同时应注意防止光照过强，造成炫目。

（3）排水

隧道中的集水应及时排除，以免影响正常施工。

突发涌水、大规模的降雨或排水设施缺陷都可能造成严重事故。因此必须准备一套备用排水设施及以及应对电力故障的对策。

（4）走道

必须修建人行通道或电梯，供工人进出隧道使用。通道内部应留有足够的空间和照明，保证工人随时能够安全通行。

（5）降噪措施

噪声会引起工人不适，阻碍交流、声音信号或标志，妨碍安全施工，并可能引发噪声性耳聋。为减少噪声干扰，应尽量使用低噪声的机器设备，结合施工进度或方法、改进机器设备的声源，还可采取一定的隔声或吸声措施。

（6）减振措施

应选择防振动的施工机械和工具，且在施工时使用减振保护手套，预防发生振动事故。对于涉及振动的作业应进行妥善处理。

（7）保护装置

保护装置应符合相关标准且不存在破裂情况。应要求工人充分了解该装置的使用方法及相关事项。

（8）施工场地周围环境建设

为了保障周围居民的正常生活，需要做好污染防治和施工场地周围环境建设工作。

第 246 条　事故预警程序

施工期间，应采取必要措施预防事故发生。

【条文说明】

在明挖施工时，要特别注意防止因高空坠物、塌方、车辆事故、气体爆炸、火灾、缺氧、气体中毒等造成的人员伤亡。对于使用到压缩空气的作业，需预防其引起的减压病（屈肢病或沉箱病）。

（1）公共事故预防

施工期间应采取必要的安全措施，预防栈桥通行、盖板坠落、重型设备倾覆、气体泄漏爆炸等引起第三方人员伤亡。

（2）起重机和运输车辆事故预防

为预防因建筑材料设备和弃碴的运输、起重机操作、打桩等引发事故，应安装相关防护设施，并采取措施防止机器倾覆。同时，这些仪器设施结构必须达标，并满足其他有关规定。在使用管理和维修检查方面也应遵守有关法律法规。应结合施工现场条件制定机器设备使用规范，并向工人详细解释。

（3）火灾预防

与外部火灾相比，隧道内发生火灾时救援和疏散更加困难，因此必须制定一套完整的预防措施。

施工期间，必须指定专门人员负责易燃易爆物品的消防工作。易燃易爆物品包括防水材料（沥青、沥青底漆、粘合剂等）、土体改良材料（石灰）、燃料（汽油、柴油、煤油等）和气体（氧气、乙炔等）等。在处理和存储这些材料时，必须遵守消防法和危险材料控制的相关规定。切割钢材和焊接时产生的火花必须使用灭火器和防水卷材等进行处理。

（4）气体爆炸预防

如果在开挖区域或附近存有气体管道，则施工期间可能存在可燃气体泄漏引发气体爆炸的危险，因此，相关预防措施必须到位。

腐殖土层开挖时，可能会释放出甲烷等可燃气体。这些气体进入隧道后可能引起爆炸或火灾。因此在施工前需对附近的地形和地质进行全面测量，并调查附近区域以往的施工作业情况。

如果调查结果显示可能存在可燃气体涌出问题，则必须安装通风设备，并在施工过程中对气体浓度实时监测。一旦气体浓度超过容许值，必须立即将工人疏散到安全处。禁止使用明火，相关区域应充分通风。

（5）缺氧和气体中毒预防

在通风不良的区域，因氧气不足、有毒气体泄漏（甲烷、一氧化碳、硫化氢等）以及内燃机排放尾气，容易发生缺氧和气体中毒事故。因此在施工前，必须对施工场地的地形地质情况以及附近已完成的工程情况进行全面调查。应根据工程内容和施工方法安装通风设备，避免产生有毒气体。

土体条件、施工方法和气压变化是引起缺氧的主要因素。施工期间，以下地层或区域容易发生缺氧：

① 隔水层下的砾石或砂石层；

② 含有铁或锰盐等可还原化合物的土层；

③ 含有甲烷和乙烷的土层；

④ 含有腐殖土或有机物的土层；

⑤ 有碳酸水涌出的土层；

⑥ 缺氧地层；

⑦ 使用压气沉箱法施工的区域。

（6）压气沉箱法事故预防

对于采用压气沉箱法施工的隧道，施工过程中需特别注意空气压缩设备的安全操作、火灾预防，以及暴露在加压或减压环境下工作人员的健康管理。

第 247 条　紧急措施

施工开始前，必须建立紧急突发事件的应对措施。

【条文说明】

为应对紧急突发事件，必须准备好备用机械、设备和通信设施，并建立一套便于施工场地与相关机构之间快速通信的体系。

当出现结构变形异常、地面破坏、涌水、火灾、有毒气体泄漏、缺氧、可燃气体含量增加等危险情况时，必须立即停止施工，疏散工作人员，并采取适当的应对措施。

(1) 通信设施

通信和报警设备的安装位置和方法要便于检查和维护，必要时可以增设无线通信设备。

(2) 疏散设施和工具

施工期间，必须准备好安全疏散通道，并在适当的位置放置空气呼吸器、氧气呼吸器、其他防毒面具以及手电筒，并将位置信息告知工人。应提供疏散和救援设施，并对其进行维护，确保紧急情况下能够正常运作。对工人应进行救援疏散教育和训练。在压缩空气环境下，呼吸器的性能可能会改变，因此要求施工人员必须充分了解其工作原理和使用方法。

(3) 急救

施工期间若工人受伤或生病，应提供最佳救助措施。迅速将伤员运送到指定的救助站，并保证运送过程中的人员安全。

(4) 紧急材料和设备

必须提供应对暴雨或地震等突发事件的材料和设备。

(5) 现场救援设备

如果工人在 0.1N/mm^2 压力的充气空间内工作，按照法律规定，必须设置减压室。减压室的结构必须达到法律规定标准，配备空气供应和排放设施、通信设施、加热设备和消防设施。

减压室的安装、使用和检查必须符合《压缩空气环境下工作的安全健康条例》的有关规定。

4.21　环境保护措施

第 248 条　一般规定

明挖隧道施工必须遵守相关法规，保护施工现场和环境。对于影响环境的因素必须采取相应对策进行处理。

第 249 条　噪声和振动防控

为减少对工作场地附近的影响，应采取适当的措施来防控施工中产生的噪声和振动。

【条文说明】

(1) 噪声防控

施工噪声必须符合《噪声控制法》中的有关条例，根据条例中的有关规定选择低噪声的施工方法和施工机械。

降低车辆噪声的措施包括：

- 采用低噪声的车辆；
- 注意车辆的维护、检查和保养；
- 限制车辆的速度和运行时间；

- 选择合适的运输工具，预防超载；
- 根据工作安排制订车辆使用计划；
- 运输路线选择（避开住宅区）；
- 稳定的开车间距（避免拥挤）；
- 禁止突然加速和刹车，以及空转。

降低施工噪声的措施主要有：

- 使用低噪声的施工机械；
- 服从限制的工作时间；
- 避免集中施工（工作场地分散布置）；
- 隔声墙（隔声板）；
- 建筑隔声。

（2）振动防控

施工振动需符合《振动控制法》有关条例规定，根据条例中的有关规定选择低振动的施工方法和施工机械，对于条例中规定的施工作业，必须提前申请。

降低路面运输产生振动的措施有：

- 限制车辆的速度和工作时间；
- 选择合适的运输工具，预防超载；
- 改变路线选择（避开住宅区）；
- 保证路面平坦；
- 改善道路基础和表面结构。

降低施工振动的措施主要有：

- 采用低振动的施工方法和施工机械；
- 避免集中开展会产生振动的工作；
- 改进机器操作和驾驶方式；
- 注意对施工机械的维护、检查和养护；
- 服从工作时间限制；
- 固定机器的振动防护；
- 改变施工机械的工作地点。

第 250 条　地面沉降防控、地下水位下降影响防控、地下水流动阻隔影响防控

需采取必要措施来预防施工可能引起的地面沉降。

若地下水位下降或阻隔可能会对周围环境产生一定影响，则需要采取适当的防治措施。

【条文说明】

（1）地面沉降防控

开挖导致的挡土墙变形、侧墙漏水、坑底涌水和拆除墙体都有可能引起地表沉降，特别是对于软弱地基，地下水位下降引起的固结沉降比较常见。

防止地面沉降的措施主要有：

- 使用高强度挡土墙；
- 提高挡土墙的防水性能；
- 在挡土墙上设置不透水层；
- 预应力内支撑；
- 挡土墙支护安装、拆除的时间和方式优化；
- 开挖内部土壤改良；
- 采用回灌水法。

（2）地下水位下降影响防控

地下水位下降可能会导致地表沉降和水井枯竭，因此在市区施工时，必须选择对降水要求较低的施工方法。

若为了施工的便利而必须降低地下水位，则需提前对降水引起的地面变形和水井枯竭进行论证，并采取适当的应对措施。

（3）地下水流动阻隔影响防控

当地下水的流动受到影响时，必须铺设管道作为导水通道，同时保证管道的畅通。

第251条　水污染、土体污染防控

施工期间，应采取适当的措施防止水土污染。

【条文说明】

（1）防止水污染

化学注浆法的使用和管理要仔细，应严格按照《化学注浆施工暂行管理办法》执行，避免对施工场地附近地下水的质量产生不利影响。如果施工场地附近有水井或公共水源，则在施工期间应尽量多设观测井，对水质进行观察和检测。

隧道开挖以及清洗施工机械产生的废水必须经过处理（沉砂池、浑水处理、pH处理等），确保水质达到环保标准并得到管理部门批准后，才能排放到污水管道和河流中去。

（2）防止土体污染

水泥搅拌墙施工和土质改良措施可能导致土体污染，必须采取措施加以防止。常见做法为预先对施工材料的性质进行检测，使用符合要求的材料。在使用水泥材料时，要特别注意防止六价铬浸出。

如果施工场地及周围的土体可能受到工业废水、废料和矿山废水中的重金属和有机化合物的污染，那么施工过程中必须采取防治措施。

第252条　扬尘防控

施工期间，应采取适当的措施减少扬尘对施工场地周围区域的影响。

【条文说明】

明挖施工大多会涉及土体和泥浆的运输工作。在安装挡土墙、开挖、回填、拆除墙体的过程中，施工机械和运输车辆需要频繁进出施工场地。在干燥并伴有大风的天气，尘土上扬会对周围环境产生较大影响。因此必须根据施工场地周边情况采取相应的防控措施。

扬尘防控措施主要有：

（1）对施工场地、施工机械和运输车辆进行喷水冲洗；

（2）对周围路面进行冲洗；

（3）对尘源进行覆盖处理；

（4）清洗运输车辆的轮胎。

根据相关法律法规，还需减少施工机械和车辆的废气排放。

第 253 条　交通堵塞防控

施工期间，应采取适当的措施对场地周围的交通进行疏散，防止发生拥堵。

【条文说明】

日本建设厅于 1962 年颁布的《公路施工现场标志安装规范》和警察厅交通科颁布的《道路施工事故预防措施》都明确规定，施工期间必须采取适当措施预防可能发生的安全事故和公共交通拥堵。

当某些施工操作需要占用道路时，施工必须在道路管理部门和警察厅许可的区域内完成，同时应设置警示灯和安全设备。

为了减少路面拥堵，必须认真研究确定施工区域，合理安排作业时间，提高施工效率。避免交通堵塞的措施有：

（1）遵守道路管理部门和警察厅的许可条例；

（2）安装照明等安全设备；

（3）标明道路占用区域；

（4）设置行人安全通道；

（5）安排全职的道口信号旗手；

（6）维修施工地段路面；

（7）设置标示牌，公布施工进展。

第 254 条　施工副产物的处理

施工期间，应尽量减少副产物的生成。对副产物应进行重复利用或转换为可再利用资源，确保妥善处理，提高循环利用率。

【条文说明】

应尽量限制施工中产生副产物，并对其进行重复利用，若重复利用存在困难，则应减少副产物的产量。施工副产物应妥善运输和处理，禁止非法倾倒和排放。

附录 1　道路交通荷载

表 2-6 中的计算路面附加荷载的条件如下所述：

本规范第 34 条

（1）考虑到在车辆限制条例规定的车辆总重度，车辆荷载和其他荷载按照附表 1.1 和附图 1.1 进行设置。

（2）假定各个方向上的车辆之间没有间距。

（3）覆土为 1m 时冲击系数设定为 0.3；覆土达 3m 时，冲击系数设定为 0。其余可采用线性内插法确定。

（4）如附图 1.2 所示，计算车辆荷载在土体中的分布情况使用的是 Koegler 的方法，且分布角设定为 55°。

（5）表 2-6 显示的是总重度为 250kN 和总重度为 220kN 的车辆在每次覆土后的车辆荷载计算，通常取其中较大的荷载。

车辆荷载条件　　附表 1.1

车辆状态	前轮荷载（kN）	后轮荷载（kN）
总重 250kN 的车辆	25	50×2
总重 220kN 的车辆	15	47.5×2

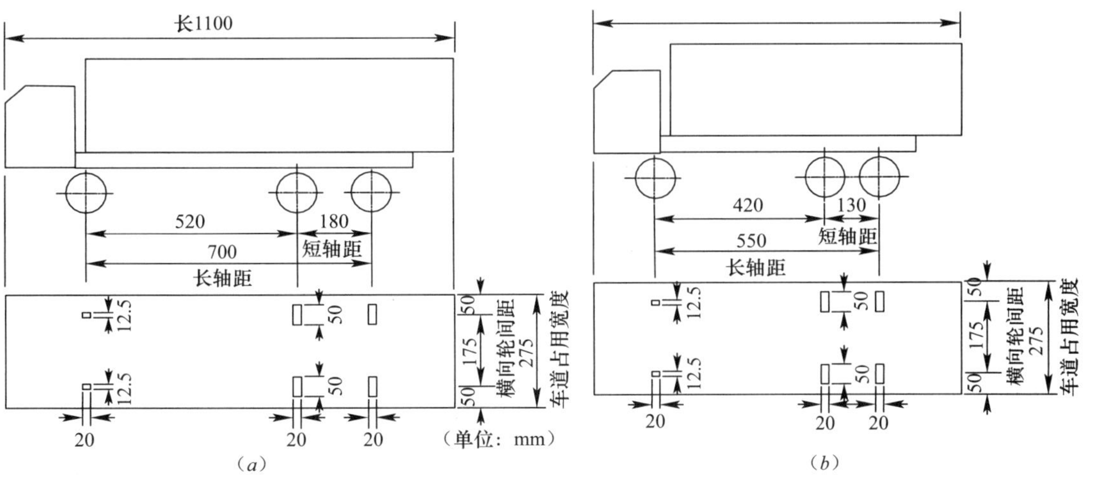

附图 1.1　车辆数据设定

（*a*）总重为 250kN 的车辆；（*b*）总重为 220kN 的车辆

Koegler 的分布荷载计算如下：

$$q_k = q_o \frac{BL}{BL + (B+L)z\tan 55° + \frac{4}{3}(z\tan 55°)^2}$$

式中　q_o——车轮载重与地面的接触压力（$=P/BL$）；

B，L——轮宽；

z——任意深度；

q_k——任意深度下车轮载重的分布荷载；

P——车轮荷载。

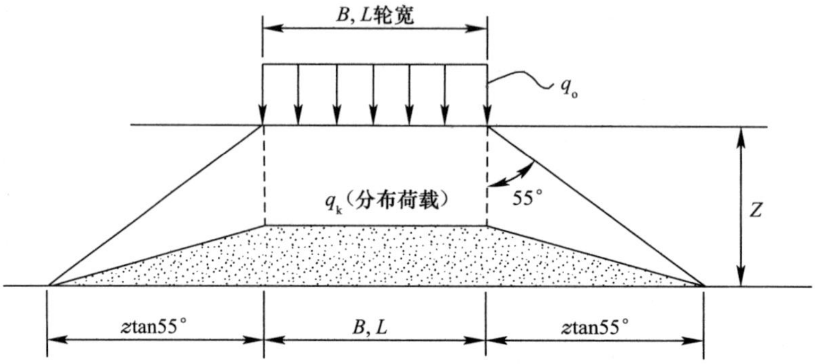

附图 1.2　Koegler 的分布荷载

每个车轮的分布荷载在任意位置（x，y）的叠加通过以下等式确定（见附图 1.3）：

$$q_{k(x,y)} = \sum q_{k(x_i,y_i)}$$

式中，$q_{k(x,y)}$ 的计算方法如下（见附图 1.4 和附表 1.2）：

$$q_{k(x,y)} = q_k \quad 当(|x-x_i|-B/2) \leqslant 0 \quad 且 \quad (|y-y_i|-L/2) \leqslant 0$$

$$q_{k(x,y)} = 0 \quad 当(|x-x_i|-B/2) \geqslant z\tan 55° \quad 或 \quad (|y-y_i|-L/2) \geqslant z\tan 55°$$

$$且\ 0 < (|x-x_i|-B/2) < z\tan 55° \quad 或 \quad 0 < (|y-y_i|-L/2) \geqslant z\tan 55°$$

$$当(|x-x_i|-B/2) \geqslant (|y-y_i|-L/2)时, q_{k(x,y)} = q_k \times \frac{z\tan 55° - (|x-x_i|-B/2)}{z\tan 55°}$$

$$当(|x-x_i|-B/2) < (|y-y_i|-L/2)时, q_{k(x,y)} = q_k \times \frac{z\tan 55° - (|y-y_i|-L/2)}{z\tan 55°}$$

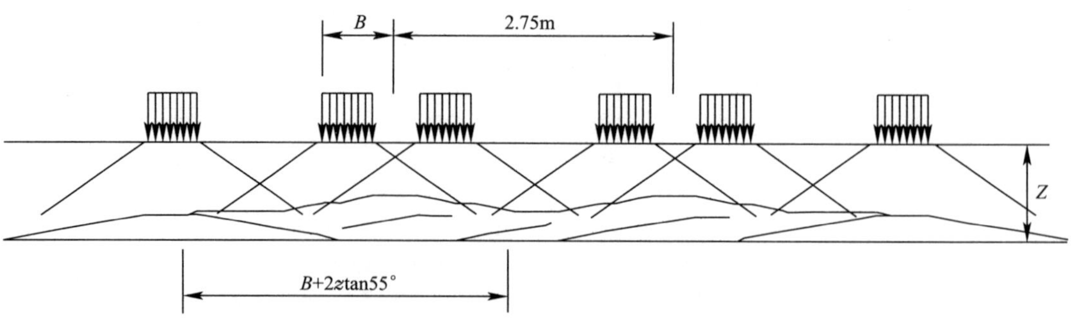

附图 1.3　荷载分布的叠加

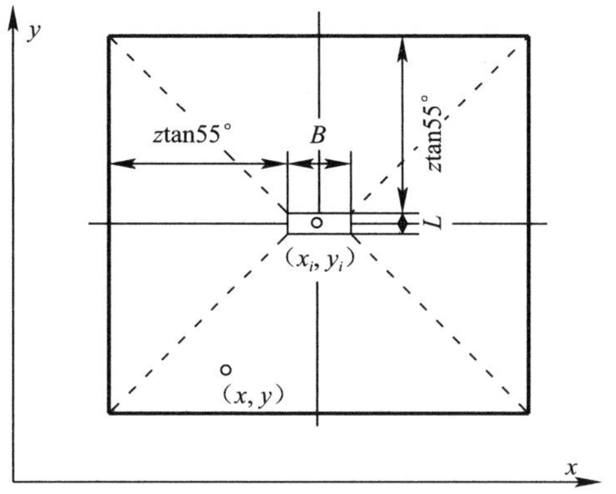

附图 1.4　确定任意位置荷载强度

道路交通荷载计算　　**附表 1.2**

覆土厚度 z(m)		1	1.5	2	2.5	3	3.5	4	4.5 及以上
冲击系数		0.3	0.225	0.15	0.075	0	0	0	0
车辆总重 250kN	q_k (kN/m^2)	23.03	22.49	17.33	14.04	12.16	11.29	10.31	9.51
	$q_k(1+i)$ (kN/m^2)	29.94	27.55	19.93	15.09	12.16	11.29	10.31	9.51
车辆总重 220kN	q_k (kN/m^2)	30.59	23.38	17.71	13.81	12.16	11.03	10.13	9.47
	$q_k(1+i)$ (kN/m^2)	39.77	28.64	20.37	14.85	12.16	11.03	10.13	9.47
道路交通荷载取值 (kN/m^2)		40.00	28.50	20.50	15.00	12.00	11.50	10.50	10.00

附录 2 地基反力系数参考资料

如文献［1］所示，在计算明挖隧道反应值过程中，地基建模（第 49 条）所用的地基反力设计系数的典型计算公式如下所述。

（1）顶板上表面及底板下表面的垂直地基反力系数计算公式：

$$k_v = f_{rk}(1.7\alpha E_0 b_v^{-3/4})$$

式中 k_v——竖向地基反力系数（kN/m^3）；

α——E_0 计算方法与荷载情况的修正系数（见附表 2.1）；

E_0——地基变形系数（kN/m^2）；

b_v——顶板和底板的换算宽度（m）；

f_{rk}——地层阻力系数（一般定为 1.0）。

（2）顶板上表面和底板下表面的抗剪切地基反力系数计算公式：

$$k_{sv} = \lambda k_v$$

式中 k_{sv}——抗剪地基反力系数（kN/m^3）；

λ——换算系数（一般为 1/3）；

k_v——竖向地基反力系数（kN/m^3）。

（3）开挖侧面水平地基反力系数计算公式：

$$k_h = f_{rk}(1.7\alpha E_0 b_h^{-3/4})$$

式中 k_h——水平地基反力系数（kN/m^3）；

α——E_0 计算方法与荷载情况的修正系数（见附表 2.1）；

E_0——地基变形系数（kN/m^2）；

b_h——侧墙换算系数（m）；

f_{rk}——地层阻力系数（通常取 1.0）。

（4）开挖侧墙抗剪切地基反力系数计算公式：

$$k_{sh} = \lambda k_h$$

式中 k_{sh}——抗剪切地基反力系数（kN/m^3）；

λ——换算系数（一般为 1/3）；

k_v——水平地基反力系数（kN/m^3）。

E_0 计算方法与荷载情况修正系数① **附表 2.1**

试验法	修正系数②
平板荷载试验	1
孔内水平荷载试验	4
单轴压缩试验	4
三轴压缩试验	4

续表

试验法	修正系数②
标准贯入试验	1
弹性波速试验	0.125

注：① 根据特殊地层条件下的荷载情况予以补偿。
② 将表中数值乘以 2 可用来研究非恒载表。

参考文献

[1] Railway Technical Research Institute：Design Standard of Railway Structures and Commentary（Cut-and-Cover Tunnel），pp64-65，2001.

附录3　地震中地基变形计算方法参考

本参考资料总结了隧道抗震设计中用于计算地基变形（第74条）的分析方法和地质力学特性。

1. 地基变形计算要点

要计算地基变形，应在研究模型的自由度、力学模型（连续和离散系统）、如何处理应力（总应力和有效应力）、地基的非线性、动态分析之后，选择一种适合计算内容的方法。上述各项目详述如下：

（1）模型的自由度

对于相关的地层的计算，可以使用假定位移只发生在水平方向的一维模型，也可使用假定在任意竖向平面上发生水平和竖向变形的二维模型。在地震变形方法中使用的水平地层位移，一般是通过使用一维模型确定。如果地面或地基不是水平的，或者在地面上或地面以下存在结构时，应使用二维模型，因为除了水平分量外，还必须考虑竖向分量。

当基底形状复杂时，应使用三维模型，假定地基变形的发生方向是任意的。但是，使用三维模型会使建模和计算结果评价变得更为复杂，且需要相当长的计算时间，因此必须充分考虑这些情况后再决定是否采用。

（2）力学模型

力学模型主要有两种情况。一种是假定地层是个连续体，应用连续介质力学理论。另一种方法是利用连接单元的理论找到整体解决办法，例如有限元法。单元指的是将地层分解后获得的任意单元。前者是一个连续模型，后者是一个离散模型。

由于确定边界比较困难，因此连续模型用在一维模型中的情况有限。离散模型则适用于二维和三维模型。

（3）处理地基应力

和处理静态问题一样，处理地基应力的方法主要有两种：总应力法和有效应力法。前者将地基中的应力视为一个整体单元，不需将孔隙水压力与有效应力进行分离。后者则分别处理两种应力。孔隙水压力必须与有效应力分开，主要是因为地基允许孔隙水在土体颗粒之间流动。有效应力法主要应用于疏松的砂土地基，其中孔隙水压力会随着地基振动上升。总应力分析法一般适用于黏性土或硬砂性土，因为这种地基中很难或不需要将孔隙水压力和土体颗粒分别处理。

（4）地基非线性和动态分析方法

地基的应力和应变的一般呈非线性关系，即非线性随应变的增加而增加。二级地震运动的情况下，剪应变水平约为0.1%或更大，此时需要考虑非线性。

在计算过程中，非线性主要有两种处理办法：一种是使用杨氏模量的减小值，另一种通过跟踪非线性。前者被称为等效线性化方法，在地震作用的整个时间段内使用一个土体刚度常数。这个值取整段地震运动时间内的最大剪应变值。实际上，这类最大剪应变值在计算之前是无法得到的，这意味着必须进行收敛计算。由于分析软件中包含了所需功能，因此收敛计算可以通过计算机自动计算，只需输入 G/G_0—Y 曲线来代表土的非线性。此外，在整个地震时段使用最大剪应变的剪切模型会导致对土体刚度估计不足。因此，剪应变值一般取最大剪应变值的 65%。

后者只有在使用直接集成法进行动态分析时才会应用。根据这种方法，可通过随机检查（仔细检查任意时刻）各个土层的土体测试结果以及土体刚度提前建立循环应力历史。各时刻的土体刚度和土体检测结果都有相应的剪力，并直接由预先确定的循环应力历史决定。

后者在理论上是可以解释的，但产生的计算结果会因集成的时间间距和收敛性测试方法而不同。此外，通过该方法最后获得的计算结果的有效性很难确定。前者虽然能够提供一个大致正常的最大位移，但在其他方面不够可靠。

2. 地层响应分析方法

（1）响应谱法

在已知设计速度响应谱的情况下，该方法用于确定地层的位移振幅设计值。该响应谱是单自由度体系中的最大响应速度，并有一个设计地震动的任意自然周期。因此，若给定地层的基本自然周期，即可直接得到该地层的最大响应速度。利用该值，可通过自然周期和参与系数的换算方程计算地基表面的位移振幅。如果整个地基可被视为一个物理特性相同的均匀层，则只需利用剪切波速和层厚就可以计算自然周期，在深度方向上的位移振幅分布模式也可以被确立为 1/4 的余弦分布。如果地基是个多层结构，不能被视为均质，那么在计算其在深度方向上的位移振幅分布时，可采用上述类似的办法，即建立一个土柱模型，确定主要模型的周期、模型类别、参与系数，并分析该模型的特征值。

（2）时程响应分析法

这种方法应用于已知加速度时程波形的情况，主要在于建立地基的土柱模型和进行加速度波形动态分析，确定时程关系下的地震响应在任意地面深度的位移、加速度和应变等。由于土体刚度和阻尼系数随剪应变大小发生变化，因此在地震响应分析时，必须要用多种方法分析这种非线性。最常用的方法是等效线性法，其主要目的是使剪应变和对应的阻尼系数进行匹配，并反复进行线性响应计算。针对这种方法，众所周知的一种分析程序是“SHAKE”。除此之外，还有连续非线性响应分析方法，利用时程来解地面震动的方程，同时应在考虑应力—应变曲线的基础上，追踪刚度的各个变化。有代表性的应变—应力关系的土体模型是 Ramberg-Osgood 模型和 Hardin-Drnevich 模型。

一种典型的二维有限元程序是“FLUSH”。该程序根据等效线性法考虑了地层物理特性的非线性特点。在各种不同版本中都可用到，其中一个结合分析法来消除分析范围内的波反射影响。

（3）有效应力状态下的响应分析方法

在可能发生液化的地层中，如松散的砂土层，有效应力法被用来确定地基的地震响应。使用该方法分析地层应力时，将应力分为有效应力和孔隙水压力两种。在假定孔隙水压力不存在的情况下，可以分析总压力。将土体应力分为有效应力和孔隙水压力的优点是，在计算过程中会考虑到由于孔隙水压上升引起的变形。该方法可用来判断土体是否已经发生了液化。

3. 地基的力学特征模型

（1）地基的基本动力变形特征

随着应变振幅水平的提高，土体的应力—应变关系呈现剧烈的非线性变化，在重复荷载作用下呈现显著的时变特征。影响土体动力学变形特征的因素如附表 3.1 所示，应变振幅、密度、平均围压和粒径大小是影响土体动力学变形特征的因素。

土体动力学变形特征的影响因素　　附表 3.1

影响因素	影响程度	备注
应变振幅	高	$\gamma>10^4$ 时 G/G_0 明显减小
密度（孔隙比）	高	孔隙比决定 G
围压	高	随着围压增大，G/G_0 下降减慢
粒径大小/形状	高	随着粒径增大，G/G_0 下降加快
压应力	中等	当 $K_0>1$ 时，随着 K_0 增加，G/G_0 下降加快
初始剪应力	中等	当初始剪力较大时，G/G_0 下降加快
超固结史	低	几乎无影响
频率	低	几乎无影响

注：γ—剪应变；G—剪切模量；G_0—刚性体的初始剪切模量；K_0—静止土压力系数。

（2）天然地基的初始剪切模量

如附图 3.1（*a*）所示，初始剪切模量 G_0 与受扰动极小且有 PS 记录数据的冻土试样保持一致。但是，在受到相对扰动较大的原状土试样和重塑土试样中，剪切模量 G_0 非常小。另一方面，如图 3.1（*b*）所示，对于冻土试样和重塑土试样，剪切模量下降率和剪应变的关系比较（$G/G_0\sim\gamma$）表明，扰动程度的差异对 $G/G_0\sim\gamma$ 关系的影响是微小。这个事实意味着，对于 G_0，关注的焦点应该放在原始位置的 PS 记录值，并且 $G/G_0\sim\gamma$ 关系可以采用实验室测试数据。

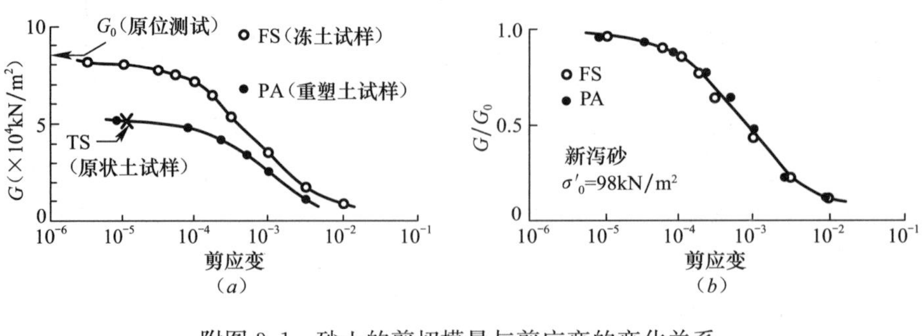

附图 3.1　砂土的剪切模量与剪应变的变化关系

（*a*）（$G\sim\gamma$）曲线；（*b*）（$G/G_0\sim\gamma$ 曲线）

附图 3.2 所示为在日本物理勘探获得的弹性剪切波速 V_s(m/s) 和 N 值。基于这些关系，弹性剪切波速 V_s(m/s) 一般如下取值：

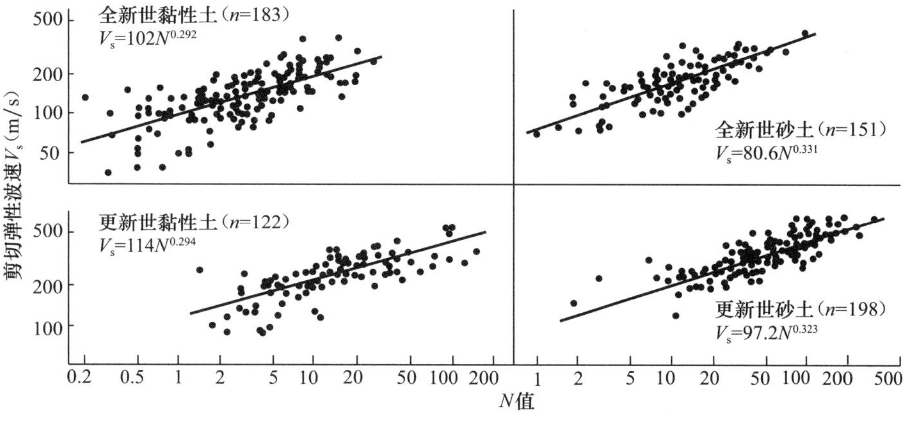

附图 3.2　弹性波探测所得的弹性剪切波速与 N 值的关系

砂土：$V_s = 80N^{1/3}$

黏性土：$V_s = 100N^{1/3}$

对于具有较小 N 值的全新世黏性土，该速度可利用无侧限抗压强度 q_u（kN/m^2）通过以下公式获得：

$$V_s = 23q_u^{0.36}$$

初始剪切模量 G_0（Kn/m^2）可通过以下公式获得：

$$G_0 = \rho_t V_s^2$$

式中　ρ_t——湿密度（g/cm^3 或 t/m^3）。

（3）土的动力学变形特征表示

在进行地基的地震响应分析时，应考虑地基的非线性特征。一般可将其视为循环历史，或根据等效线性化法，使用地基应变相应的抗剪刚度和阻尼系数。

1）非线性表示

在应变极小的时候，土体主要表现出线弹性体的特征；但随着应变增大，其应力—应变关系表现出的非线性特征越来越明显，对于重复荷载形成明显的循环应力历史。对于土体的非线性特征，常见的表达方法是先根据初始荷载确定骨架曲线，然后根据骨架曲线分别建立卸载和重新加载的滞回曲线。根据曼辛准则，滞回曲线大多来源于骨架曲线。

根据曼辛准则，当剪应力 τ 沿着骨架线 $\tau = f(\gamma)$ 增长，并在中点 $R(\gamma_R, \tau_R)$ 处开始减小（见附图 3.3），此时的滞回曲线可按如下公式计算：

$$\frac{\tau - \tau_R}{2} = f\left(\frac{\gamma - \gamma_R}{2}\right)$$

当滞回曲线与先前的荷载循环曲线相交于点 S 时，剪应力会沿着先前的滞回曲线变化，此外，当滞回曲线与骨架曲线相交于点 R 时，剪应力会沿着骨架曲线变化。这个模型的特征是，应力应变曲线中点处的切线斜率与骨架曲线原点处的梯度 G_0 相同，且滞回曲线总会返回中点。

大量初步研究结果表明，地基的阻尼特性可以假定为一个相当大的频率范围内的非黏性衰减。剪切模量取决于应变，也就是说阻尼系数受到应变量级影响。一般来说，等效阻尼系数 h 可以根据滞回环确定。

$$h = \frac{1}{4\pi} \cdot \frac{\Delta W}{W}$$

其中，ΔW 是一个滞环区域内的能耗，W 是弹性能。如附图 3.4 所示。

用来表示土的非线性应力应变关系的模型还有：双线性模型、Ramberg-Osgood 模型、Hardin-Drnevich 模型等。

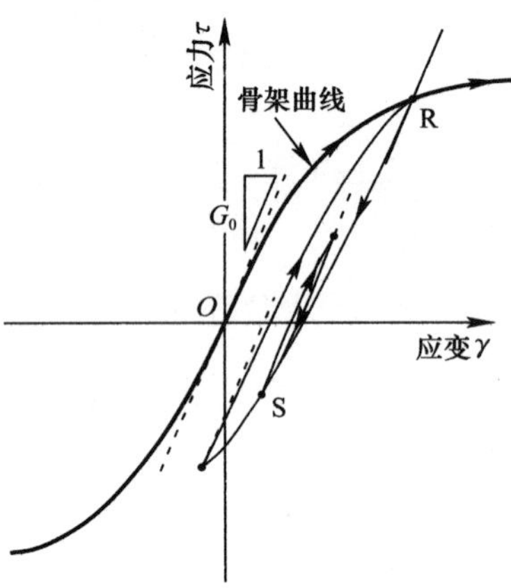

附图 3.3　非线性应力—应变曲线

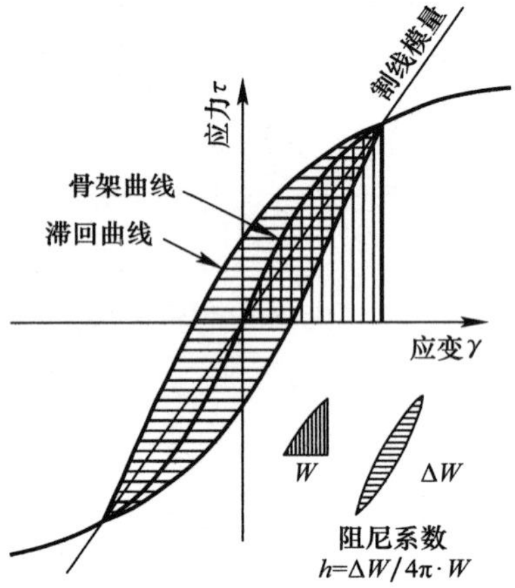

附图 3.4　耗散能和弹性能

2）线性表示

在用等效线性分析法处理地基材料的非线性问题时，主要通过线性分析法进行近似分析。在分析其力学响应值时，使用的是与应变水平相应的剪切模量和阻尼系数。一般按照以下步骤考虑非线性特征。首先，采用初始剪切模量对地震响应进行分析，并计算土的应变值。然后，从应变曲线上读取刚性剪切模量的下降比以及该应变对应的阻尼系数值，并且使用这些值再对地震响应进行分析。如此重复，直到土的应变成为定值。典型的刚性剪切模量和土体阻尼系数的下降比率应变相关曲线如下：

① 全新世砂土

剪切模量下降比 G/G_0 与平均有效围压 p' 关系如下：

$$\frac{G}{G_0} = K \cdot p'^{m}$$

其中，K 和 m 是根据实验结果得到的回归系数，取决于应变大小。由于衰减常数受到应变影响，因此采用 Hardin-Drnevich 模型，取 $h/h_{max} = 1 - G/G_0$。应变 $\gamma = 1 \times 10^{-2}$ 时，最大阻尼系数 h_{max} 设为 0.37。

根据以上公式，可以获得附图 3.5 所示的 G/G_0 与 h-γ 关系。

② 全新世黏土

剪切模量下降比 G/G_0 与平均有效围压 p' 关系如下：

$$1 \times 10^{-6} < \gamma < 5 \times 10^{-4} \text{ 时} \quad \frac{G}{G_0} = A \cdot p'^{B}$$

$$\gamma > 5 \times 10^{-4} \text{ 时} \quad \frac{G}{G_0} = K \cdot A \cdot p'^{B}$$

其中，A，B 和 K 是根据试验结果得到的回归系数，与应变大小有关。由于阻尼系数受到应变的影响，因此全新世黏性土中也采用 Hardin-Drnevich 模型，而最大阻尼系数 h_{max}设为 0.17。

根据以上公式，可以获得附图 3.6 所示的 G/G_0 与 h-γ 关系。

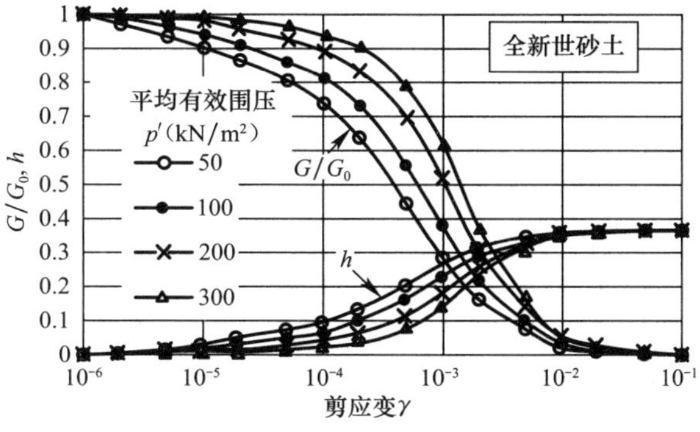

附图 3.5　全新世砂土的 G/G_0 与 h-γ 关系

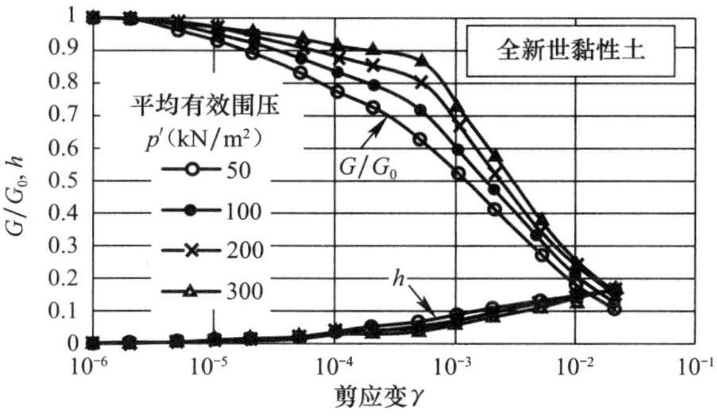

附图 3.6　全新世黏性土的 G/G_0 与 h-γ 关系

③ 更新世砂土及黏性土

对于更新世砂土，应变受到平均有效围压的影响较小，而对于更新世黏土来说，平均有效围压对其影响更小。因此，土体的 G/G_0 与 h-γ 关系如附图 3.7 所示。

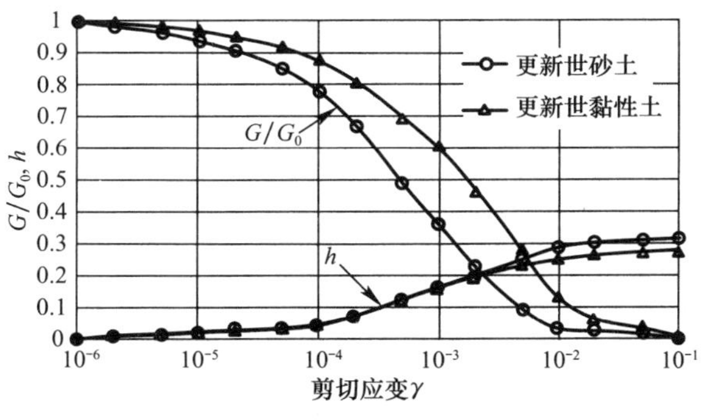

附图 3.7　更新世砂土及黏土 G/G_0 与 h-γ 关系

参考文献

[1] Tokimatsu, K. and Hosaka, Y.: Effects of sample disturbance on dynamic properties of sand. soils and foundations, Vol. 26, No. l, pp53-64, 1986.

[2] Imai, T.: P-and S-Wave Velocities of the Ground in Japan. Proc. 9th ICSMFE, Vol. 2, pp257-260, 1977.

[3] Japan Society of Civil Engineers: Dynamic Analysis and Seismic Design. Vol. 1 Earthquake motion and Dynamic Nature, Gihodo Publishing, p89, 1989.

附录4 钢筋混凝土地下连续墙用作主体结构的参考资料

由于结构体系不同，在组合墙中常使用销钉加固，因此本文介绍了一种构件刚度的计算方法，用于计算不同结构的构件刚度。以下均为设计钢筋混凝土地下连续墙作为主体结构时必须考虑的因素。

1. 构件刚度计算方法

在计算构件刚度时要考虑结构体系的差异。

（1）单墙

框架结构分析时，将其建模成一条线：

抗轴力刚度 $(EA)_W = E_1 h_1$

抗弯刚度 $(EI)_W = \frac{1}{12} E_1 h_1^3$

（2）组合墙

建模为一个刚性构件（每一米宽）：

抗轴力刚度 $(EA)_W = E_1 h_1 + E_2 h_2$

抗弯刚度 $(EI)_W = \frac{1}{12} E_1 h_1^3 + \frac{1}{12} E_1 h_2^3 + \frac{E_1 E_2 h_1 h_2 \left(\frac{1}{2} h_1 + \frac{1}{2} h_2\right)^2}{E_1 h_1 + E_2 h_2}$

注意：当 $E_1 = E_2 (= E)$ 时，$(EI)_W = \frac{1}{12} E \ (h_1 + h_2)^3$

式中 $(EA)_W$，$(EI)_W$——组合墙的抗拉和抗弯刚度；

E_1，E_2——混凝土地下连续墙和内墙所用混凝土的杨氏模量；

h_1，h_2——隔水墙的有效厚度和内墙的设计厚度。

2. 抗平面内剪力的剪切摩擦钢筋的典型设计

地下连续墙和内墙之间的复合面上的销钉布置的典型设计如附图 4.1 所示。

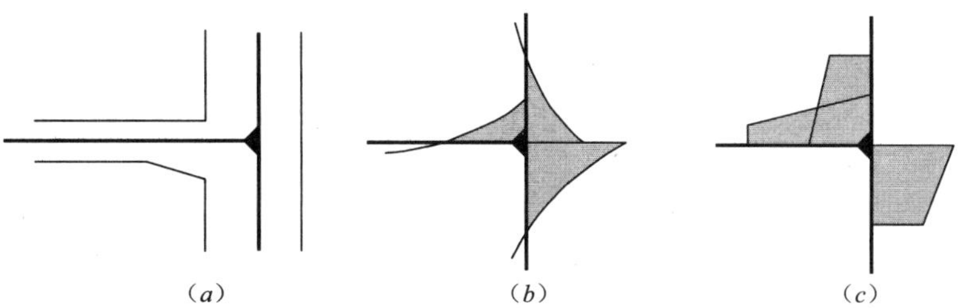

(a) (b) (c)

附图 4.1 接头表面上的弯矩和剪力

(a) 接头；(b) 弯矩；(c) 剪力

（1）计算作用在接头表面的剪切

作用在地下连续墙和内墙之间的接头表面上的剪力包括：

1）从内墙传到地下连续墙的竖向剪力；

2）侧墙（组合墙）的弯曲引起的剪力。

为了使地下连续墙和内墙形成一个整体，应布设能够抵制剪力的销钉。

关于 1）

作用在接头表面的竖向剪力有两种：

① 在从板传递的竖向剪力中，有一种轴力由地下连续墙承载并向下传递。

② 当顶板和底板位置上的内墙横截面不一致时，由于轴力分配比例发生变化，有一种力会在内墙和地下连续墙之间相互作用。

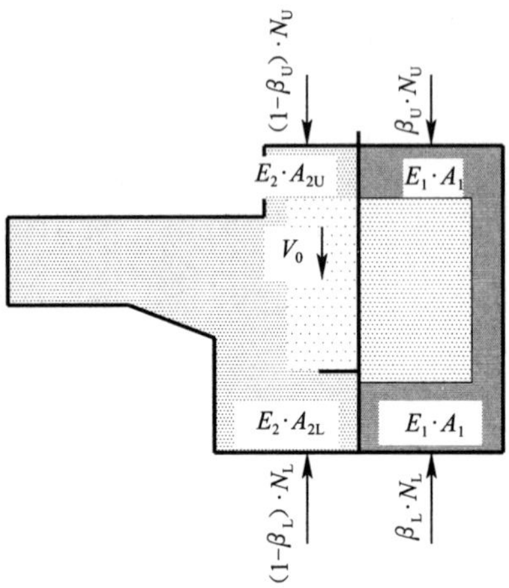

附图 4.2 组合墙接头的竖向剪力 V_0

这些剪力可以通过附图 4.2 中所示力的相互作用，并结合以下公式进行确定：

$$V_0 = \beta_L N_L - \beta_U N_U$$

式中 V_0——竖向剪力；

N_U，N_L——板联系点上部和下部的主动拉力；

β_U，β_L——地下连续墙与板装置联系部分的上部和下部之间的拉力分配系数；

$$\beta_U = \frac{E_1 A_1}{E_1 A_1 + E_2 A_{2U}}$$

$$\beta_L = \frac{E_1 A_1}{E_1 A_1 + E_2 A_{2L}}$$

E_1，E_2——混凝土地下连续墙和内墙的杨氏模量；

A_1——隔水墙的横断面；

A_{2U}，A_{2L}——板联系点的上部和下部内墙的横断面区域。

关于 2）

发生在内墙和地下连续墙之间接头表面上的剪力，由侧墙（组合墙）弯曲引起的剪应力决定。

$$V_B = \frac{1}{2}(\tau_1 + \tau_2)l_1 b + \frac{1}{2}\tau_2 l_2 b$$

式中 V_B——发生在接头表面上的剪力（附图 4.3）；

τ_1，τ_2——每个变化点的剪应力；

l_1，l_2——变化点的间距；

b——单位宽度。

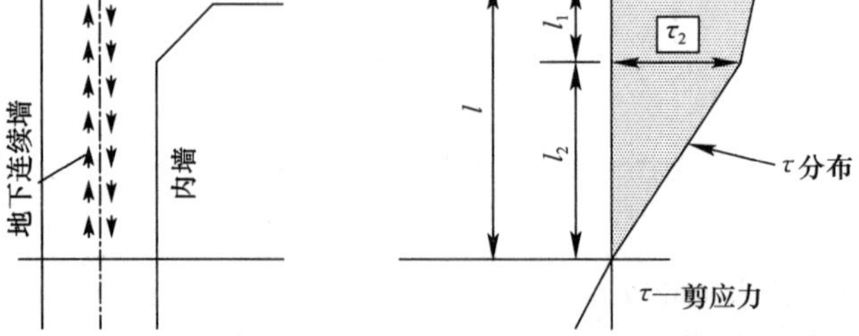

附图 4.3 作用方向与竖向剪力 V_0 相同的剪力 V_B

（2）钢销钉的设计

钢销钉用在地下连续墙和内墙之间的接头表面，用于克服上文1）和2）中的剪力以确保安全，并通过以下公式进行检查：

$$\gamma_a\gamma_b\gamma_i\frac{V}{V_u}\leqslant 1.0,\quad V_u=V_{ug}+V_{ul}$$

$$V_{ug}=\frac{\mu(nf_{syd}A_{sg}+\sigma_N A_{cg})}{\gamma_c},\quad V_{ul}=\frac{\mu\sigma_N A_{ul}}{\gamma_c}$$

式中　V——作用在接头表面的设计剪力（$=V_0+V_B$）之和；

V_u——接头表面的总剪力；

V_{ug}——布设钢销钉的截面上的总剪力；

V_{ul}——未布设钢销钉的混凝土连接表面上的总剪力；

μ——摩擦系数（大约1.4，地下连续墙表面的水泥浆冲洗后形成大约7mm深的粗糙面）；

n——钢销钉的数量（每单位宽度）；

f_{syd}——钢销钉的设计抗拉屈服强度；

σ_N——作用在接头表面的竖向应力（外力，其中包括作用在地下连续墙上的侧向压力）；

A_{sg}——每个钢销钉的横截面面积；

A_{cg}——钢销钉横截面积总和（这个区域的边界从最外层钢筋算起，大约是钢筋间距的一半）；

A_{ul}——外部不含钢销钉的混凝土横截面的总面积（仅地下连续墙接头表面上处理过的区域）；

γ_a，γ_i——安全系数（参照第2章第27条）；

γ_b——构件系数，一般取1.3；

γ_c——混凝土材料系数。

注意，布设有钢销钉的截面与支撑的距离大约为边跨长度的1/4。

因为没有内墙，单墙的加销钢筋设计需要处理附图4.4中的f截面，且假设上面等式中的$V=\Delta V$，$V_{ul}=0$。

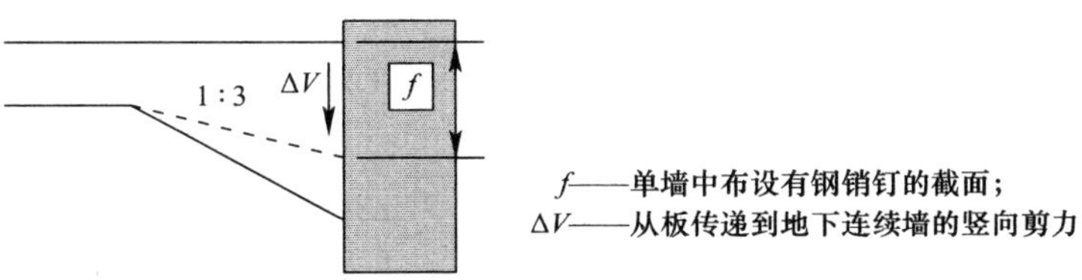

附图4.4　单墙中钢销钉加固的范围

附录5 竖井与隧道连接建模参考

如第114条竖井结构分析所述，隧道与竖井的连接口周围由许多构件组成，每个组成构件都具有复杂的特性和边界条件。因此很难预先进行应力分布估算。

严格地说，这类情况下的应力常常通过有限元法进行确定。本节将对这种方法进行详述。使用该方法时，构件力的计算式通过建模进行，能够方便地表现构件的力学行为。

1. 矩形截面

(1) 底板

竖井侧墙上有一个开口与隧道相连，而底板就是侧墙的一个简单支撑板。同时建议为图附5.2所示的悬臂3的支撑反力提供预加固的简单支撑，如附图5.1所示。

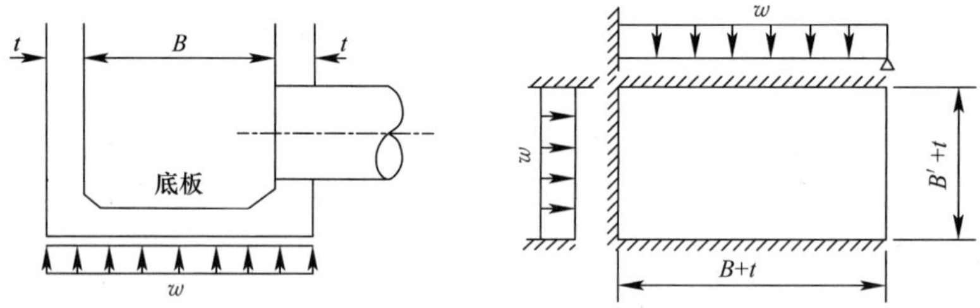

附图5.1 底板分析模型

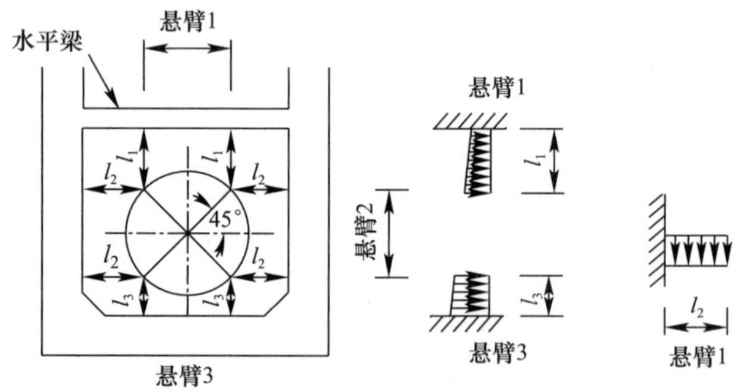

附图5.2 用悬臂定义开口的分析模型

(2) 与隧道连接的开口侧墙

对于与盾构隧道连接的开口侧墙，为了分析横向荷载，可将其建模为一个受到中隔板、底板以及侧墙支撑的悬臂，如附图5.3所示。

这种情况下，即使计算所得构件力比较小，墙的厚度和配筋量应等于或大于同一横截面上没有开口的山墙。

(3) 隧道开口连接附近的侧墙

在其他情况下，开口附近表面由与表面和开口连接方向的简单支撑板和固定板组成，如附图 5.4 所示。图中，建议提供一个简单的适合给悬臂提供支反力的预加固支护，如附图 5.4 所示。

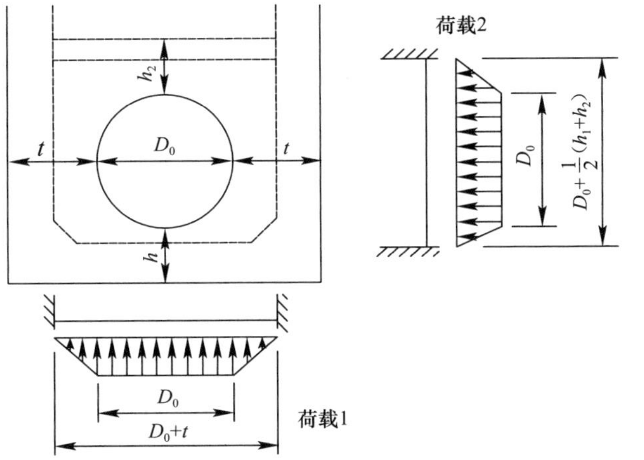

附图 5.3　用固定梁建模具有开口的侧墙分析模型

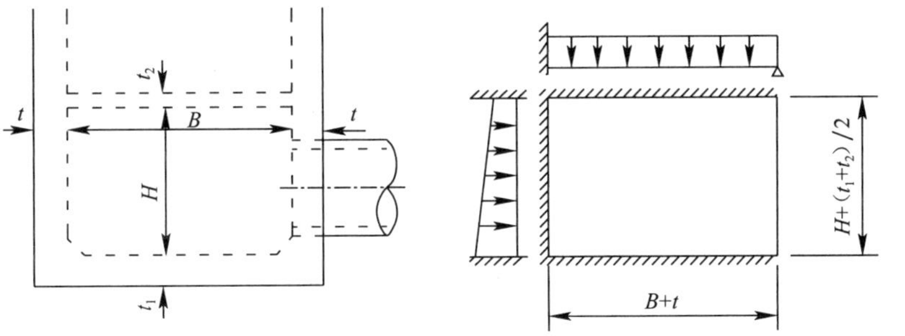

附图 5.4　开口附近侧墙的分析模型

（4）水平梁

如附图 5.5 所示，水平梁被假设为一个刚性框架，充当一个总荷载。该荷载相当于以上（2）、（3）条中计算所得的支撑反力与水平梁上部墙体的支撑反力之和。

在附图 5.5 中，荷载 3 是（3）中的固定支反力。荷载 4 是（2）中悬臂 1 的支反力，荷载 5 是梁上墙的支反力。

（5）隧道开口处的底梁

底梁受到来自隧道开口处底板传递过来的荷载；分析时，可以假设其所受荷载呈三角形分布，如附图 5.6 所示。

即使在侧墙部分开有圆孔的情况下，分析模型中的跨度经常取两侧墙之间的净跨度。由于利用该模型计算的构件荷载过大，考虑到三维效应，有时假定跨度等于开口的径宽（l_1）或是开口中心 90°范围正下方的区域宽度（l_2）。建议在建模过程中，根据侧墙和开口的形状和尺寸对跨度进行适当的设置。

2. 圆形截面

（1）底板

如附图 5.7 所示，对于开口来说，底板是简支的圆形板，对于其他而言，底板是固定端圆形板。简单的计算方法就不适用了。因此，建议采取保守办法，将其视为简单支撑来分析圆形板的中部，而在分析端部时，则将其视为外部固定的圆形板。

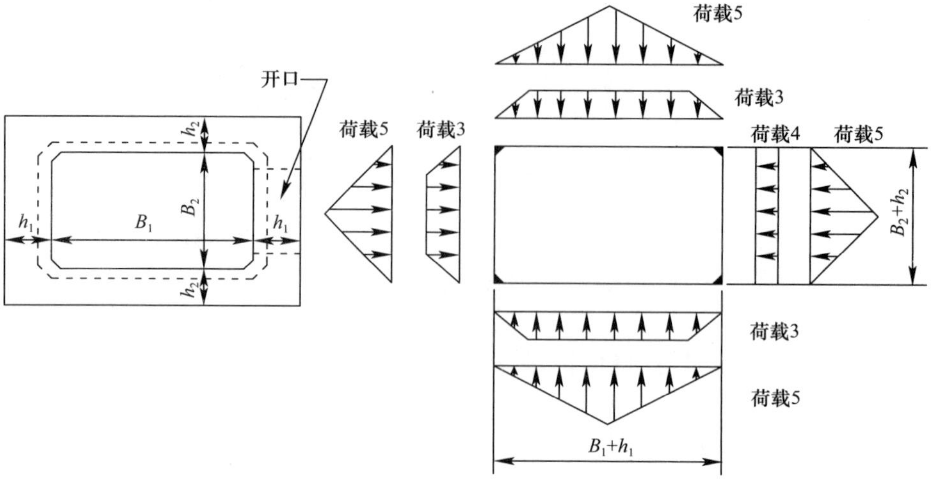

附图 5.5　水平梁分析模型

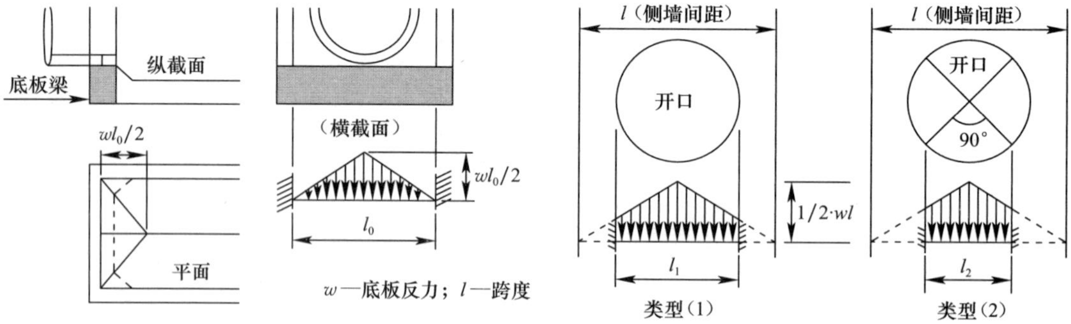

附图 5.6　开口底梁分析模型

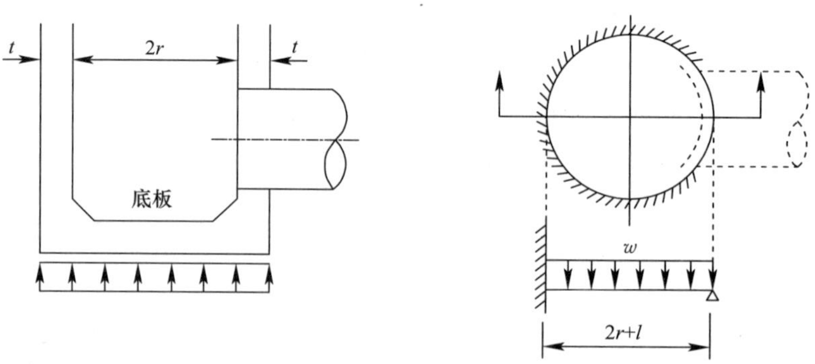

附图 5.7　底板分析模型

（2）隧道连接处的侧墙

对于矩形截面的竖井来说，在隧道和竖井连接处的带开口的侧墙上进行应力分布是极难预测的。因此，在计算构件内力时必须采用模型法，既能基于以往工作和经验获得保守估算值，又能简单呈现构件行为。

在对侧墙开口周围区域进行建模时，应将侧墙分成侧墙 1 和侧墙 2 来考虑。如附图 5.8 所示。

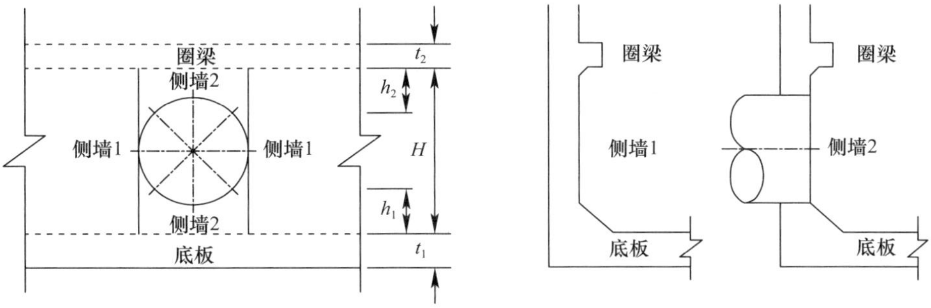

附图 5.8　带有隧道开口的侧墙

为了便于分析，侧墙 1 将被模拟成一个带有固定圈梁（中隔板）和固定底板的固端梁，能够承担横向荷载，如附图 5.9 所示。

侧墙 2 则被模拟成圈梁处或底板处受到支撑的一个悬臂，如附图 5.10（a）所示。由于固定端梁受到来自底板的地基反力影响，因此需要对其进行检查，如附图 5.10（b）所示。

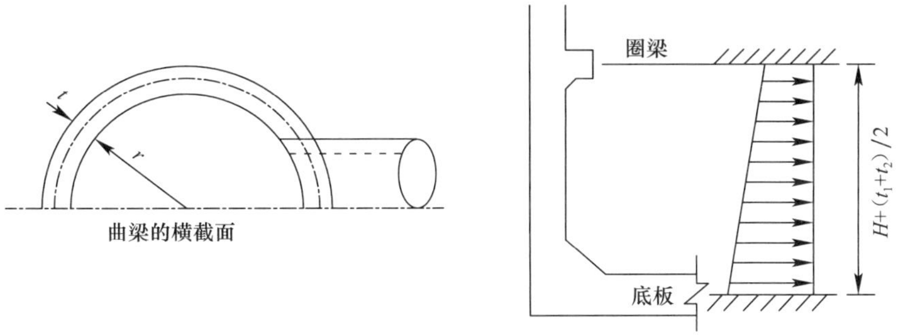

附图 5.9　侧墙 1 的分析模型（固定梁）

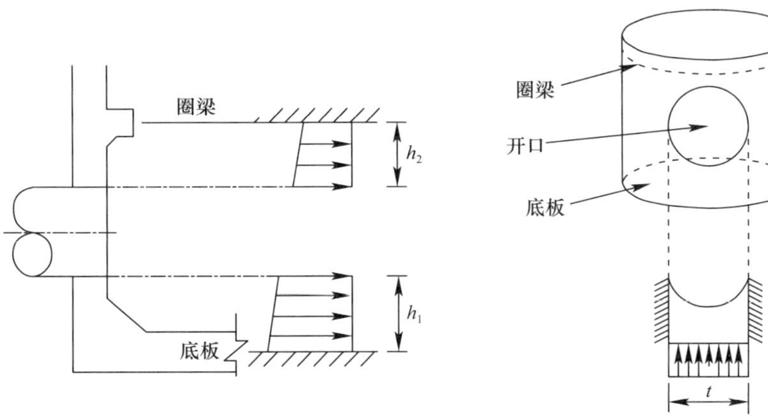

（a）　　　　（b）

附图 5.10　侧墙 2 的分析模型（悬臂和固定梁）

（a）悬臂分析；（b）受到底板反力的固定梁分析

(3) 圈梁

假设附图 5.11 所示的荷载作用在圈梁上。

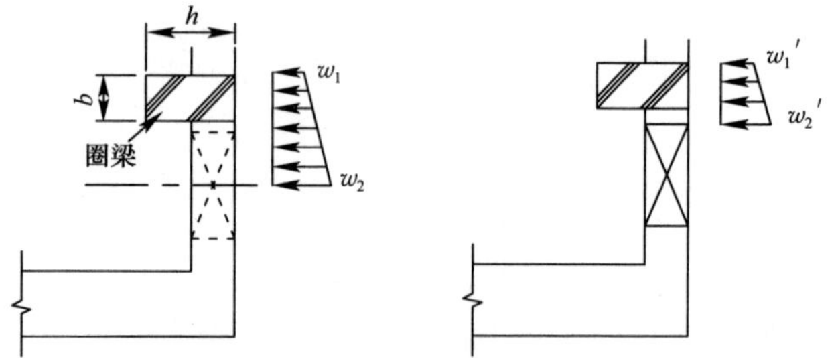

附图 5.11　作用在圈梁上的荷载

附录 6　朗肯法参考

x 和 y 方向上的最大跨度弯矩和最大支撑弯矩根据下述等式确定。这种近似法，也叫朗肯法，对板使用了衡量理论。也就是说，受到均匀荷载分配的双向板被分解成单向板，分别位于 x 方向和 y 方向。通过确定荷载 w_x 和 w_y，分别由两根单向板制成，此时，中心挠曲变得相等，且 x 和 y 方向上每个单元宽度的极限弯矩通过使用分配的荷载获得。该方法不考虑板的抗扭强度。

处于自由支撑状态时，x 和 y 方向上每块单向板上分配的荷载通过以下方式计算：

$$w_x = \frac{a_y l_y^4}{a_x l_x^4 + a_y l_y^4} = C_x w$$

$$w_y = \frac{a_x l_x^4}{a_y l_y^4 + a_x l_x^4} = C_y w$$

式中　w_x，w_y——x 方向和 y 方向上的单向板荷载分配；

w——在均一分配的荷载作用下每个单位区域的荷载；

l_x，l_y——x 方向和 y 方向上的双向板跨度；

a_x，a_y——根据四面支撑状态确定的系数；

C_x，C_y——x 和 y 方向上的荷载分配系数（附表 6.1）。

朗肯法中双向板的荷载分配系数 C_x 和 C_y　　　**附表 6.1**

荷载状态 / 荷载分配系数	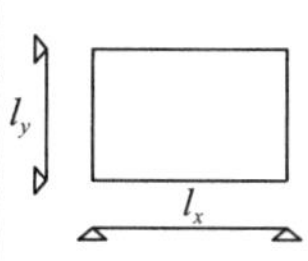	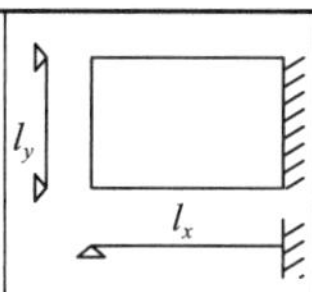	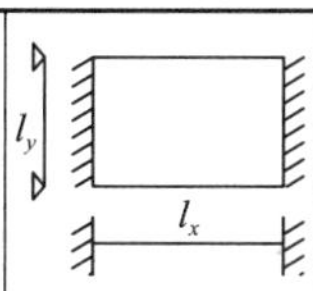	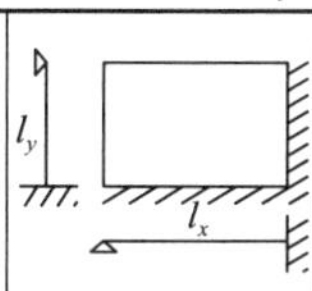	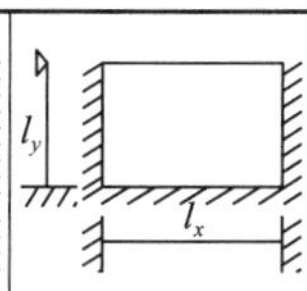	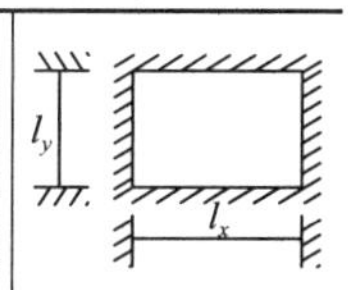
C_x	$\frac{l_y^4}{l_x^4+l_y^4}$	$\frac{5l_y^4}{2l_x^4+5l_y^4}$	$\frac{5l_y^4}{l_x^4+5l_y^4}$	$\frac{l_y^4}{l_x^4+l_y^4}$	$\frac{2l_y^4}{l_x^4+2l_y^4}$	$\frac{l_y^4}{l_x^4+l_y^4}$
C_y	$\frac{l_x^4}{l_x^4+l_y^4}$	$\frac{2l_x^4}{2l_x^4+5l_y^4}$	$\frac{l_x^4}{l_x^4+5l_y^4}$	$\frac{l_x^4}{l_x^4+l_y^4}$	$\frac{l_x^4}{l_x^4+2l_y^4}$	$\frac{l_x^4}{l_x^4+l_y^4}$

当双向板的四面都受到同样的支撑力时，每单位宽度的正向最大跨度弯矩可通过附表 6.2 来确定，而负向最大跨度弯矩则通过附表 6.3 来确定，分别以朗肯法为依据。

基于朗肯法的双向板单位宽度的正向最大跨度弯矩　　　**附表 6.2**

荷载状态	弯矩	
	M_x	M_y
简支固定	$w_x l_x^2/8$ $w_x l_x^2/24$	$w_y l_y^2/8$ $w_y l_y^2/24$

注：$l_x < l_y$。

基于朗肯法的双向板单位宽度的负向最大跨度弯矩　　附表 6.3

荷载状态	弯矩	
	M_x	M_y
简支固定	0 $-w_x l_x^2/12$	0 $-w l_x^2/24$